U0135090

寰宇智慧投資389

智慧型股票投資人
（全新增訂版）

The Intelligent Investor: The Definitive Book on Value Investing

班傑明·葛拉漢
Benjamin Graham 著

傑森·茲威格
Jason Zweig 評釋

齊克用 譯

寰宇出版股份有限公司

目錄

目錄

認識葛拉漢

——傑森 · 茲威格——

班傑明 · 葛拉漢是何許人也？為什麼我們要傾聽他的建言？

葛拉漢不僅是當代最優秀的投資者之一，也是有史以來最偉大的實踐投資理念專家。在葛拉漢之前，基金經理人的表現簡直就像中世紀的行會一樣，始終被迷信、猜測和神秘的巫術所左右，而葛拉漢的《證券分析》[1]（Security Analysis，寰宇出版）則指導人們把這個烏煙瘴氣的圈子，轉變成一種現代化的職業。

葛拉漢的《智慧型股票投資人》，是第一本專門針對個人投資者所撰寫的書籍，其內容告訴投資者，如果想要成功的話，就必須做好情緒管理，並擁有分析的工具。至今，它仍然是一般投資大眾在投資方面唯一且最好的一本書。1987年，我初入社會擔任《富比士雜誌》的菜鳥記者時，第一本閱讀的書就是《智慧型股票投資人》，書中的葛拉漢堅信，任何牛市遲早都會結束，這一說法給了我極大的衝擊。那年10月，美國股票市場遭遇有史以來單日最大的跌幅，而我也深陷其中。（如今，在經歷過1990年代末期狂奔的牛市，以及2000年年初開始的熊市之後，《智慧型股票投資人》的預言顯然又比以往更準了。）

葛拉漢令人印象深刻的見解得之不易：它來自於親身投資失敗的慘痛經驗，以及幾十年來對市場歷史與投資心理的研究。1894年5月9日，葛拉漢出生於倫敦，當時名叫班傑明 · 葛洛斯包姆（Benjamin Gross-

1. 這本書是葛拉漢與大衛 · 陶德（David Dodd）合著，於1934年出版。

baum）[2]；他的父親是一個瓷器餐具和塑像的經銷商。在葛拉漢1歲時，他們舉家搬到紐約。起初，他們的生活很優渥：有一個女傭、一名廚師和一個法國女管家，而且住在第五大道北區。但葛拉漢的父親於1903年去世，瓷器生意也變得搖搖欲墜，因此一家人的生活逐漸陷入了困頓。葛拉漢的母親把自己的家變成了廉價的寄宿公寓，然後借錢做股票「保證金」交易，而她的本錢在1907年的大崩盤全都輸光了。在葛拉漢的餘生中，有時還是會回想起他幫母親到銀行兌現支票時，聽到銀行櫃員用語帶侮辱的口氣說：「多蘿西・葛洛斯包姆（Dorothy Grossbaum）的信用能值5美元嗎？」

幸運的是，葛拉漢獲得了哥倫比亞大學的獎學金，而他的才華也在那裡開花結果了。1914年，葛拉漢以全班第二名的成績畢業。在他的最後一個學期，哥倫比亞大學有三個系所（英語系、哲學系和數學系）全都邀請他擔任教職。當時他只有20歲。

然而，葛拉漢並沒有留下來教書，而是決定到華爾街闖蕩。一開始，他到一家債券交易公司擔任營業員，旋即成為一名分析師，然後是合夥人，不久之後就開始經營自己的合夥投資生意。

如果葛拉漢看到如今網路股的暴漲暴跌，肯定不會感到驚訝。1919年4月，他在Savold輪胎公司上市的第一天大賺了250%，這家公司是汽車相關的新興產業。同年10月，該公司爆出詐欺醜聞，其股票又瞬間變得一文不值。

葛拉漢成了股票大師；他觀察股票非常細微，甚至可說是拿顯微鏡在仔細研究。1925年，他與美國州際商業委員會合作，對石油管線公司艱

2. 在第一次世界大戰期間，葛洛斯包姆家族將其姓氏Grossbaum改為Graham，因為原名聽起來會被懷疑是德國人。

澀難懂的年報做了深入的研究。他發現北方管線公司（Northern Pipe Line Co.）的優質債券每股至少值 80 美元，隨即以當時的股價 65 美元買進。（他買進該股票後，不斷要求該公司的管理層提高股息；3 年之後，他以 110 美元賣掉了該股票。）

在 1929 ~ 1932 年大蕭條期間，儘管葛拉漢的虧損接近 70%，但他還是安然渡過了這一關，並在大多頭市場的底部大量收購廉價股票，從而獲得了大量財富。葛拉漢早期的交易記錄並沒有確切記載，但從 1936 年直到他在 1956 年退休為止，他的葛拉漢 ‧ 紐曼（Graham-Newman）公司年獲利至少 14.7%，相對於股票市場在一整段期間的整體獲利只有 12.2%，這樣的成績堪稱華爾街有史以來最佳的長期收益率之一。[3]

葛拉漢是如何做到的呢？他憑著過人的智慧、敏銳的判斷力，再加上豐富的經驗，建立了一套自己的核心原則。這些原則至今仍然適用：

- 股票並不僅僅是一個交易代碼或電腦螢幕上的曲線，而是表彰一個實實在在企業的擁有權；而企業的真實價值，並不等於其股票價格。
- 市場就像一只鐘擺，永遠在極度樂觀（使股票變得過於昂貴）與極度悲觀（使股票變得過於便宜）之間擺動。智慧型投資者是現實主義者，他們會在市場極度樂觀時賣出股票，並在市場極度悲觀時買進股票。
- 每一筆投資的未來價值，都是其現在價格的函數。你支付的價格越高，得到的回報就越少。

3. 葛拉漢 ‧ 紐曼公司是一家開放式基金公司（參見第 9 章），是葛拉漢與一位資深的投資者傑諾米 ‧ 紐曼（Jerome Newman）合夥創立的。該基金在大多數時間都不接受新的投資者。感謝華爾特 ‧ 施洛斯（Walter Schloss）提供的數據，而這些數據是我計算葛拉漢 ‧ 紐曼的收益率時必不可少的資料。葛拉漢在其後記中提到的年收益率 20%，似乎是未扣除管理費之前的收益。

- 無論多麼謹慎，每一個投資者全都免不了會犯錯。只有堅持葛拉漢所謂的「安全邊際」原則——無論一筆投資看起來多麼令人興奮，永遠都不要支付過高的價格——你才能把犯錯的機率減至最小。
- 投資成功的秘訣在於你的內心。如果你有思辨能力，不輕信華爾街所謂的「事實」，只要堅持你的信心投資，就能獲得穩定的收益，即便空頭市場亦是如此。你只要秉持自己的紀律和勇氣，就不會讓他人的情緒波動，左右你的投資命運。你的投資標的所呈現出來的行為，終究遠不如你自身的行為來得重要。

修訂這本《智慧型股票投資人》的目的，是希望能把葛拉漢的理念運用到當前的金融市場，同時保留其原文的完整性。[4]在葛拉漢的原文中，我添加了一些新的註解，而葛拉漢原本的註解，則會在註解內容開頭處標示【原註】字樣以示區隔。原文的每一章之後，你都會看到一篇新增的評釋。在這些導讀的評釋內容中，我會添加一些最近的例子，來說明葛拉漢的原則至今仍然適用的情況，而且可以看到的是，適用的範圍顯然非常地廣泛。

第一次（或甚至第三次、第四次）閱讀葛拉漢的這部傑作，都會有一種興奮和愉悅的感覺，這讓我非常羨慕。就像所有的經典著作一樣，本書改變了我們看待世界的方式，而本書在教育我們的過程中，也獲得了新生。你讀得越多，進步就越多。以葛拉漢做為導師，你肯定可以成為一個更有智慧的投資者。

---

4. 本書是經過修訂後的第 4 版，是葛拉漢在 1971 ～ 1972 年更新後，最初於 1973 年出版的修訂版。

引言

本書的宗旨

本書的宗旨是以適合初學者的方式，在投資策略的選擇與執行方面，為投資者提供一些指導。相對來說，本書比較少談論證券分析的技巧，而更專注於投資的原則，以及投資者應有的態度。不過，我們還是會針對一些特定證券進行簡單的分析（主要以 NYSE 紐約證券交易所上市股票來做說明），讓人們更充分瞭解在選擇普通股時，所涉及的一些重要考量。

但本書有很大篇幅是在討論金融市場的歷史演變，因此在某些情況下，還會追溯到幾十年前的陳年往事。為了能更明智地進行證券投資，你必須先對各種債券和股票在不同情況下的表現有足夠的認識——其中至少有某些情況，會在你的經歷中反覆出現。桑塔亞納（Santayana）著名的告誡是：「忘記過去的人必將重蹈覆轍」，這句話對華爾街來說，再真實貼切不過了。

本書內容針對的是投資者，而不是投機者。我們所要做的第一件事，就是釐清與強調這兩者之間幾乎快被人們遺忘的區別。我們首先要聲明的是，本書並不是一本教人「如何致富」的書籍。在華爾街或任何其他地方，都不會有確定而簡單的致富之路。或許我們應該用金融史上的例子，來說明我們的這個論點——我們往往可以從歷史中，得到更多的教訓。在股市狂熱的 1929 年，一位享譽華爾街和全國的大人物約翰 ‧ 雷克伯（John J. Rascob），極力頌揚資本主義的美好。他在《婦女家庭雜誌》發表了一篇文章，標題為「每個人都能成為富人」。他的論點是：如果你每月儲蓄 15 美元，然後將其投資於優質的普通股，並將分派的股息再投資，那麼經過 20 年後，你累計投入的 3,600 美元就會變成 80,000 美元。[1] 如果這位通用汽車巨頭的建議是可行的，那確實不失為一條簡而易行的致富

1. 雷克伯（1879 ～ 1950）曾是化工業巨擘杜邦公司的董事，以及通用汽車公司財務委員會的主席。他還擔任過美國民主黨全國委員會主席，而且也是建造帝國大廈的主要推手。根據金融學教授傑瑞米 ‧ 西格爾（Jeremy Siegel）的估算，儘管通貨膨脹會吃掉相當多的收益，但雷克伯的投資計劃在 20 年後，實際上應該可以增值到將近 9,000 美元。關於近期雷克伯對長期投資觀點的最新討論，請參見財務顧問威廉 ‧ 伯恩斯坦（William Bernstein）的文章，網址：www.efficientfrontier.com/ef/197/raskob.htm。

之路。但此一建議的可行性，究竟有多大呢？根據我們粗略的估計：如果按照雷克伯的建議，在 1929 ～ 1948 年間買進道瓊工業指數中 30 支成份股，到了 1949 年初，你就會擁有 8,500 美元。這筆錢顯然比這位大人物所允諾的 80,000 美元要少得多；這說明了任何樂觀的預期和保證，實際上是多麼地不可信。不過，順帶一提的是，這 20 年投資的年複報酬率高達 8% 以上，但考慮到該投資是在道瓊工業指數 300 點時買進，而在 1948 年底收盤時，該指數僅為 177 點，因此能有這樣的報酬率已經算是很不容易了。這一記錄顯示，不管市場如何，持續每月定期買進優質股票的策略是很有說服力的，而這種策略被稱之為「成本平均法」（dollar-cost averaging）。

既然本書並不是針對投機者，因此對短線交易者來說，本書也就沒有什麼意義了。大多數投機者都是根據走勢圖或其他機械式方法，來決定買進或賣出的時機。幾乎所有「技術方法」都採用這樣的原則：因股市上漲而買進，或因股市下跌而賣出。這種做法完全違反了企業合理的經營原則，而且很難持續在華爾街成功操作。根據我們長達 50 多年的市場經驗和觀察，我們未曾發現有人依據這種「追隨市場」的方法，而能長期持續賺錢。我們可以大膽地認為，這種流行方法其實是十分荒謬的。稍後我們就會透過著名的道氏理論（Dow theory），來說明我們在股市交易的觀點。不過，這當然不能被視為是一種證明。

從 1949 年第一版問世以來，《智慧型股票投資人》大約每隔 5 年就會進行修訂。在目前的版本中，我們將針對 1965 年版問世以來出現的各種新情況，做一個簡要的分析[2]，其中包括：

2. 葛拉漢的「簡要分析」有兩個部分，分別在第 1 章和第 8 章。關於道氏理論更詳細的討論，請參見 http://viking.som.yale.edu/will/dow/dowpage.html。

1. 高等級債券的利率出現空前大漲。

2. 截至1970年5月為止，一些龍頭股的價格下跌了35%。這是近30年來的最大跌幅（大量劣質股票的跌幅更大）。

3. 躉售和零售物價持續上漲，即使在1970年出現整體經濟衰退的情況下，物價上漲的動能仍持續增強。

4. 「聯合」（Conglomerate）大企業、特許行業以及其他創新商業和金融模式的快速發展（其中包括許多詐欺手法，如「信函股」（Letter Stock）[3]、大量出現的認股權證、誤導性名稱，或是一些運用到外國銀行的做法等等。）[4]

5. 美國最大鐵路公司破產，許多先前信譽卓著的企業，也出現短期和長期債務過多的情況，甚至華爾街經紀公司也面臨惱人的償付能力問題。[5]

6. 投資基金普遍追逐「績效」，導致了一些令人擔心的後果，其中包括某些銀行經營的信託基金。

我們將慎重觀察這些現象，因為有些現象可能會改變本書之前版本中的一些結論和重點。穩健投資的基本原則並不會隨著年代的更替而改變，但這些原則的應用，則必須隨著金融機制和環境的重大改變而調整。

---

3. 【原註】「信函股」的銷售不需要在證券交易委員會（SEC）註冊，其購買者必須出示一封信函，以表彰其購買的目的是為了投資。

4. 共同基金透過私下交易的方式買進「信函股」（參見前面註解3【原註】中的定義），然後立即以更高的價格在公開市場出售。這使得那些「投機性的」基金能在1960年代中期宣稱，它們擁有非常高的報酬。1969年，美國證券交易委員會嚴厲禁止了這種違規行為，因此基金投資者如今不必再擔心這個問題了。至於認股權證的議題，將在第16章介紹。

5. 美國最大的鐵路公司賓州中央運輸公司（Penn Central Transportation Co.）於1970年6月21日申請破產保護，這件事讓投資者非常震驚，他們萬萬沒想到如此巨大的公司也會破產（參見本書第17章）。葛拉漢所提到債務「過多」的企業，就是指Ling-Temco-Vought和National General Corp這兩家公司（參見本書第17章和第18章）。華爾街面臨「償付能力」的問題發生在1968～1971年間，當時有好幾家著名的經紀公司突然宣佈破產。

在撰寫目前這一版本期間，上面的最後一句話就得到了檢驗。本修訂版的初稿是在 1971 年 1 月完成的。在此期間，道瓊工業指數從 1970 年的最低點（632 點）開始強勁回升，並在 1971 年來到了最高點（951 點），此時整個市場籠罩在一片樂觀的氣氛之中。到了 1971 年 11 月，在本修訂版最後完稿之時，市場正經歷著新一輪下跌的劇痛，道瓊工業指數已經跌到了 797 點，人們再次對市場的前景感到不安。我們並沒有讓這樣的波動，影響到我們對穩健投資策略的看法，而從本書初版於 1949 年問世以來，我們的看法也一直都沒有改變。

1969 ～ 1970 年間的股市大跌，有助於消除過去 20 年間逐漸形成的一種幻覺，那就是──「人們可以在任何時間以任何價位買進藍籌股，最終不僅肯定都能獲利，而且在此期間所發生的任何虧損，也會隨著市場再創新高而獲得補償。」這種說法如今看來未免有些誇張。從長遠來看，股票市場終將「回歸正常」，這意味著，無論是投機者或投資者，都不得不準備承受其股票市值大幅縮水、或甚至長時間套牢的結果。

對於許多二線股和三線股來說，尤其是那些新上市的股票，最近一次的股市大跌造成了一場重大的災難。這並不是什麼新鮮事，1961 ～ 1962 年間股市下跌所造成的損失，嚴重程度也與此相當，但這一次出現了一些新狀況；有某些投資基金，大量投入了這種高度投機且價格明顯高估的股票。在其他行業中，熱情或許是一種必要的工作態度，但在華爾街裡，熱情卻總是招來災難。這樣的警告，顯然並不只適用於新手投資者；即使是老手，也應該謹記在心才是。

高等級債券利率的大幅上升，也是我們必須討論的重大問題。從 1967 年底以來，投資者從這種債券所獲得的收益，超過了普通股股息的兩倍。在 1972 年初，高等級債券的殖利率高達 7.19%，而工業股的股息則只有 2.76%。（1964 年底，這兩者的收益率分別為 4.4% 和 2.92%。）令人難以置信的是，本書在 1949 年出版時，這兩個數字卻幾乎完全相反了：債券殖利率僅為 2.66%，而股息收益率則為 6.82%[6]。在本書之前的幾個版本中，我們曾多次指出，防禦型投資者的投資組合至少應配置 25% 的普通股，而一般來說，股票與債券這兩種投資的比例則應各為 50%。鑑於目前的債券殖利率遠高於股息收益率，我們現在必須考慮的是，是否應該將債券投資的比例擴大為 100%，直至這兩者的收益率如我們預期那樣回歸正常為止。當然，通貨膨脹持續上升的問題，也會對我們在這兩者之間投資比例的判斷，造成重大的影響。我們將專闢一章來討論這個問題。[7]

過去我們曾將本書中的投資者，分成「防禦型」和「積極型」這兩種基本的類型。防禦型（或被動型、保守型）投資者的特點，主要是避免重大的錯誤或損失，其次是不必費神費力去做經常性的決策。積極型（或主動型、進取型）投資者的主要特點是，他們願意付出時間和精力，去挑選出合理且具有吸引力的股票，以獲取超出一般平均的報酬。過去幾十年來，積極型投資者運用其高明的技巧與努力，確實獲得了比防禦型投資者更高的報酬。不過在目前的情況下，我們對積極型投資者是否能持續獲得超額報酬，確實頗感懷疑。明年或多年之後，情況也可能會有所改變。我們還是會持續關注積極型投資可能的發展，畢竟這種做法過去曾擁有超額報酬，未來也有可能會持續擁有這樣的優勢。

長久以來，人們普遍認為，成功的投資技巧首先在於找出未來最具有成長潛力的產業，然後再找出其中最有前景的公司。例如，有一些精明的投資者或精明的投資顧問，早就發現電腦產業的巨大成長潛力（尤其是 IBM）。同樣的情形也適用於其它諸多成長的產業與企業，但我們發現，這些產業和企業之後的表現，往往並不像之前所看到的那麼簡單。

---

6. 【原註】這些數據來自於 Moody 的 AAA 級債券和產業股。

7. 請參見第 2 章。2003 年年初，美國 10 年期公債殖利率為 3.8%，股息收益率為 1.9%（以道瓊工業指數來衡量。請注意，這樣的關係與葛拉漢所提到 1964 年的情況大致相同。）從 1981 年以來，高等級債券的殖利率則是一直不停地走低。

為了說明這一點，我們不妨先回顧本書 1949 年版中的一段話：

> 這種類型的投資者可能會買進（比方說）航空股，因為他認為，該產業的前景比市場其它熱門的股票更為看好。[8]對這種類型的投資者而言，本書的價值不在於介紹各種投資技巧，而是要對這種投資方法的潛在危險性提出警告。

事實證明，我們提到的上述產業，其風險性確實很高。當然，我們可以很容易就算出航空運輸量在未來幾年會大幅成長。正因為如此，所以航空股成為了投資基金最愛的投資標的。然而，儘管它們的營業額不斷成長，而且成長的速度甚至超越電腦產業，但由於技術問題，再加上產能過度擴張，該產業的利潤變得十分不穩定，甚至出現巨額的虧損。1970 年，儘管該產業的運輸量創下新高，但卻為其股東帶來了 2 億美元的虧損。（1945 年和 1961 年，該產業同樣也出現過虧損。）在 1969 ～ 1970 年時，這些航空股下跌的幅度更甚於整體股市。這樣的記錄顯示，即使是拿著高薪的基金經理人，也有可能完全看錯這種並不深奧的產業短期未來表現。

另一方面，儘管投資基金投入相當多的資金購買 IBM，並獲得相當多的收益，但由於其股價過高，而且其未來的成長性不確定，從而使得基金公司投入這支表現優異股票的資金還不到 3%。因此，投資這支表現優異的股票，並未能使其整體績效增加多少。此外，除了 IBM 公司之外，他們在許多其它電腦產業公司的投資似乎並不賺錢。從上述兩個例子，我們的讀者可以得到以下兩條教訓：

---

8. 在 1940 年代末和 1950 年代初，「航空運輸股」確實非常狂熱，就像半個世紀後的網路股一樣。當時，最熱門的共同基金就是航空證券基金（Aeronautical Securities）與飛行器和自動化基金（missiles-rockets-jets & automation fund）。這些基金與其所擁有的股票一樣，最終都變成了一場投資災難。葛拉漢的重點並不是告訴你不要購買航空股，而是告訴你千萬不要「肯定」認為某個產業的未來前景一定優於其他產業。

1. 具有明顯前景的企業，未必能為投資者帶來明顯的獲利。
2. 即使是專家，也沒有什麼可靠的方法，可以從最有潛力的產業中挑選出最有前途的企業。

本書作者在擔任基金經理人的生涯中，從未遵循過這種方法，因此我無法提供任何建議，給予那些試圖採用這種方法的人們，或鼓勵他們這樣做。

那麼，本書的宗旨究竟是什麼？我們的目的主要是指引讀者，不要陷入可能的嚴重錯誤，並建立一套能放心的投資策略。我們將以大量篇幅討論投資者的心理，因為投資者最大的問題，或甚至最大的敵人，很可能就是他們自己。「親愛的投資者，問題不在於我們的命運，也與我們的股票無關，而是在於我們自己……」這點在近幾十年來已得到事實的證明。即使是防禦型投資者，也越來越需要購買普通股，因此不管他們願不願意，都會受到股市的誘惑和刺激。透過說明、範例與建議，我們希望能幫助讀者在投資決策方面，建立一種正確的投資心理與情緒管理。我們已經看到，那些在投資操作過程中做好情緒管理的「普通人」，比那些沒做好情緒管理的人更有機會賺大錢，也更能夠保留住錢財——雖然那些沒做好情緒管理的人，可能擁有比較多的金融、會計和股票市場知識，但這些終究比不上情緒管理來得重要。

除此之外，我們也希望讀者能夠培養出凡事衡量或量化的習慣。對於市場百分之九十九的股票而言，我們經常可以發現，它們在某些價位相當便宜，值得購買；在另一些價位上則過於昂貴，應該賣出。評估支付的價格與得到的價值兩者之間的關係，這種習慣是投資操作的一種寶貴特質。許多年以前，我們曾在一本婦女雜誌中建議讀者，買股票就要像買食品雜貨一樣，不要像買香水一樣不問價錢。在過去的幾年，人們之所以會在股票投資中遭受慘重的損失，多半都是因為買股票時忘了問：「它值多少錢？」

在 1970 年 6 月時，「它值多少錢？」這個問題的答案就是 9.4% 這個奇妙的數字——那是新發行高等公用事業債券的殖利率（這一收益率目前已降至 7.3%）。但即使如此，我們還是忍不住想要問：「為什麼不是其它答案呢？」確實存在一些其它可能的答案，我們必須認真地加以考慮。除此之外，我們再次重申，無論是我們自己還是讀者，對於未來（比如說 1973 ～ 1977 年）我們必須進一步考慮，市場還是有可能出現一些完全不同的情況。

因此，我們將詳細說明一些普通股的投資策略，其中部分內容適合上述兩種類型的投資者，另外有些內容則僅適合積極型投資者。不過這些策略都有個共同的要求，那就是我們會建議讀者，只買那些價格不高於其有形資產價值太多的公司股票。[9] 這種看似有些過時的建議，是出於實務和心理兩方面的考量。經驗告訴我們，許多價值數倍於其淨資產的高成長企業，其股票的買家難免要面對股票市場的變化與波動。相較之下，那些以接近淨資產價值買進股票（如公用事業）的投資者，則可被視之為穩健成長型企業的股東，他們往往不會去管股票市場有什麼不同的看法。這種保守型策略最後的結果，很有可能勝過冒險投入預期成長性十分看好的危險產業。

投資藝術有一個不為人知的特性。散戶投資者只需少許的努力和能力，就可以獲得一筆可靠（但不可觀）的報酬；不過，如果要提升這輕易可得的報酬，就需要更多的努力與智慧。如果你企圖獲得超額報酬，卻不願意加強你的投資知識與智慧，最後你很可能就會發現這樣的企圖，反而使你得到更糟糕的結果。

---

9. 有形資產包括公司的實體資產（如不動產、廠房、設備和存貨），以及金融資產（如現金、短期投資和應收帳款）。有形資產不包括品牌、版權、專利、特許權、商譽以及商標等資產。關於如何計算有形資產的價值，請參閱第 8 章的註解 13。

既然任何人都可以透過買進並持有道瓊 30 支成份股，獲得相當於市場平均水準的收益，那麼要「超越市場的平均水準」，似乎就是一件相當容易的事才對。但實際上試圖這麼做的那些聰明人士，其失敗的比例卻相當高。多年來，儘管大多數投資基金擁有經驗豐富的專家，卻總是無法擊敗市場。同樣地，證券經紀公司所公佈的股市預測，也經常無法令人滿意，因為強而有力的證據顯示，他們所精心預測的結果，還不如簡單的擲硬幣來得可靠。

在撰寫本書過程中，這種基本的投資陷阱我一直銘記在心。我們很強調簡單投資組合策略（即購買高等級債券，同時持有一籃子多元化的龍頭股）這種做法的優點；只要得到專家的一些協助，任何投資者都可以這樣做。除了這種安全的投資策略之外，其它任何策略都會遭遇到種種困難，尤其是情緒管理方面的考驗。在嘗試高風險投資之前，投資者及其顧問都必須確定自己清楚明白投資與投機之間的區別，以及股價與其內含價值之間的區別。

我們所提的穩健投資方法，是根據「安全邊際」的原則而設計的，它可以帶來相當可觀的收益。但是，如果想要獲得比防禦性投資更多的收益，在缺乏大量自我檢驗的情況下，最好還是不要輕易嘗試。

最後，我們以如下的回顧來結束此引言。當年輕的作者在 1914 年 6 月初次來到華爾街時，對於未來半個世紀即將會發生什麼事，完全一無所知。（當時的股票市場甚至沒有預料到，世界大戰會在 2 個月之後爆發，並導致紐約證券交易所休市。）目前（1972 年），我們發現自己已經成為世界上最富有、最強大的國家，但同時也面臨了一些重大問題的困擾，不禁對未來的前景感到擔憂，而不是充滿信心。然而，如果我們只專注於美國的投資經歷，還是可以從過去的 57 年中獲得一些教訓。儘管經歷了像地震一樣無法預測的波折和事故，但穩健的投資原則還是可以帶來穩定的收益，這一點是不會改變的。在以後的投資中，我們仍必須堅持這些原則。

讀者須知：本書針對的並不是儲蓄者與投資者所面臨的整體財務規劃；本書只針對那些可投入交易的資金，亦即可投入債券和股票的資金。因此，諸如儲蓄和定期存款、儲蓄和貸款協會帳戶、人壽保險、年金以及不動產抵押貸款與業主權益等各種重要的理財工具，都不在本書的討論之列。讀者務必留意，你在本書中所看到的「現在」，指的是 1971 年底或 1972 年初。

引言 評釋

如果你建造了空中樓閣，你的辛苦並不會白費；樓閣本就應該建在空中，但你現在要做的，是在其下方打造地基。

——亨利・大衛・梭羅《瓦爾登湖》

請注意，葛拉漢打從一開始就明白表示，本書並不會告訴你如何戰勝市場。只有講真話的書，才敢這麼說。

而本書真正打算告訴你的，是三個可行的方法：

- 如何使你的虧損機率最小化。
- 如何使你持續收益的機會最大化。
- 如何控制不利於自己的行為——這種行為會使大多數投資者無法完全發揮自己的潛能。

讓我們回到 1990 年代末的經濟繁榮期，當時科技股一飛沖天，股價似乎每天都在翻倍上漲，而你有可能會賠光所有錢的說法，在當時似乎顯得很荒謬。但到了 2002 年底，許多網路股和電信股的市值全都縮水了 95% 以上。一旦你的虧損達到 95%，你就必須獲利 1900%，才能回到你最初的起始點。[1] 顯然愚蠢的冒險行動，只會讓你墜入幾乎不可能走出的深淵。這就是為什麼葛拉漢不僅在本書的第 6 章、14 章和 20 章，而且在整本書的內容中，都一直不斷強調避免虧損的重要性。

---

1. 換個說法，你可以想想看，花 30 美元買進的股票，在 600 美元賣出的機會有多大。

但是，無論如何小心謹慎，你的投資還是會不時地走跌。雖然沒有人能夠避免這種風險，但葛拉漢將告訴你如何處理這種狀況，以及如何控制你的恐懼。

你是一個智慧型投資者嗎？

現在，讓我們來回答一個非常重要的問題。葛拉漢所謂的「智慧型投資者」究竟是什麼意思？在本書的第一版，他曾定義過此術語，而且明確地指出，它與 IQ 或 SAT 的成績毫不相干。它只意味著要有耐心、紀律，並渴望學習的態度，還必須能夠掌控自己的情緒，並且懂得自我反省。葛拉漢解釋說，這種智慧「是指性格方面的特質，而不是指智力。」[2]

事實證明，高 IQ 或較高的學歷，並不能使投資者變得更聰明。1998 年時，由一群數學家、電腦科學專家，以及兩位諾貝爾經濟學獎得主共同經營管理的對沖基金—長期資本管理公司（LTCM）[3] 進行了一場世紀豪賭，他們賭債券市場將回歸「正常」狀態，但結果在幾個星期內，就損失超過 20 億美元。而且，債券市場還是繼續朝著所謂不正常的方向發展。由於 LTCM 借了巨額的貸款，因此它的倒閉，導致了全球金融體系幾乎完全崩潰。

現在讓我們回到 1720 年的春天，當時艾薩克 · 牛頓爵士擁有一些英國最熱門的南海公司股票，當他看到股票市場失控時，這位偉大的物理學家無奈地說，他「可以計算出天體的運動，卻無法計算出人們的瘋狂行為。」隨後牛頓出清了所有南海公司的股票，獲利 7,000 英鎊，報酬率 100%。但幾個月後，在市場狂熱情緒的感染下，牛頓又以更高的價格

2. 班傑明 · 葛拉漢的《智慧型股票投資人》，1949 年 Harper & Row 出版，第 4 頁。

3. 「對沖基金」指的是一池子資金，其客戶主要是非常有錢的富人，其投資風格較為積極，而且不受政府的監管。關於長期資本管理公司（LTCM）的故事，請參見 Roger Lowenstein 的《天才隕落》（When Genius Failed，Random House, 2000）。

買回了這支股票，結果賠了 20,000 英鎊（相當於現在的 300 萬美元）。此後終其一生，他都不許任何人在他面前提起「南海」二字。[4]

按照絕大多數人對「聰明」的認知，艾薩克・牛頓爵士肯定是有史以來最聰明的人士之一，但根據葛拉漢的說法，牛頓與智慧型投資者還是有著很大的差距。由於被群眾的狂熱蒙蔽了自己的判斷，這位世界上最偉大的科學家，他當時的行為簡直就像是個大傻瓜。

簡言之，如果你投資失敗，這絕不是因為你太笨，而是因為你像牛頓那樣，沒有做好投資成功所必須具備的情緒管理。在第 8 章，葛拉漢將介紹如何透過掌控自己的情緒、避免陷入非理性的市場狂熱，來提升你的智慧，從而讓你真正體會到，如果要成為一個智慧型投資者，「性格」比「頭腦」來得更重要。

一系列的災難

現在，讓我們花點時間回顧一下最近幾年發生的一些重大金融事件：

1. 在 2000 年 3 月至 2002 年 10 月之間，美國股市發生了大蕭條以來最大的崩盤，股票總市值失去了 50.2%，相當於 7.4 兆美元。
2. 1990 年代最熱門的股票，包括 AOL、思科、JDS UNIPHASE、朗訊和高通，其股價全都出現非常嚴重的下跌，還有數百支網路股慘遭毀滅。
3. 美國一些備受尊崇的大公司，如安隆（Enron）、泰科（Tyco）和全錄（Xerox），皆因嚴重的財務詐欺而受到指控。

4. 參見約翰・卡斯維爾（John Carswell）的 The South Sea Bubble（Cresset Press, London, 1960），pp.131，199。同時參見網址：www.harvard-magazine.com/issues/mj99/damnd.html.

4. 曾經輝煌一時的公司，如 Conseco、Global Crossing 和 WorldCom，紛紛宣告破產。

5. 會計師事務所做假帳，甚至銷毀記錄，以幫助其客戶誤導投資大眾而被指控。

6. 一些大公司的高層侵吞公司數億美元的資金而被指控。

7. 有證據顯示，華爾街的證券分析師在公開場合大肆推薦一些股票，但私下卻承認這些股票是垃圾。

8. 儘管股市暴跌，但從歷史標準來看，股票價格似乎仍被高估，根據許多專家的看法，這些股票還是會繼續下跌。

9. 利率大幅下跌，使得股票以外的投資亦缺乏吸引力。

10. 由於全球恐怖組織與中東戰爭帶來了不可預料的風險，致使投資環境非常惡劣。

對於那些學習過並遵循葛拉漢投資原則的投資者來說，這些傷害全都是可以避免的（而且確實是可以避免的！）。正如葛拉漢所說的：「在其他行業中，熱情或許是一種必要的工作態度，但熱情在華爾街卻總是招來災難。」雖然一些投資者一度撤出了網路股、「高成長」股，或甚至退出了股市，但他們最終還是犯了和艾薩克・牛頓爵士一樣的錯。他們任由其他投資者的判斷左右自己的看法，無視葛拉漢的警告：「真正可怕的損失」總是因「買家忘了問『它值多少錢？』而造成的。」最痛苦的是，這些投資者總是在最需要自我克制的時候失控，結果他們只是再一次證實了葛拉漢的說法：「投資者最大的問題，甚至最可怕的敵人，很可能就是他們自己。」

確定之事未能實現

有很多人特別鍾愛科技股和網路股；他們認為高科技產業在未來幾年將持續高度成長，並對此神話深信不疑：

- 1999 年年中，在短短的前 5 個月就賺了 117.3% 之後，Monument 網路股基金經理人亞歷山大・張（Alexander Cheung）就預言，其基金在未來 3 至 5 年的收益將達 50%，而且「未來 20 年」的年平均收益將達 35%。[5]

- 1999 年，AMERINDO 科技基金暴漲了 248.9% 之後，其經理人阿爾貝托・維拉（Alberto Vilar）嘲笑那些膽敢懷疑網路股會永遠賺大錢的人：「如果你不投資這類的股票，你的績效就會表現不佳。你或許是騎著馬或坐馬車，但我卻是開著一輛保時捷。你不想擁有 10 倍成長的機會嗎？那就去加入別人的行列吧！」[6]

- 2002 年 2 月，對沖基金經理人詹姆斯・克拉瑪（James J. Cramer）宣稱，與網路相關的公司「是現在唯一值得擁有的股票。」他把這些公司稱之為「新世界的贏家」，並認為它們是「唯一在牛市或熊市都會持續上漲的股票。」克拉瑪甚至把矛頭指向了葛拉漢：「你必須拋棄所有的教條、公式和教科書，以及之前對網路股的成見……如果遵照葛拉漢與陶德教導我們的做法，我

5. 參見：Constance Loizos, "Q&A: Alex Cheung," InvestmentNews, May 17, 1999, p. 38。1994 年 12 月 31 日，傳奇人物彼得・林奇（Peter Lynch）的富達麥哲倫基金，創下了共同基金史上最高的 20 年期年化報酬率 25.8%。林奇優異的表現，使 10,000 美元在 20 年內變成了 982,000 美元。如果根據亞歷克斯・張宣稱的說法，他的基金可以在 20 年內把 10,000 美元變成 400 萬美元。儘管亞歷克斯・張的預言很荒謬，但投資者還是爭相把錢投入到他的 Monument 基金，翌年他的基金就湧入了 1 億美元的資金。結果，投資者在 1999 年 5 月投入的 10,000 美元，到了 2002 年年底變成了只剩 2,000 美元。（Monument 基金現已更名為 Orbitex 新興科技基金。）

6. 參見 Lisa Reilly Cullen, "The Triple Digit Club," Money, December, 1999, p. 170。如果你在 1999 年年底投入 10,000 美元到維拉的基金，到了 2002 年年底將只剩下 1.195 美元，這是共同基金有史以來最嚴重的財富損失。

們的基金將不可能賺錢。」[7]

所有這些所謂的專家，全都忘了葛拉漢嚴肅的忠告：「具有明顯前景的企業，未必能為投資者帶來明顯的獲利。」雖然預知哪些產業將有最快的成長並非難事，但要是大多數投資者都有相同的預期，這種預知就不會具有真正的價值。如果所有人全都確信某一種產業「顯然」是最佳投資標的，那麼其股票價格就會被哄抬過高，未來的上漲空間亦將消失，而接下來股價也就只能下跌了。

至少現在，已無人膽敢宣稱，高科技仍然是世界上成長最快的產業。但你一定要記住：那些被封為下一輪的「確定之事」，如醫療保健、能源、不動產和黃金，其結果也不會比高科技的神話高明太多。

一線希望

如果人們在 1990 年代，覺得當時股票的價格似乎並不算高，那麼到了 2003 年，應該也會覺得所有股票價格全都不算太低。實際上，正如葛拉漢一向的認知，市場總是像鐘擺一樣地擺盪，在非理性的樂觀情緒和極度的悲觀之間擺盪。2002 年，投資者從股票型基金抽走了 270 億美元的資金，根據證券業協會的調查發現，十分之一的投資者在股票方面的投資至少減少了 25%。那些在 1990 年代末瘋狂追高搶進股票的人們，開始隨著股價一路走低而拋售股票，如果按照定義，此時的股價應該已經變得很便宜了。

7. 參見 www.thestreet.com/funds/smarter/891820.html。克拉瑪最鍾愛的股票並沒有如他所說的，「在牛市或熊市都會持續上漲。」到了 2002 年年底，該基金有十分之一的股票宣告破產，如果將 10,000 美元平均投入克拉瑪所挑選的股票，那麼損失將高達 94%，而你的本金也將只剩下 597.44 美元。或許克拉瑪真正的意思是，他的股票並不是「新世界」的贏家，而是他「心目中那個世界」的贏家。

正如葛拉漢在本書第 8 章所生動描述的那樣，人們的做法完全是南轅北轍。智慧型投資者明白，股價走高，風險越大；股價走低，風險隨之減少。智慧型投資者最怕牛市，因為它會使股票變得昂貴；相反地（只要你手中持有足以應付日常生活所需的現金），你應該要樂於見到熊市才對，因為它會把股票拉回到便宜的價位。[8]

因此，不要沮喪：牛市的結束並不像人們所認為的那樣，是個壞消息。股價下跌時，反而是一個相對安全、適合理智累積財富的時機。只要繼續往下讀，葛拉漢就會告訴你怎麼做。

8. 這一規則唯一的例外是，投資者已經退休很長一段時間，他的生命可能無法跨過漫長的熊市。然而，即使是年長的投資者，也不應該只因為股價下跌而賣出股票；這種做法不僅會將其帳面上的虧損變成實際虧損，而且會使其繼承者無法以較低的稅賦繼承這些股票。

投資與投機：智慧型投資者的預期收益

本章將簡要介紹本書中的一些主要觀點。我們希望個人及非專業投資者，在一開始就能先瞭解適當的投資組合策略概念。

投資與投機

所謂的「投資者」究竟是什麼？在本書中，這個名詞始終與「投機者」相對應。早在 1934 年，我們的教科書《證券分析》[1] 就試圖準確地定義兩者之間的區別:「投資操作必須以深入分析為基礎，確保本金的安全，並獲得適當的報酬，而不符合上述條件的操作就是投機。」

儘管在隨後的 38 年中，我們一直堅持這一定義，但值得注意的是，在這段期間，「投資者」這一術語的使用已出現重大的改變。在 1929 ～ 1932 年的市場大崩盤之後，所有的普通股都普遍被視為是投機性的投資標的。（一位知名的權威人士直言地宣稱，只有購買債券才能稱之為投資。[2]）因此，我們不得不為我們的定義進行一些調整，以免人們認為我們的投資定義過於廣泛。

現在，我們要從另一方面來考慮。我們必須告誡讀者的是，不要把股票市場上的每一個人都視為「投資者」。在本書的上一版，我們曾經引用一家著名的財經報刊在 1962 年 6 月所刊登的頭版標題：

小投資者看空後市，他們正在放空零股

1970年10月，該報刊又發表了一篇標題為「魯莽的投資者」的文章，而這一次報導的是小投資者競相搶購股票的情況。

---

1. 【原註】參見 Benjamin Graham, David L. Dodd, Sidney Cottle, and Charles Tatham, McGraw-Hill, 4th ed., 1962。McGraw-Hill 在 1996 年將此 1934 年版的《證券分析》重印過。

2. 【原註】這裡的引述來自於 Lawrence Chamberlain 於 1931 年出版的《Investment and Speculation》（投資與投機）。

以上的引述充分說明了投資與投機這兩個術語，多年來在使用上的混亂情形。各位可以先想想我們之前對投資的定義，然後再對照一下那些缺乏經驗的投資大眾放空股票的行為——這些人甚至賣出自己並不擁有的股票，而心裡卻只是一味地認為，將來可以用更低的價格將其買回。（我們必須指出的是，1962 年那篇文章發表時，當時市場剛經歷一次大跌，正在醞釀另一次更大幅度的反彈，此時選擇放空，可說是最壞的時機）。至於 1970 年那個名為「魯莽的投資者」這樣的標題，更可視為一個可笑的矛盾，因為這種說法就像「揮霍無度的守財奴」一樣，基本上就是一種文字上自相矛盾的濫用。

該報刊之所以使用「投資者」這個名詞，是因為華爾街只是單純為所有交易者全都冠上這個稱呼，而不管他們買的是什麼、目的為何、以什麼價格買進、做現金交易還是保證金交易。相較於 1948 年大眾對普通股的態度，當時有 90% 以上的受訪者不贊成購買普通股。[3] 大約一半的人不贊成的理由是，買股票「就像賭博一樣，不安全」，而另一半的人則是「對此不熟悉」。[4] 非常諷刺（但並不令人意外）的是，在大眾普遍認為所有股票投資都具有高度投機性和巨大風險之時，股票價格其實反而相當具有吸引力，而且隨後很快就出現了有史以來最大的漲幅；相反地，根據過去的經歷，股票價格上漲到危險的高度時，買進股票反而會被稱為是一種投資，而所有買進股票的大眾，則會被稱之為「投資者」。

---

3. 【原註】美國聯準會所做的調查。

4. 葛拉漢的引述來自於密西根大學為美國聯準會所做的調查，該調查刊登在 1948 年 7 月的《聯準會公告（Federal Reserve Bulletin）》。受訪者被問到：「假如有人決定把錢留下來，他可以將錢放在銀行、購買債券或進行投資。現在你認為以下哪一種方式是最明智的做法：存入銀行、購買儲蓄債券、投資房地產，還是購買普通股？」只有 4% 的受訪者認為普通股可以提供「滿意的」報酬；26% 的人認為買股票「不安全」，或像是一種「賭博」。從 1949 年到 1958 年，股票市場取得了有史以來最高的 10 年期年化平均報酬率 18.7%。與這份聯邦調查形成對比的是，《商業周刊》於 2002 年年底所做的調查顯示，只有 24% 的受訪者願意投入更多的資金於共同基金或股票投資組合，而就在 3 年之前，這一比例還一度高達 47%。

在普通股的買賣中，明確區分投資與投機，是具有重大意義的事情，但如果人們發現市場不大在意這兩者的區別，反倒是要開始擔心了。我經常說，華爾街應當不斷重申投資與投機的區別，尤其在與大眾往來的過程中，更應該不斷強調此一區別。否則的話，人們遲早會把嚴重的投機損失，歸咎於股票交易所沒有事先警告他們。另外，非常諷刺的是，許多證券公司最近的財務窘境，似乎正是因為它們以自有資金買進投機性普通股所造成的。我相信本書的讀者，對於普通股買賣所隱含的風險，將會有相當清晰的瞭解，而這種風險與股票的獲利機會是密不可分的，投資者必須同時考量這兩種因素才行。

根據以上論述，過去那種「只要選對好股票，就不必擔心市場或報價的風險；只要耐心等待，就能買到好價格」的純正投資策略，實際上已經不復存在了。在大多數時候，投資者必須認識到，其所持有的普通股多多少少包含有投機的成分。投資者的任務則是將這種投機的成分，控制在比較小的範圍之內，並在財務與心理上，做好因應短期或長期不利後果的準備。

就股票投機本身而言，需要補充兩段說明，因為所謂的股票投機，與大部分普通股中所包含的投機成分，兩者之間是有所不同的。投機本身並不違法，也與道德無關，不過這種做法（對大多數人而言）通常也無法充實你的荷包。但在某種程度上，投機是必要而不可避免的，因為就大多數普通股而言，其獲利和虧損的可能性是同時存在的，所以需要有人去承擔這些風險。[5]而就像投資一樣，投機也可以是明智的。不過在很多時候，投機顯然並非明智之舉，尤其是下列的情況：（1）自以為在投資，實則投機；（2）在缺乏足夠知識和技巧的情況下，以嚴肅而非消遣的態度從

---

5. 從以下兩方面來說，投機其實是有好處的：首先，沒有投機，那些未經檢驗的新公司（如亞馬遜和早期的愛迪生電氣）就永遠無法籌得其發展所需的資金。其誘人的巨額收益前景，正是推動創新機器得以運轉的潤滑劑。其次，每一次的股票買賣都是一種風險交換（但風險不會因而消失）。買家必須承擔股票的下跌風險，相對地，賣家也要承擔賣出後股票上漲的風險！

事投機；（3）投入過多資金，超出了自己可承擔虧損的能力。

根據我們較為保守的觀點，任何從事保證金交易[6]的非專業人士都應該知道，實際上他是在投機，而且其經紀人有義務向他提出忠告。任何搶購所謂「熱門」公司債或類似行為的人，事實上也是在投機，也可說是在進行賭博。投機總是令人興奮，如果你能在遊戲中勝出，其樂趣妙不可言。如果你只是想試試運氣，當然可以拿出一小部分資金來玩玩，但金額越少越好，而且最好為此另開一個帳戶。千萬不要因為市場上漲或利潤激增，就投入更多的資金到該帳戶之中。（此時，你反而應該考慮把資金撤出該投機帳戶。）不要把你的投機與投資操作放在同一個帳戶中進行，也不要把投機與投資混為一談。

防禦型投資者的預期收益

我們之前已經將防禦型投資者，定義為關心資金安全、同時不想多花時間和精力的人。那麼，他們應該遵循何種投資原則，而且在「正常情況」下（如果這種情況確實存在的話），預期可以獲得什麼樣的報酬？要回答這一問題，我們首先來看看 7 年前對此議題的討論，然後分析一下那些影響投資者預期報酬的基本因素，後來發生了哪些重大變化，最後則是說明在當今的情況下（1972 年初），投資者應該做些什麼事，並抱有什麼樣的預期。

6. 保證金帳戶能讓你向經紀商借錢來購買股票。利用借錢投資的方式，如果你的股票上漲，你就會賺更多，但如果你的股票下跌，你可能就會血本無歸。你融資的擔保品就是你帳戶中投資的價值，因此，當該價值低於你的借款金額時，你就必須投入更多的資金。更多保證金帳戶的資訊，請參見 www.sec.gov/investor/pubs/margin.htm，www.sia.com/publications/pdf/MarginsA.pdf 和 www,nyse.com/pdfs/2001_factbook_09.pdf。

1. 我們在 6 年前的說法

我們曾建議投資者將其資金配置於高等級債券和藍籌股；其中債券所占比例不低於 25% 或高於 75%，而股票的比例則是相反對應。最簡單的方法是兩者各占一半，並根據市場的變化進行小幅（如 5%）的調整。另一種策略是，「當感覺到市場已漲得過高而有危險時」，可將股票持有比例減少到 25%；相反地，「當感覺股價下跌已使股票越來越具有吸引力時」，可將持股的比例提升到最大限度 75%。

1965 年，高等級應稅債券的報酬率為 4.5%，免稅債券的報酬率則為 3.25%，而當時（道瓊工業指數 892 點）藍籌股的股息率大約只有 3.2%。這一事實與其他的一些情況，都建議投資者必須更加小心謹慎。我們的意思是，在「一般市場水準」下，投資者獲得的股息應該在 3.5% ～ 4.5% 之間，而且股票的內含價值（以及「正常的市場價格」）也應該穩步上升，從而使股息和股票增值的總收益每年大約為 7.5%。就債券與股票各占一半的投資組合來說，其稅前報酬率約為 6%。除此之外，我們認為股票部分的報酬，可以在很大程度上彌補大幅通貨膨脹所造成的購買力喪失。

我們必須指出，上述計算得出的預期報酬率遠低於 1949 ～ 1964 年之間股票市場的實際漲幅——那段期間上市股票的整體報酬率遠超過 10%，而且人們普遍認為，股市未來的報酬率也會達到類似的水準。然而，很少有人願意認真設想這樣的可能性：過去多年的大幅上漲，其實是意味著「現在的股價已經太高了」，因此「1949 年以來的優異報酬，意味著未來的收益不會太好，而是很差。」[7]

---

7. 【原註】1965 年版的第 8 頁。

2. 1964 年之後的實際情況

1964 年之後發生了一個重大變化；儘管最高等級債券的價格從 1970 年的最低點大幅回升，但其利率也上漲並創下了歷史新高。優質公司債的殖利率目前約為 7.5%，而 1964 年時僅為 4.5%。同時，道瓊成份股的股息收益率在 1969 ～ 1970 年市場下跌期間也有相當大的提升，不過在我們撰寫本書之時（道瓊指數為 900 點），其股息收益率還不到 3.5%，而 1964 年年底的股息收益率則為 3.2%。由於利率的變化，使得中期（如 20 年期）債券價格出現大約 38% 的最大跌幅。

這些變化令人有些困惑。1964 年，我們曾經詳盡討論過股票價格過高的情況，最終可能會導致價格大幅下跌，但我們並沒有特別關注高等級債券的價格也可能出現同樣的情況（就我們所知，其他人也沒有注意到這一點）。我們確實提出了警告（參見本書第 4 章），「隨著利率的變動，長期債券的價格有可能會大幅波動。」鑑於隨後發生的情況，我們認為這一警告以及相關的例證是不夠充分的。事實上，要是投資者在 1964 年年底道瓊指數收在 874 點時持有其一定數量的成份股，那麼他在 1971 年年底仍會有小幅的獲利，即使在 1970 年的最低點（631 點），其虧損也小於優質長期債券的損失。另一方面，如果他的債券投資全部是美國儲蓄債券、短期公司債或儲蓄存款，那麼其本金在此期間就不會有任何損失，而且獲得的收益也高於績優股的股息。因此，結果證明，雖然理論上通貨膨脹時期持有股票比現金更有利，但如果在 1964 年持有「約當現金」，就會比投資股票獲得更好的回報。優質長期債券的價格下跌是貨幣市場的變化所致，這是一個相當深奧的領域，通常與個人的投資策略沒有太大的關係。

這只不過是過去無數經驗給我們的另一個例證；它再次證明，未來的證券價格根本是無法預測的。[8] 債券價格的波動幾乎總是遠低於股票價格的波動，通常投資者購買任何期限的優質債券，都不用擔心其市場價值的變化。但這一規則也有例外，1964 年之後的這段期間正是此種例外。稍後我們將對債券價格的變動進行更多的討論。

3. 1971 年底和 1972 年初的預期與策略

1971 年底，優質中期公司債的稅前收益率可達 8%，免稅的州或市政債券的收益率則為 5.7%。至於較短期的債券，如美國政府發行的 5 年期公債收益率約為 6%。就後者而言，債券購買者用不著擔心債券價格下跌的問題，因為他持有債券的期間相對較短，到期時可以確定獲得全額償還，其中還包括 6% 的利息。與此同時，道瓊工業指數在 1971 年重返 900 點時，其收益率僅為 3.5%。

像過去一樣，現在讓我們假設，基本的投資決策就是在高等級債券（或其他所謂的「約當現金」）和主要的道瓊成份股之間，如何進行資金的配置。以目前的情況來說，如果我們沒有強有力的理由預期股市會在未來一段時間出現大幅上漲或下跌，那麼投資者應該採取何種策略呢？首先，我們必須指出，如果沒有出現重大的負面變化，防禦型投資者可望獲得 3.5% 的股息收入與平均 4% 的股票增值收益。這種增值主要來自於各公司每年未分配盈餘的再投資，稍後我們會解釋這一點。因此，投

8. 請再唸一遍葛拉漢的這句話，注意這位最偉大的投資專家是怎麼說的：未來的證券價格根本是無法預測的。當你繼續閱讀本書的內容，就會發現葛拉漢所講的內容，全都是為了幫助你掌握此一真理。既然你無法預測市場的走向，因此你就必須學會如何預測和控制自己的行為。

資者的股票稅前收益率大約為 7.5%，略低於高等級債券的收益，[9] 而股票稅後收益率大約為 5.3%[10]，相當於優質免稅中期債券的收益。

這些股票相對於債券的預期收益率，遠遜於我們在 1964 年所做的分析。（這是 1964 年以來，債券殖利率的漲幅遠高於股息率成長的結果。）我們絕不能忽略一項事實，即優質債券的利息與本金的償付，遠比股息與股價增值更加可靠。因此，我們不得不做出以下的結論：現在（也就是 1971 年即將結束之際），債券投資顯然優於股票投資。如果我們可以確定這結論是正確的，那麼我們會建議防禦型投資者將全部的資金投入債券，而不要購買任何股票，直到債券利息與股息的關係變得明顯有利於股票為止。

但是，我們顯然不能就此認定，債券未來的表現肯定優於股票。讀者馬上就會想到，通貨膨脹將是一個重要的不利因素。在下一章，我們將根據美國本世紀以來的通貨膨脹經驗，說明在目前的利差條件下，該因素並不支持我們選擇投資股票。儘管我們認為通貨膨脹加速的可能性不高，但它總是存在的，而它將使股票比固定收益的債券更具有吸引力。[11] 除此之外，還有另一種可能性（但我們同樣認為出現的機率不高），即美國企業的獲利大增，而且未出現通貨膨脹，從而使普通股的價值在未來幾年大幅提升。最後，我們可能會看到另一種更常見的情況，即在沒有內含

9. 葛拉漢預測的準確性如何？大致說來，相當不錯：從 1972 年初到 1981 年底，股票市場的年平均報酬率為 6.5%。（葛拉漢並沒有具體說明其預測的時間周期，但似乎可以知道，他的預測是 10 年期。）不過，在這段期間的年平均通貨膨脹率高達 8.6%，吃掉了股票投資的全部收益。在本章節中，葛拉漢總結了所謂的「高登方程式（Gordon equation）的內容，其中股市的未來收益率，等於當前的股息收益率加上預期的盈餘成長率。由於 2003 年年初的股息收益率略低於 2%，長期盈餘成長率大約是 2%，加上通貨膨脹率略高於 2%，因而可以推算出未來的平均年報酬率大約為 6%。（請參閱第 3 章評釋。）

10. 【原註】在此，我們假定一般投資者的最高稅率為：股息 40%，資本利得 20%。

11. 1997 年，隨著抗通貨膨脹債券（Treasury Inflation-Protected Securities，TIPS）的問世，股票就不再是那些預期通貨膨脹上升的投資者第一優先的選擇了。與其他債券不同，TIPS 的價值會隨著消費者物價指數（CPI）的上升而上升，從而有效地預防投資者因通貨膨脹而遭受損失，但股票無法提供這種保證，而且對於惡性通貨膨脹而言，股票其實是一種相當差的對沖工具。（更多詳細說明，請參閱第 2 章評釋。）

價值的支持下，股票市場還是有可能出現另一波巨大的投機熱潮。以上任何一種情況，以及其他我們可能想到的原因，都有可能會導致投資者後悔把 100% 的資金投入債券，儘管債券的殖利率比股票更具有吸引力。

因此，經過以上各種可能性的簡要分析後，我們再次呼籲防禦型投資者應該採取同樣但折衷的基本策略，即把一部分資金投入債券的同時，繼續保留相當比例的股票投資。他們仍然可以維持 50：50 的持有比例，或根據判斷將兩者的投資比例在最低 25% 到最高 75% 之間做相對應調整。在後面的章節中，我們將進行更詳細的說明。

既然目前股票的收益率與債券大致相同，那麼不論如何配置這兩種證券，投資者現在的預期報酬率（包括股票增值）都不會有多大的變化。如上述的計算，兩者的整體稅前報酬率大約為 7.8%，免稅（或稅後）的報酬率大約為 5.5%。這種資產組合的收益，顯然比防禦型投資者在過去很多時候的收益都高出不少，但與 1949 年後 20 年的多頭行情大約 14% 的股票報酬相比，其收益似乎又顯得沒有吸引力了。別忘了，1949 年到 1969 年間，道瓊工業指數已經上漲了 4 倍，而公司的盈餘與股息只成長了 1 倍。因此，在此期間股市的大幅上漲，很大程度上是投資者與投機者的態度轉變，而非公司內含價值的提升。就此而言，或許可以把這種上漲稱之為「自發性的炒作」（bootstrap operation）。

在討論防禦型投資者的股票投資組合時，我們只提及道瓊工業指數的 30 支成份股。我們這麼做只是為了方便起見，並不意味著只有這 30 支股票適合人們購買。實際上，有許多其他股票的品質與道瓊成份股相當，甚至超過道瓊成份股，其中包括一些公用事業股（它們包含在道瓊公用事業股指數中）。[12] 但這裡的主要問題是，無論防禦型投資者的股票投資組合如何配置，其整體的結果都不會有太大的差別；或者更準確地說，投資者或其投資顧問都無法確切地預測這些組合最後會有什麼差別。事實上，透過精明或熟練的投資技巧進行選股，可以帶來比市場平均更高的收益，但出於某種原因（我們將在別處展開論述），我們並不認為防禦型投資者可以獲得超額報酬，這也就意味著，他們無法超越市場的整體表現。（我們這樣的懷疑，範圍也涵蓋那些由專家所管理的大型基金。）

現在，讓我們透過一個似乎相反的例子來說明這一點。在 1960 年 12 月到 1970 年 12 月之間，道瓊工業指數從 616 點上漲到 839 點，漲幅為 36%。但同一時期，包含更多股票的標準普爾 500 指數從 58.11 點上漲到 92.15 點，漲幅達 58%。與前者相比，顯然後者是一個更好的「購買」標的。但是，在 1960 年誰敢斷言，由一堆五花八門的股票所構成的指數，肯定會超越道瓊指數中尊貴的「30 巨頭」呢？我們堅持認為，這所有一切都在證明，人們幾乎無法可靠地預測價格的變化，無論是相對的變化，還是絕對的變化。

我們將在此鄭重地重申（因為再多的告誡也不為過）：投資者不能指望透過買進新股或「熱門」股（那些被認為可以迅速致富的股票）而獲得超額報酬。[13] 從長遠來看，這幾乎肯定會產生相反的結果。防禦型投資者只能購買那些擁有長期獲利記錄和穩健財務狀況的重要公司股票。（任何稱職的證券分析師都可以開列這樣的一份清單。）積極型投資者則可以購買其他類型的普通股，但選股時一定要根據明智的分析。

---

12. 現在，除了道瓊工業指數，標準普爾 500 股價指數（S&P）和威爾遜 5000 指數也得到廣泛的應用。S&P 是由 500 家著名的大公司所組成的，其市值大約占美國股票市場的 70%。威爾遜 5000 指數是反映美國所有上市公司（大約 6700 家）股票的綜合價值，但由於那些規模最大的公司囊括了該指數總價值的絕大部分，因此威爾遜 5000 的報酬與標準普爾 500 大致相同。一些管理費較低的共同基金，可以讓投資者持有這些指數中的成份股而做為一個方便的投資組合。（請參見第 9 章。）

13. 更詳細的內容，請參閱第 6 章。

在本節的結尾，我們將提供防禦型投資者3個簡單的補充概念或做法。首先，他可以購買信譽卓著的投資基金的股份，以代替自己親自建構股票投資組合。他也可以利用各州的信託公司或銀行的「共同信託基金」（common trust funds）或「混合基金」（commingled funds）；如果資金規模較大，他也可以找一家知名的投資顧問公司，從而使其投資計劃按標準程序進行專業化管理。第三種做法是，採用「成本平均法」（dollar-cost averaging），即每月或每季投入固定金額的資金來購買股票。如果採用這種方法投資，他就可以在市場低迷時買到比市場高漲時更多的股票，從而使其持股最終獲得令人滿意的平均價格。嚴格地說，這種方法就是所謂的「定則投資法」（formula investing）更廣泛的應用。我們建議投資者將其持股的比例限制在25%～75%之間，並根據市場的動向進行反向調整，這種策略正是「定則投資法」的概念。這些概念對防禦型投資者甚有助益，在以後的章節中，我們將對此進行更詳細的討論。[14]

積極型投資者的預期收益

相對於防禦型投資者，積極型投資者當然會期望獲得更好的收益。但是，他首先必須確定自己的表現不會太差。我們經常看到，投入更多的精力、進行大量的研究同時具有天賦能力的人們，不僅在華爾街沒有賺到錢，反而虧了錢。如果他們這些優點用力的方向是錯誤的，這種力量反而會變成一種障礙。因此，積極型投資者首先必須清楚明白，什麼樣的操作方法能提供合理的成功機會，什麼樣的操作方法是無法成功的。

首先，讓我們來看看，投資者和投機者為了獲得優於平均水準的收益，經常使用的幾種方法：

---

14. 關於「信譽卓著的投資基金」，請參閱第9章。關於「知名的投資顧問公司」的「專業化管理」，請參閱第10章。至於「成本平均法」的說明，請參閱第5章。

1. **依市場的變化進行交易**。這通常意味著在股價上漲時買進，而在股價反轉向下時賣出；至於所選擇的股票，大多是「表現」優於市場平均水準的股票。少數專業人士經常會從事放空交易。他們會賣出他們並不擁有而從證券交易所借入的股票，其目的是股價在隨後下跌時以更低的價格把它們買回來，並從中獲利。（正如我們在本章前面引用《華爾街日報》頭版標題所看到的，甚至一些「小投資者」——其實他們不配稱為投資者——有時也會以笨拙的技巧試圖放空。）

2. **短線選股**。這意味著買進那些業績成長或預期業績成長，或有其他好消息的公司股票。

3. **長線選股**。此種方法通常著重在公司過去的極佳成長記錄，並且認為這種成長很有可能會延續到未來。在某些情況下，「投資者」也會選擇那些尚未有顯著業績，但預期未來有高獲利能力的公司。（這些公司多半屬於高科技行業，如電腦、製藥、電子等，而且它們經常開發出一些被認為大有潛力的新製程或產品。）

投資者能否透過以上方法，獲得較大的成功機會呢？我們之前就已經對此表示過負面的看法。不管從理論或實務面來看，第一種方法都算不上投資。股票交易並不是「經過深入分析就能夠保證本金的安全，並獲得滿意的報酬。」稍後我們將對此有更多的討論。[15]

至於那些追求最有前景股票的投資者，無論其著眼於短期還是長期，他們都會面臨兩個問題：一是人們總會犯錯，其次則是他們的競爭能力。他們對未來的預測有可能是錯的；即使預測是正確的，但當前的市場價格很有可能已經充分反應了。就短線選股而言，公司當年度的業績已經

15. 請參閱第 8 章。

是華爾街眾所皆知之事；次年的業績，在可預測的範圍內也已經反應在股價上。因此，那些主要根據公司當年的優異業績、或被告知來年業績會更好而選股的投資者，會發現其他人也基於同樣的理由做同樣的事。

基於長期前景選股的投資者，基本上也會面臨同樣的問題。其預測完全錯誤的可能性（譬如我們在導讀中所討論航空業的案例），肯定會比那些只根據短期業績預測的投資者更大。由於專家們常常在這種預測中誤判，因此當所有的華爾街人士都誤判時，投資者若能做出正確預測，理論上肯定能賺到大錢。然而，這只是理論上的可能性，這個世界上究竟有多少積極型投資者，擁有聰明的才智和預測能力，足以超越擅長預估未來長期利潤的專業分析師呢？

由此，我們可以得出以下合乎邏輯但令人尷尬的結論：為了持續獲得優於平均收益的合理機會，投資者必須採用以下兩種策略：（1）穩健而有希望成功的策略，（2）在華爾街並不流行的策略。

對於積極型投資者而言，這樣的投資策略是否存在？理論上來說，答案是肯定的；從實務上來看，我們也有相當的理由相信，其答案也是肯定的。每個人都知道，投機性股票的價格往往超漲或超跌，這對整體市場而言，經常是如此，而對某些個股而言，更是隨時可見。除此之外，有些股票會因為乏人問津或毫無根據的偏見而被低估。我們甚至可以斷言，市場中相當多的股票交易者似乎並不知道（說得文雅一點）一些最基本的差別。在本書中，我們將列舉許多（過去的）實例來說明價格與價值之間的差別。由此看來，任何有智慧的人，只要具有良好的計算能力，就可以在華爾街任意逍遙，並從別人的愚蠢行為中穩定獲利。但這只是表面上看似如此，實際上並沒有這麼容易。想買進一支乏人問津而價格被低估的股票來賺錢，通常需要長時間的等待和忍耐，而放空一支人們追捧而價格被高估的股票，不僅考驗賣出者的膽識與毅力，而且對其財力也是一種考驗。[16] 這種投資原則是穩健的，成功的運用也並非不可能，但它絕不是一種可以輕易掌握的技巧。

由於市場仍存在很多「特殊情況」，因此精通門道的老手只需承擔最低的風險，就可以獲得至少 20% 的年報酬。這些做法包括不同證券之間的套利、資產清算、特定的保護性對沖等。其中最典型的就是計劃性的合併或收購，而併購的價格往往比其公告日的股價高出許多。近年來這種類型的交易急劇增加，而且也為這領域的行家帶來了豐厚的利潤，但隨著併購的交易暴增，其面臨的障礙也倍數成長，導致許多交易無法順利完成，最後使不少人在這種曾一度穩賺不賠的交易中賠錢。或許，過多的競爭也使這種交易的整體報酬率跟著下降了。[17]

在這些特殊情況下的報酬率下降，似乎說明了市場存在著某種自我毀滅（類似於報酬遞減法則）的過程，而從本書出版以來，這過程一直持續在發展。1949 年，我們針對過去 75 年的股市波動提出了一份研究報告，該研究證實，根據公司盈餘與當期利率所得出的一個公式，可以用來決定買進和賣出道瓊成份股的價格水準，也就是可以在價格低於其「中心」或「內含」價值時買進，並在高出時賣出，而這正是羅斯柴爾德家族（Rothschilds）操作法則的應用：「低買高賣」。[18] 該法則與華爾街一

---

16. 所謂的「放空」股票，就是你賭該股票會下跌，而不是上漲。放空包含 3 個步驟：首先，你向擁有該股票的人借股票；然後，立刻將其賣出；最後，再用隨後買進的股票歸還。如果該股票下跌，你就可以用較低的價格買進該股票，而你賣出與隨後買進的價差就是你的毛利（未扣除股息、借股利息及經紀費用）。但是，如果該股票上漲而不是下跌，那麼你的損失可能就會非常巨大。因此，放空對大多數散戶投資者來說，是一種玩不起的投機遊戲。

17. 在 1980 年代末期，由於惡意收購和槓桿收購的交易暴增，華爾街紛紛成立了專門套利的部門，以便從這些複雜交易可能產生的錯誤定價中獲得利潤。由於參與套利活動的人越來越多，套利的空間亦隨之消失，從而使許多這類的部門也被迫關閉了。雖然葛拉漢對此還有進一步的討論（請參閱第 7 章相關的內容），但對大多數投資者來說，這種類型的交易已不再可行，因為只有規模達數百萬美元的交易才能獲利。富有的投資者和法人機構，可以透過專門從事併購或「事件」套利的對沖基金來進行這種策略。

18. 在 19 世紀，以納森・梅爾・羅斯柴爾德（Nathan Mayer Rothschild）為首的羅斯柴爾德家族，是歐洲投資銀行和證券經紀業的壟斷寡頭。其輝煌的一生，請參閱 Niall Ferguson 的《The House of Rothschild: Money's Prophets》，1798-1848（Viking,1998）。

貫奉行、但實際上有害無益的法則「追漲殺跌」是完全相反的。遺憾的是，1949 年之後，這法則已不再適用了。第二個例證，是探討股票市場走勢的「道氏理論」，該理論在 1897 ～ 1933 年間確實成效輝煌，但在 1934 年之後的表現，則令人質疑。

至於絕佳投資機會近年來已不復存在的第三個、也是最後一個例證是：我們在華爾街的投資大部分集中於購買廉價的股票，這些股票的特徵是，其市場價格低於其淨流動資產（營運資本）的價值（不包括廠房設備等其他資產，而且已扣除公司所有的負債）。顯然，這些股票的市場價格遠低於該企業的價值。任何業主或大股東都不會在如此荒謬的低價出售其持股。奇怪的是，這種異常的股票並不難找。從 1957 年的一份上市股票清單中可以看到，當時市場上有近 200 支這樣的股票。透過不同的方式實際操作，這些廉價股票最終都是有利可圖的，而且其平均年報酬率遠高於大多數的其他投資。然而，在接下來的 10 年，這些股票在股票市場上幾乎完全消失了，而積極型投資者也因此失去了一塊可以精明和成功操作的園地。不過，在 1970 年股市的低點，這種「低於營運資本」的股票再次大量湧現，儘管後來市場出現強勁的反彈，但在年底仍有不少這種股票，足以構成一個完整的投資組合。

在目前的情況下，積極型投資者仍然可以獲得優於平均水準的收益。從合乎邏輯和合理的標準來看，在眾多上市交易的股票中，肯定有相當多價格被低估的股票，而這些股票的報酬將比道瓊成份股或其他代表性的股票更令人滿意。我們認為，除非投資者的投資組合能獲得比平均水準高出 5% 的稅前收益，否則就不值得費工夫去尋找這些價格被低估的股票。隨後我們將試圖為積極型投資者找出更多的選股方法。

第一章 評釋

人們所有的不快樂，全都來自於一個原因：不知道如何停下來休息。

——布萊斯・帕斯卡（Blaise Pascal）

你可知道為什麼每當收盤鐘聲響起，無論當天市場行情如何，紐約證券交易所場內的經紀人總是群起歡呼？因為只要你交易，無論你是否賺到錢，他們都會賺錢。如果你從事的是投機而不是投資，你只會減少自己累積財富的機會，同時增加了別人賺錢的機會。

葛拉漢對投資的定義非常明白：「投資操作必須以深入分析為基礎，確保本金的安全，並獲得適當的報酬。」[1] 請注意，根據葛拉漢的定義，投資包括以下三個同等重要的因素：

- 買進股票之前，你必須深入分析該公司與其相關業務是否穩健。
- 你必須保護自己，以免遭受重大的損失。
- 你只能期望獲得「適當的」報酬，但不要期望過高。

投資者會根據公司的營運狀況，計算其股票的價值；投機者則會打賭股票價格的上漲，因為他們認為，其他人會出更高的價錢來買這支股票。正如葛拉漢的說法，投資者會「根據公認的價值，來判斷股票的市場價

1. 葛拉漢進一步詮釋他在投資定義中的關鍵術語：「深入分析」是指「研究基本的投資安全與價值」，「本金的安全」是指「在一切正常或合理變化的情況下，保護本金免於受損」，而「適當」（或「滿意」）的報酬則是指「投資者在合理明智的操作下，（無論多低都）願意接受的任何報酬」。

格」，而投機者則是「根據股票的市場價格，來確定其價值」。[2] 對投機者來說，連續不斷的報價就好比是氧氣；切斷了就會出人命。對投資者來說，葛拉漢認為「行情報價」與價值無關。即使不知道股票每天的價格，唯有在投資者能對所持有股票感到放心的情況下，葛拉漢才會敦促你去投資。[3]

就像在賭場下注或賭馬一樣，在股市裡投機也是令人興奮或甚至是有利可圖的（如果你碰巧遇到了好運氣）。但是，這是一種最糟糕的賺錢方式，因為華爾街就像拉斯維加斯或賽馬場一樣，已經精算過輸贏的機率，因此它最終總是能在這個投機遊戲中，戰勝任何試圖獲勝的人。

另一方面，投資則是一種獨特的賭博遊戲—只要你遵循有利於你的遊戲規則去參與，最終就不會賠錢。投資者是為自己賺錢，而投機者則是為其經紀人賺錢。這就是為什麼華爾街總是看貶實實在在的投資，吹捧華而不實的投機，其背後真正的原因。

高速行駛的危險

葛拉漢警示人們，把投機與投資混為一談是錯誤的。在 1990 年代，這樣的混淆造成了大規模的殺傷力。當時所有的人似乎都失去了耐心，美國則變成了一個投機王國，著急的交易者就像 8 月天在牧草地呼嘯而過的蝗蟲，不停地從一支股票跳到另一支股票。

人們開始認為，投資技巧的考驗，在於其是否「有效」。如果某種技巧能夠在某一段時間戰勝市場，無論其危險有多大或多麼愚蠢，它都是「正確的」。但智慧型投資者並不計較一時的對錯，為了達到長期獲利目

2. 《證券分析》1934 年版。

3. 正如葛拉漢在某一次訪談中的建議：「問問你自己，如果這些股票沒有報價，你還願意投資這家公司嗎？」（《富比士》雜誌，1972 年 1 月 1 日）

標，你必須持續堅持正確的做法。1990 年代盛行一時的技巧—短線交易、忽視多元化、追逐熱門的共同基金和跟隨選股「系統」操作—在當時似乎是正確的，但從長遠來看，這些技巧都不可能成功，因為它們完全不符合葛拉漢所定義的三項投資原則。

為了說明這種短暫的高報酬並不能證明什麼，讓我們想像一下相距 130 英哩的兩個地方。如果我以 65 英哩的時速行駛，我需要 2 個小時才能完成這段路程，但如果我以 130 英哩的時速行駛，1 個小時就能達成。假如我以 130 英哩的時速行駛而且沒有出事，我這麼做是否「正確」呢？如果你聽到我誇耀說這樣做「有效」，你是否也想試一試呢？那些戰勝市場的各種花招大多如此：就短時間而言，只要你的好運氣還在，它還是有效，但從長遠來看，它會要了你的命。

1973 年，當葛拉漢最後一次修訂《智慧型股票投資人》時，紐約證券交易所的股票年週轉率為 20%，這意味著股東的平均持股時間為 5 年。到了 2002 年，年週轉率高達 105%，也就是說，平均持股時間只有 11.4 個月。在 1973 年，共同基金的平均持有時間大約是 3 年；到了 2002 年，平均持有時間則縮短到只有 10.9 個月。這就好比基金經理人研究了老半天，最後發現當初不該買進這些股票，然後立刻將其拋售一空，並從頭開始買進新的股票。

即使是信譽卓越的基金公司，如今也急得像熱鍋上的螞蟻。1995 年初，富達麥哲倫基金（當時全世界規模最大的共同基金）的經理人傑佛瑞・維尼克（Jeffrey Vinik），持有的總資產中科技股就占了 42.5%。維尼克宣稱，其基金持有人「投資該基金是準備長期持有，其目標是幾年之後的獲利……我相信他們的目標和我是相同的，而且他們和我一樣，相信長期投資才是最佳的策略。」但是，就在他發表這番言論之後 6 個月，維尼克就賣出其所有的科技股，在忙亂的 8 個星期內，賣出了將近 190 億美元的股票。這就是他所謂的「長期投資」！到了 1999 年，富達基金的折扣經紀部門推薦其客戶使用 Palm 掌上型電腦，以便隨時隨地都可以交易，這倒是與該公司的新口號「分秒必爭」頗為吻合。

圖 1-1 快速轉手的股票

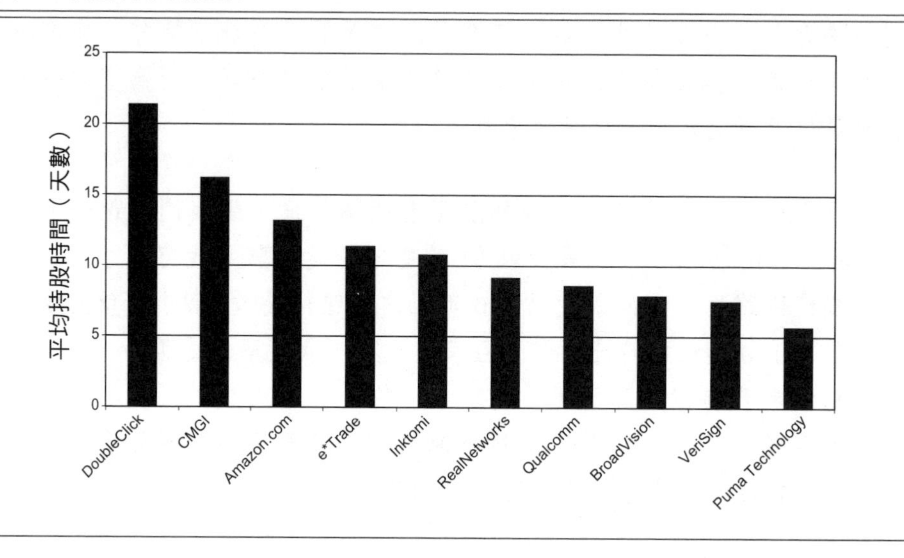

那斯達克交易所的股票週轉率更是高得嚇人，如圖 1-1 所示。[4]

例如，在 1999 年，Puma 科技公司的股票平均 5.7 天就轉手一次。儘管那斯達克冠冕堂皇的座右銘寫著「未來 100 年的股票市場」，但其許多客戶持有一支股票的時間，卻還不到 100 個小時。

金錢視訊遊戲

華爾街的宣傳總是把網路交易吹噓得像一部快速印鈔機：Discover 經紀公司是證券業老字號摩根史丹利公司專營網路交易的分支機構，在它推出的一支電視廣告中，一位衣衫襤褸的拖車司機途中搭載了一位看起來事業有成的經理。經理看到拖車儀表板上貼著一幅熱帶海濱風景圖後問道：「去度假？」司機回答說：「實際上這是我的家。」西裝革履的經理有

4. 資料來源：Steve Galbraith，Sanford C. Bernstein & Co. 的研究報告，2000 年 1 月 10 日。在此表上的股票，1999 年的平均報酬率為 1196.4%，而後分別在 2000 年損失 79.1%，2001 年損失 35.5%，2002 年損失 44.5% ——最後徹底毀掉了 1999 年的全部收益。

些驚訝地說：「看起來像是一座島嶼。」司機得意地回答說：「嚴格來說，這是一個國家。」

這種宣傳甚至宣稱網路交易不需做任何工作，也不需要動腦。一家網路交易經紀公司 Ameritrade 推出了一支電視廣告，其中兩個家庭主婦剛剛慢跑回來，其中一個打開電腦，按了幾下滑鼠，然後炫耀地說：「我想，我剛剛賺了 1,700 美元！」Waterhouse 經紀公司的一支電視廣告中，有人問籃球教練菲爾．傑克遜（Phil Jackson）：「你對網路交易瞭解嗎？」他回答說：「我正準備去做這種交易。」（如果傑克遜把這種哲學運用在籃球場，那麼他的 NBA 球隊能贏得幾場比賽？對其他球隊的情況一無所知，卻說：「我已準備好跟他們比賽了」，這聽起來不像是個可以贏得冠軍的方法。）

到了 1999 年，網路交易的人數至少有 600 萬人，其中大約有十分之一是當沖交易者（day trading），他們利用網路進行閃電般的股票交易。從演藝圈的天后芭芭拉．史翠珊，到紐約皇后區一位 25 歲的前餐飲服務生尼古拉．畢巴斯（Nicholas Birbas），這些人都非常頻繁地進行股票交易。「以前，」畢巴斯嘲笑地說：「我是做長期投資的，後來發現這種做法並不明智。」現在，畢巴斯一天的交易多達 10 次，並且希望在一年內賺到 10 萬美元。史翠珊在接受《財富》雜誌的訪問時無奈地說：「我受不了我的盈虧表上出現赤字。我是金牛座的，我對紅色特別敏感，如果我看到赤字，我就會馬上賣出我的股票。」[5]

5. 史翠珊應該回歸到葛拉漢的做法，而不是根據自己想法操作。智慧型投資者絕不會單純因股價下跌就賣出股票；她應該先查詢該公司的基本價值，看看是否已經有了改變。

透過連續不斷地把股票訊息散播到酒吧、理髮店、餐廳及咖啡廳、計程車和卡車休息站等各種場所，財經網站和財經電視節目把股票市場變成了一個永無休止的全國性視訊遊戲。一般大眾感覺到他們比以往任何時候都更瞭解股市，但不幸的是，人們被大量的資訊所淹沒，而真正的知識卻找不到了。股票與發行公司已完全脫鉤，它們變成了十分抽象的東西，一條電視或電腦螢幕上會移動的曲線，如果這曲線向上移動，那就什麼事都不重要了。

1999 年 12 月 20 日，Juno 網路服務公司揭露了一項開創性的業務計劃：那簡直就是個要讓公司陷入虧損的計劃。Juno 宣布，今後將免費提供所有的零售服務，包括免費的電子郵件和網路連接，還要在翌年花費數百萬美元對此做廣告宣傳。該公司宣佈這項切腹自殺的計劃後，Juno 的股價在兩天內，竟然從 16.375 美元飆漲到 66.75 美元。[6]

為什麼要費神去瞭解一家公司是否賺錢，該公司生產什麼商品和服務，其管理階層是誰，或甚至該公司的名稱是什麼？你只需要知道公司的股票交易代碼：CBLT，INKT， PCLN，TGLO，VRSN，WBVN。[7] 這樣你就可以更快地買進這些股票，不必多花兩秒鐘在網路搜尋引擎查閱其名稱。1998 年年底，一家交易量很小的小型房屋維修企業 Temco 服務公司，其股票突然在幾分鐘內爆出了歷史天量，約平常的 3 倍。為什麼會這樣呢？完全是因為股票代碼搞錯的緣故，因為數以千計的交易者把 Temco 公司的股票交易代碼，誤認為同一天首次公開發行的網路寵兒 Ticketmaster Online 公司（TMCS）。[8]

---

6. 僅僅過了 12 個月之後，Juno 的股價就跌到了 1.093 美元。

7. 這些股票代碼是公司名稱的縮寫。為了交易方便，通常會用 1 ～ 4 個字母的股票代碼來識別該公司。

8. 這不是一個單一事件；在 1990 年代末期至少發生了 3 次像這樣的事件，當沖交易者下錯單導致股票暴漲，因為他們誤以為其下單的股票代碼是一家新崛起的網路公司。

奧斯卡 · 王爾德（Oscar Wilde）曾經嘲諷那些玩世不恭的人，「知道所有事物的價格，卻對其價值一無所知。」根據此一說法，股票市場總是不乏玩世不恭的人，但在1990年代後期發生的情況，連奧斯卡本人也會感到震驚。一個不成熟的看法，也有可能使一家公司的股價翻倍，甚至其價值完全沒有經過檢驗。1998年底，OBC Oppenheimer的分析師亨利 · 布洛傑（Henry Blodget）警告說：「就所有網路公司而言，其價值的判斷顯然藝術的成份多於科學。」接著，他根據未來成長的可能性，把Amazon.com的目標價從150美元一舉調升到400美元。Amazon.com的股價在當天狂漲了19%，儘管布洛傑聲稱他的目標價是對一年後的預測，但該公司的股價在短短3個星期就上漲超過了400美元。一年後，PaineWebber的分析師華特 · 皮斯克（Walter Piecyk）預測，Qualcomm的股價將在隨後的12個月內達到1,000美元。該股票在這一年已上漲了1,842%，而在華特 · 皮斯克預測目標價的那天，股價又上漲了31%，達到每股659美元。[9]

模式操作的失敗

然而，就像你的內褲著火一樣急著進行交易，並非投機的唯一方式。在過去的10年間，一個又一個投機模式相繼被推出而且非常流行，然後很快就被扔到一邊。所有的模式都具有一些共同的特點—賺錢快！賺錢輕鬆！不會賠錢！但它們至少都違背了葛拉漢在區分投資與投機中的一項標準。下列是曾經流行一時的投機模式：

- **賺特定日子的錢。**「元月效應」— 1980年代，一些學術論文和暢銷書籍都普遍認為，小型股在歲末年初往往會出現大幅上漲。這些研究顯示，如果你在12月的下半月買進小型股，並持有到1月，

9. 在2000年和2001年，Amazon.com和Qualcomm的市值分別跌掉了85.8%和71.3%。

那麼你的收益將超過整體市場5至10個百分點。這種說法令許多專家感到驚訝。畢竟，如果這種方法那麼簡單，肯定每個人都曾聽說過，而且很多人會採用這種方法，那麼這種機會自然就會逐漸消失。是什麼因素造成這種元月效應？首先，許多投資者會在年底賣出跌得最慘的股票以鎖定其虧損，從而減少應繳稅款。其次，專業基金經理人會在年度即將結束之際更加小心謹慎，以保住其優異績效（或使其不好的績效盡量不要太難看），這促使他們不願意購買（或繼續持有）正在下跌的股票。如果表現不佳的股票是一支不知名的小型股，基金經理人就更不願意讓它出現在年底公佈的持股名單中。所有這些因素都會使小型股暫時成為便宜貨；當稅賦因素所導致的拋售在元月停止之後，這些股票通常就會出現反彈，而且迅速帶來巨大的收益。如今，元月效應並沒有完全消失，但效應已經減弱了。根據羅徹斯特大學金融學教授威廉・史瓦特（William Schwert）的研究，如果你在12月下旬買進小型股，然後在1月初賣出，那麼你在1962年至1979年間的收益將超出整體市場平均8.5個百分點；1980年至1989年間，將超出4.4個百分點；1990年至2001年間，將超出5.8個百分點。[10]隨著越來越多人知道元月效應之後，在12月買進小型股的人越來越多，使得小型股的股價變得不那麼便宜，收益也隨之減少。除此之外，元月效應主要表現在小型股，但根據研究經紀費用的權威Plexus Group的估算，買進然後賣出這種小型股的費用，相當於其投資總額的8%。[11]不幸的是，等你支付了經紀費用之後，你從元月效應中得到的收益，已完全化為烏有了。

---

10. 史瓦特探討這些發現的研究論文《異常報酬與市場效率》，可以在 http://schwert.ssb.rochester.edu/papers.htm 找到。

11. 請參閱 www.plexusgroup.com/fs.research.html，1998年1月出版的 Plexus Group Commentary 54，《The Official Icebergs of Transaction Costs》。

- **只採用「有效方法」操作。**1996 年，一位默默無名的基金經理人詹姆斯 ‧ 歐沙納西（James O'Shaughnessy）出了一本書名為《What Works on Wall Street》（華爾街致勝秘笈）的書，他在書中指出，「投資者的績效可以比市場好很多。」歐沙納西提出了一個令人瞠目的觀點：從 1954 年到 1994 年，投資者可以將 10,000 美元的本金變成 8,074,504 美元，達到整體市場報酬的 10 倍以上，即平均年報酬率高達 18.2%。這是怎麼辦到的？他的方法是：買進一籃子 50 支股票，而這些股票每年的報酬率最高，營業額連續 5 年上升，而且本益比小於 1.5 倍。[12] 歐沙納西就像是華爾街的愛迪生一樣，他還到美國專利局為其「自動投資策略」申請了第 5,978,778 號專利，並根據自己的發現一口氣成立了 4 支共同基金。1999 年年底，他從大眾募集到的資金超過 1.75 億美元，而且在當年致股東的信中大言不慚地宣稱：「像過去一樣，透過既定目標，並堅持我們經過時間考驗的投資策略，我們一定會達到我們的長期目標。」然而，就在《華爾街致勝秘笈》出版之後，其投資策略就不再有效了。如圖 1-2 所示，其中兩支基金簡直是爛透了，不得不在 2000 年年初結束營運，而歐沙納西的基金在營運的 4 年間，整體股市的表現（標準普爾 500 指數）幾乎一直領先他所有的基金。2000 年 6 月，歐沙納西更接近其「長期目標」了，他把基金交給新的經理人操作，留下他的客戶獨自面對那些「經過時間考驗的投資策略」。[13] 如果歐沙納西把自己的書名改成一個更貼切的標題，如《曾在華爾街致勝的秘笈……在我寫這本書之前》，其股東也許就不會那麼鬱悶了。

---

12. 請參閱詹姆斯 ‧ 歐沙納西的《What Works on Wall Street》（McGraw-Hill, 1996）。

13. 非常諷刺的是，歐沙納西宣佈把倖存的 2 支歐沙納西基金（現已更名為 Hennessy 基金）交給另一家公司管理後，這兩支基金的績效變得非常優異。該基金的股東們非常生氣，有人在 www.morningstar.com 的聊天室憤怒地說：「我猜歐沙納西的『長期投資』是指 3 年……我可以感受到你的痛苦。我也曾對歐沙納西的策略非常有信心……我曾經介紹這支基金給幾個朋友和親戚，但現在我很高興他們沒有聽我的建議去買這支基金。」

圖 1-2 曾經在華爾街行之有效的策略

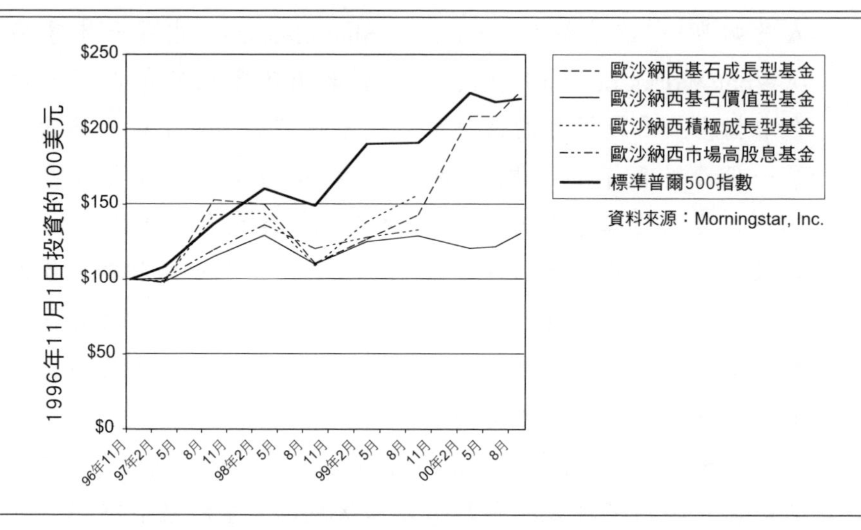

資料來源：Morningstar, Inc.

- **依「傻瓜四部曲」操作。**1990 年代中期，Motley Fool 網站（以及一些書籍）大肆宣傳一種叫做「傻瓜四部曲」的投資技巧。根據 Motley Fool 的說法，「一年只需要花 15 分鐘」來規劃你的投資，就可以「超越過去 25 年的市場平均收益，而且還可以「超越你的基金的績效」。最厲害的是，這種方法的「風險最低」。你只需要做下列幾件事：

1. 在道瓊工業指數的成份股中找出價格最低且股息最高的 5 支股票。
2. 剔除其中一支價格最低的股票。
3. 把 40% 的資金，拿去購買價格第二低的股票。
4. 針對其餘 3 支股票，各投入 20% 的資金。
5. 一年後，以同樣的方式篩選道瓊成份股，並按照上述 1 ~ 4 的步驟重新建構你的投資組合。
6. 重複上述的方法直到賺大錢。

Motley Fool 宣稱，在過去 25 年間，只要運用這種技巧，你每年的收益就會比市場平均水準高出 10.1 個百分點。他們認為，在未來的 20 年，採用「傻瓜四部曲」操作，你 20,000 美元的投資將變成 1,791,000 美元。（他們還說，如果你從道瓊成份股中選出股息與股價平方根之比率最高的 5 支股票，然後剔除其中最高的 1 支，並買進其餘的 4 支，你的收益將會更高。）讓我們來看看這種「策略」是否符合葛拉漢對投資的定義：

- 剔除股價和股息最具有吸引力的 1 支股票，並選擇其餘 4 支不那麼優秀的股票。請問，哪一種「深入分析」能夠支持這樣的做法？
- 拿全部資金的 40% 購買其中 1 支股票，怎麼可能是「風險最低」的做法？
- 你的投資組合只有 4 支股票，怎麼可能足夠多元化以保證「本金安全」？

總之，「傻瓜四部曲」堪稱有史以來最荒謬的選股方法之一。它所犯的錯與歐沙納西相同：如果你觀察大量的數據夠久，就會發現其中有許多規律。通常，這些公司光靠運氣就能產生高於平均水準的股票收益。但是，除非這些因素能導致股價上漲，否則就不能用它來預測未來的收益。Motley Fools 所吹噓的種種「發現」，即剔除一支分數最高的股票，加倍買進分數第二高的股票，以及將股息除以股價的平方根等，這些都不可能影響或解釋股票的未來表現。《錢雜誌》發現，由一批公司名稱不包含重複字母的股票所構成的投資組合，其表現與傻瓜四部曲所選出的股票幾乎相同，而且兩者的表現均出於同樣的理由：純屬運氣。[14] 正如葛拉漢不斷提醒我們的，股票未來表現的好壞，是由其背後公司經營得好壞所決定的，而且僅此而已。果不其然，「傻瓜四部曲」並沒有征服市場，

14. 請參見傑森・茲威格在 1999 年 8 月份《錢雜誌》中的文章《False Profits》。關於傻瓜四部曲更深入的討論，可以在 www.investorhome.com/fool.htm 找到。

而是征服了數以千計誤信其模式有效的投資者。僅在 2000 年，4 支傻瓜股—卡特彼勒（Caterpillar）、伊士曼柯達（Eastman Kodak）、SBC 和通用汽車（General Motor）—就虧損了 14%，而道瓊指數只下跌了 4.7%。

正如這些例子所顯示的，在華爾街只有一種東西永遠不會遭受空頭市場的打擊，那就是愚蠢的想法。這些所謂的投資方法都將輸給葛拉漢的法則，而所有想要贏得超額報酬的機械式方法，都將淪為「一種自我毀滅（類似於報酬遞減法則）的過程。」報酬的遞減，是出自於以下兩個原因：如果此種方法只是出於統計數據上的僥倖（如「傻瓜四部曲」），那麼單憑時間的推移，就可以證明它原本就是一種沒有意義的方法。另一方面，如果此種方法在過去確實有效（如元月效應），那麼隨著方法廣為人知，市場的專家們總會削弱其未來的效力，而且通常會使其完全失效。

所有這些都進一步驗證了葛拉漢的警告，而你在投機時，必須像有經驗的賭徒那樣：

- 投機就是投機，千萬不要自以為是在投資。
- 如果把投機看得太認真，它就會變得十分危險。
- 你必須嚴格限定你的賭注。

就像精明的賭徒只帶 100 美元進賭場，而把其餘的錢都鎖在飯店房間裡的保險箱一樣，聰明的投資者也只會把一小部分資金拿來冒險。對於我們大多數人來說，總資產的 10% 已經是我們投機可容許的上限。不要把你的投機帳戶與投資帳戶混為一體；不要把投機與投資混為一談；無論如何，拿來投機的錢絕不能超出你資產的 10%。

不論是好是壞，賭博本是人類天性的一部分，因此對大多數人來說，試圖抑制本能都是徒勞之舉，但你必須限制和約束它。為了確保自己永遠不會把投機當作投資，這種約束是唯一最好的辦法。

第2章

投資者與通貨膨脹

近年來，通貨膨脹以及如何對抗通貨膨脹已經成為人們極度關切的問題。美元購買力的縮水，尤其是未來購買力還將進一步縮水的擔憂（或許投機者正希望如此），已經大大地影響了華爾街的思維模式。顯然，隨著生活費用上升，以美元計價的固定收益將遭受損失，而且本金也將面臨同樣的問題。另一方面，股票持有者則可以透過股息與股價的上漲，彌補其美元購買力的喪失。

根據這些不可否認的事實，許多金融權威似乎已得出以下的結論：（1）債券基本上不是一種理想的投資工具，（2）因此，投資股票基本上優於債券。我們聽到，有人建議慈善機構的投資組合應持有 100% 的股票，而債券的比例應為零。[1] 這種觀點與以前的看法完全相反，因為過去的法律規定，信託投資只能購買高等級債券（以及少數幾支優先股）。

我們的讀者必須具有足夠的智慧認識到，即使是優質的股票，也不可能在任何情況下都優於債券，也就是說，無論股市漲多高，或當前的股息收益比債券殖利率低多少，我們都不能認為，優質股票永遠是比債券更好的投資。相反的論述（如幾年前我們經常聽到的，任何債券都比股票安全）同樣是荒謬的。在本章中，我們將採用各種不同的方式來評估通貨膨脹因素，以確定未來物價上漲的預期，有可能對投資者產生多大的影響。

正如許多其它金融問題的探討一樣，我們必須根據過去的經驗來擬定未來的策略。對美國來說，通貨膨脹並不是一件新鮮事，尤其是 1965 年以來發生過嚴重的通貨膨脹。如果我們在現實生活中，經歷類似（或更嚴重）的通貨膨脹，那麼以往的經歷能給我們什麼教訓，以應付目前

1. 1990 年代末期，這一建議（它適合於投資期限無限的基金或捐贈）也在投資生涯有限的個人投資者中流傳。1994 年，華頓商學院的金融教授傑瑞米 ‧ 西格爾出版了一本頗有影響力的書《長線獲利之道》（Stocks for the Long Run），他在書中建議，「能夠承受風險」的投資者應該借錢買股票，而借入的金額應超過其淨資產的三分之一，即將 135% 的資產投入股市。甚至有些政府官員也加入這種鼓噪行列：1999 年 2 月，頗受尊敬的馬里蘭州財政部長理查 ‧ 狄克遜（Richard Dixon），在一個投資論壇中對聽眾說：「把錢放在債券是沒有任何意義的。」

的通貨膨脹呢？讓我們從表 2-1 開始。該表簡要地列出許多歷史數據，其中包括整體物價水準的變化、同期股票報酬與股票價格的變化。該表的數據從 1915 年開始，因此涵蓋了 55 年的資料，並以 5 年做為一期。（我們使用 1946 年的數據取代 1945 年，以消除戰爭期間物價管制的影響。）

我們首先注意到的是，在過去幾十年間，我們經歷過許多次通貨膨脹，其中最嚴重的一次發生在 1915 ～ 1920 年間，而當時的生活費用幾乎翻漲了一倍。相對地，1965 ～ 1970 年間只上漲了 15%。在這兩者之間的幾十年中，我們曾經有 3 次的物價下跌，還有 6 次不同程度的價格上漲，其中幾次的上漲幅度相當地小。這些資料顯示，顯然投資者應該預料到未來通貨膨脹仍將繼續或再次發生。

我們能否知道未來的通貨膨脹率如何？該表並沒有告訴我們明確的答案；它顯示了多種的可能性。然而，我們似乎可以從過去 20 年相對具有一致性的記錄中找到一些線索。在這段期間，消費者物價指數平均年增率為 2.5%，其中 1965 ～ 1970 年為 4.5%，單是 1970 年這一年為 5.4%。官方的政策一直都是強烈對抗大規模的通貨膨脹，而且我們有理由相信，未來聯邦的政策會比近幾年更有效。[2] 此時我們認為，投資者在思考和作決策時可以假設未來的通貨膨脹率大約是 3%（這一點很難確定）。（相較於 1915 ～ 1970 年期間的年通貨膨脹率為 2.5%。）[3]

---

2. 這是葛拉漢少數的誤判之一。1973 年，就在尼克森總統對工資和物價實施管制的兩年後，通貨膨脹率達到了 8.7%，這是第二次世界大戰結束以來的最高記錄。1973 ～ 1982 年，是美國現代史上通貨膨脹率最高的 10 年，在此期間生活費用增加了一倍以上。

3. 【原註】這些文字發表於 1971 年 8 月尼克森總統「凍結」物價及工資之前，在這之後，他實施了「第二階段」的管制措施。這些重要的發展似乎證實了文中所表達的觀點。

表 2-1 1915 ～ 1970 年的整體物價水準，股票收益與股票價格（5 年為一期）

年份	物價水準[a]		標準普爾 500 指數[b]		變動百分比			
	躉售	消費者	收益	價格	躉售物價	消費者物價	股票收益	股票價格
1915	38.0	35.4		8.31				
1920	84.5	69.8		7.98	+96.0%	+96.8%		–4.0%
1925	56.6	61.1	1.24	11.15	–33.4	–12.4		+41.5
1930	47.3	58.2	0.97	21.63	–16.5	– 4.7	–21.9%	+88.0
1935	43.8	47.8	0.76	15.47	– 7.4	–18.0	–21.6	–26.0
1940	43.0	48.8	1.05	11.02	– 0.2	+ 2.1	+33.1	–28.8
1946[c]	66.1	68.0	1.06	17.08	+53.7	+40.0	+1.0	+55.0
1950	86.8	83.8	2.84	18.40	+31.5	+23.1	+168.0	+ 21.4
1955	97.2	93.3	3.62	40.49	+ 6.2	+11.4	+27.4	+121.0
1960	100.7	103.1	3.27	55.85	+ 9.2	+10.5	– 9.7	+38.0
1965	102.5	109.9	5.19	88.17	+ 1.8	+6.6	+58.8	+57.0
1970	117.5	134.0	5.36	92.15	+14.6	+21.9	+3.3	+4.4

a 年平均值。1957 年物價水準＝ 100；但如果使用新的基期（1967 年＝ 100），則 1970 年消費者物價指數為 116.3，而躉售物價指數則為 110.4。

b 1941 ～ 1943 年的平均數＝ 10

c 使用 1946 年的數據，以消除物價管制因素的影響。

這樣的通貨膨脹率究竟意味著什麼？由於通貨膨脹導致較高的生活費用，將使中期免稅優質債券收益（或高等級公司債稅後收益）的一半化為烏有。這確實是嚴重的縮水，但也不要過分誇大其嚴重性，因為它並不意味著投資者財富的真正價值或購買力在此期間會有所減損。如果考慮稅後收益一半的支出，即使年通貨膨脹率達到 3%，他還是能維持其原先的購買力。

但接下來的問題是，「投資者買進並持有高等級債券以外的證券，是否肯定能獲得更好的報酬，即使高等級債券在 1970 ～ 1971 年出現前所未有的高殖利率？」例如，全部投資股票的做法，不是比部分債券搭配部分股票的投資組合更好嗎？股票不是具有對抗通貨膨脹的功能嗎？而且多年來股票的報酬不是比債券更好嗎？從我們所觀察的 55 年來看，股票給投資者帶來的收益難道不是遠高於債券嗎？

要回答這些問題可能有些複雜。普通股的表現在過去很長的一段時間確實優於債券。道瓊工業指數從 1915 年的 77 點，上漲到 1970 年的 753 點，其股票年複合報酬率為 4%，還有 4% 的股息收益（S&P 的情況與此類似）。兩者合計 8% 的收益當然優於這 55 年的債券收益，但這一數字並沒有超過目前高等級債券所提供的收益。由此，我們必須考慮到下一個問題：我們是否有充分的理由相信，未來幾年普通股的表現，還會優於過去 55 年的表現？

我們對這一關鍵問題的回答是否定的。未來普通股的表現也許會比過去更好，但這種猜測是充滿不確定性的。在此，我們必須考慮兩個不同的時間因素：首先，從長遠來看（如未來 25 年），未來會發生什麼狀況；其次，從短期或中期來看（如 5 年或更短），投資者的財務和心理會有什麼變化。他的想法、他的希望和擔憂，以及他對投資的結果滿意與否，尤其是下一步該怎麼做，所有這一切都不是回顧過去的投資生涯所能決定的，而是需要年復一年所累積的經驗。

關於這一點，我們的看法是明確的。通貨膨脹（或緊縮）與普通股的收益和價格之間，並不存在密切的關聯。最近的 1966 ～ 1970 年就是一個明顯的例子，在此期間，生活費用上漲了 22%，是 1946 ～ 1950 年以來物價上漲幅度最大的 5 年。但從整體來看，股票收益和股票價格從 1965 年以來都呈現下跌的趨勢，而在此前的幾個 5 年期，也有類似矛盾的現象。

通貨膨脹與公司獲利

研究此議題還有另一種極為重要的方法，就是觀察美國企業的資本獲利率。當然，資本獲利率會隨著總體經濟成長率而波動，但它與躉售物價或生活費用的上漲無關。事實上，通貨膨脹在過去 20 年一直持續成長，但企業的資本獲利率卻明顯地下降。（在某種程度上，這種下降應歸因於較高的折舊率。見表 2-2。）根據我們更深入的研究指出，投資者不能期望其報酬率高於道瓊成份股近 5 年的獲利，即這些股票的淨有形資產（帳面價值）的 10% 左右。[4] 由於這些股票的市價遠高於其帳面價值（如 1971 年中，市價為 900，而帳面價值為 560），因此根據當期市價所計算出來的獲利率只有 6.25%。（這樣的關係通常以倒數或「本益比」的方式來表示。例如，道瓊工業指數 900 點的價格，相當於截至 1971 年 6 月底年獲利的 18 倍。）

表 2-2 公司債務、獲利和資本報酬率（1950 ～ 1969 年）

		公司獲利（百萬美元）			
年份	公司淨債務（十億美元）	稅前	稅後	資本報酬率	
				S&P 數據 [a]	其它數據 [b]
1950	140.2	42.6	178	18.3%	15.0%
1955	212.1	48.6	27.0	18.3	12.9
1960	302.8	49.7	26.7	10.4	9.1
1965	453.3	77.8	46.5	10.8	11.8
1969	692.9	91.2	48.5	11.8	11.3

a 標準普爾工業指數的獲利除以平均帳面價值。

b 1950 年及 1955 年的數據來自於 Cottle 和 Whitman；1960 ～ 1969 年的數據來自於 Fortune

我們的這些數字與上一章的建議是完全一致的，即投資者可以獲得相當於股票市值 3.5% 的股息收益，再加上 4% 的利潤再投資的增值收益。（請注意，帳面價值每增加 1 美元，其市價大約增加 1.6 美元。）

讀者也許會反駁說，我們計算的結果並沒有考慮到每年預估 3% 的通貨膨脹率，將導致股票報酬和價值的增加。我們這樣做的理由是，根據過去的數據顯示，通貨膨脹率的高低對公司每股盈餘並沒有任何直接影響。

4. 【原註】標準普爾 425 指數的報酬率大約為資產價值的 11.5%，而導致這一結果的部分原因是，該指數中包含了 IBM 這家高獲利的大公司，但道瓊工業指數中的 30 支成份股並不包含 IBM 這家公司。

根據確鑿的數據顯示，過去 20 年來道瓊成份股所有大幅成長的利潤，都來自於利潤再投資所形成大幅成長的投資資本。如果通貨膨脹是另一個有利因素，那麼它將使原有的資本「價值」上升，繼而提升其資本獲利率，從而使原有資本與新增資本的獲利率上升。但在過去的 20 年，這種情況從未發生過，儘管躉售物價在此期間上漲了近 40%（躉售物價對公司盈餘的影響大於「消費者物價」）。通貨膨脹能夠使股票價值增加的唯一途徑，就是提升企業資本投資的獲利率。但是，從過去的記錄來看，這種情況從來沒有出現過。

在過去的經濟循環周期中，景氣繁榮伴隨著物價上漲，經濟衰退則伴隨著物價下跌。人們通常認為，「適度的通貨膨脹」對企業獲利是有益的。這種看法與 1950 ～ 1970 年的情況是一致的，在此期間，持續的繁榮與物價上漲是相輔相成的。但數據顯示，通貨膨脹對股本（權益資本）獲利能力的影響並不大；事實上，它甚至無法維持投資原先的獲利率。顯然，一定有某些重要因素阻礙了美國整體企業實際獲利率的成長。或許最重要的因素是：（1）工資的上漲超過了生產率的成長；（2）巨額新增資本的需求壓縮了銷售額與投入資本的比例。

表 2-2 的數據顯示，通貨膨脹有利於企業及其股東的說法與實際情況恰恰相反。該表中最凸出的數據是，公司債務在 1950 ～ 1969 年間大幅成長。奇怪的是，經濟學家與華爾街竟然沒有注意到這一點。公司債務在此期間增加了近 4 倍，而其稅前盈餘僅增加了 1 倍多。由於利率大幅上升，龐大的公司債務顯然成為不利的因素，因而造成許多個別企業面臨真正的困難。（請注意，公司在 1950 年的息後稅前盈餘大約為其債務的 30%，而 1969 年僅為 13.2%。1970 年的情況肯定更差。）總之，11% 的資本獲利率中，顯然有很大一部分來自於巨額新增的債務，而考慮稅賦優惠之後，這些債務的成本將低於 4%。如果我們的公司債務仍保持在 1950 年的水準，那麼儘管通貨膨脹仍然存在，但資本獲利率還會進一步下降。

市場普遍認為，公用事業公司是通貨膨脹的最大犧牲者，因為其債務成本大幅上升，而且由於價格管制，其費率很難提升。但我們必須說明的是，電力、天然氣、電信服務的單位成本的上升，遠低於一般物價指數的上漲，從而使得這些公司在未來處於強有力的戰略地位。[5] 它們依法有權收取足夠的費用以獲取適當的報酬，這或許能使其股東像過去一樣，免於遭受通貨膨脹之苦。

上述所有的討論帶我們回到先前得到的結論，即投資者不能期望以 1971 年底的股價水準購買道瓊指數成份股而獲得平均高於 8% 的總報酬。然而，即使事實證明這些預期報酬被嚴重低估，但這種情況並不會發生在所有的投資組合。如果未來有件事保證會發生，那就是股票投資組合的報酬與年均市場價值，絕對不會一律以 4%（或其它任何數字）的速度成長。投資老前輩摩根（J. P. Morgan）有句名言，就是「它們會起起伏伏」。[6] 這意味著，以今天或明天的價格買進股票的人，可能在此後多年都無法獲得滿意的報酬。從 1929 ～ 1932 年股市大崩盤之後，通用電氣（以及道瓊工業指數）費時 25 年才回復到原來的價位。此外，如果投資者將其資金全數投入股票，他的情緒很可能會被股市激情的上漲或劇烈的下跌所左右，尤其是預期通貨膨脹會進一步惡化時，這種情況出現的可能性會更大。在這種情況下，如果新一輪的牛市出現，他不會把大幅上漲視為即將下跌的危險信號，也不會將其視為獲利了結的機會；他會替通貨膨脹假說辯護，並以此做為理由不斷買進普通股，完全不顧股價有多高或股息收益有多低，而這樣的做法最終肯定會帶來懊悔。

---

5. 【原註】美國電話電報公司在 1971 年公佈的價格表顯示，1970 年的住宅電話費率稍低於 1960 年。

6. 約翰 · 皮爾龐特 · 摩根（John Pierpont Morgan）是 19 世紀末和 20 世紀初最有權威的金融家。由於其巨大的影響力，他經常被問到股票市場未來的走向，於是摩根想出了一句非常簡短而且永遠正確的答案：「它會起起伏伏」（it will fluctuate）。參見 Jean Strouse, Morgan：American Financier（Random House,1999）, P.11。

股票以外的抗通膨方法

世界各地的人們為了對沖本國貨幣貶值，通常採取的標準策略就是買進並持有黃金。自 1935 年以來，這樣的做法是違法的，但這對美國公民來說未嘗不是一件好事。在過去 35 年，公開市場上的黃金價格從每盎司 35 美元漲到 1972 年初的 48 美元，漲幅僅有 35%，但在此期間，黃金的持有者並沒有獲得任何資本利得，反而每年要為此付出一些儲存費用。因此，儘管在此期間整體物價水準普遍上揚，但他們把錢存入銀行生息的收益顯然比持有黃金更好。

買進黃金來對抗美元購買力喪失的策略幾近完全失敗，這使得一般投資者對購買「實物」來對抗通貨膨脹的能力產生嚴重的懷疑。[7] 多年來許多貴重物品的價格出現大幅上漲，如鑽石、名畫、頭版書、稀有的郵票或錢幣等，但在許多或大多數情況下，這些物品的報價往往是人為的、不可靠或甚至不真實的。我們很難想像，花 67,500 美元購買一枚 1804 年（但並不是該年鑄造）的銀幣是一種「投資行為」。[8] 我們承認，我們並不是這一領域的專家，而絕大多數的讀者也會發現，這並不是一個安全且可輕鬆掌握的領域。

長久以來，購買房地產一直被認為是一種長期投資，而且能有效對抗通貨膨脹。不幸的是，房地產的價格同樣相當不穩定；買家在地點、支付價格等方面可能犯下嚴重的錯誤；銷售人員的誤導也可能使人失足。

7. 投資哲學家彼得・伯恩斯坦（Peter L. Bernstein）認為，葛拉漢對貴金屬的看法完全「大錯特錯」，尤其是黃金。事實證明，黃金上漲的速度遠超過通貨膨脹（至少在葛拉漢撰寫本章之後的幾年是如此）。金融顧問威廉・伯恩斯坦（William Bernstein）同意這一看法，他指出，當黃金的表現欠佳時，由於貴金屬基金中黃金配置的比例非常小（如總資產的 2%），不會對整體報酬造成多大的影響。但當黃金的表現優異時，其報酬往往十分壯觀（甚至一年的漲幅超過 100%），使得一個暗淡無光的投資組合變得燦爛輝煌。然而，由於黃金有高額的儲存和保險費用，智慧型投資者不會直接投資黃金；相反地，他們會尋求投資多元化的共同基金，而該基金專門購買生產貴金屬公司的股票，而且其年管理費低於 1%。你應該將這方面的投資，限制在你的總金融資產的 2% 之內（如你已超過 65 歲，或許可以提升到 5%）。

8. 【原註】1970 年 10 月《華爾街日報》的報導。

最後，對於資金不多的投資者來說，多元化投資房地產根本不切實際，除非與他人合夥投資並共同承擔風險，而這與股票投資並無太大的差別。這也不是我們擅長的領域，我們只能對投資者提出以下忠告：「在介入之前，務必確定自己熟悉這一領域。」

結論

自然而然地，我們又回到了上一章所建議的策略。由於未來是不確定的，投資者不能將其全部資金放在同一個籃子裡——既不能完全放在債券的籃子裡，儘管其殖利率最近來到前所未有的高度；也不能完全放在股票的籃子裡，儘管未來通貨膨脹還會持續上升。

投資者越是依賴自己的投資組合及其所產生的收益，就越需要預防出人意料的結果，造成自己生活的不安定。顯然，尋求風險最小化是防禦型投資者的金科玉律。我們強烈認為，買進殖利率近7.5%的公司債（如電話公司的債券），其風險遠低於在道瓊工業指數900點時買進其成份股（或任何類似的股票）。然而，發生大規模通貨膨脹的可能性依然存在，投資者必須對此有所防範。雖然股票並不能保證可以完全對抗通貨膨脹，但它在防範方面確實優於債券。

以下是我們在1965年版本中的闡述，而現在我們仍然抱持著相同的看法：

讀者應該清楚明白，在現在的市場水準下（道瓊工業指數892點），我們對普通股沒有興趣。但基於先前所闡述的理由，我們認為防禦型投資者的投資組合中一定要配置相當一部分的股票，儘管我們把這種做法視為兩害相權取其輕，但完全持有債券的風險更大。

第二章 評釋

美國人變得更強壯了。20 年前，用 10 美元買的食品雜貨需要兩個人才拿得動，但現在，一個 5 歲小孩就能做到。

——亨尼 · 楊曼（Henny Youngman）

通貨膨脹？誰還會在乎它？

畢竟，從 1997 年到 2002 年，商品和服務價格每年上漲不到 2.2%，而且經濟學家認為，實際的情況或許還要更低。（例如，你不妨回想一下，這些年電腦和家電的價格如何暴跌，以及許多產品的品質大幅提升，這意味著消費者付出的錢可以換回更高的價值。）近年來，美國的實際年通膨率大約是 1% 左右—如此小的漲幅，使得許多權威人士開始宣稱，「通膨已經死了」。

貨幣幻覺

投資者之所以忽視通貨膨脹的重要性，還有另一個原因，就是心理學家所說的「貨幣幻覺」。如果你的年收入增加了 2%，而同年的通貨膨脹率為 4%，你肯定會覺得，這比收入減少 2% 而通貨膨脹率為零的情形要好。實際上，這兩種變化所導致的結果是一樣的，扣除通貨膨脹因素後，你的生活水準下降了 2%。只要名目（或絕對）的改變是正面的，我們就會覺得是一件好事—即使實際（或扣除通貨膨脹因素後）的結果是負面的。相較於一般物價水準的變化，你對自己收入變化的感覺會更加明顯和具體。同樣的，投資者對 1980 年的銀行定期存單（CDS）利率高達 11%，會感到喜悅，而在 2003 年看到利率僅為 2% 左右，則會感到沮喪—儘管扣除通貨膨脹因素後，前者的實質利率是負數，而後者的利率則與通貨膨脹相當。我們所獲得的名目利率是銀行公佈的利率，這利率較高會使我們感覺良好，但通貨膨脹會悄悄地蠶食我們的高額利息。通貨膨脹並沒有大張旗鼓地顯示出來，但它確實奪走了我們的財富。這就是為什麼人們輕忽通貨膨脹的原因。因此，衡量你是否投資成功的標準不在於你賺了多少，而是扣除通貨膨脹的因素後，你還剩下多少。

更重要的是，智慧型投資者必須時刻提防那些料想不到和低估的事情。以下 3 個理由足以讓我們相信通貨膨脹並沒有死：

- 就在不久之前的 1973 ~ 1982 年，美國歷經了史上最嚴重的通貨膨脹。根據消費者物價指數（CPI）來衡量，在此期間的物價翻了一倍，年平均上漲了近 9%。僅 1979 年的通貨膨脹率就高達 13.3%，從而重創了經濟，使美國陷入了所謂的「停滯性通貨膨脹」，而且，許多權威評論家開始質疑，美國是否還擁有全球市場競爭力。[1]1973 年年初，價值 100 美元的商品或服務，到了 1982 年底變成了 230 美元，換句話就，一美元的購買力變成了不到 45 美分。凡是經歷過這場災難的人，無不對自己的財富損失感到痛心；所有謹慎的人，都不能不提防此種情況會再次發生。
- 從 1960 年以來，69% 的全球市場化國家都至少經歷過一年的通貨膨脹率高達 25% 以上。從整體來看，在這些通貨膨脹期間，投資者的購買力下降了 53%。我們當然不希望美國發生此種災難，但我們若是斷定它永遠不會再發生，那就大錯特錯了。[2]

1. 那一年，吉米 • 卡特總統發表了著名的「悲觀」演說。他指出，「信心危機」正在侵蝕「我們國家核心的意志、靈魂和精神」，並形成「美國社會和政治結構的毀滅性威脅。」
2. 實際上，美國曾經歷過兩次惡性通貨膨脹。美國在 1777 年至 1779 年的大革命期間，物價每年上漲約 3 倍，在大革命發生地馬薩諸塞州，1 磅牛油的價格是 12 美元，1 桶麵粉的價格將近 1,600 美元。在南北戰爭期間，北方的通貨膨脹率高達 29%，南方更高達將近 200%。就在最近的 1946 年，通貨膨脹率也達到了 18.1%。

- 價格上漲可以讓山姆大叔以貶值的美元來償付其債務，而徹底消除通貨膨脹則與任何經常舉債的政府之本身利益相互衝突。[3]

部份避險

那麼，智慧型投資者應該怎麼做才能抵禦通貨膨脹呢？制式的回答是：「購買股票」，但如同共通的答案經常是錯誤的一樣，這種說法並不完全正確。

圖 2-1 顯示，1926 年到 2002 年間，歷年的通貨膨脹率與股票價格之間的關係。

圖 2-1 股票能夠對沖多大的通貨膨脹風險？

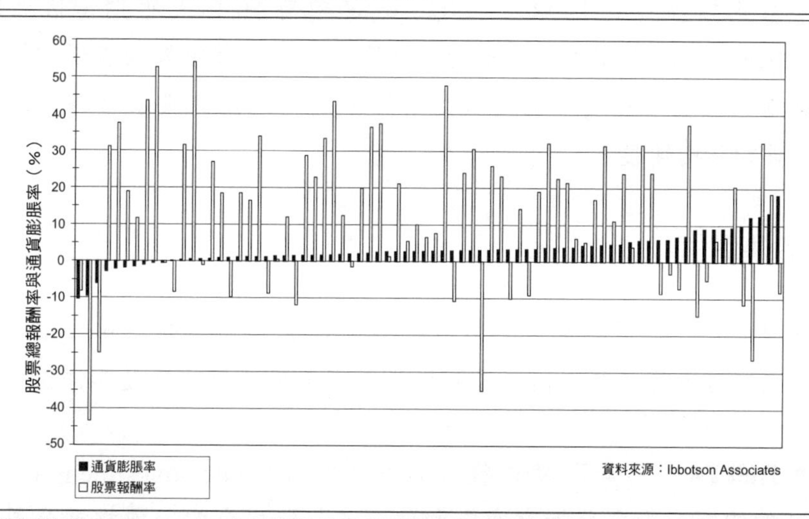

本圖顯示的是 1926 ～ 2002 年間歷年的通貨膨脹率與股票報酬率，它不是按日期的順序排列，而是按通貨膨脹率從低到高的順序排列的。當通貨膨脹率為負數時（見圖最左側），股票報酬率很低；當通貨膨脹較為溫和時（大部分時段都是如此），股票報酬率通常良好；但通貨膨脹率非常高時，股票報酬率則起伏較大，經常出現 10% 以上的虧損。

---

3. 我要感謝福特基金會的勞倫斯 ‧ 西格爾，提出了這一頗為憤世嫉俗但不失準確的見解。相反地，在通貨緊縮（或價格穩步下跌）的時代，借出資金比借入更有利，這就是為什麼大多數的投資者應該把一小部分資產投入債券以防範物價下跌的原因。

從圖的左邊可以看到，消費品和服務的價格下跌那幾年，由於整體市場下跌了43%，因而股票報酬率相當糟糕。[4] 當通貨膨脹率超過6%時，如圖右邊的那幾年，股票報酬率也是不佳。通貨膨脹率超過6%的情況出現14年，其中8年的股市報酬率是負數，而這14年的平均報酬率只有2.6%。

雖然溫和的通貨膨脹可以使企業把原物料新增的成本轉嫁給消費者，但惡性通膨將造成嚴重的災難。它迫使消費者縮衣節食，並使所有的經濟活動受到抑制。

歷史證據明白顯示：從準確的股票市場數據在1926年推出以來，我們一共有64個五年期的數據（即1926～1930，1927～1931，1928～1932，依此類推直到1998～2002），其中有50個五年期（佔總數的78%）的股票報酬率超過了同期的通貨膨脹率。這種優異的表現確實令人印象深刻，但並不完美，因為大約有五分之一時段的股票報酬率，沒能趕上通貨膨脹的速度。

兩種解決方式

幸運的是，你可以在股票之外尋找防禦通貨膨脹的工具。在葛拉漢最後一次修訂本書之後，出現了兩種投資者普遍採用的抗通膨保值工具：

- **REITs**。這是不動產投資信託（Real Estate Investment Trusts）的縮寫，指那些擁有商業和住宅並收取租金的管理物業公司。由REITs結合成房地產共同基金，可以在抗通膨保值方面做得相當不錯。其中最佳的選擇是先鋒REIT指數基金（Vanguard REIT

4. 當通貨膨脹率為負數時，其準確的說法為「通貨緊縮」。通貨緊縮乍聽之下似乎是件好事，但日本的例子卻告訴你，實則不然。日本在1989年步入通貨緊縮，房地產和股市年年走低，對於這個世界第二大經濟體來說，實在是痛苦的煎熬。

index Fund）；其他費用相對較低的選擇還有科恩．史蒂爾斯地產基金（Cohen & Steers Realty Shares），哥倫比亞房地產基金（Columbia Real Estate Equity Fund），以及富達房地產投資基金（Fidelity Real Estate Investment Fund）等。雖然REITs基金並不是一種十全十美的抗通膨保值工具，但從長遠來看，它多少能保護你免受購買力下降之苦，同時又不影響你的整體報酬。

- **TIPS**。這是抗通膨保值債券（Treasury Inflation-Protected Securities）的縮寫，它是美國政府於1997年首次發行的一種債券，其利率隨著通貨膨脹上升而自動調升。由於美國政府的擔保，所有的公債都不存在逾期不還（或不支付利息）的風險，但TIPS還能保證你的投資價值不會受到通貨膨脹的侵蝕。透過這種簡便易行的方式，你就可以確保自己不會遭受到購買力下降所帶來的金錢損失了。

不過，這裡有一個問題。當你的TIPS的價值隨著通貨膨脹率上升而增加時，美國國稅局會把增值的部份視為應稅所得—儘管它只是帳面上的收益（除非你在債券價格近期的高點將其賣出）。美國國稅局為什麼要這麼做？對此，智慧型投資者最好記住金融分析師馬克．史韋伯（Mark Schweber）的告誡：「永遠不要問官僚機構『為什麼？』」由於這種惱人的稅務問題，TIPS最適合的是那些稅賦遞延的退休帳戶，如IRA、Keogh或401（k）帳戶等，而這些帳戶不會增加你的應稅所得。

你可以在美國政府網站 www.publicdebt.treas.gov/of/ofinflin.htm 直接購買 TIPS，或透過某些低佣金的共同基金，如先鋒抗通膨保值債券基金（Vanguard Inflation-Protected Securities）或富達抗通膨保值債券基金（Fidelity Inflation-Protected Bond Fund）間接持有 TIPS。無論是直接購買還是透過基金間接持有，TIPS 都是你的退休基金中替代現金部位最理想的配置，不要把它賣掉：TIPS 短期的波動比較激烈，因此最好是終生持有。對於大多數投資者來說，至少可以把 10% 的退休資產配置於 TIPS，這不失為一種明智之舉，它可以讓你的部分資金絕對安全，而且完全脫離長期通貨膨脹的無形魔掌。

第3章

一世紀的股市歷史：1972 年初的股市價格水準

投資者的股票投資組合，只是股市這一龐大機構的一個小小橫截面。為謹慎起見，投資者對股票市場的歷史應當具有一些概念，尤其是價格的重大波動，以及整體股價水準與其獲利和股息之間的各種關係。投資者有了這樣的概念，就可以針對不同時期的股價水準，判斷究竟是具有吸引力還是危險性。關於股票價格、獲利和股息，比較完整的統計數據正好始於100年前的1871年。（前50年的資料不如後50年完整可靠，但它還是可以利用。）在本章，我們將以精簡的方式展現這些數據，主要的目的是：第一，說明過去一個世紀股票所經歷過的許多次循環週期，及其呈現的持續上漲格局；第二，透過一系列10年期的數據，包括股價、盈餘和股息，觀察這三個重要因素之間的各種關係。有了如此豐富的資料，我們就可以對1972年初的股價水準做出適當的分析了。

我們將運用兩張表和一幅曲線圖，說明股票市場近一個世紀的歷史。表3-1顯示的是，過去100年中19次熊市和牛市循環週期的最低點和最高點。我們在這裡採用兩種指數，一是考爾斯委員會（Cowles Commission）的早期研究（始於1870年），後來銜接著名的標準普爾500指數並延續至今。二是名氣更大的道瓊工業指數（DJIA，或簡稱「道瓊」），道瓊工業指數始於1897年，由30支成份股所組成，其中包含一家美國電話電報公司以及29家大型企業。[1]

1. 【原註】標準普爾和道瓊都有單獨的公用事業與運輸事業（主要是鐵路公司）指數。從1965年開始，紐約證券交易所對所有在該交易所上市的股票編製了一套指數。

表 3-1 1871 ～ 1971 年的主要市場波動

年份	考爾斯 - 標準普爾 500 指數			道瓊工業指數		
	最高	最低	跌幅	最高	最低	跌幅
1871		4.64				
1881	6.58					
1885		4.24	28%			
1887	5.90					
1893		4.08	31			
1897					38.85	
1899				77.6		
1900					53.5	31%
1901	8.50			78.3		
1903		6.26	26		43.2	45
1906	10.03			103		
1907		6.25	38		53	48
1909	10.30			100.5		
1914		7.35	29		53.2	47
1916–18	10.21			110.2		
1917		6.80	33		73.4	33
1919	9.51			119.6		
1921		6.45	32		63.9	47
1929	31.92			381		
1932		4.40	86		41.2	89
1937	18.68			197.4		
1938		8.50	55		99	50
1939	13.23			158		
1942		7.47	44		92.9	41
1946	19.25			212.5		
1949		13.55	30		161.2	24
1952	26.6			292		
1952–53		22.7	15		256	13
1956	49.7			521		
1957		39.0	24		420	20
1961	76.7			735		
1962		54.8	29		536	27
1966–68	108.4			995		
1970		69.3	36		631	37
1972 年初	100		—	900		—

圖 3-1 由標準普爾公司所提供，它顯示了標準普爾 425 指數在 1900 ～ 1970 年的波動情況（道瓊指數的走勢與此大致相同）。讀者應該會注意到，這 70 年包含了三個不同的階段，而每一個階段大約都佔了三分之一的時間。1900 ～ 1924 年是第一個階段，它是由一系列頗為相似的 3 ～ 5 年市場週期所組成的，這一階段的平均年漲幅僅有 3% 左右。接著我們進入牛市的「新紀元」，它在 1929 年達到頂點，之後發生了可怕的大崩盤，隨後以十分不規則的波動一直持續到 1949 年。我們發現，從 1924 年到 1949 年，股價指數平均年漲幅只有 1.5%；因此，這一階段結束時，一般大眾對股票已經毫無興趣了。但物極必反，美國有史以來最大的牛市也從此時開始發動了（如圖中最後的第三個階段）。標準普爾 425 指數在 1968 年 12 月達到了頂峰 118 點（標準普爾 500 指數 108 點）。如表 3-1 所示，在 1949 ～ 1968 年間，市場曾經出現幾次相當大的跌幅（尤其是 1956 ～ 1957 年和 1961 ～ 1962 年），但此後的上漲更加迅猛，因此（按照長期以來的說法）它們應該被視為同一牛市的拉回，而不是另一個市場週期。就道瓊工業指數而言，從 1949 年中的 163 點到 1966 年初的 995 點，指數在 17 年間上漲了 5 倍多，年均複合報酬率達 11%，此外每年還有 3.5% 左右的股息。（標準普爾 500 指數的漲幅比道瓊指數更大，它從 14 點漲到 96 點。）

圖 3-1 標準普爾股價指數

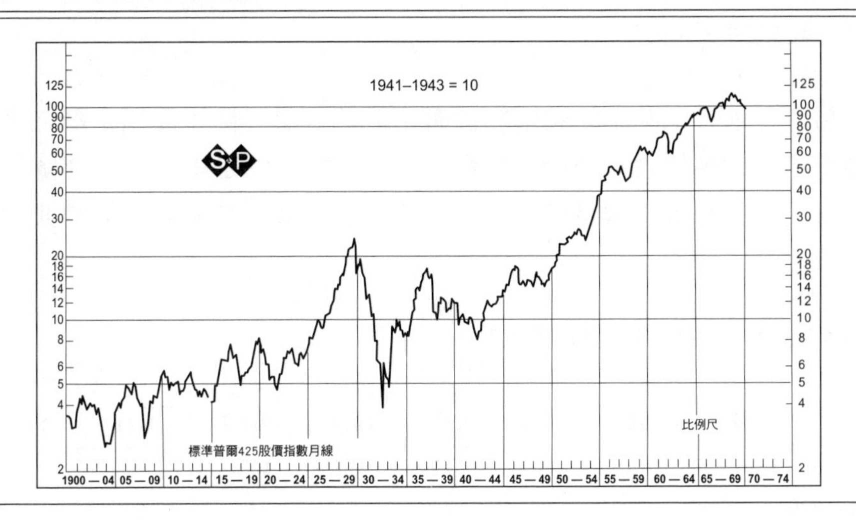

1963 年出現了高達 14% 以上的報酬率，後來這些高報酬被列入一項廣受關注的研究中 [2]。[3] 華爾街對這樣優異的成績自然感到滿意，同時期待著這種高報酬未來仍將繼續，但這是一個相當不合乎邏輯而危險的信念。當時很少有人想到，這樣的大幅上漲可能表示股價已經漲過頭了。隨後，標準普爾綜合指數從 1968 年的最高點跌到 1970 年的最低點，跌幅高達 36%（道瓊工業指數下跌了 37%），而最大的一次下跌則是發生在 1939 ～ 1942 年，跌幅高達 44%，它反映的是人們對珍珠港事件之後的風險與不確定性的擔憂。然而，華爾街充滿了戲劇性，這兩種指數從 1970 年 5 月的最低點開始又急速上漲，而且標準普爾工業指數還在 1972 年初創下歷史新高。在 1949 ～ 1970 年間，標準普爾綜合指數（或工業指數）的平均年漲幅約為 9%。顯然，此一漲幅比 1950 年之前任何相似期間的漲幅都還高出了許多。（但在最後的 10 年中，上漲的幅度就低得

2. 【原註】芝加哥大學證券價格研究中心在 Charles E. Merill 基金會的贊助下，從事這項研究。

3. 該研究的最終結果，請參閱 Lawrence Fisher and James H. Lorie, " Rate of Return on Investment in Common Stock: the Year-by-Year Record, 1926-65," The Journal of Business, vol. XLI, no.3（July,1968）, pp.291-316。關於該研究的廣泛影響，請參見 http://library.dfaus.com/reprints/work_of_art/。

多了——標準普爾綜合指數平均年漲幅為 5.25%，而道瓊工業指數平均年漲幅曾經見到 3%。）

為了對過去 100 年的股票經濟有全面的認識，除了股價走勢之外，還必須了解相應的獲利與股息情況。表 3-2 顯示的是 1871 ～ 1970 年的股市概況。我們希望讀者仔細研究這些數據，並從這些有趣的數據中得到啟示。

表 3-2 1871 ～ 1970 年股票市場概況[a]

期間	平均價格	平均盈餘	平均本益比	平均股息	平均收益率	平均股息支付率	年成長率[b]	
							盈餘	股息
1871–1880	3.58	0.32	11.3	0.21	6.0%	67%	—	—
1881–1890	5.00	0.32	15.6	0.24	4.7	75	–0.64%	–0.66%
1891–1900	4.65	0.30	15.5	0.19	4.0	64	–1.04	–2.23
1901–1910	8.32	0.63	13.1	0.35	4.2	58	+6.91	+5.33
1911–1920	8.62	0.86	10.0	0.50	5.8	58	+3.85	+3.94
1921–1930	13.89	1.05	13.3	0.71	5.1	68	+2.84	+2.29
1931–1940	11.55	0.68	17.0	0.78	5.1	85	–2.15	–0.23
1941–1950	13.90	1.46	9.5	0.87	6.3	60	+10.60	+3.25
1951–1960	39.20	3.00	13.1	1.63	4.2	54	+6.74	+5.90
1961–1970	82.50	4.83	17.1	2.68	3.2	55	+5.80[c]	+5.40[c]
1954–1956	38.19	2.56	15.1	1.64	4.3	65	+2.40[d]	+7.80[d]
1961–1963	66.10	3.66	18.1	2.14	3.2	58	+5.15[d]	+4.42[d]
1968–1970	93.25	5.60	16.7	3.13	3.3	56	+6.30[d]	+5.60[d]

a 以上數據大多來自於 Molodovsky 的文章：「股票價值與股票價格」（《金融分析師雜誌》1960 年 5 月）。該文章中的數據則來自於考爾斯委員會的《普通股指數》（1926 年以前），以及與之相銜接的標準普爾 500 綜合指數（1926 ～ 1970 年）。

b 年成長率來自 Molodovsky 的計算，它涵蓋了連續 21 年的 10 年期（分別截止於 1890 年、1900 年……等年份）。

c 1968 ～ 1970 年與 1958 ～ 1960 年成長率的比較。

d 這些成長率分別是：1954 ～ 1956 年與 1947 ～ 1949 年的比較，1961 ～ 1963 年與 1954 ～ 1956 年的比較，1968 ～ 1970 年與 1958 ～ 1960 年的比較。

我們針對這些數據所做的分析如下：以 10 年為一期的數據，使得逐年的波動趨於平滑，並形成了一個持續上漲的樣貌。就獲利與股價平均水準而言，在第一個10年之後的九個10年期中，只有兩段期間是下降的（1891～1900年和1931～1940年），而且1900年之後各10年期的股息從未出現過下降的情形，但這三種數據的成長率相差甚大。一般而言，在第二次世界大戰之後的表現優於此前的各10年期，但1960年代的成長率則低於1950年代。現在的投資者雖然無法根據這些記錄，研判未來10年他們可以從股息和股價上漲中獲得多少報酬，但它確實在股票投資策略方面，提供了足夠的啟示。

不過，我們必須在此說明一下該表所未揭露的一個問題。1970年，美國企業的整體獲利出現了明顯的惡化，其投資資本獲利率下降到第二次世界大戰以來的最低水準。同樣令人吃驚的是，相當多的企業在該年出現了虧損，其中許多企業陷入了「財務困境」，而進入破產程序的企業也是30年來最多。這些事實與其它的各種情況，再次證明了我們先前所得出的結論，[4]即大繁榮時代在1969～1970年已經結束了。

如表3-2所示，從第二次世界大戰以來，本益比出現了重大的變化。[5]1949年6月，標準普爾綜合指數的本益比只有最近12個月企業獲利的6.3倍；1961年3月，它的本益比高達22.9倍。同樣地，標準普爾指數的股息率從1949年的7%以上，到了1961年只剩3.0%；與此同時，高等級債券的利率則從2.60%上升到4.50%。顯然，這是股票市場有史以來最引人注目的重大轉變。

對於具有長期經驗且天性謹慎的人來說，股票市場從一個極端跳到另一個極端的走勢，意味著未來可能出現大麻煩。這不禁讓人想起1926～

4. 參見本書第2章相關內容。

5. 一支股票或大盤（如標準普爾500指數）的「本益比」（price/earnings ratio），是一種衡量股市狀況的簡單工具。舉例來說，如果某家公司去年的每股盈餘是1美元，股價為8.93美元，那麼其本益比就是8.93倍；但如果該股票的價格為69.7美元，其本益比即為69.7倍。一般而言，本益比（或P/E）不到10倍屬於偏低，10-20倍為適中，大於20倍則通常被認為過高。關於本益比的詳細內容，請參閱本書第7章。

1929年的熊市及其悲慘的下場，但這樣的恐懼最後並沒有實現。事實上，道瓊工業指數在1970年的收盤價與其6年半前的點位相當，而所謂「奔馳的六〇年代」（Soaring Sixties），也只不過是一連串漲漲跌跌的行情。但無論是企業還是股價，都未曾再出現1929～1932年大蕭條時的熊市情況。

1972年初的股市價格水準

有了一個世紀的股價、獲利和股息概況之後，我們現在就可以來分析1972年1月道瓊指數900點和標準普爾綜合指數100點時的股市了。

在本書之前的各版本中，我們都對當時的股市價格水準做了討論，並試圖針對防禦型投資者，說明如果想買進股票，當時的價格是否過高。讀者也許會發現，回顧先前所得出的結論是有益的。這並不是自找麻煩，因為它將提供一種聯結，把過去20年股票市場的不同階段結合為一體，並以活生生的事實說明了一件事，那就是如果想對當前股市水準做出完整而正確的判斷，其實是很困難的。首先，讓我們回顧1965年版本中關於1948年、1953年和1959年的股市分析結論：

1948年，道瓊指數180點，根據我們保守的觀點不難得出一個結論，「就其內含價值而言，當時的股價不算太高」。當我們在1953年再度討論這問題時，道瓊指數已上升至275點，五年內上漲超過了50%。這時，我們再次訊問自己同樣的問題：「對穩健的投資者來說，道瓊指數275點算不算過高？」從隨後出現的大幅上漲來看，我們當時的說法似乎有點奇怪——以1953年的股價水準來說，當時究竟是否可以買進，我們的確無法給出明確的答案。我們當時確實曾相當肯定地指出，「根據我們首要的投資準則（內含價值），1953年的股價水準應該是可以買進的」。但我們當時也很擔心，因為到1953年為止，股市上漲的持續時間已超越過去大多數的牛市，而且其點位也已創下歷史新高。因此，根據我們所推崇的價值判斷，我們建議投資者要謹慎操作，或是採取保守的策略。事實證明，這並不是一個十分高明的建議。一個優秀的預言家應該可以預見到，市場將在未來五年上漲100%。或許我們可以用如下的說辭，來做些自我辯解：那些在股市中從事預測的人們，他們對於未來的看法，恐怕也沒有比我們清楚多少。

1959年初，道瓊工業指數創下歷史新高584點。我們從各個角度所做的詳盡分析，可以概括如下：「總而言之，我必須表明，目前的股價水準相當危險，因為股價已經過高了。但即使如此，市場的動能還是有可能會將股價推向不合理的高點。不過坦白說，我們實在無法對未來股市做出這樣的想像——永遠都不會出現嚴重虧損，而且每個新手買進股票，都能獲得豐厚的利潤。」

相對於1954年的觀點，我們在1959年的謹慎判斷表現得稍好一點，但仍與後來的發展相去甚遠。道瓊指數在1961年上漲到685點，然後回落到比584點稍低的位置（566點）；1961年底再度上漲到735點；最後在1962年5月近乎恐慌性下跌到536點，在短短的6個月內下跌了27%。在此期間，那些熱門的「成長股」跌得最慘，尤其是當時的龍頭股IBM，它從1961年12月的高點607美元，跌到1962年6月的低點300美元。

與此同時，一些新上市的小型股（所謂的熱門股）出現了崩盤，因為它們以高得離譜的價格公開發行，上市後又被投機浪潮推升到近乎瘋狂的價位，因而導致許多股票在短短幾個月就下跌了90%。

對於許多自認為是投機者與自稱為「投資者」的魯莽人士來說，1962年上半年的崩盤即使不算是一場災難，也足以令其惶恐不安。但是，下半年的反轉同樣出乎人們的意料。股價指數恢復了上升趨勢，其結果如下：

	道瓊工業指數	標準普爾 500 綜合指數
1961 年 12 月	735	72.64
1962 年 6 月	536	53.32
1964 年 11 月	892	86.28

股票價格的復甦與新一波的漲勢，確實相當顯著，這使得華爾街的情緒產生了變化。在 1962 年 6 月的低點，人們對後市的看法趨於偏空，而在價格復甦的同年年底，人們對後市的看法又變得喜憂參半，而且傾向於質疑。然而，從 1964 年開始，經紀商的樂觀情緒再度高漲，對後市的看法幾乎是全面倒的看多，而這樣的看法在 1964 年股市上漲期間一直持續沒有改變。

接下來，我們就要評估 1964 年 11 月的股票市場價格水準（道瓊指數 892 點）。經過多方考證，我們達成了三項主要結論。第一個結論是，「原有的（評價）標準似乎已不再適用，而新的標準亦尚未通過時間的檢驗。」第二個結論是，投資者「必須根據某些重大的不確定因素，來規劃其投資策略。這要考慮兩種極端的可能性：一方面，股市有可能進一步上漲，比如再漲 50%，道瓊指數漲到 1,350 點；另一方面，股市也有可能出現同樣大幅度的暴跌，比如道瓊指數跌到 450 點。」第三個結論則更為肯定。我們認為：「坦白說，如果 1964 年的股價水準不算過高，那什麼點位才算過高呢？」原書中這一章的結尾是這樣的：

何去何從

投資者不應該只因為看到本書的內容，就認定 1964 年的股價水準過高。人們應該評估我們所持的理由，並參考華爾街其他資深專家的相反論證。歸根究柢，每個人都必須做出自己的判斷，並對此負責。然而，如果投資者不知道何去何從，那我們會建議他選擇謹慎的做法。本書所闡述的投資原則，要求投資者在 1964 年的形勢下，採取以下的策略：

1. 不要借錢購買或持有股票。

2. 不要增加持有股票的資金比重。

3. 減少股票的持有，使之降低到總投資的 50% 以下。盡可能利用資本利得稅方面的優惠，並將資金投入最高等級的債券或儲蓄存款。

從邏輯上來說，堅持執行成本平均投資計劃的投資者，可以繼續定期買進股票，或暫停該計劃，直到市場價格變得比較安全時再執行。我們強烈建議，投資者不要在 1964 年底的股價水準下，開始執行新的成本平均投資計劃，因為一旦市場出現嚴重下跌，他們就沒辦法繼續堅持執行該計劃了。

此時此刻我們可以說，我們當初的謹慎，事後證明是正確的。道瓊指數隨後繼續上漲了 11%，到 995 點，但接著反覆下跌到 1970 年的低點，632 點，並在該年底收在 839 點。所謂的「熱門股」再次出現類似 1961 ～ 1962 年那次的崩盤走勢，下跌幅度高達 90%。而且，就像本書引言所提到的那樣，整個金融市場開始變得消沉而充滿疑慮。這一切可以用一個簡單的事實來概括：1970 年道瓊指數的收盤價，比 6 年前的點位還低，這是 1944 年以來的頭一遭。

這就是我們對之前股市價格水準所做的分析。我們可以從中學到什麼呢？我們認為，1948 年和 1953 年的股價水準適合投資（但 1953 年我們過於謹慎），而 1959 年（道瓊指數 584 點）「相當危險」，1964 年（道瓊指數 892 點）則顯得「過高」。即便是今天，這些判斷也不是完全沒有道理，但這些判斷的用處，可能還是比不上我們平實的建議——我們一方面倡導具有一致性且可掌控的投資策略，另一方面則不鼓勵「戰勝市場」和「挑選贏家」的做法。

不過，我們認為，讀者可以從我們對股市價格水準的最新分析（1971年底的點位）獲得某些助益──即使我們的分析趣味性大於實用性，啟發性大於結論性。亞里斯多德在其《倫理學》一書中，有這樣一段精闢的論述：「受教育的目的，在於探討特定主題的精確性。要求數學家接受模棱兩可的結論，就像要求演說家進行嚴格的論證一樣不合理。」金融分析師的工作，則是處於數學家和演說家之間。

在 1971 年有好幾段期間，道瓊工業指數都大約落在 892 點上下，這個位置相當於我們在上一版所討論的 1964 年 11 月的水準。但我們現在的統計研究，決定採用標準普爾 500 指數的價格水準及相關數據，因為它比 30 支股票所組成的道瓊指數包含更廣泛的股票，而且更具有代表性。我們將以先前版本的四組數據，包括 1948 年、1953 年、1958 年和 1963 年底的數據，與 1968 年底的數據進行比較；為方便起見，我們假設目前的價格水準為 100 點，而它在 1971 年和 1972 年初曾多次出現。主要數據列在表 3-3 中，其中的盈餘資料，我們列出了上一年的數據以及最近三年的平均數；1971 年的股息是最近 12 個月的數據；1971 年的債券利率與躉售物價則是 1971 年 8 月份的數據。

表 3-3 標準普爾綜合指數各年份的相關數據

年份[a]	1948	1953	1958	1963	1968	1971
收盤價	15.20	24.81	55.21	75.02	103.9	100[d]
當年盈餘	2.24	2.51	2.89	4.02	5.76	5.23
近三年的平均盈餘	1.65	2.44	2.22	3.63	5.37	5.53
當年股息	0.93	1.48	1.75	2.28	2.99	3.10
高等級債券利率[b]	2.77%	3.08%	4.12%	4.36%	6.51%	7.57%
躉售物價指數	87.9	92.7	100.4	105.0	108.7	114.3
比率：						
股價／上一年盈餘	6.3 倍	9.9 倍	18.4 倍	18.6 倍	18.0 倍	19.2 倍
股價／三年的盈餘	9.2 倍	10.2 倍	17.6 倍	20.7 倍	19.5 倍	18.1 倍
三年的報酬率[c]	10.9%	9.8%	5.8%	4.8%	5.15%	5.53%
股息收益率	5.6%	5.5%	3.3%	3.04%	2.87%	3.11%
股票報酬率／債券殖利率	3.96 倍	3.20 倍	1.41 倍	1.10 倍	0.80 倍	0.72 倍
股息收益率／債券殖利率	2.1 倍	1.8 倍	0.80 倍	0.70 倍	0.44 倍	0.41 倍
盈餘／帳面價值[e]	11.2%	11.8%	12.8%	10.5 %	11.5%	11.5%

a 1948 ～ 1968 年採用自然年度，1971 年採用截止於 6 月的會計年度。

b 標準普爾 AAA 級債券的殖利率。

c 這裡的報酬率是指盈餘除以股價的百分比。

d 1971 年 10 年的價格相當於道瓊指數 900 點。

e 3 年的平均數。

就股市三年的本益比來說，1971 年 10 月的數字低於 1963 年和 1968 年底的數字。它與 1958 年的水準大致相當，但遠高於長期牛市開始時的那幾年。這些重要指標並不能說明 1972 年 1 月的股價水準太高，但考慮到高等級債券的殖利率時，情況就不那麼樂觀了。讀者從表中可以發現，整個期間的股票報酬率（盈餘／股價）相對債券殖利率變得越來越差；因此，以這一標準衡量，1972 年 1 月的股票數據顯然比先前諸年份更加不利。在比較股息收益率與債券殖利率時，我們發現兩者的關係，在 1948 ～ 1972 年間完全逆轉了。在早些日子裡，股票報酬率是債券的兩倍，而現在債券殖利率則是股票的兩倍，或甚至還更多。

我們最終的結論是，債券殖利率／股票報酬率的比率逆轉，完全抵消了 1971 年底本益比（以三年的盈餘數據計算）下降的優勢。因此，我們對 1972 年初股市價格水準的看法，與 7 年前完全一樣：從保守的投資觀點來看，此時的股價水準是缺乏吸引力的。（這樣的觀點同樣適用於 1971 年大部時段的道瓊指數，其範圍約在 800 ～ 950 點之間。）

從股市歷史波動的角度來看，1971 年的股市似乎仍處於 1969 ～ 1970 年股市大幅下跌後不穩定的復甦階段。過去，這種復甦曾帶來從 1949 年開始的持久牛市。（1971 年的華爾街對此充滿了期待。）有鑑於許多買家在 1968 ～ 1970 年間買進低等級的新股，遭受到嚴重的損失，因此 1971 年想再度掀起新股發行的熱潮，顯然為時過早。股市目前尚未出現立即危險的明確信號——就像我們在上一版本中所討論的，1964 年 11 月道瓊指數 892 點的情況。照理說，在下一輪嚴重下跌或崩盤發生之前，道瓊指數似乎應該會先大幅上漲超過 900 點。雖然我們可以這麼認為，但實際上又沒辦法如此確定。在我們看來，1971 年初，人們就對不到一年之前的慘痛教訓視而不見，這顯然是一個令人不安的信號。像這樣掉以輕心的態度，難道不會受到懲罰嗎？我們認為，投資者必須準備好面對未來的艱困行情——說不定會迅速重演 1969 ～ 1970 年的暴跌；也許會先出現一波急漲，然後再出現災難性的崩跌。[6]

何去何從

回顧我們上一版的結論。現在，道瓊指數大約 900 點，與 1972 年初和 1964 年底的點位相當，因此我們的觀點依然是相同的。

6. 【原註】這部分內容是在 1971 年初撰寫的，當時的道瓊指數 940 點。有一項精細的研究，說明華爾街當時普遍持有相反的觀點，即預期道瓊工業指數在 1975 年將達 1,520 點，而這一價格水準相當於 1971 年中的 1,200 點。1972 年 3 月，道瓊工業指數再度回到 940 點（在此之前曾經跌到 798 點）。【新註】這裡又再次證明葛拉漢的觀點是正確的。他所提到的「精細的研究」顯然過於樂觀（提前了 10 年）：道瓊工業指數直到 1985 年 12 月 13 日，才來到 1,520 點之上。

第三章 評釋

如果你不知道往哪裡去，那麼你一定要當心，因為你很可能根本無法到達目的地。

——約吉 · 貝拉（Yogi Berra）

牛市無稽之談

在本章中，葛拉漢展現了他的預測才能，他預見了兩年後的事，成功預言了 1973 ~ 1974 年「災難性的」空頭市場，而美國股市在此期間下跌了 37%。[1] 他還預見了未來 20 年後的事，完全推翻了當今市場大師和暢銷書作家的邏輯，儘管那個年代尚未出現這樣的邏輯。

智慧型投資者絕不能僅根據過去的數據來預測未來，這是葛拉漢核心的論述。不幸的是，這正是 1960 年代飽學之士們一犯再犯的錯誤。繼華頓學院金融學教授傑瑞米 · 西格爾（Jeremy Siegel）在 1994 年出版《長線獲利之道》（Stocks for the Long Run）之後，出現了一系列有關股市的書籍，其中最受人矚目的是詹姆斯 · 蓋斯曼（James Gassman）和凱文 · 哈希特（Kevin Hassett）合著的《道瓊 36,000 點》、大衛 · 伊里亞斯（David Elias）的《道瓊 40,000 點》，以及查爾斯 · 卡德萊茨（Charles Kadlec）的《道瓊 100,000 點》（這些全都是在 1999 年出版的）。這些預言家們認為，從 1802 年以來，扣除通貨膨脹因素後，股票的年平均報酬率達 7%。因此他們斷定，投資者在未來也可期望得到同樣的報酬。

1　若不計股息，美國股市在這兩年下跌了 47.8%。

有些多頭論者甚至預期報酬還會更高。由於過去30年來股票的表現「總是」優於債券，因此其風險必定小於債券，或甚至小於銀行裡的現金。如果持有股票的時間夠長，就可以消除所有的風險，既然如此，為什麼還要計較最初購買的價格呢？（要知道其原因，請參閱後文的專欄。）

在1999年和2000年初，關於牛市的無稽之談隨處可見：

- 1999年12月7日，Firsthand共同基金的經理人凱文・蘭迪斯（Kevin Landis）出現在CNN的Moneyline，他在這訪談節目中被問到，無線通訊股的價格是其盈餘的非常多倍，其股價是否被高估時，他說：「這不算過分。看看它們的高速成長，其成長的絕對值是非常巨大的。」
- 2000年1月18日，Kemper基金的首席投資策略師羅伯特・弗羅利希（Robert Froelich）在《華爾街日報》宣稱：「這是一種新的世界秩序，我們看到有些人賣掉前景看好公司的股票，只因為它們的股價太高，這是投資者所犯的最愚不可及的錯誤。」
- 在2000年4月10日出版的《商業周刊》中，雷曼兄弟首席投資策略師傑佛瑞・阿普蓋特（Jeffrey M. Applegate）反問說：「只因為現在的價格比兩年前更高，股票市場的風險就更大了嗎？答案是否定的。」

但是，答案是肯定的。過去是這樣，未來也是如此。

當葛拉漢問道：「像這樣掉以輕心的態度，難道不會受到懲罰嗎？」他知道答案永遠是否定的。股票市場就像一位被激怒的希臘神，讓每一個認為1990年代末期的高報酬具有正當性的人傾家蕩產。讓我們來看看蘭迪斯、弗羅利希和阿普蓋特等人的預測結果：

- 從 2000 年到 2002 年，蘭迪斯最愛的無線通訊股諾基亞（Nokia）「僅僅」下跌了 67%，而最慘的 Winstar 通訊公司則下跌了 99.9%。
- 弗羅利希最看好的股票—思科和摩托羅拉—在 2002 年底暴跌了 70% 以上。投資者單在思科這支股票的損失就高達 4,000 億美元，比香港、以色列、科威特和新加坡四地的年生產總值加總還多。
- 2000 年 4 月，當阿普蓋特反問時，道瓊工業指數在 11,187 點；那斯達克綜合指數在 4,446 點。到 2002 年底，道瓊指數徘徊在 8,300 點左右，而那斯達克則回到 1,300 點附近—前 6 年的漲幅至此已蕩然無存。

胖者生存

股票的報酬從長期來看「總是」優於債券，這種說法有一個致命的缺陷：1871 年之前的可靠數據並不存在。用來反映美國早期股票市場報酬的指數，僅包含 7 支股票的資料，[2] 但在 1800 年時，美國已經有大約 300 家公司（許多公司相當於傑佛遜時代的網際網路公司，如木質車輪和運河開發公司）。這些公司後來大多破產了，從而導致其投資者血本無歸。

然而，股價指數並沒有包括那些早期破產的公司，這就是所謂的「存活者偏差」（survivorship bias）。換句話說，這種指數嚴重高估了投資者的實際報酬，因為他們並沒有先見之明，能夠確切知道該買哪 7 支股票。只有少數幾家公司，如紐約銀行和 JP 摩根大通銀行，能夠從 1790 年代以來一直蓬勃發展。但是，相對於這樣奇蹟般的倖存者而言，遭遇財務滅頂的公司不下千家，其中包括運河公司、賓州葡萄種植公司和史尼克斯

2. 到了 1840 年代，指數已擴大到包含 7 支金融股和 27 支鐵路股——對年輕的美國股市而言，這些樣本股的選擇相當荒謬而且缺乏代表性。

收費公路公司等，這些公司並沒有包括在股價指數的「歷史」資料之中。

傑瑞米．西格爾的數據顯示，在扣除通貨膨脹因素後，股票在1802年至1870年的報酬率為7%，債券為4.8%，現金為5.1%。但倫敦商學院的艾洛力．迪姆松（Elroy Dimson）及其同事的研究認為，西格爾在1871年之前的股票年報酬率至少被高估了2個百分點。[3] 因此，在現實世界裡，股票的報酬並不優於現金或債券，或甚至更差。任何人聲稱，長期記錄可以「證明」股票報酬保證優於債券或現金，其實是一種無知的說法。

爬得越高，摔得越重

為了消除這種牛市無稽之談，葛拉漢要求智慧型投資者對自己提出一些簡單的疑問。為什麼股票未來的報酬，總是與過去的相同？如果所有的投資者都相信，從長期來看股票肯定會賺錢，那麼股價會不會因此而被嚴重高估呢？如果發生這種情況，那麼未來的報酬又怎麼會很高呢？

葛拉漢的答案一如既往總是來自於邏輯分析和常識判斷。任何投資的價值都必須而且永遠是根據你買進的價格而定。在1990年代末，通貨膨脹消退，企業盈利欣欣向榮，而且世界大多數國家都處於和平狀態，但這並不意味著，而且永遠不意味著，任何價位的股票都值得買進。既然企業能賺到的利潤是有限的，投資者為其所支付的價格，就應該適可而止才對。

不妨用這樣的方式來思考：麥可．喬丹（Michael Jordan）也許是有

3. 正如葛拉漢在本書前文中所暗示的，1871年至1920年代之間的股價指數還是受到「存活者偏差」的影響，因為在這段期間有數百家汽車、飛機和廣播公司倒閉而且隨著歷史湮滅了，因此這段期間的股票報酬率也可能被高估了2個百分點。

史以來最偉大的籃球運動員，他像一塊巨大的磁鐵，把球迷吸入芝加哥體育館。芝加哥公牛隊為此給他高達3,400萬美元的年薪，但這並不意味著，公牛隊每個賽季付出3.4億、34億或340億美元的薪水是值得的。

樂觀的極限

針對市場近期報酬特別好的情況，葛拉漢警告說：「這將導致一個完全不合乎邏輯而危險的結果，而這樣的結果，預期未來仍將延續。」從1995年到1999年，股市每年上漲至少20%，這是美國史上前所未有的高速成長，而股票買家也變得更為樂觀了：

- 1998年年中，蓋洛普為PaineWebber經紀公司所做的投資者調查中，投資者預期未來一年其股票報酬率大約是13%。到2000年初，他們的預期報酬率更激增到18%以上。
- 「資深的專業人士」也同樣樂觀，而且調高了他們的預期報酬率。例如，在2001年，SBC通訊公司將其退休金計劃的預期報酬率從8.5%調高至9.5%。到了2002年，標準普爾500指數成份股中的公司，將其退休金計劃的平均報酬率提升到歷史新高9.2%。

隨後進行的追蹤調查，顯示了這種過度樂觀所導致的可怕後果：

- 蓋洛普在2001年和2002年的調查發現，投資者對未來一年的預期報酬率已急降至7%，儘管他們現在買進的價格僅為2000年的一半。[4]

4. 當然，這些低廉的股票價格，並不意味著投資者預期7%的報酬率一定能實現。

- 根據華爾街最近的估計，標準普爾 500 指數成份股中的公司，對其退休金計劃報酬率的樂觀預期，將使其付出至少 320 億美元的代價。

儘管投資者都知道他們應該低買高賣，但實際上他們的做法卻往往背道而馳。葛拉漢在本章中的警告很簡明：「物極必反」，投資者越看好股票市場的長期趨勢，他們短線出錯的可能性就越高。2000 年 3 月 24 日，美國股票市場總市值達到了 14.75 兆美元的峰值。僅僅過了 30 個月，到了 2002 年 10 月 9 日，其總市值就下降到 7.34 兆美元，降幅達 50.2%，而其中有 7.41 兆美元的市值，就這樣消失了。與此同時，許多權威人士顯得非常悲觀，他們預計今後幾年乃至幾十年，股票市場的表現平平，甚至會出現負報酬。

此時，葛拉漢會問一個簡單的問題：既然「專家們」上一次的判斷如此糟糕，智慧型投資者現在為什麼要去相信他們呢？」

接下來該怎麼做？

現在，讓我們排除干擾，試著像葛拉漢那樣去估算未來的報酬。股市的表現取決於以下三個因素：

- 實際的成長（公司盈餘和股息的增加）
- 通貨膨脹的成長（物價整體上漲）
- 投機情緒的成長或降低（投資大眾對股票興趣的上升或下降）

長期而言，企業每股盈餘的年成長率為 1.5% 至 2%（不計通膨）。截至 2003 年初，每年的通貨膨脹率大約是 2.4%，股息收益率為 1.9%。因此，

1.5% 至 2%
+2.4%
+1.9%

=5.8% 至 6.3%

從長期來看，這意味著你可以合理預期股票的平均報酬率大約是 6%（或扣除通膨因素後 4%）。如果投資大眾再度貪婪，並將股價推入上升軌道，那麼這種投機熱潮就會將報酬率短暫推高。相反地，如果投資者心中充滿了恐懼，像在 1930 年代和 1970 年代那樣，那麼股票的報酬率就會出現短暫下降。（這正是我們在 2003 年所面臨的情況。）

耶魯大學的金融學教授羅伯特 · 希勒（Robert Shiller）稱他的評估方法源自於葛拉漢：他把標準普爾 500 指數現在的價格水準，與過去 10 年企業的平均獲利（扣除通膨後）進行比較。透過歷史數據的分析，希勒指出，當這個比例遠大於 20 時，此後股市的報酬率通常較低；當這個比例遠小於 10 時，此後股市通常有不錯的報酬。按希勒的算法，2003 年初的股價大約是過去 10 年扣除通膨因素後企業平均獲利的 22.8 倍—仍處於危險區域，但已經比 1999 年 12 月的 44.2 倍下降了不少。

當股價與當今的水準相當時，股市在過去是如何表現的？圖 3-2 顯示的是，當過去的股價處於類似的水準時，股市在此後 10 年的獲利情況：

因此，從 2003 年初類似的本益比資料來看，股票市場在此後 10 年的表現有時相當出色，有時很差，其它時間則平平。我認為，葛拉漢保守謹慎的一貫作風，會排除過去最低和最高的報酬，並預測此後 10 年股票的年報酬率約為 6%，或扣除通膨因素後為 4%。（有趣的是，這預測正好與我們稍早把實際成長、通貨膨脹成長和投機性成長加起來的數字相符。）相較於 1990 年代，6% 的報酬率實在是少得可憐，但比債券產生的收益稍微好一些，這就足以構成大多數投資者把股票納入其投資組合的理由了。

圖 3-2

年份	本益比	此後 10 年的平均總報酬
1898	21.4	9.2
1900	20.7	7.1
1901	21.7	5.9
1905	19.6	5.0
1929	22.0	0.1
1936	21.1	4.4
1955	18.9	11.1
1959	18.6	7.8
1961	22.0	7.1
1962	18.6	9.9
1963	21.0	6.0
1964	22.8	1.2
1965	23.7	3.3
1966	19.7	6.6
1967	21.8	3.6
1968	22.3	3.2
1972	18.6	6.7
1992	20.4	9.3
平均	20.8	6.0

資料來源：http://aida.econ.yale.edu/ ～ shiller/data/ie_data.htm; Jack Wilson and Charles Jones, "An Analysis of the S & P500 Index and Cowles' Extensions: Price Index and Stock Returns, 1870 ～ 1999," The Journal of Business, vol.75, no.3, July, 2002, pp.527 ～ 529; Ibbotson Associates.

註：本益比是根據希勒的算法得出的（以標準普爾 500 指數 12 月 31 日的市值除以該指數 10 年的平均實際報酬）。總報酬是名目年均報酬率。

不過，葛拉漢的做法還有第二個教訓。對於未來股票報酬的預測來說，唯一能確定的是，你很可能會得出錯誤的結論。過去的經驗告訴我們唯一不爭的事實是，未來總是出乎我們的意料，永遠都是如此！根據金融歷史法則的推論，那些自以為對未來的預測確定無誤者，都將遭受市場最殘酷的打擊。如果能像葛拉漢一樣保持謙遜，將使你免於自以為是而去冒太大的風險。

所以，你要儘量降低自己的期望值，但不要因此而沮喪。對智慧型投資者而言，希望始終是存在的，因為理應如此。在金融市場裡，未來看起來越糟糕，其結果通常越好。一位憤世嫉俗者曾經對英國小說家兼散文家契斯特頓（G. K. Chesterton）說：「上帝會賜福予無所求的人，因為他永遠不會感到失望。」契斯特頓是怎麼回答的？「上帝會賜福予無所求的人，是因為他懂得享受任何事物。」

第4章

防禦型投資者的投資組合策略

投資組合的基本特色，通常與其持有者的立場與特質息息相關；譬如像儲蓄銀行、人壽保險公司和所謂合法的信託基金，就具有特定的立場與特質。在 30 多年前，許多州的法律規定，這些機構只能買進高等級債券，只有在某些情況下，才可以買進高等級的優先股。至於那些能幹又有經驗的商業人士，他們可就沒有這樣的限制了。他們只要認為買進的標的具有足夠的吸引力，任何類型的債券和股票都有可能是其投資標的。

對於那些無法承受風險的人來說，滿足於較低的投資報酬，是一個古老且十分合理的原則。由此可以得出這樣的結論：投資者預期得到的報酬，在一定程度上與其承擔的風險成正比。不過，對於這樣的結論，我們不能苟同。投資者的預期報酬，應該取決於他們願意且能夠付出的努力與智慧。如果是以安全為重、不想花太多心思的消極投資者，他們理應得到最低的報酬；至於那些精明而有經驗的投資者，由於他們拿出了最大的智慧和技巧，因此理應得到最高的報酬。在 1965 年的版本中，我們曾說：「在許多時候，買進那些『廉價證券』的實際風險甚小，而其獲利的機會，則比買進殖利率 4.5% 的傳統債券更大。」在接下來的幾年間，由於利率的上升，即使是最高等級的長期債券，也出現了價格暴跌的狀況，因此更證明了以上論述的正確性。

債券與股票配置的基本原則

我們已經以簡明扼要的方式，說明了防禦型投資者的投資組合策略。[1] 這類投資者應該將其資金，分散投資於高等級的債券和高等級的普通股。

做為一項基本指導原則，我們建議防禦型投資者持有股票的資金比例，絕不能少於 25% 或高於 75%；相對來說，持有債券的資金比例則應在 75% 和 25% 之間。我們在這裡建議的標準配置比例是，兩種主要投資

1. 參見葛拉漢在第 2 章「結論」的內容。

工具各佔一半。根據傳統，增加普通股持有比例的合理理由是，持續的熊市導致了「低廉價格」的出現。相反地，當投資者認為股價已經過高而且有危險時，則應將股票的持有比例減至 50% 以下。

這些標準原則說起來容易，做起來難，因為它違反了人們過度看漲和過度看跌的天性。要建議一般股票投資者，在市場超過某個點位時減少持股，或在市場持續下跌時增加持股，這似乎不是一個切實可行的策略。事實上，正是因為一般投資者相反的操作，而且他們顯然認為自己必須這樣做，所以才使得市場在過去不斷出現大幅上漲和下跌的狀況；而且，本書作者認為，未來還是會持續發生類似的大漲和大跌。

如果投資與投機操作仍像過去那樣涇渭分明，我們或許可以想像，精明而經驗老道的投資者會在高價時，把股票拋售給那些掉以輕心且倒霉的投機者，並在股價大跌後將其買回。這種情形在過去也許是真實的，但在 1949 年後，隨著金融的發展，這種情形已不復存在，而那些共同基金之類的專業投資者，現在也已經很少如此操作了。這些年來，「平衡型」和「股票型」兩種最主要的基金，其持股比例的變化甚微。他們之所以賣出股票，主要是為了換股操作，以便買進前景更佳的股票。

我們認為，如果過去的判斷方式不再適用，新的判斷方式又尚未出現，這樣的話我們就無法建議投資者，何時應該將股票的持股比例減至 25% 的最小比例，然後等到適當時刻，再提升到 75% 的最高比例。一般來說，我們強烈要求投資者的股票持股比例不要超過 50%，除非他對其股票部位抱有足夠的信心，而且可以坦然面對 1969 ～ 1970 年那樣的股市大跌。就 1972 年初的股價水準而言，我們很難看到投資者有這樣的強烈信心，因此我們不建議投資者此時的股票持股比例超過 50%。但是，基於相同的理由，我們也很難要求投資者將其股票持股比例降至 50% 以下，除非他自己對當前的股價水準深感憂慮，而且願意以（譬如）25% 的資金，來參與未來可能出現的上漲行情。

因此，我們提出一個看似十分簡單的 50-50 原則。根據此規則，投資者持有債券和股票的比例，應該持續維持均等的關係。如果股價上漲，使得股票部位的資金比重提升到 55%，他就應該賣出 1 ／ 11 的持股，並將該筆資金投入債券，以恢復兩者之間的均衡關係。反之，如果股票的資金比重下降到 45%，他就應該賣出 1 ／ 11 的債券而轉入股票。

耶魯大學從 1937 年開始，就一直從事類似的投資計劃，不過其股票的「正常持股比例」約為 35%。然而，在 1950 年代初，耶魯似乎放棄了這個一度頗為出名的準則，而在 1969 年時，其持股比例高達 61%（包括一些可轉換債券。當時，71 家退休基金總共 76 億美元的資產中，股票的持有比例為 60.3%。）耶魯的例子說明了股票市場的大漲，已使這個流行一時的投資法則不再時興了。即便如此，我們仍然認為，50-50 的資金分配原則對防禦型投資者仍具有實質意義。它非常簡單；其方向無疑是正確的；它使其遵循者感受到，自己對市場變化至少做出了某些反應；最重要的是，當市場不斷上漲而趨近危險時，它會約束投資者不要加大自己的股票投資部位。

此外，對真正的防禦型投資者來說，股市上漲時，他可以滿足於自己一半的資金所創造的利潤，而股市嚴重下跌時，比照那些積極型投資者的處境，他也會從自己相對較好的境況中獲得安慰。

雖然我們的 50-50 資金分配原則，無疑是一種最簡單的「全方位計劃」，但其績效未必是最佳的。（當然，無論是機械式或其它的方法，都不能保證其績效一定比其它方法更佳。）目前，高等級債券的殖利率遠高於大型藍籌股的報酬率，因而形成了增加債券持有比例的有力理由。投資者究竟應將其股票持股比例限制在 50% 還是更低的比例，這完全要根據他自己的性格和態度來決定。如果他是一個全然不受情緒影響且精於計算的投資者，也許可以將其股票持有比例減至 25%，直到道瓊的股息收益率達到債券殖利率的 2 ／ 3 時，再將其股票持有比例提升至 50%。以目前道瓊指數 900 點以及每單位股息 36 美元的情況來看，這也就意味著，應稅債券的殖利率必須從 7.5% 降到 5.5%，同時大型藍籌股的報酬保持不變；或者是債券殖利率和股息保持不變，而道瓊指數下跌到 660 點的情況。如果將這些數據做其它組合變化，也可以產生同樣的效果。這種策略並不特別複雜，其難處在於採用它之後必須堅持下去，而且不在乎這種策略可能過於保守。

債券部份

投資者在配置投資組合中的債券部份時，要解決兩個主要問題：首先，他應該購買應稅債券，還是免稅債券？其次是應該買進短期債券，還是長期債券？稅賦方面的判斷，主要是一個數學運算問題，也就是要計算投資者的適用稅率與債券殖利率之間的差異。1972 年 1 月，在 20 年到期的債券中可選擇收益率為 7.5% 的 Aa 級公司債，以及收益率為 5.3% 的優質免稅債券。（所謂「市政債券」一詞適用於所有的免稅債券，其中包括各州的債務。）因此，就 20 年到期的債券而言，公司債的收益率會比市政債券高出 30% 左右。如果投資者的適用稅率在 30% 以上，則選擇市政債券比較划算；如果他的適用稅率低於 30%，則應選擇公司債。對一個單身者來說，其所得超過 10,000 美元的部分需繳納 30% 的所得稅；對已婚的夫妻來說，其合併所得超過 20,000 美元的部分亦適用此稅率。顯然，從稅後收益的角度來看，大部分投資者購買市政債券會比購買公司債更有利。

至於選擇長期或短期債券，則涉及另一個問題，那就是投資者是否想確保其債券價格不會出現下跌？如果是的話，就選擇短期債券，但其代價是：（1）較低的年收益率；（2）放棄債權本金部分可能出現的升值。我們認為，這一問題最好留到第 8 章談到投資者與市場波動的議題時再來討論。

在過去的許多年，個人投資者唯一明智的選擇就是購買美國儲蓄債券。這種債券的安全性是無庸置疑的；它們的收益率高於其它最優等級的債券投資；它們享有提前贖回和其它特別的待遇，這大大增加了它們的吸引力。在本書之前的版本中，我們曾用完整的一章「美國儲蓄債券：投資者的福音」來介紹它。

正如我們所指出的，美國儲蓄債券仍然具有某些獨特的優點，這對任何個人投資者來說，都不失為一種可取的投資。對於資金有限（如債券投資金額不超過 10,000 美元）的投資者來說，購買此種債券仍然是最方便且最佳的選擇。但是，那些擁有更多資金的投資者會發現，其它的中期債券可能更適合投資。

我們將列舉一些值得投資者關注的債券，並簡要說明其一般性質、安全性、收益、市場價格、風險、所得稅以及其它特色。

1. E 系列和 H 系列的美國儲蓄債券：

首先，我們簡要說明其重要條款，然後再討論這些獨特、具有吸引力且極為方便之投資工具的種種優點。如同其它債券一樣，H 系列債券也是每半年付息一次。其第一年的利率為 4.29%，其餘 9 年均為 5.10%。E 系列債券不付利息，而是逐步提升持有者的贖回價值。該債券通常以面值 75% 的價格出售，5 年又 10 個月到期時，則取回 100% 面值的資金。如果持有該債券直至到期，則其收益率將可以達到 5%（以複利計，每半年付息一次）。如果提前贖回，則其第一年的收益率為 4.01%，其餘 4 年又 10 個月的平均收益率為 5.20%。

該債券的利息收入須繳納聯邦所得稅，但免徵州所得稅。不過，E 系列債券的持有者可以選擇繳納聯邦所得稅的方式：按照每年的應計利息（贖回價值增值部份）繳納，或該債券到期時一次繳納。

E 系列債券持有者可以隨時（購買之後的任何時間）按當時的贖回價值兌現，而 H 系列債券持有者也享有按票面值（成本）兌現該債券的權利。E 系列債券可以轉換成 H 系列的債券，並享有某些稅賦優惠。該債券如有遺失、毀損或遭竊，都可以重新申領而且無需任何費用。然而，購買該債券每年有一定的限額，但家庭成員可以採用共同持有的方式進行購買，從而使大多投資者在能力可負擔範圍內，盡可能多購買到一些額度。

評論：沒有任何一種其它投資方式，能像這種債券一樣，同時具備以下條件：（1）本金和利息的支付具有絕對的保障；（2）隨時可取回全部的本息；（3）保證 10 年的利率至少 5%。E 系列債券持有者有權在其債券到期時要求展期，並且以更高的利率繼續提升其價值。長期遞延所得稅支付的效果相當可觀；在通常情況下，它會使稅後淨收益提升三分之一。相反地，由於最初幾年的低利率，使得投資者可以用成本價或更高的價格贖回債券，因而本金可以完全免於縮水；換言之，將低利率債券轉換成息票率高的債券，投資者將可受益於利率的上漲。

我們認為，與其它直接政府債券相比，目前持有儲蓄債券所享有的獨特優勢，足以彌補其當期收益較低的缺點。

2. 其它聯邦政府債券：

這些債券的種類繁多，其利率與存續期間亦各不同。就本息的支付而言，這些債券全都十分安全。雖然其收益需繳納聯邦所得稅，但免徵州所得稅。1971 年底，長期債券（10 年以上）的平均收益率為 6.09%，中期債券（3 ～ 5 年）為 6.35%，短期債券為 6.03%。

在 1970 年，投資者可以用很大的折價買到一些以前發行的債券，其中有一些還可以按票面值抵繳遺產稅。例如，1990 年到期、息票率 3.5% 的美國公債就是這種債券；它在 1970 年的價格是其面值的 60%，但 1970 年底的收盤價高於 77%。

值得一提的是，在許多情況下，一些間接政府債券的收益明顯高於期限相同的直接債券。我們撰寫本書時，正在發行的「美國交通部長全額擔保債權憑證」的殖利率為 7.05%，比同時在 1986 年到期的直接政府債券高出1%。實際上，該債券是以賓州中央運輸公司受託人的名義發行的，但憑證上卻記載美國司法部長的聲明，稱該債券是「獲得聯邦政府全部信用擔保的一般債務」。在過去，許多這樣的間接債務都是由美國政府擔保的，而且都已經到期兌現。

讀者也許會感到奇怪，為何要如此大費周章，由美國交通部長提供「個人擔保」，而最終卻加重了納稅人的負擔。其主要原因在於，這種間接發行的債券，可使美國政府規避國會對舉債金額的限制。政府擔保的債券，顯然並不能視為是政府的債務——這種說法會給精明的投資者帶來意外的收獲。或許最大的影響是，這種情勢導致了聯邦住房管理局免稅債券的發行——它相當於美國政府擔保的債券，而且是唯一等同於政府債券的免稅債券。另一種由政府擔保的債券是最近問世的新社區信用債券，它在 1971 年 9 月發行時的殖利率為 7.6%。

3. 州和市政債券：

這些債券的收益都免徵聯邦所得稅，通常在其發行所在地的州也免徵州所得稅，但在其它州則無此待遇。這種債券不僅包括州或下屬機構的直接債務，也包括所謂的「收入債券」——其支付的利息來自於收費公路、橋樑或建築物的出租。就債券的安全性而言，並非所有的免稅債券都適合於防禦型投資者。他們可根據穆迪（Moody）或標準普爾對各債券所做的評等，來決定自己的投資。只要是這兩家機構給予的三個最高等級—— Aaa（AAA）、Aa（AA）或 A，該債券通常就具有足夠的安全性。這些債券的收益將隨著其等級和期限的長短而有所不同，期限愈短的債券則利息愈低。1971 年底，標準普爾市政債券指數中 20 年期的債券平均等級為 AA，收益率為 5.78%。一個典型的例子是紐澤西州 Vineland 市發行的市政債券，其發行時的等級為 A ～ AA，1 年到期的債券殖利率只有 3%，而 1995 年和 1996 年到期的債券殖利率則達 5.8%。[2]

4. 公司債：

這種債券需繳納聯邦所得稅與州所得稅。1972 年初，從穆迪 Aaa 級公司債指數中所公佈的收益率來看，期限 25 年最高等級公司債的收益率為 7.19%，而所謂的中低等級（Baa）長期公司債的收益率為 8.23%。無論何種等級的債券，期限較短者的收益率在一定程度上低於期限較長者。

評論：上述的簡介說明顯示，一般的投資者在高等級債券中可有不同的選擇。毫無疑問的是，邊際稅率較高的投資者可以從優質免稅債券中獲得更高的淨收益，而其他的投資者則可選擇 1972 年初發行的應稅美國儲蓄債券及高等級債券，前者的殖利率為 5%（因享有特殊的選擇權），後者約為 7.5%。

高收益債券的投資

如果投資者願意在債券的安全性上有所讓步，那麼他將可以從其債券投資中獲得更高的收益。根據長期的經驗顯示，一般投資者最好避開此種高收益債券。就總體而言，儘管這種債券的收益高於高等級債券，但持有者將面臨各種不利的風險，其中包括令人不安的價格下跌，乃至實際的違約（低等級債券確實經常出現廉價交易的機會，但要成功掌握機會則需專門的研究和技巧）。[3]

2. 【原註】產業收入債券（Industrial Revenue Bonds）是一種創新的金融工具，能夠提供較高的免稅收益和足夠的安全性，它們對積極型投資者尤其具有吸引力。

3. 如今，由於共同基金可進行風險分散和從事「垃圾債券」方面的研究，因此葛拉漢所批評的高收益債券的風險已大大降低了。更多詳細內容，請參見第 6 章評釋。

或許我們在此應該指出，美國國會對直接政府債券發行的限制，至少為購買政府擔保債券的投資者帶來兩個「廉價交易的機會」。一個是免稅的「新住房」債券，另一個是最近問世的「新社區信用債券」（應稅債券）。於 1971 年 7 月發行的新住房債券，殖利率高達 5.8% 且免徵聯邦所得稅和州所得稅；而 1971 年 9 月發行的「新社區信用債券」，殖利率為 7.6%。這兩種債券都有美國政府提供「全部誠信和信用」的擔保，因此其安全性是無庸置疑的。而且，這兩種債券的收益顯著高於一般的美國政府債券。[4]

替代債券的儲蓄存款

現在，投資者可以從商業銀行或儲蓄銀行的儲蓄存款（或銀行定期存單）中，獲得與短期高等級債券相等的收益。銀行儲蓄帳戶的利率未來可能下降，但對個人投資者來說，目前儲蓄存款仍不失為短期債券的一種很好的替代品。

可轉換債券

相關的討論，請參閱第 16 章；至於債券價格波動的討論，請參閱第 8 章「投資者與市場波動」的相關內容。

贖回條款

在本書之前的版本中，我們曾就這問題做了長篇的討論，因為這種條款對投資者相當不公平，卻從未受到重視。通常，債券在其發行後不

---

4. 「新住房」債券與「新社區信用債券」如今已不復存在了。新住房債券是由美國住房和城市發展部門（HUD）擔保的，其收益免徵所得稅，但 1974 年後就不再發行了。新社區信用債券也是由該部門擔保的，其發行權來自於 1968 年通過的聯邦法。截至 1975 年，這些債券的總發行量為 3.5 億美元，但該計劃已於 1983 年終止。

久即可贖回，且其贖回價值略高於其發行價──比如 5%。這意味著，當基準利率出現劇烈波動時，投資者必須自行承擔所有的負面衝擊，但幾乎無法獲得有利變化所帶來的好處。

例如：美國天然氣和電力公司（American Gas & Electric）發行的債券就是一個典型的例子，該債券的期限 100 年、票面利率 5%、於 1928 年以 101 美元的價格發行。4 年後，債券價格在幾近恐慌的情況下跌到了 62.5 美元，殖利率為 8%。到了 1946 年，市場經過強勁反彈後，此類債券的殖利率來到了僅有 3%，而票面利率 5% 的債券其對應價格應接近 160 美元。然而，就在此時，該公司利用其贖回條款僅以 106 美元的價格將其贖回。

這種債券合約中的贖回條款，無疑是公然宣稱：「我總是贏家，而你總是輸家」。最後，購買債券的法人機構開始拒絕接受這種不公平的條款；近年來，大多數的長期高息債券，禁止發債機構在發行後 10 年內或甚至更長的時間內贖回該債券。這樣的做法仍會有礙於債券價格的上漲，但至少已經比較公平了。

實際上，我們建議長期債券的投資者寧可犧牲少部份的收益，也要確保其購買的債券不可以在短期內贖回，且贖回時間至少要在債券發行後 20 ～ 25 年。同理，折價買進低息票率的債券[5]，會比買進息票率較高但按票面價發行且短期內可贖回的債券更為有利，因為折價、低息票率的債券（例如，息票率 3.5% 的債券，按面值的 63.5% 出售時，其殖利率可達 7.85%）可防止發行機構不利的贖回運作。。

5. 債券的「息票率」就是債券的利率；「低息票率」表示債券的利率低於市場平均水準。

不可轉換的優先股

在此，我們必須先說明優先股的一般特點。真正好的優先股可能確實存在，這種投資工具是好的，但本質上是不好的。優先股股東的權益取決於發行公司支付普通股股息的能力和意願；一旦公司董事會決定不支付或沒能力支付普通股股息，優先股就會變得岌岌可危，因為不支付普通股股息的情況下，公司也沒有義務必須償付優先股。另一方面，優先股通常只能獲得固定比率的股息。因此，優先股持有者既沒有債券持有人（或債權人）的法定求償權，也不能像普通股股東（或合夥人）那樣分享公司的利潤。

在經濟蕭條期間，優先股在法律地位上的弱點會不斷地暴露出來，只有少數的優先股有足夠的實力始終維持其投資地位。經驗告訴我們，唯有暫時的不利因素導致優先股跌至不合理的價位時，才可買進這種證券。（即使這種時候，它們也僅適合那些積極型的投資者，而非防禦型的投資者。）

換言之，這種證券只適合在價格低廉時買進，否則乾脆不要買。稍後，我們將討論可轉換債券以及具有類似優先權的證券，這些證券因某些特殊條款使得它們有可能可以分享公司的利潤，但防禦型的投資組合一般不會選擇這種證券。

優先股還有另一項值得一提的特點：其稅賦優勢更適合於公司投資者，而不適合於個人投資者。公司獲得的股息收入只需按其總額的 15% 繳納所得稅，而一般利息收入則需按全額納稅。從 1972 年開始，公司的稅率就高達 48%，這意味著，公司每收入 100 美元的優先股股息，只需繳納 7.20 美元的稅金；而每收入 100 美元的債券利息，則需繳納 48 美元的稅金。另一方面，個人投資者在優先股股息與債券利息收入需繳納的稅率完全相同，直至近年來才推行一些小額的減免。因此，就嚴格的邏輯而言，公司投資者應該購買優先股，而需繳納所得稅的個人投資者則應購買免稅債券。[6]

證券的類型

這裡所討論的債券與優先股這兩種證券形式都易於理解，而且較為單純。債券持有者可按固定利率得到利息，並在到期時贖回其本金。優先股的持有者可按固定利率收到股息，但不能得到更多，而其股息的發放優先於普通股。優先股的本金價值是沒有到期期限的。（優先股的股息可以是累積或非累積；其股東可以擁有投票權或無投票權。）

以上是它們的一般特性，而且這兩種形式的證券比比皆是，但毫無疑問的是，還有一些從這兩種形式變化出來的證券，其中最著名的就是類似可轉換證券和收入債券。後者只在發行公司有利潤時才支付利息（未支付的利息可以累積，從公司未來的利潤中支取，但累積期限通常僅限 3 年）。

公司應當更廣泛地運用收入債券來募集資金。許多公司不願採用這種融資工具的原因，顯然是歷史上的一個事件所導致——這種債券最初是在鐵路公司重整時被大規模運用，因而與財務狀況不佳和投資不利等因素劃上等號。但這種證券實際上有很多優點，特別是與近年來大量發行的（可轉換）優先股相比更具優勢，它們可做為其替代品。這種證券的最大好處是，公司的利息支出可以沖抵應稅收入，從而使公司的融資成本減少一半。對投資者而言，這種債券有以下的優點:（1）只要發行公司有盈餘，他就可以無條件獲得利息；（2）如果發行公司沒有盈餘或不支付利息，除了破產保護之外，還有其它的保護方式。

---

6. 雖然葛拉漢的邏輯至今仍然成立，但時代已有所改變。目前公司的股息收入可按總額的 70% 徵稅，而公司的所得稅率則為 35%。因此，公司從優先股得到每 100 美元的股息收入，約需繳納 24.5 美元的稅金；而每 100 美元的利息收入，則需繳納 35 美元的所得稅。由於個人投資者的股息收入與利息收入應繳的稅率相同，因此優先股對他們來說並沒有稅賦上的優勢。

收入債券的條款可依債權人和債務人雙方最有利的條件靈活商定（當然，也包括轉換條件）。人們總是樂於接受安全性較差的優先股，而拒絕安全性更高的收入債券，這充分說明華爾街總是傾向於一些傳統的做法和習慣，而無視在新的狀況下需要新的觀點。隨著每一次新的樂觀和悲觀情緒的潮起潮落，我們經常會忘記歷史並拋棄一些經過時間考驗的原則，但卻往往頑固地堅持自己的偏見，並對其深信不疑。

第四章 評釋

如果你只想靠運氣，那麼你就會在突然間失去所有的好運。

——籃球教練派特 · 理萊（Pat Riley）

你的投資組合可以承擔多大的風險？

葛拉漢的見解是，這要取決於你是哪一種類型的投資者，而不是取決於你擁有哪一種投資。要成為一個智慧型投資者有兩種方法：

- 對一個由股票、債券或共同基金所構成的動態投資組合，不斷地進行研究、篩選和監控。
- 建立一個恆久自動調整的投資組合，而不必付出更多的精力（但這會有些枯燥）。

葛拉漢將第一種方法稱為「積極型」或「主動式」的做法，它需要投入大量的時間和精力；第二種「防禦型」或「被動式」的投資策略，則不需要花費多少時間和精力，但要求投資者始終不為市場喧囂所動。正如投資思想家查爾斯 · 艾利斯（Charles Ellis）指出的，積極型的做法是勞心費力的，而防禦型的做法則需控制好自己的情緒。[1]

如果你時間充裕、具有高度的競爭力、像一個球迷一樣樂此不疲，而且對智力的挑戰頗有興趣，那麼你不妨採用積極型的做法。如果你總是覺

1. 關於積極型與防禦型這兩種做法的區別，詳見第 8 章和下列文章：Charles D, Ellis, "Three Ways to Succeed as an Investor," in Charles D. Ellis and James R. Vertin, eds., The Investor's Anthology（John Wiley & Sons, 1997）, p. 72。

得非常繁忙、渴望簡單的生活，而且不願意為金錢操心，那就比較適合防禦型的做法。（有些人覺得結合這兩種方法更好，換句話說，就是建立一個以積極型為主、防禦型為輔的投資策略，或者是反過來的搭配方式。）

這兩種方法都是可行的，無論採用哪種方法都能獲得成功，但先決條件是，你必須對自己有深入的瞭解，進而採用適合自己的方法，然後在你的投資生涯中持續堅持，並控制好自己的成本和情緒。葛拉漢對積極型投資者與防禦型投資者的區別再次提醒我們，財務風險不僅存在於大多數人所關注的地方（經濟形勢或自己的投資），而且也存在於我們自己身上。

勇猛出擊，還是防守為要？

那麼，防禦型投資者應該從哪裡開始著手呢？首先最基本的決策，就是決定要投入股票、債券和現金的比例。（請注意，葛拉漢刻意將這部分的討論放在通貨膨脹的章節之後，就是為了讓你事先瞭解，通貨膨脹是你所面對最危險的敵人之一。）

葛拉漢在討論股票和債券的資產分配時，其中一個最大的特點是，他從未提到「年齡」這一字眼。這一點使他的建議與傳統智慧有所區別；傳統的看法認為，你所應承擔的投資風險，主要取決於你的年齡。[2] 根據傳統的經驗法則，你的股票投資所佔的比例，應是 100 減去你的年齡，其餘的則以債券和現金的形式持有。（一個 28 歲的年輕人，應將 72% 的資金投資於股票；一個 81 歲的老人，則只能把 19% 的資產投入股市。）就像其它所有流行的事物一樣，這種觀點在 1990 年代末期曾風靡一時。1999 年，一本暢銷書籍甚至宣稱，如果你不到 30 歲，就應該把 95% 的資金投入股市—即便你的風險承受力很薄弱！[3]

---

2. 最近用「age」（年齡）與「asset allocation」（資產配置）這兩個詞在 Google 搜尋，會出現 30,000 多個相關網頁。

3. 參見 James K. Gassman and Kevin A. Hassett, Dow 36,000: The New Strategy for Profiting from the Coming Rise in the Stock Market（Times Business 1999）, p. 250。

除非你的智商減去100，否則你一定會發現此建議有什麼地方不對。為什麼要用你的年齡來決定你可以承受多大的風險？一個89歲、擁有300萬美元豐厚退休金和子孫成群的老太太，把大部分的資產投入債券的做法無疑是愚蠢的，因為她已經有不菲的收入，而她的子孫們（最終將繼承她的遺產）未來還有幾十年的投資生涯。另一方面，一個25歲、正在存錢準備結婚和買房的年輕人，也絕不會打算將其全部資金投入股市，因為一旦股票市場上演阿卡普爾科（Acapulco）懸崖跳水的戲碼時，他既沒有債券收益來彌補其損失，也沒有錢以備不時之需。

更重要的是，無論你有多年輕，你都有可能因為突然需要一大筆錢而賣出股票—不是在40年後，而是40分鐘後。在毫無預兆的情況下，你可能會失去工作、離婚、致殘，或遭受什麼意外。這些意外有可能襲擊任何年齡的任何人，因此每個人都應將其資產的一部分，以現金的形式做為無風險的避風港。

最後，很多人停止投資的理由，正是因為股市的下跌。心理學家指出，大多數人都不知道，自己對未來某些事件會有什麼樣的情緒化表現。[4]當股票每年上漲15%或20%時（就像1980年代和1990年代那樣），不難想像你會認為，你將與你的股票廝守終生。但是，當你看到你每一美元投資都縮水成一毛錢時，你就難以抗拒「安全」的債券和現金了。很多人買股票的方式並不是買進並持有，而是買高賣低且以沮喪告終。正因為能在熊市中有膽量堅守股票的投資者少之又少，所以葛拉漢才會堅持要求，所有投資者都應該至少保留其資產的25%投入債券。他認為，這樣的緩衝可以讓你更有勇氣，在股市下跌時繼續持有其餘的股票。

為了讓你瞭解可能需要承擔的風險，你不妨想想自己生活的基本環境，什麼時候會出現新情況，什麼時候可能會發生變化，這些情況將如何影響你的現金需求：

---

4. 關於這種心理現象，有一篇很有趣的論文，請參見：Daniel Gilbert and Timothy Wilson's "Miswanting," at www.wjh.harvard.edu/～dtg/Gilbert_&_Wilson（Miswanting）.pdf。

- 你是單身還是已婚？你的配偶或伴侶以何為生？
- 你已經有或即將有小孩嗎？他們的學費何時會成為家庭的必要開支？
- 你會繼承財產嗎？或者你必須贍養年邁生病的父母？
- 哪些因素可能會影響你的工作？（如果你在一家銀行或建築公司上班，利率突然上升就有可能會使你失去工作；如果你在一家化工企業工作，油價飆升就有可能是一個壞消息。）
- 你需要你的投資來補貼你的日常開支嗎？（一般情況下，債券收益能補貼，而股票不能。）
- 考慮到你的薪資和消費需求，你能承受多大的投資虧損？

你考慮過所有這些因素之後，如果覺得自己還是能接受擁有較多股票所必須承擔的較大風險，那麼你就可以按照葛拉漢的最低比率，只保留 25% 的資產來持有債券和現金。如果不是這樣，你最好就是賣掉你大部分的股票，再按照葛拉漢的最高比率，把 75% 的資產用來持有債券和現金。（如果想知道自己是否應該 100% 持有債券，請參見隨後的專欄內容。）

為什麼不能把全部資產拿來投資股票？

葛拉漢奉勸你，投入股市的資金永遠不要超過自己總資產的 75%。不過，是不是每一個人都不適合把全部資金投入股市呢？對極少數投資者來說，100% 持有股票也許是可行的。如果你符合下列條件，你或許就可以這樣做：

- 已經為自己的家庭，預留了至少一年生活所需的全部資金

- 未來打算繼續投資至少 20 年
- 曾安然度過 2000 年一開始的熊市
- 未曾在 2000 年一開始的熊市期間賣出股票
- 在 2000 年一開始的熊市期間，買進了更多的股票
- 已閱讀了本書第 8 章，並開始執行約束自身投資行為的正式計劃。

除非你確實通過以上所有的測試，否則你絕不能把自己的資金全部投入到股市中。在上一輪熊市中曾經陷入恐慌的人，在下一輪的熊市肯定會再次陷入恐慌，而且會因為沒有債券和現金做為緩衝而深感懊悔。

一旦你確定了資產配置的最終比例，就不要輕易改變，除非你的生活狀態出現了重大變化。不要因為股市上漲就買進更多的股票，也不要因為股市下跌而賣出股票。葛拉漢投資的精髓，就是用紀律來取代猜測。幸運的是，透過你的 410（k）帳戶，你可以很方便地以一種固定的方式，來自動調整你的投資組合。比方說，你可以承受較高的風險—假設 70% 的資產是股票，30% 的資產是債券；如果股市上漲了 25%（而債券價格沒變），那麼現在你資產中的股票比重就應該已接近 75% 了。[5] 此時，你可以連上你 401（k）帳戶的網站（或撥打其免費電話），然後賣出一些股票，使自己的資產配置重新回到 70-30 的比例。其重點在於，要以一種可預見、持之以恆的方法來重新調整（rebalance）你的資產配置—不要過於頻繁，使自己抓狂，也不要太少，使自己的比例長期失衡。我的建議是，最好每六個月進行一次重新調整，而具體日期可選擇一個容易記住的日子，例如元旦或美國國慶日。

5. 為方便起見，這個例子假設股市是瞬間上漲的。

這種定期重新調整的好處在於，它會強迫你根據一個簡單而客觀的標準—我擁有此項資產的比例，是否已超過預定的計劃—來決定自己的投資，而不是對利率或道瓊的走向妄加猜測。某些基金公司，如 T. Rowe Price，可能不久就會推出一種服務，自動重新調整你 410（k）帳戶中的投資組合，使其達到你的預設目標，這樣你就不需要靠自己主動做決策了。

債券投資的細節

在葛拉漢的時代，債券投資者所面臨的基本選擇是：購買應稅債券還是免稅債券？購買短期債券還是長期債券？現在還需增加一項：購買債券還是債券基金？

購買應稅債券還是免稅債券？

除非你適用最低的稅率，[6]否則你就應該將你退休金帳戶以外的資金，全部拿去購買免稅債券；要不然的話，你大部分的債券收益最終都將會落入國稅局的手中。唯一可以購買應稅債券的帳戶，就是你的 401（k）或其它節稅帳戶—在這裡，你的收益不必繳納當期所得稅，而市政債券也發揮不了作用，因為它們的稅賦優勢無法派上用場。[7]

6. 在 2003 年度，聯邦免稅所得的標準是：單身 28,400 美元，已婚夫妻（聯合申報）47,500 美元。

7. 有兩個很好的線上計算器，可以幫助你比較市政債券和應稅債券的稅後收益。這兩個計算器可以從下列網站找到：www.investinginbonds.com/cgi-bin/calculator.pl 和 www.lebenthal.com/index.infocenter.html。為了瞭解「市政債券」是否適合於你，首先可以利用那些計算器算出「應稅等值收益率」，然後將其與現有的長期公債殖利率（http://money.cnn.com/markets/bondcenter/ 或 www.bloomberg.com/markets/C13.html）進行比較。如果長期公債殖利率高於應稅等值收益率，就說明市政債券不適合於你。在任何情況下別忘記：與大多數應稅債券相比，市政債券和基金的收益率較低，而價格波動較大。此外，現在許多中等收入的美國人都面臨最低等級的稅率，因而削弱了市政債券的優勢。

購買短期債券還是長期債券？

債券與利率的關係，就像一個蹺蹺板的兩端：如果利率上升，債券價格就會下跌，而短期債券下跌的幅度，遠低於長期債券。另一方面，如果利率下降，債券價格就會上漲，而長期債券上漲的幅度，也會大於短期債券。[8] 你可以折衷購買 5 ～ 10 年到期的中期債券，這種債券既不會在利率飆升時大跌，也不會在利率暴跌時大漲。對大多數投資者來說，中期債券是一種最簡單的選擇，因為它可以讓你不需要再為猜測未來利率走向而煩惱。

購買債券還是債券基金？

由於債券通常以 10,000 美元為單位出售，而你需要購買至少 10 種債券，才能分散某種債券的違約風險，因此除非你的投資至少 100,000 美元，否則購買個別債券是沒有意義的。（唯一的例外是美國長期公債，因為它是由美國政府擔保的，基本上沒有違約的問題。）

債券基金可以方便、廉價地提供分散化的好處，而每月收到的利息可按現行利率將其再投入該基金，且不收手續費。對大多數投資者來說，債券基金顯然優於直接購買個別債券（主要例外是國庫券和某些市政債券）。一些大型基金公司如先鋒（Vanguard）、富達（Fidelity）、嘉信（Schwab）和 T. Rowe Price，都提供相當多的債券投資組合，而且費用相當低廉。[9]

由於債券投資者可選擇的債券越來越多，因此我們有必要更新葛拉漢所提供的可用清單。截至 2003 年，利率已降至非常低的水準，投資者

---

8. 關於債券投資的詳細說明，請參見 http://flagship.vanguard.com/web/planret/AdvicePTIBInvestmentsInvestingInBonds.html#InterestRates。對於債券更簡單的說明，請參見：http://money.cnn.com/pf/101/lessons/7/。一種「階梯式」組合，即持有一系列不同期限的債券，是另一種對抗利率風險的方法。

9. 更多的訊息，請查閱下列網站：www.vanguard.com, www.fidelity.com, www.schwab.com, and www.troweprice.com。

無不渴望能獲得較高的收益，但還是有一些可增加你利息收入而且無需承擔更多風險的債券。[10] 圖 4-1 概括了這些債券的優點與缺點。

現在，就讓我們來看看幾種可以滿足特殊需求的債券投資。

圖 4-1 各種債券

類型	期限	最低購買量	違約風險	利率上升的風險
短期公債	1 年以下	1,000 美元（D）	極低	很低
中期公債	1～10 年	1,000 美元（D）	極低	不大
長期公債	10 年以上	1,000 美元（D）	極低	高
儲蓄債券	最多 30 年	25 美元（D）	極低	很低
定期存單	1 個月至 5 年	通常為 500 美元	很低：1 萬美元	低
貨幣市場基金	397 天以內	通常為 2,500 美元	很低	低
抵押債券	1～30 年	2,000～3,000 美元（F）	一般來說不大但也可能很高	中等以上
市政債券	1～30 年以上	5,000 美元（D） 2,000～3,000 美元（F）	一般來說不大但也可能很高	中等以上
優先股	無限期	無	高	高
高收益（垃圾）債券	7～20 年	2,000～3,000 美元（F）	高	不大
新興市場債券	最多 30 年	2,000～3,000 美元（F）	高	不大

資料來源：Bankrate.com, Bloomberg, Lehman Brothers, Merrill Lynch, Morningstar, www.savingsbonds.gov

註：（D）：直接購買。（F）：透過共同基金購買。「到期前賣出難易度」是指，在到期日之前能否以合理的價格賣出；通常，共同基金比債券更容易賣出。如果你的貨幣市場基金是透過聯邦存款保險公司（FDIC）的會員銀行購買的，聯邦機構將提供 10 萬美元以下的保險；透過其它途徑購買則只能得到隱含的擔保。儲蓄債券的聯邦所得稅可遞延到贖回或到期時繳納。市政債券通常只在其發行所在的州免徵州所得稅。

10 關於債券投資的線上訪問摘要，請參見下列網站：www.aaii.com/promo/20021118/bonds.shtml。

到期前賣出 難易度	是否免州所得稅	是否免聯邦 所得稅	比較基準	收益 （12/31/2002）
高	是	否	90 天	1.2
高	是	否	5 年 10 年	2.7 3.8
高	是	否	30 年	4.8
低	是	否	1995 年 5 月後購 買的 EE 系列債券	4.2
低	否	否	1 年期全國平均收 益以內有保險	1.5
高	否	否	貨幣市場平均收益	0.8
中等以下	否	否	雷曼兄弟 MBS 指數	4.6
中等以下	否	是	無	4.3
中等以下	否	否	全國長期共同基金 平均收益	極不穩定
低	否	否	美林高收益債券 指數	11.9
低	否	否	新興市場債券基金 平均收益	8.8

現金也有其價值

怎樣才能從你的現金中擠出更多的收益？智慧型投資者應當考慮把資金移出銀行定期存單和貨幣市場帳戶（因為它們近年來的收益實在太微薄了），並且轉入以下一些另類的現金投資：

各種政府債券。由於美國政府的擔保，這些債券實際上根本沒有違約風險—因為山姆大叔用不著賴賬，它隨時可透過增稅或印鈔票來還債。國庫券（T-bills）的存續期間是 4、13 或 26 週。由於它們的期限很短，對利率變化的敏感度較小—當利率急升使得其它債券價格大跌時，國庫券的跌幅相對較小，而長期公債價格卻會慘重下跌。政府債券的利息收入通常免徵州所得稅（但要繳納聯邦所得稅）。而且，由於債券市場中大眾所擁有的各種政府債券高達 3.7 兆美元，因此，如果你在債券到期前需要現金，總可以很容易就在市場上找到相應的買家。你也可以透過專門的網站 www.publicdebt.treas.gov 直接向政府購買國庫券、短期債券和長期債券，而且不用支付任何佣金。（更多抗通膨保值債券 TIPS 的說明，請參見第 2 章的評釋。）

儲蓄債券。這種債券不像政府債券可以在市場上買賣；你無法把它們賣給其他投資者。而且，如果你持有的期間不到 5 年，你還會損失 3 個月的利息。因此，它們通常只適合做為「預備金」，以備未來的某種需求，如做為若干年後某種宗教儀式的禮物，或你新出生的孩子將來上哈佛的費用。儲蓄債券的最小面值只有 25 美元，因此很適合做為送給孫子的禮物。對於那些長年擁有閒置現金的投資者來說，具有抗通膨功能的「I- 債券」，最近提供了一個具有吸引力的收益率大約 4% 左右。要瞭解更多訊息，請參見 www.savingsbonds.gov。

政府債券以外的選擇

抵押貸款債券。它是匯集全美數千種抵押貸款所發行的證券，其發行機構如聯邦國民抵押貸款協會（房利美），或政府國民抵押貸款協會（吉利美）。然而，它們並沒有美國財政部的擔保，因而利率訂得較高，以反映其較高的風險。當利率走低時，抵押貸款債券通常表現不佳，但利率上升時通常會大漲。（從長期來看，其波動往往趨於平坦，而且平均收益較高。）先鋒（Vanguard）、富達（Fidelity）和 Pimco 等基金公司都設有質優的抵押貸款債券基金，但如果有經紀人試圖向你推銷個別抵押貸款債券或「CMO」，你不妨趕緊找個藉口逃之夭夭。

年金。這種類似於保險的投資，可以讓你遞延當前需繳納的稅金，並在你退休後提供你源源不斷的收入。固定年金的收益是固定的，而可變年金的收益是浮動的。但防禦型投資者真正要提防的是，那些強勢推銷高額費用年金的保險代理人、證券經紀人和理財規劃師。在大多數情況下，購置年金的高費用（包括提前退出的「解約金」），會遠遠超出該年金所帶來的好處。優質的年金為數不多，必須靠自己精心去選購，因為推銷的產品往往沒好貨；如果某年金能給推銷者帶來豐厚的佣金，那麼買家的收益相對就會變得非常微薄。你唯一可以考慮的，就是直接向 Ameritas、TLAA-CREF 和 Vanguard 等機構，購買最低費用的年金產品。[11]

優先股。優先股是一種兩頭吃虧的投資。一是安全性不如債券，如公司破產時，其求償順位排在債權人之後。二是獲利潛力低於普通股，如利率下降或公司信用評等提升時，發行公司通常會「贖回」或強行回購

11. 一般而言，可變年金對下列投資者是沒有吸引力的：未滿 50 歲且退休後可能適用最高等級的稅率，或者未在其401（k）或個人退休帳戶（IRA）中投入足額的資金。固定年金可能會改變其「保證的」收益率，並在解約時收取高額的費用（美國教師退休基金會（TIAA-CREF）是明顯的例外）。關於年金更深入和客觀的分析，請參閱以下兩篇精彩的文章：Walter Updegrave: “Income for Life,” Money, July, 2002, pp. 89-96, and “Annuity Buyer's Guide,” Money, November, 2002, pp.104-110。

其優先股。而且，發行公司支付的優先股股息，不能像支付債券利息那樣，從應稅所得中扣除。問問你自己：如果這家公司的財務狀況足夠穩健、值得我們投資，它為什麼還要發行優先股且支付高額的股息，而不發行債券並享受減稅的好處呢？這答案很可能是，該公司的財務狀況不夠健全，其債券在市場上沒人青睞；因此，你在接觸其優先股時，最好像在菜市場上看到一條未冷凍的死魚一樣，不要購買就對了。

普通股。登入下列網站：http://screen.yahoo.com/stocks.html，你會看到，在2003年初，標準普爾500指數中有115支股票的股息收益率達到或超過了3%。一個智慧型投資者，不論多麼渴望獲得股息收益，都不會只為了股息而買進一支股票；該股票公司的業務必須足夠穩固紮實，其股價必須足夠合理。但是，由於市場從2000年開始進入了熊市，而目前一些龍頭股的收益率超過了長期公債，因此，即便是防禦型投資者也應該意識到，在全部持有債券或以債券為主的投資組合中，選擇性地加入一些股票可以增加其收益率，並提升整個投資組合的潛在報酬。[12]

---

12. 更多有關股息在投資組合中的作用，請參見第19章。

第5章

防禦型投資者與普通股

普通股投資的優點

我們在本書 1949 年的第一版中發現，我們有必要在此加入一段詳細的解說，以說明所有的投資組合都必須包含相當一部分的普通股。[1] 人們通常認為，普通股具有高度的投機性，因此並不安全；當時股市剛從 1946 年的高點暴跌下來，但投資者並沒有因股價更趨於合理而買進，反而因其下跌造成的負面效應而心有餘悸，並對股票失去了信心。我們已對股市在隨後 20 年的逆轉做了論述：這段期間股價大幅上漲，使得股票成為這段期間最安全且最有利可圖的投資，但目前股價已被推升至歷史高點，其中隱含了相當大的風險。[2]

我們在 1949 年對普通股的論述，可歸納成以下兩點。首先，股票在很大程度上可以保護投資者，使其價值免於通貨膨脹的侵蝕，而債券完全沒有這種保護功能。再者，它長年為投資者帶來較高的平均報酬；其報酬來自於比優質債券利息更高的股息收益，以及未分配盈餘再投資而產生的價格上漲。

雖然這兩項優勢非常重要，而且普通股的收益在過去很長一段時間確實遠優於債券，但我們仍不斷提出警告，如果投資者以過高的價格買進股票，這些優勢就會消失殆盡。1929 年的情況顯然是如此，而隨後經過

1. 截至 1949 年初，此前 20 年的股票平均報酬率為 3.1%，長期公債的收益率為 3.9%；這意味著拿 10,000 美元投資股票，期末會變成 18,415 美元，而投資債券會變成 21,494 美元。事實證明，1949 年是投資股票的絕佳時機：10 年後，標準普爾 500 指數的年均收益率高達 20.1%，是美國股票史上最佳的長期收益之一。

2. 關於葛拉漢對此議題稍早的評論，請參見本書第 1 章內容。想像一下葛拉漢對 1990 年代末的股票市場會有何感想：當時股市每創一次新高，人們就會把它當成是再一次的「證明」，證明股票是一種無風險累積財富的工具。

了25年的時間，市場才又恢復到1929～1932年股市大崩盤前的水準。[3] 1957年，由於價格過高，普通股再次失去了股息收益率高於債券利率的傳統優勢。[4] 未來，通貨膨脹和經濟成長因素是否能彌補這一重大轉變，仍有待觀察。

1971年底，道瓊工業指數900點，讀者顯然應該知道，我們對此點位的普通股沒有多大興趣。根據先前所闡述過的理由[5]，我們認為，防禦型投資者的投資組合中，不能完全不配置相當一部分的普通股；雖然這是一種兩害相權取其輕的做法，但完全持有債券的風險更大。

普通股的投資原則

對於防禦型投資者而言，挑選普通股是一件相對容易的事。在此我們建議四條可供遵循的規則：

1. 適當但不要過分多元化。這意味著你的持股應限制在最少10支，最多不超過30支。[6]

---

3. 1929年9月3日，道瓊工業指數收盤創新高，收在381.17點。之後直到1954年11月23日，即超過四分之一個世紀後，該指數才再次來到382.74點。（當你打算「長期」持有股票時，你是否確實意識到這個「長期」到底有多長？你有沒有想過，有些在1929年買進股票的投資者，到1954年時可能已不在人世？）然而，對於不斷將投資收益再投資的耐心投資者來說，即使在這樣慘淡的期間，其收益仍然是正數的，因為當時的年均股息收益率超過5.6%。根據倫敦商學院教授Elroy Dimson、Paul Marsh和Mike Staunton的研究，如果你在1900年投資1美元於股票，並將股息全部花掉，這筆投資到2000年時將會變成198美元。但如果你把所有的股息拿來再投資，你的股票組合市值將達到16,797美元！顯然，股息才是股票投資的最大吸引力。

4. 為什麼「高價」會影響股票的收益率呢？股票收益率是其現金股息與股價之比率。假如某公司每年支付2美元的股息，而其股價為100美元，則股票收益率即為2%；如果股價翻了一倍而股息不變，則股票收益率就會降為1%。1959年時，當葛拉漢在1957年指出的這種趨勢引起投資者廣泛注意時，大多數華爾街的權威人士都認為這種現象不可能持續。在此之前，股票收益率從未低於債券殖利率；既然股票的風險高於債券，除非它能提供額外的風險溢酬，否則有誰會去買股票呢？這些專家認為，債券收益高於股票收益的時間頂多持續幾個月，不久之後兩者的關係就會恢復「正常」。如今40多年過去了，但它們的關係卻再也沒恢復到「正常」；迄今為止，股票的收益率仍然低於債券殖利率。

5. 參見本書第2章結論和第4章前面的內容。

6. 關於多元化的另一種觀點，請參見第14章評釋中的專欄內容。

2. 你挑選的每一支股票都應該是大型、卓越而財務穩健的企業。這些形容詞可能有些含糊，但其基本意義應該是很明確的。關於這一問題，我們將在本章結尾做進一步的討論。

3. 每一家公司都應有長期持續發放股息的記錄（在 1971 年，道瓊工業指數的成份股全都符合此一條件）。具體而言，我們建議持續發放股息的記錄，至少應該從 1950 年開始。[7]

4. 投資者應將買進股票的價格限制在一定的本益比之內，而參照的每股盈餘應取過去 7 年的平均數。以這樣的平均盈餘來計算的話，我們認為其本益比應限制在 25 倍；如果以過去 12 個月的平均盈餘計算，則應限制在 20 倍以內。但是，在這一限制下，幾乎所有最強勢且最熱門的股票都會被排除在我們的投資組合之外。更明確地說，這一限制幾乎會把所有的「成長股」全都排除在外，而這些股票正是過去若干年來投機者與法人投資者的最愛。為此，我們必須說明其理由。

成長股與防禦型投資者

所謂的「成長股」是指其過去的每股盈餘成長顯著超過所有股票平均水準，且預期未來仍將持續的股票（某些權威人士會說，真正的成長股其每股盈餘在未來 10 年內至少成長一倍，也就是說，其年複合成長率為 7.1%）。[8] 顯然，只要價格不是太高，這樣的股票就是值得買進並持有的。當然，價格也是個問題，因為相對當期的盈餘而言，成長股的價格長久

7. 現在的防禦型投資者，或許應堅持選擇具有至少連續 10 年發放股息記錄的公司（這將會排除掉道瓊工業指數成份股中的一支股票——微軟公司，而標準普爾 500 指數的成份股中，仍有 317 支股票符合這一條件）。即使要求具有連續 20 年發放股息的記錄，也不會過於苛刻；根據摩根史丹利的報告，在 2002 年底，標準普爾 500 指數的成份股中，有 255 支股票符合這一要求。

8. 「72 法則」是一種很方便的心算工具。為了估算一筆錢需要多久的時間才能翻倍，只要用 72 除以設定的成長率。例如，假設複合成長率為 6%，則你的錢將在 12 年翻一倍（72/6=12）。按照葛拉漢所說的 7.1% 成長率，成長股的利潤將在 10 年多一點的時間翻倍（72/7.1=10.1 年）。

以來明顯偏高；相對過去某一期間的盈餘而言，其本益比更是嚴重偏高。因此，成長股很大程度上具有投機性，從而使得此種投資操作很難成功。

IBM 長期以來一直是成長股的龍頭指標，而且確實為多年前買進並一直持有的投資者帶來了豐厚的報酬。但我們也曾經指出[9]，這支所謂的「最佳普通股」曾經在 1961 ～ 1962 年間的 6 個月內暴跌了 50%，而在 1969 ～ 1970 年間也曾出現幾乎同樣的跌幅。其它成長股在逆境中的走勢甚至更糟；有時不僅股價下跌，其公司獲利也在下降，因而對持有這種股票的投資者造成雙重的打擊。德州儀器（Texas Instruments）是另一個可以佐證此觀點的案例：該股票在 6 年內從 5 美元漲到 256 美元，期間沒有支付過任何股息，而其每股盈餘從 40 美分成長到 3.91 美元。（請注意，其股價的漲幅是其盈餘成長的 5 倍；這是此類熱門股的特徵。）但兩年後，其獲利下降了近 50%，股價則下跌了五分之四，跌至 49 美元。[10]

讀者從以上的案例可以瞭解，為什麼我們會認為，對防禦型投資者來說，成長股的不確定性過高、風險過大。當然，如果選對了股票，買進的價格適當，並在股價大幅上漲後、可能出現下跌之前將其賣出，確實可以創造奇蹟。但對一般的投資者來說，這種事是可遇而不可求的。相反地，我們認為那些比較不熱門，因而本益比[11]較為合理的大型公司，反而是一般投資者更合適的選擇。我們將在投資組合選擇的章節中進一步闡述此觀點。

9. 葛拉漢在本書第 3 章提出的觀點。

10. 為了證明葛拉漢的觀點恆久不變，我們以微軟來替代 IBM，以思科來替代德州儀器。30 年後，其結果出奇地相似：在 2000 ～ 2002 年間，微軟的股價下跌了 55.7%，而思科的股價則下跌了 76% ——在此之前的 6 年間，它上漲了 50 倍。像德州儀器一樣，思科股價下跌的幅度也超過其獲利的下降——其獲利只下降了 39.2%（比較 1997 ～ 1999 年 3 年平均數與 2000 ～ 2002 年 3 年平均數）。和過去一樣，它們漲得更猛，也跌得更慘。

11. 「本益比」又稱為 P/E 或價格 / 盈餘的比率，用來衡量投資者對於公司的獲利，願意支付多少價格買進該股（請參見第 3 章的註解 5）。

投資組合的改進

目前，有很多投資者會定期審查其證券投資組合，以確定其品質是否需要改善。當然，這也是投資顧問為其客戶提供的一項主要服務。幾乎所有的經紀公司都可以提供相關的建議，而且不另收費，並以此來爭取其它的收費業務，但有些經紀公司是以收費的方式提供該服務的。

我們的防禦型投資者也應當尋求這種改善投資組合的建議——至少每年一次——就像最初建立投資組合時尋求建議一樣。由於人們自己缺乏專業知識，因此必須仰賴信譽卓著的投資顧問公司，否則就很可能會遭到一些無能或無良顧問的糊弄。值得注意的是，他必須向其顧問表明，自己要堅持本章在稍早提出的四項選股原則。順便一提的是，如果一開始建立的股票組合很恰當，就沒有必要對其進行頻繁或大規模的改變了。[12]

成本平均投資法

紐約證券交易所大力推廣「每月購買計劃」。在此計劃下，投資者每個月都投入同樣金額的資金，買進一支或多支股票。它是「定則投資法」（formula investment）的一種特例，又稱為成本平均投資法或定期定額投資法。在 1949 年的股市大幅上漲期間，這種投資法的效果令人相當滿意，尤其是它可以有效防止投資者在錯誤的時機大量買進股票。

露西兒 · 湯姆林森（Lucile Tomlinson）對這種定則投資法進行了全面研究，[13] 她以道瓊指數成份股為樣本，計算出採用成本平均投資法的績效。她的檢測覆蓋了 23 個 10 年期：第一個 10 年期截止於 1929 年，

---

12. 目前，www.quicken.com, moneycentral.msn.com, finance.yahoo.com 和 www.morningstar.com 都設有「投資組合追踪器」的裝置，投資者可利用這種互動性的服務，來建立監控自己股票品質的自動系統。但葛拉漢曾警告我們，不要完全依賴這種系統；你必須運用自己的判斷來彌補此軟體的不足。

13. 【原註】參見 Practical Formulas for Successful Investing，Wilfred Funk, Inc., 1953。

最後一個10年期截止於1952年。每一項檢測都會顯示期末或此後5年的獲利情況。第23個買進期間結束時的平均獲利高達21.5%，其中股息還不包括在內。不用說，投資者的股票市值在某些期間也曾出現明顯的下跌。湯姆林森小姐以如下驚人之語結束了這種極其簡單之投資法的討論：「無論證券價格如何波動，這種投資法都能使人最後取得成功；至今，尚未發現任何可與成本平均法相媲美的投資法問世。」

人們也許會對成本平均投資法提出質疑，因為他們認為，此法雖然言之有理，但實務上卻不切實際，畢竟能夠連續20年、每月拿出同樣金額資金來購買普通股的人實在少之又少。在我看來，這種顯而易見的質疑近年來已逐漸式微了。做為儲蓄投資計劃的必要成份，普通股已獲得人們普遍的認同。因此，就像持續買進美國儲蓄債券和人壽保險一樣，有系統且一致性地購買股票，並不會對投資者造成心理和財務上的困擾，而且可以做為一種互補。若採用成本平均法購買股票，每月投入的金額或許微不足道，但20年或更長時間下來，其累積的結果會相當可觀，這對投資者來說非常重要。

投資者的個人情況

在本章一開始，我們就曾簡略提及個人投資者的情況。出於接下來要討論一般投資策略的需要，現在讓我們回過頭來詳細研究這一問題。投資者的個人狀況，會在多大程度上制約其證券類型的選擇呢？我們在此舉出三個案例，來分別代表不同的情況：（1）一個擁有20萬美元，以此來養活自己和孩子的寡婦；（2）一個正處於職業生涯顛峰的成功醫生，擁有10萬美元的積蓄，而且每年還會增加1萬美元；（3）一個週薪200美元的年輕人，每年儲蓄1,000美元。[14]

14. 將葛拉漢提供的上述數字乘以5，即可用來說明目前的情況。

對於那個寡婦來說，單憑其收入來養家糊口是十分不易的，因此她的投資必須採取相對保守的策略。她只要將其資金平均分配於美國政府債券和優質的普通股，就能兼顧各個目標，並且符合我們對防禦型投資者所提出的一般規定。（股票投資的比例最高可達 75%，但前提是她對此決策要有心理準備，並且有足夠的把握，確定買進的價位不會太高。顯然，1972 年初的股市並不能滿足其需求。）

我們並不排除這個寡婦也有可能成為一個積極型的投資者；若是如此，那她的目標和方法就會截然不同。不過有一件事是這個寡婦不能去做的，那就是為賺取一些「額外的收入」而進行投機性操作；換句話說，也就是在缺乏必要的知識和經驗、無法確定自己能取得整體成功的情況下，追求某種利潤或較高收益。她最好每年從自己的資金中抽出 2,000 美元以維持生計，而不要貿然將其一半的資金，投入到不可靠且充滿投機性的冒險之中。

那位收入不錯的醫生，並沒有寡婦所面臨的壓力和制約，但我們認為他的投資選擇也是大致相同。他是否願意認真從事投資活動？如果他缺乏動力或能力，那麼他最好就是接受成為一個防禦型投資者。其投資組合的配置基本上與那個「典型」的寡婦並沒有不同，他也會面臨如何確定股票投資比例的問題，而他每年新增的儲蓄，也應該大致採取原先的投資比例。

一般而言，醫生也許比寡婦更有可能成為一個積極型的投資者，而且成功的機會更大。但他有一個重大障礙，那就是他沒有時間接受投資教育，也沒時間管理自己的投資。事實上，醫務人員在證券交易方面的無能是眾所周知的。其原因在於，他們通常對自己的智力極具信心，而且強烈渴望獲得高報酬，但他們往往沒有意識到，投資若想要成功，不僅需要付出大量的精力，還要對證券價值做出專業的判斷。

最後，那位每年儲蓄 1,000 美元並希望逐年能增加儲蓄的年輕人，儘管其理由可能有所不同，但他還是會發現自己面臨同樣的選擇。他的一部分儲蓄資金，應該直接投入 E 系列的債券。由於他的資金太少，不值得為此接受嚴格的教育和訓練，使自己成為一個積極型的投資者。因此，若能採用我們為防禦型投資者所設定的標準計劃，無疑是一種最簡單且最合理的策略。

在此，我們也不能忽略人性的因素。對於許多有智慧但資金有限的年輕人來說，金融投資魅力無限，他們希望在投資方面，能表現得既聰明又有進取性。儘管其投資收益對他們來說遠不如薪資重要，但這種態度大有好處。對於一個年輕的投資者來說，及早開始接受投資教育和實踐是很有利的。如果他一開始就以積極型投資者的方法進場操作，他肯定會犯下一些錯誤，並遭受到某種程度的損失。年輕人相對比較能夠承受這些失敗，並從中獲益。我們奉勸那些初學者，不要把自己的精力和金錢浪費在試圖擊敗市場。他們應該對證券的價值加以研究，並以盡可能小額的資金進場檢驗自己對價格和價值的判斷。

至此，我們又回歸到本章一開始所提出的論述，即投資者應購買何種證券，追求多高的報酬率，這並非取決於個人的財力，而是取決於投資者在金融方面的能力，包括知識、經驗和性格等。

「風險」概念的說明

一般而言，優質債券的風險小於優質的優先股，而優質優先股的風險則小於優質的普通股。由此可引申出人們對普通股的一般偏見，即認為股票是不「安全」的。聯邦儲備委員會於 1948 年的調查報告中，證實了這種偏見的存在。我們要指出的是，在證券投資領域中，「風險」與「安全」這兩個名詞具有兩種不同的含義，會造成人們在邏輯上的混淆。

如果債券到期無法償付利息和本金，顯然它就是不安全的。同樣地，如果原本期望某支優先股或甚至普通股會持續發放股息，那麼減少或停止發放股息也同樣意味著不安全。如果某個證券持有人很有可能不得不以遠低於成本的價格拋售該證券，這就說明該投資具有風險。

不過，人們往往把風險的概念進行擴展，只要證券價格可能出現下跌，即使這種下跌只是周期性和暫時性的，況且持有者無需在此時賣出，這種情況還是會被視為一種風險。除了聯邦儲蓄債券，任何有價證券都有可能會出現這種情況，而普通股的風險又大於高等級債券。但從實際意義來看，我們認為這並非真正的風險。一個持有住房抵押貸款的人，如果在不利的時機被迫出售房屋，他就會遭受到巨大的虧損。但是，當他申請不動產抵押貸款時，人們通常不會以此來判定該筆貸款是否安全；其是否安全的唯一考量是，他是否能按時還本付息。同樣地，衡量一家企業的風險時，要看其經營出現虧損的可能性有多大，而不是看其持有者被迫出售時的虧損來衡量。

我們將在第 8 章明確提出我們的觀點：真正的投資者並不會只因為持股價格下跌就導致虧損；價格雖然有可能出現下跌，但這並不表示他就面臨實際虧損的風險。如果一組精心挑選的股票投資組合，經過若干年後能為我們提供滿意的整體報酬，那麼這一組合實際上就可以說是「安全」的。在此期間，其市場價值肯定會有所波動，甚至有可能低於買進成本。如果我們非要把這種情況視為該投資的「風險」，那麼該投資就會是同時具有風險卻又是安全的。為了避免出現這種混淆的狀況，因此我們把風險的概念，僅侷限於價值的損失（例如因為公司狀況嚴重惡化，或因為一開始就以遠超過證券內含價值的價格買進，造成之後賣出時的虧損）。[15]

許多普通股確實有可能遇上某些狀況，造成價值貶損而造成風險，但我們認為，如果是經過適當挑選所組成的投資組合，應該就不會面臨

---

15. 【原註】在投資決策方面，目前一般採用的數理分析是以平均價格的變動或「波動性」來定義「風險」。請參見：An Introduction to Risk and Return, by Richard A. Brealey, The M.I.T. Press, 1969。我們發現，對穩健的投資決策來說，這種定義「風險」的方式是有害而不是有利的，因為它太過於強調市場的波動。

大量的此類風險，而這樣的投資組合，也不應該只因為價格的波動，就被視為是「有風險」的。但如果買進的價格遠高於其內含價值，那就存在著一定的風險；就算嚴重下跌的股市在多年後能夠漲回來，我們的看法依然是如此。

何謂「大型、卓越而財務穩健的公司」

我們稍早曾用上述的詞語來說明防禦型投資者應該購買的股票類別，而這些公司還應具有連續多年派發股息的記錄。這種用形容詞來描述標準的方式，畢竟比較含糊不清。究竟公司的規模、知名度與財務結構該如何界定呢？關於財務穩健的部分，我們確實可以提供一個具體的標準，這個標準雖然有些獨斷，但普遍都可以為人所接受。以一家企業而言，其普通股的帳面價值必須不低於其總資本（包括所有的銀行借款）的一半，才稱得上是財務穩健的公司。[16] 對鐵路或公用事業而言，其帳面價值則不得低於其總資本的 30%。

「大型」和「卓越」這兩個字眼，包含了具有相當規模和業內領先地位的概念。這些公司通常被認為是「主要的」企業；業內其它的公司則是「次要的」企業，而成長股通常會被其投資者視為另類的企業。具體而言，我們把「大型」企業定義為：公司目前的資產不低於 5,000 萬美元，或營業額不低於 5,000 萬美元。[17] 此外，做為一家「卓越」企業，其規模則應在其相關產業中，能夠排名在前四分之一或三分之一。

不過，如果過於執著如此獨斷的標準，就顯得有些愚蠢了。這些標準只能做為參考之用。只要不違背「大型」和「卓越」一般所認知的意義，

---

16. 【原註】1971 年，道瓊工業指數中所有 30 支成份股都符合此一標準。

17. 就當今的市場而言，所謂的「大型」公司，其市值（或「總資本價值」）至少要達到 100 億美元。根據網站：http://screen.yahoo.com/stocks.html 的線上股票篩選，截至 2003 年初，大約有 300 支股票符合這一標準。

投資者為自己設定的任何標準，其實都是可以接受的。由於這種定義的模糊性，在那些適合防禦型投資者的企業中，一定會有一部分被選中，另一部分則被淘汰。這種看法的分歧和不同的選擇，並不會造成危害。事實上，它對股票市場是有益的，因為這將使主要和次要股票之間的關係逐漸產生差異或轉變。

第五章 評釋

與其說人類的幸福來自於偶爾出現的好運，不如說它來自於每天生活上的小確幸。

——班傑明・富蘭克林（Benjamin Franklin）

最好的防禦就是有力的進攻

經歷了前幾年的股市大屠殺後，為什麼防禦型投資者還要把手上僅有的錢投入股市呢？

首先，要記住葛拉漢所堅持的觀點：你應該如何防禦，這並不取決於你對風險的容忍度，而是取決於你願意為你的投資組合投入多少時間和精力。如果你用對了方法，那麼投資股票就像持有債券和現金一樣輕鬆容易（我們將在第 9 章看到，你可以很輕鬆地買到股票型指數基金）。

當你身處於 2000 年一開始的熊市時，如果你感到焦慮不安，那絕對是可以理解的；那種感覺甚至有可能會讓你決定，從此不再買股票了。這就像有句古老的土耳其諺語所說的：「被熱牛奶燙過嘴之後，連吃優格也會用嘴去吹。」由於 2000 ~ 2002 年的股市崩盤是如此地恐怖，許多投資者現在都覺得，股票很有可能會燙傷自己；但矛盾的是，股市的暴跌已使風險大大地降低了。在此之前，它確實是熱牛奶，但現在它已經是室溫的優格了。

由此可知，現在你決定是否持有股票，與幾年前因擁有股票而帶來的損失無關。如果股票的價格已變得相當合理，而且未來還有成長空間，你就應該購買它們，而不要去管它們在不久之前曾讓你虧損，尤其是債券殖利率很低而未來的收益減少時，你更應該買進股票。

正如我們在第 3 章所看到的，2003 年初的股價水準只略高於歷史平均。與此同時，以當前的債券價格來說，其收益率很低，但投資者還是會基於安全性的考量而買進債券，這就好比一個抽煙的人，認為吸焦油含量低的香煙可以避免肺癌一樣。不管你是一個多麼偏向防禦性的投資者（也就是葛拉漢所主張的低持股做法，或現代所謂的低風險投資），在今日的價值觀下，你還是應該把一部分資金投入股市。

幸運的是，如今防禦型投資者要購買股票，比以往任何時候容易許多。目前有一種恆久自動調整的投資組合系統（permanent autopilot portfolio），它可以讓你毫不費力就把自己的錢按月投入預先設定好的投資，而且無需浪費大量的時間去選股。

應該「買自己熟悉的股票」嗎？

我們先來看看，防禦型投資者始終反對這種做法所持的觀點：他們認為自己無須為選股做任何功課。在 1980 年代和 1990 年代初期，當時最流行的投資口號是：「買你自己熟悉的股票」。曾在 1977 ~ 1990 年執掌富達麥哲倫基金、並獲得共同基金最佳投資績效的彼得・林奇（Peter Lynch）就是這一信條最有力的鼓吹者。林奇認為，業餘投資者擁有一項專業投資者已忘記如何利用的優勢：「常識的力量」。如果你發現一家很棒的新餐廳、汽車、牙膏或牛仔褲，或者你注意到某家商店附近的停車場總是沒有空位，或某家公司的總部直到午夜節目收播後還有人在加班，那麼靠著你的直覺，就可以發掘出一支好股票，這是專業分析師或基金經理人可能永遠都不會感受到的。正如林奇所指出的：「有了多次購買汽車和照相機的經驗之後，你就會有一種感覺，知道商品的好壞以及是否好賣……而且最重要的是，你比華爾街更早知道這樣的訊息。」[1]

1. 參見：Peter Lynch with John Rothchild, One Up on Wall Street（Penguin, 1989）, p. 23。

林奇的法則——「如果你利用自己的優勢，投資你所熟悉的公司或產業，你就可以做得比專業人士更好」——並非毫無道理，而且多年來確實有成千上萬的投資者從中受益。但林奇的法則只有在你遵循以下結論時才有效：「找到一家前景看好的公司只是第一步，接下來要對它進行研究。」值得肯定的是，林奇堅持認為，一家公司無論其產品看起來多麼棒，或其停車場停了多少輛汽車，若沒有研究其財務報表和估算其商業價值，任何人都不應該購買該公司股票。

不幸的是，大多數股票投資者都忽略了這一部分。

著名女歌手芭芭拉 · 史翠珊（Barbra Streisand），就是曲解林奇所教導的代表人物。她在 1999 年宣稱，「我們每天都去星巴克，所以我買星巴克的股票。」但這位女士忘記了一件事，無論你多麼喜歡那裡的無糖牛奶咖啡，你還是要對其財務報表加以分析，才能確保其股價並未超過咖啡的價值。許多投資者因為喜歡亞馬遜網站而購買其股票，或因為 e*Trade 是他們的網絡經紀商而投資其股份；這些做法其實與芭芭拉 · 史翠珊所犯的錯如出一轍。

一些所謂的「專家」也在鼓吹這種說法。1999 年底，Firsthand 基金經理人凱文 · 蘭蒂斯（Kevin Landis）接受 CNN 的電視專訪，有人問道：「凱文，你是怎麼做到的呢？為什麼我做不到？」（從 1995 年到 1999 年底，Firsthand 科技價值基金的年均收益率高達 58.2%。）「哦，你也能做到的」，蘭蒂斯興奮地回答說：「你唯一要做的，就是專注於你所熟悉的事物，貼近該行業並經常與其員工交談。」[2]

2. 1999 年 10 月 5 日上午 11 時（東部時間），蘭蒂斯接受了 CNN 電視節目 In the Money 的專訪。從蘭蒂斯自己的績效記錄來看，要成功選股，「你真正需要做的事」絕非只是關注「你所熟悉的事物」。從 1999 年底到 2002 年底，蘭蒂斯的基金（其投資標的大多是他自稱擁有第一手資料的科技公司）淨值下跌了 73.2%，比同期高科技基金的平均下跌幅度還更大。

對林奇法則最大的曲解，出現在企業的養老金計劃。如果你應該「購買你熟悉的公司股票」，那麼最好的投資莫過於把你401（k）帳戶中的養老基金，拿來購買你自家公司的股票。畢竟你在那裡工作；難道你對自家公司的瞭解不比外人更充分嗎？不幸的是，安隆（Enron）、環球電訊（Global Crossing）和世界通訊（WorldCom）的員工（其中有很多人幾乎把所有退休金全都投入了自家公司的股票，結果全軍覆沒），最後發現內部人士所掌握的往往是一堆假象，而非真實情況。

以卡內基梅隆大學的巴魯克 · 費雪霍夫（Baruch Fischhoff）為首的一批心理學家，已經證明了一件令人不安的事實：對某一事物瞭解比較深，並不會顯著減少人們誇大自己實際所知道的狀況。[3] 這就是為什麼「投資自己所瞭解的股票」可能是非常危險的做法；你掌握的情況越多，對該股票缺點的把關可能就會越鬆懈。這種有害的過度自信，或堅持自己熟知事物的習慣，被稱之為「本位偏見」（home bias）：

- 個人投資者擁有當地電話公司股票的數量，相當於其它所有外地電話公司股份數量總和的 3 倍。
- 共同基金擁有的股票，其公司總部距該基金總公司的距離，比美國所有公司距其總部的距離要短 115 英里。
- 401（k）帳戶的投資者，將其退休資產的 25% ~ 30% 投資於自家公司的股票。[4]

簡言之，熟悉會使人認為理所當然。在電視新聞中，我們經常看到那些罪犯的鄰居、好朋友或父母總是震驚地說：「他以前看起來是一個多好

---

3. 參見：Sarah Lichtenstein and Baruch Fischhoff, "Do Those Who Know More Also Know More about How Much They Know?" Organizational Behavior and Human Performance, vol. 20, no. 2, December, 1977, pp. 159-183.

4. 參見：Gur Huberman, "Familiarity Breeds Investment"; Joshua D. Coval and Tobias J, Moskowitz, "The Geography of Investment"; and Gur Huberman and Paul Sengmuller, "Company Stock in 401（k）Plans, "all available at http://papers.ssrn.com.

的人啊！」這是因為我們過於接近某人或某事，因此經常會想當然爾地思考，而不是像面對某些較遙遠事物那樣心存疑慮。同理，對某支股票越熟悉，就越有可能使一個防禦型投資者變得鬆懈，認為自己無需對此費神。千萬不要讓這樣的事情發生在你身上。

你可以自行投資嗎？

幸運的是，對於那些願意自行建立投資組合的防禦型投資者來說，現在正是「黃金時代」：在金融史上，擁有股票從來沒有像現在這麼便宜又方便。[5]

自己動手。只要透過專業的線上經紀公司，如 www.sharebuilder.com、www.foliofn.com 和 www.buyandhold.com，你就可以自動購買股票，即使你可以拿出的資金很少也無妨。這些網站收費低廉，在幾千支美國股票中，每次定期購買只需支付 4 美元的佣金。你可以每週或每月投資，或將得到的股息再投資，甚至透過電子轉帳從你的銀行帳戶或薪資帳戶直接扣款，然後一點一滴地投入股市之中。Sharebuilder 在賣出時收取的佣金會比買進時高──要注意，快速賣出是投資的大忌──而 FolioFN 則提供了一個很好的所得稅追蹤工具。

不同於傳統的經紀商或共同基金，投資者在這些網路經紀公司開設帳戶時，並沒有最低 2,000 或 3,000 美元的要求，而且可以量身訂做，為投資新手提供自動調整的投資組合。你一定要注意，如果你每月只能省下 50 美元來投資，4 美元的佣金相當於這筆錢的 8% ──但對小額投資者來說，這種微型投資網站恐怕是你實現股票投資多元化的唯一途徑了。

5. 根據哥倫比亞商學院金融學教授查爾斯 ‧ 瓊斯（Charles Jones）的研究，紐約證券交易所上市股票小額單邊的交易成本，已從葛拉漢時代的 1.25% 下降到 2000 年的 0.25%。對於共同基金之類的機構投資者來說，其交易成本則比較高一些。（請參見：Charles M. Jones, "A Century of Stock Market Liquidity and Trading Costs," at http://papers.ssrn.com.）

你也可以直接購買某家公司新發行的股票。1994 年，美國證券交易委員會解開了以往不得直接銷售股票給大眾的限制。因此，數百家企業開始在其網路系統上發行股票，使投資者可以不經過經紀商直接購買其股份。有一些網站會提供直接購買股票的訊息，其中包括 www.dripcentral.com、www.netstock direct.com（Sharebuilder 的子公司）和 www.stockpower.com。你可能經常會被收取一些令人討厭的費用，而這費用每年可能超過 25 美元。即便如此，這種直接購買的方式通常還是比透過經紀人購買更省錢。

然而，要注意的是，這種定期小額購買而累積股票的方式，會帶來很多稅賦方面令人頭痛的問題。如果你不準備長期持續購買，那麼從一開始就不應該購買。最後，不要只買一支股票，或甚至少數幾支股票。如果你不想分散下注，就乾脆不要下注。葛拉漢要求投資者必須分散持有 10 ~ 30 支股票的指導原則，仍然是股票投資的不二法門，但你不能讓這些股票過度集中於某一產業。[6]（關於如何挑選股票以建立你的投資組合，請見第 5 章及第 11、14、15 章的相關內容。）

當你建立了一個線上自動調整的投資組合後，如果發現自己在一年內的交易次數超過兩次，或每月在投資方面花費的時間超過一、兩個小時，就說明有什麼地方出了問題。千萬不要讓網路帶給你的輕鬆和即時的感覺，使你淪為一個投機者；一個防禦型投資者是靠冷靜和耐心而成為最後贏家的。

尋求幫助。防禦型投資者也可以透過折扣經紀商、金融規劃師或全方位服務的股票經紀人來投資股票。如果是透過折扣經紀商，你就必須自己完成大部分的選股工作；此時，葛拉漢的準則將幫助你建立一個只需最

6. 要知道你的持股是否充分分散於不同類別的各產業，你可以利用晨星網站 www.morningstar.com 的免費「即時掃描」（Instant X-Ray）功能，也可以透過 www.standardandpoors.com 的「全球產業類標準」來加以確定。

少維護、提供最大可能持續穩定收益的核心組合。另一方面，如果你沒有時間和興趣自己動手，你可以僱用某人或某基金來為你選股。但有件事你絕不能交給別人去做，那就是在你付錢之前，必須調查清楚你的顧問是否值得信賴，以及收費是否合理。(更多的注意事項，請參見第10章。)

託付專家。對防禦型投資者來說，共同基金是一種既可獲得股票投資的好處，又可以避免其帶來麻煩的理想投資方式。你只需花費較低的費用，就可以買到一個高度多元化的投資組合，而且十分便利——讓那些專家們來為你挑選並監控你的股票。最佳形式的共同基金，當屬指數型基金，因為它根本無需進行任何的監控和調整。指數型基金可說是一種《李伯大夢》式的投資，因為即使你像華盛頓．歐文（Washington Irving）筆下那個懶惰的農夫李伯．凡．溫克（Rip Van Winkle）那樣一覺睡了20年，它也不會帶給你任何的麻煩或驚喜。它是防禦型投資者實現夢想的投資工具。（更多詳細說明，請參見第9章。）

成本平均法的魔力

金融市場日復一日上下劇烈波動，但防禦型投資者卻有辦法控制這種無序的場面。如果你決定不採取積極的做法，而且從不認為自己具有預測未來的能力，這樣的做法將可以成為你最有利的武器。你的每一個投資決策都是按既定程序自動做出的，因此可以排除那種自以為能預知市場走勢的幻覺，而且無論市場走勢如何異乎尋常，也不會使你心煩意亂。

正如葛拉漢所指出的，「成本平均法」可以讓你定期把一定數額的資金用於投資。無論股市是上漲、下跌還是橫盤，你每週、每月或每季都會買進股票。所有大型的共同基金和經紀公司，都會為你提供安全的自動電子轉帳服務，這樣你就不必動手填寫支票，並為金錢的支出感到心痛，這正是所謂的「眼不見，心不煩。」

採用成本平均法進行投資最理想的方式，就是購買一個指數型基金的投資組合，其中包括所有值得擁有的股票或債券。這樣一來，你就可以擺脫諸如預測股市的走向、瞭解哪些類股及其中個股或債券表現最好之類的猜謎遊戲。

比方說，你每個月可結餘 500 美元。透過「成本平均法」你就可以擁有 3 支指數型基金，其中 300 美元投資於美國股票市場指數基金，100 美元投資於外國股票市場指數基金，100 美元投資於美國債券市場指數基金，這樣你就可以確定你的投資，已囊括這個星球上幾乎所有值得擁有的投資了。[7] 如果你像時鐘一樣每月定時買進，你將累積更多的股票。如果市場下跌，你預定投入的資金就可以買到比前一個月更多的股份；如果市場上漲，同樣的金額所能買到的股份就會少於前一個月。以這種近乎自動調整的方式建構你的投資組合並持之以恆，就可防止自己在市場似乎最具吸引力（實際上最危險）之時投入更多錢，或在市場暴跌使得股價確實便宜（但似乎更「危險」）之時，買進更多的股票。

根據一家頗具影響力的金融研究機構 Ibbotson Associates 的研究，如果你在 1929 年 9 月初以 12,000 美元買進標準普爾 500 指數基金，10 年後你將只剩下 7,223 美元。但如果你一開始以區區 100 美元投資，然後每個月都投入 100 美元，那麼到 1939 年 8 月，你的投資就會變成 15,571 美元！這就是定期定額投資的威力，即便面臨大蕭條這種有史以來最糟糕的熊市，其效果依然相當可觀。[8]

圖 5-1 顯示了成本平均投資法，在最近一次熊市中發揮了神奇的力量。

---

7. 關於你的投資組合需要配置一部分外國股票的理由，請見本書第 7 章評釋的內容。

8. 資料來源：Ibbotson Associates 所提供的電子表格中的數據。儘管散戶投資者在 1976 年以前不可能購買整個標準普爾 500 指數，但這個例子還是可以說明股價越低買越多的威力。

圖 5-1 積少成多

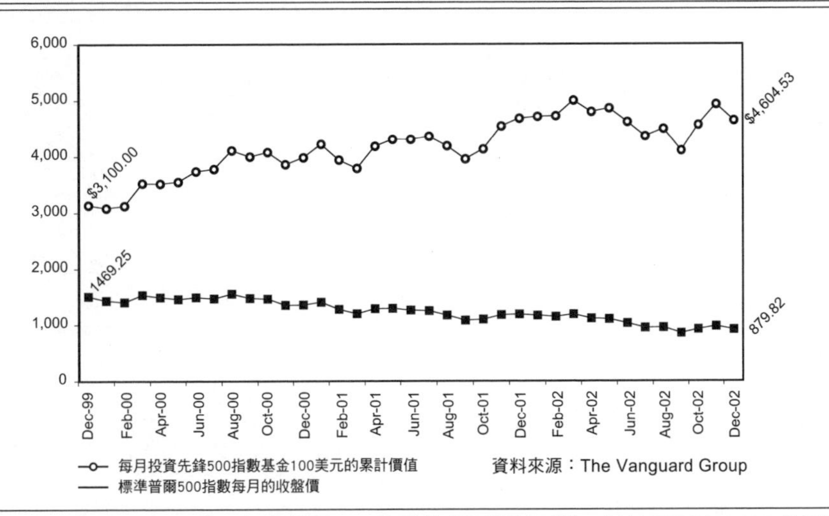

從 1999 年底到 2002 年底，標準普爾 500 指數持續不斷地下跌。但如果你以 3,000 美元的最低限額開立了一個指數基金帳戶，並每月追加投入 100 美元，那麼你總計 6,600 美元的投資將虧損 30.2%—明顯低於市場 41.3% 的跌幅。更妙的是，你在較低價位持續買進的股票，將使你在市場出現反彈時獲得豐厚的利潤。

最重要的是，一旦你以指數基金為核心建立一個恆久自動調整的投資組合，你就能以一個防禦型投資者最有力的回答：「我不知道，我不在乎。」來回應所有關於市場的問題。如果有人問，債券的收益是否優於股票，你只要回答：「我不知道，我不在乎。」——畢竟，你會自動地買進這兩種證券。醫療保健股是否使高科技股黯然失色？「我不知道，我不在乎。」——你長期擁有這兩種股票。誰會是下一個微軟？「我不知道，我不在乎。」——只要它規模夠大，你的指數基金就會買進它，而你將搭上順風車。明年外國股市是否會強於美國股市？「我不知道，我不在乎。」——如果真是這樣，你將從中獲利；如果不是，你將以更低的價格買進更多。

由於一個恆久自動調整的投資組合能讓你說：「我不知道，我不在乎」，因此你需要預測市場未來走向的壓力，就此得以釋放，而其他人卻還陷於這種無形的壓力之中。認為自己沒有預測未來的能力，接受無為的做法，正是防禦型投資者最強大的武器。

積極型投資者的投資組合策略：被動的做法

「積極型」投資者一開始擬定的投資組合策略，基本上應該與防禦型投資者相同，即以合理的價格將其資金分別投入高等級債券和高等級普通股。[1] 他還會把一部分的資金投入到其它種類的證券，但每次進行這種投資時，都必須有充分的理由。這個議題很難有明確的論述，因為積極操作並沒有唯一或所謂理想的模式，可選擇的投資標的十分廣泛；而選擇不僅取決於投資者個人的能力和知識，同時也取決於他的興趣和偏好。

積極型投資者最有用的做法，其實是被動的。他們會將高等級優先股讓給機構投資者去買；他們也會迴避那些等級較低的債券和優先股，除非其價格極為便宜——所謂的便宜，就是高息證券的價格低於其面額至少30%，而如果是低息證券，折價還要更大才行。[2] 他們寧願讓其他人去買外國政府債券，即使其殖利率具有相當的吸引力。另一方面，他們也對各種新發行的證券格外謹慎，其中包括條件誘人的可轉換公司債和優先股，以及近期獲利極佳的普通股。

就一般的債券投資而言，積極型投資者遵循的原則應與防禦型投資者相同，他應該選擇高等級應稅債券（目前的殖利率約為 7.25%）或優質免稅債券（目前長期免稅債券的殖利率為 5.3%）。[3]

---

1. 葛拉漢在這裡出現了筆誤。在本書第 1 章，他堅持一個「積極型」投資者的定義，並非取決於投資者願意承擔多少風險，而是取決於他願意投入多少精力，但在這裡，他又回到人們傳統的觀念，認為積極型投資者就是比較「積極的」投資者。不過，葛拉漢在本書其它章節中，始終明確堅持其最先的定義。（偉大的英國經濟學家約翰 · 梅納德 · 凱恩斯（John Maynard Keynes）似乎是最先使用「積極進取」（enterprise）這一術語來代表積極型投資。）

2. 「高息證券」是指利率高於平均水準的公司債（以今日的市場來說，至少要達到 8% 以上），或股息收益率較高的優先股（至少 10% 以上）。如果某公司必須支付很高的利息才能借到錢，基本上這就是反映該公司風險較高的信號。關於高收益或「垃圾」債券的更多介紹，請見第 6 章評釋。

3. 2003 年初，高等級公司債的等值收益率約為 5.1%，20 年期的免稅市政債券為 4.7%。想瞭解這些收益率最新的情況，可連結下列網站：www.bondsonline.com/asp/news/composites/html 或 www.bloomberg.com/markets/rates.html 和 www.bloomberg.com/markets/psamuni.html。

次級債券與優先股

自 1971 年底以來，一級公司債的殖利率通常高達 7.25% 以上，因此只為獲得更高收益而去購買次級債券的做法，似乎沒有多大意義。事實上，近兩年信用評等相對較低的公司，其發行的「直接債券」（不可轉換的債券）幾乎乏人問津，因此它們的債務融資，只能透過另一種類型的債券——可轉換公司債（或附有認股權證的公司債）。這樣一來，幾乎所有早期發行的低等級不可轉換公司債，全都出現很大的折價。因此，如果該公司的信用評等有所提升，而一般利率水準下降，這種高折價的債券就有可能提供可觀的資本利得。

然而，即使次級債券具有高折價及可能獲得資本利得的好處，它還是必須面臨高等級債券的競爭。1970 年時，某些相當可靠且息票率 2.5% ～ 4% 的「老式」債券，經常都是以五折左右的價格出售。例如，美國電話電報公司（AT&T）息票率 2.625%、1986 年到期的債券，其售價為面值的 51%；Atchison Topeka & Santa Fe RR 息票率 4%、1995 年到期的債券，其售價為面值的 51%；麥格羅 - 希爾（McGraw-Hill）息票率 3.875%、1992 年到期的債券，其售價為面值的 50.5%。

因此，在 1971 年底的情況下，積極型投資者購買這些大幅折價的高等級債券，可以合理預期將可獲得良好的收益以及資本增值的機會。

本書曾多次指出，過去曾經出現過的任何市場形勢，都有可能會在未來重現。因此，如果高等級債券的價格和殖利率回到過去的正常水準，我們應該就可以想像得到，積極型投資者應當採取什麼樣的策略。基於這一理由，我們將重申本書 1965 年版的看法，當時高等級債券的殖利率僅為 4.5%。

關於次級債券的投資，我們必須補充說明一點，那就是這種債券的收益率經常高達 8%，或甚至更多。一級債券和次級債券的主要區別在於，發債公司的獲利相對其利息費用的比值（利息保障倍數）。例如，1964 年初，芝加哥 - 密爾瓦基 - 聖保羅 - 太平洋鐵路公司（Chicago, Milwaukee, St. Paul and Pacific）息票率 5% 的收益信用債券，其售價為面值的 68%，殖利率為 7.35%。但該公司 1963 年的稅前盈餘，僅為其利息費用的 1.5 倍，而我們對鐵路公司的財務安全要求，通常是利息費用的 5 倍。[4]

許多投資者之所以購買此種債券，是因為他們「需要收入」，而且不能接受最高等級債券所提供的較低利率。歷史經驗證明，僅僅只因為殖利率較高，就去購買這種缺乏安全性的債券或優先股，並非明智之舉。[5]（在這裡的「僅僅」一詞意味著，這種債券的折價幅度並不大，因此無法獲得可觀的資本利得。）如果以票面價格，即平價買進此種債券[6]，其持有者將來很有可能會遭遇到價格大幅縮水的窘境。當經濟形勢變壞或市場走軟時，此類證券很容易受到影響而嚴重下跌；其利息或股息往往暫停發放或至少有這種疑慮，在這種情況下，即使發行公司的實際營運狀況並不差，其交易價格也會明顯走低。

為了說明這種次級債券的特徵，我們可以觀察 1946 ～ 1947 年 10 家鐵路公司所發行收入債券的價格走勢。1946 年，它們的價格大多在 96 以上，其高價平均為 102.5。隔年，價格大跌，平均價格只有 68，市值在很短的時間內損失了三分之一。奇怪的是，美國鐵路公司在 1947 年的獲利比 1946 年還要好很多；因此，其債券價格大幅下跌與該行業的經營無關，它反映的是整體市場疲弱的走勢。但我們必須指出的是，這些收入

4. 【原註】1970 年，密爾瓦基鐵路的財務報表出現了大量的赤字。公司暫停支付其收入債券的利息，而息票率 5% 的債券，價格也就跌到了面值的 10%。

5. 近期發生的一個令人痛心的例子，可以佐證葛拉漢的這一觀點，請參見第 6 章評釋的專欄內容。

6. 債券的價格是按其「票面價值」的百分比定價的。如果某債券的價格為「85」，則售價為其面額的 85%；也就是說，一張債券的面額為 10,000 美元，則其售價為 8,500 美元。價格低於 100 的債券被稱為「折價」債券；價格高於 100 的債券則被稱為「溢價」債券。

債券價格下跌的幅度遠大於當年道瓊工業指數中普通股的下跌幅度（約23%）。顯然，那些以100以上的價格買進此種債券的投資者，恐怕不能指望在證券市場未來的反彈中，其價格能夠回到當初買進的價位了。這些債券唯一可取之處，就是其平均收益率約為4.25%（比一級債券2.5%的年收益率高1.75%），但其下跌的時間是如此之短且幅度如此之大，其持有者在本金方面會蒙受巨大的損失。

上面的例子使我們想起了所謂的「商業性投資」（businessman's investment）的普遍謬誤。商業性投資通常會購買那些收益率高於高等級債券的證券，同時承擔相對更高的風險，但僅僅只是為了每年獲取1%或2%的額外收益，卻承受本金可能虧損的風險，那顯然是一個糟糕的投資。如果你願意承擔一定的風險，你就必須確定你能在本金上獲得實實在在的收益才對。因此，以票面價格出售、息票率5.5%或6%的次級債券，幾乎肯定是不能買進的；以70的價格買進這種債券還差不多，而只要你有足夠的耐心，就很有可能以這一價位買到。

次級債券和優先股具有兩種相互矛盾的屬性，對此智慧型投資者必須牢記在心。當市場不景氣時，幾乎所有的次級債券和優先股都會重跌。另一方面，一旦市場形勢好轉，這些證券就會出現巨幅的反彈，而最後往往會有不錯的結果。即使一些多年未分派股息的（累積）優先股也是如此。在1940年代初，由於1930年代的長期經濟蕭條，這樣的證券比比皆是。在1945～1947年的戰後繁榮時期，它們所積欠的巨額利息或股息大都以現金或配發新股來彌補，其本金也得以清償。所以，當初這些證券價格低廉且乏人問津時買進的那些人，都獲得了豐厚的收益。[7]

---

7. 【原註】例如，Cities Service 第一次發行價格為6美元的優先股，由於沒有支付股息，因此價格在1937年和1943年分別跌到了15和27美元（1943年的累積股息達到每股60美元）。1947年，該優先股每股可以轉換成息票率3%、價格為196.50美元的信用債券，而該優先股後來上漲到186美元。

當然，以整體來算，次級債券的高殖利率終將彌補票面值上的損失。換言之，以票面價格買進這種證券的投資者，從長遠來看，最後終究可以像那些只買進一級債券的投資者一樣獲利，或甚至賺更多。[8]

但從現實的角度來看，這種做法與獲利完全無關。當價格暴跌時，不計後果以面額買進次級債券的投資者，終將會感受到沮喪和焦慮的心情。此外，他不可能買進所有的次級債券，以確保能獲得「平均」收益，他也無法事先預留一大筆錢來彌補或「攤銷」其本金的永久性虧損。最後再特別一提的是，如果長期的經驗顯示，投資者總能在下一個疲弱的市場以 70 或甚至更低的價格買到此種證券，那又何必現在以 100 左右的價格買進呢？這種做法是違背常理的。

外國政府債券

所有的投資者或甚至投資新手都知道，從 1914 年以來，外國債券的整體表現一直不佳。這顯然與兩次世界大戰以及在此期間史無前例的全球經濟大蕭條有關。但每隔幾年，市場形勢又會好轉，使得外國債券能夠以票面價格發行。這種現象可以告訴我們很多有關一般投資者如何思考的問題，而且範圍不僅只是侷限在債券投資的領域。

對於澳大利亞或挪威等國家所發行的優質外國債券，我們沒有具體理由懷疑其未來的支付能力。但我們知道，一旦出現違約問題，外國債券持有者就有可能因為缺乏法律或其它手段，而無法維護自己的權利。1953 年，那些以高達 117 美元價格買進息票率 4.5% 的古巴共和國債券投資者，後來在 1963 年發現這些債券無力支付利息時，價格已經跌到只

8. 【原註】根據國家經濟研究局的一項統計研究顯示，實際情況確實如此。【新註】葛拉漢在此指的是 W. Braddock Hickman 所寫的一本書：Corporate Bond Quality and Investor Experience（Princeton University Press, 1958）。在此書的啟發下，Drexel Burnham Lambert 公司的麥克爾 · 米爾肯（Michael Milken），提供了大量的高收益債券融資給一些信用評等不佳的公司，從而引發了 1980 年代末期的槓桿收購和惡意收購的浪潮。

剩20美分。同年，在紐約證券交易所上市的其它外國債券包括：息票率5.25%的比屬剛果債券，價格為36美元；息票率7%的希臘債券，價格為30美元；而波蘭各種債券的價格，甚至低到7美元。有多少讀者還記得，息票率8%的捷克債券價格是如何大起大落的？1922年，它首次在美國發行時的價格為96.5美元，然後在1928年上漲到112美元，1932年跌到67.75美元，1936年回到106美元，1939年暴跌到6美元，然後在1946年又奇蹟似地上漲到117美元，緊接著1948年又跌到35美元，1970年的價格僅剩8美元！

幾年前，支持我們購買外國債券的理由是，像我們這樣富有的債權國，借錢給外國是義不容辭的。隨著時間的流逝，我們如今也面臨了國際收支平衡的問題，其中部分原因應歸咎於，美國投資者為了尋求多一點點的收益，因而大規模地購買外國債券。多年以來，我們一直站在債券購買者的觀點，質疑這種投資的吸引力；現在或許我們還應該再補充一點：如果投資者拒絕購買這種債券，這不僅有利於自己，而且對我們自己的國家也是有利的。

新發行證券的整體情況

就整體新發行證券而言，要做出廣泛性的評論是很困難的，因為它涵蓋了各種不同品質和條件的證券。當然，任何規則都會有例外。我們的建議是，所有投資者對新發行證券都應該採取謹慎的態度，也就是說，在買進之前，應對其進行仔細的評估和嚴格的檢視。

這一建議是基於兩個理由：首先，新發行證券的背後都一個承銷商，因此會出現一定程度的銷售阻力。[9] 其次，大多數新證券都是在「有利的

---

9. 新上市的股票，即所謂首次公開發行的股票（IPO），通常是以7%的「承銷折扣」（價內佣金）出售的。相較之下，購買已上市股票的佣金大都在4%以下，也就是說，華爾街賣新股比賣老股多收大約一倍的佣金，而銷售新證券會比賣老股困難一些。

市場條件」下發行的，而這種「有利」僅只是對銷售者而言，因此相對來說，對購買者就不是那麼有利了。[10]

我們若從安全性的角度來看，也就是從最高等級債券、次級債券到普通股的次序來檢視，上述考量的效應就會變得更為明顯。過去幾年，我們目睹了各式各樣的大型融資，包括已發行債券按規定贖回價贖回，並代之以息票率較低的新債券。這種融資大多是以高等級債券和優先股的形式進行的，其買家大多是金融機構，它們擁有保護自己權益的能力。因此，這些新發行證券的定價會比較謹慎，與當時類似的證券價格接近，而承銷商對發行價格的影響則十分有限。隨著利率逐步走低，買家當初購買的價格終將顯得過高，而這些債券的價格也會出現較大的跌幅。當市場氣氛最為有利時，發行新證券將蔚為一種趨勢；但對高等級的證券來說，這種負面效應雖然令人不悅，但並不十分嚴重。

如果我們觀察較低等級債券和優先股在 1945 ～ 1946 年和 1960 ～ 1961 年的銷售情況，就會發現有些不同。在這裡，承銷商的影響較為顯著，因為這些證券大都是銷售給那些個人和非專業的投資者。這些證券的特徵是，其公司多年的營運表現並不能令人滿意，但如果假定其近期的獲利將繼續、不會出現嚴重萎縮，那麼這些證券大抵上就是安全的。承銷這些證券的投資銀行基本上認為這種假定是理所當然的，而其推銷人員也會輕易地說服自己及其客戶相信這種假定。然而，這種投資方式是不可靠的，投資者很有可能會為此而付出代價。

在牛市期間，大量的未上市公司通常會乘機上市；這種情形曾在 1945 ～ 1946 年間發生過，而在 1960 年又再度重演。隨後，這一過程使

---

10. 最近，兩位金融學教授，芝加哥大學的歐文・拉蒙特（Owen Lamont）和聖母大學的保羅・舒爾茲（Paul Schultz）指出，企業會在股市接近高點時發行新股。關於這一問題的專業討論，請參見 Lamont 的“Evaluating Value Weighting：Corporate Events and Market Timing” and Schultz's “Pseudo Market Timing and the Long-Run Performance of IPOs” at http://papers.ssrn.com。

得新發行的股票過多，最終導致了1962年5月的災難性結局。經過幾年的「縮手不動」期之後，這樣的悲喜劇在1967～1969年間，又一幕接一幕地再次上演。[11]

新股的發行

以下的內容摘自於本書1959年的版本，未作任何的更動，但增加了一些評論：

普通股的融資有兩種不同的方式。對已上市公司而言，它們會根據原股東的持股比率配售增發的股票，而股東認購的價格通常會低於當時的市價，因此其認購的「權利」具有一定的價值。[12] 這些股票通常是由一家或多家投資銀行承銷，但在一般情況下大多希望原股東認購，因此已上市公司發行增資新股時，承銷商通常不需要大力推銷。

另一種方式是，原本就尚未上市的公司，向大眾發行股票。這種股票大多是根據控股權益帳戶的需要而發行的，以使其可以在市場有利之時，以股票兌換鈔票，並且分散其融資管道（如前所述，這些企業往往透過優先股進行再融資）。這種融資活動會遵循一種明確的模式，但由於證

---

11. 從1960年6月到1962年5月的兩年間，超過850家公司首次公開發行新股，平均每天超過一家。1967年底，IPO市場再度熱絡起來；1969年，新上市的公司多達781家。這樣的股票過度供給現象，造成了1969年和1973～1974年的熊市。1974年，IPO市場變得十分消沉，全年只有9家公司上市，而1975年新上市的公司也僅有14家。這樣的股票供給不足轉而造成了1980年代的牛市，在此期間大約有4,000支新股湧入了市場，而這樣的狂熱導致了1987年的股市崩盤。接下來又輪到了另一個極端，1988～1990年的IPO市場再度陷入沉寂，而股票供給的不足，再次推動1990年代牛市的興起；果然不出所料，華爾街再度大力發行新股，推出了近5,000支股票。接下來，2000年股市泡沫破滅之後，2001年首次公開發行的新股只剩88支，這是1979年以來的最低數量。每一次的IPO投資，大眾都會被灼傷，接著他們會遠離這個市場至少兩年，然後回來又再度受傷。只要股票市場永遠存在，投資者就會陷於這種狂熱和沮喪的循環而不能自拔。回顧1825年，美國史上第一次IPO股票發行最火旺期間，據說有位男士竟然在搶購南華克銀行（Bank of Southwark）的股票時被擠死，因為那些富有的買家為了擠到購買隊伍的前面，竟然僱用了一些惡棍。果不其然，到了1829年，這些股票就下跌了四分之一。

12. 葛拉漢在此說明的認股權利，是指已擁有該股票的投資者被要求投入更多的資金，以維持其股權在該公司的比例不變。這種融資方式目前仍廣泛流行於歐洲，但在美國除封閉式基金之外已不多見。

券市場的固有性質，因此結果必然會給投資大眾帶來許多的損失和失望。其風險不僅來自於企業本身的財務狀況，而且來自於當時的市場條件。

20 世紀初，大多數的美國主要企業都已上市。隨著時間的流逝，未上市的大型企業逐漸減少，因此初級市場越來越集中於那些規模較小的企業。在此期間，由於遭受虧損，那些購買股票的人們於是形成了一種根深蒂固的偏見，即對大型企業特別偏愛，而對小型企業不屑一顧。隨著牛市的上漲，這種偏見（如同其它許多看法一樣）逐漸減弱；股票帶來巨大且快速的獲利，使得人們變得不再執著，就像激發了他們貪婪的本能一樣。與此同時，許多未上市公司正在享受股票溢價發行的愉悅，儘管大部分這些企業在過去（比如 10 年或更長的時間）並沒有卓越的績效。

當這些因素交織在一起時，就會產生如下的結果：在牛市的某個階段，市場就會出現一些首次公開發行新股，其定價較具吸引力，而早期的購買者可以從中獲得巨額的利潤。隨著市場持續上漲，這種類型的融資活動會越來越頻繁，公司的品質卻不斷地下降，而其要價和實際的成交價，卻又越墊越高。最後，一些不知名小公司的發行價，甚至會高出那些已上市多年中型企業的當期價格，而這正是牛市接近尾聲的一個相當可靠的信號。（我們必須補充一點的是：這些新股的發行，很少是由信譽卓著的大型投資銀行承銷的。）[13]

投資大眾的疏忽，加上承銷機構唯利是圖，唯一結果就是造成價格的崩跌。許多時候，這些新股會跌掉其發行價格的 75% 或甚至更多。雪上加霜的是，這種情況就像我們先前指出的那樣，在股價的底部區，人們

13. 在葛拉漢的時代，那些信譽卓著的投資銀行通常不會承做 IPO 業務，因為它們認為有矇騙投資新手之嫌。但是，在 1999 年底到 2000 年初的 IPO 高峰期，華爾街最大的投資銀行也瘋狂地加入了這一行列。崇高的投資銀行擺脫了傳統的束縛，其行徑就像一群酒醉的泥地摔跤手，把一些價值高估的股票拋給情緒高漲的投資大眾。葛拉漢描述 IPO 的過程相當經典，如果有職業道德這一門課的話，投資銀行都應該把它列為必修課程才對。

對這些當初追價買進的小型股會變得相當厭惡。因此，這些股票的價格經常會遠低於其真實價值，就像當初追價買進時的價格遠高於其價值一樣。

做為一個智慧型投資者的基本條件，就是在牛市期間能夠抗拒新股推銷員的花言巧語。即使其中有一兩支股票能通過我們在品質和價值的嚴格檢驗，但不介入這種交易仍不失為一項明智的策略。當然，推銷員會指出這些股票具有很大的上漲空間，譬如有些股票在上市首日，確實出現了巨大的漲幅。但是，這一切都是投機氛圍的一部分。這是輕鬆得到的錢；如果你依此方式賺到一塊錢而賠掉兩塊錢，你已經可算是幸運的了。

事實證明，其中有些股票是極好的購買標的——在若干年後，當它們乏人問津且價格只有真實價值的零頭時，就是最好的買進時機。

在本書的1965年版中，我們繼續對這一議題進行了討論：

整體而言，1949年以來的股市行為，並沒有改以長期經驗來進行分析，而新股的發行，仍然依照著古老的方式進行。我們似乎從未見過像1960～1962年那樣如此之多的新股發行，而品質如此之差，價格暴跌的幅度又如此之大。[14] 從整體來看，股票市場能迅速脫離這場災難，真可說是一個奇蹟，這使我們不由得想起，1925年佛羅里達州房地產大崩盤後類似的情形。

在當前的牛市結束之前，是否一定會重現新股發行的熱潮呢？天曉得。但我們可以確信的是，智慧型投資者不會忘記1962年的教訓，他們不會像其他人那樣，去賺那些短線利潤並承受隨之而來的巨額損失。

---

14. 【原註】從標準普爾《股票指南》中選取的41支具有代表性的股票顯示，有5支股票從最高價下跌的幅度超過90%，其中30支股票的跌幅超過50%，整體41支股票的跌幅約為三分之二。毫無疑問的是，未列入《股票指南》的許多股票，整體的跌幅更大。

在 1965 年的版本中，我們接著又引用了一個「恐怖」的案例，即 Aetna 維修公司在 1961 年以每股 9 美元的價格發行新股的故事。就像許多新上市股票一樣，該股票一度漲到 15 美元；隔年該股跌到 2.375 美元，1964 年又跌到 0.875 美元。該公司後來的發展頗為奇特，說明了美國企業（無論是大型的或小型的）近年來不時上演的戲碼。有興趣的讀者可從本書附錄 4 中，看到這家企業過去和近期的歷史。

要從 1967 ～ 1970 年的股市中，找到比這更恐怖的「相同老故事」並非難事，而 AAA 企業就是一個最適合的例子。該公司名列標準普爾《股票指南》的第一位，該股票在 1968 年以 14 美元上市後，隨即躍升到 28 美元，但到了 1971 年初，其交易價格只剩 25 美分。（即使是這樣的價格，仍有高估之嫌，因為該公司已絕望地進入了破產程序。）在這些新股上市的故事中，有許多值得汲取的教訓，我們將在第 17 章對此做更詳細的討論。

第六章 評釋

如果你躲不過那些重拳，你就會被擊倒。

——拳擊教練安吉洛‧鄧迪（Angelo Dundee）

無論是積極型投資者還是防禦型投資者，知道哪些該做哪些不該做，這對於你的成功都是很重要的。葛拉漢在本章列舉了許多積極型投資者「不該做」的事，而下面所列就是他認為當今不應該做的事。

垃圾場的野狗？

高收益債券（葛拉漢所說的「次級債券」或「低等級債券」，也就是今日所謂的「垃圾債券」）是葛拉漢首先反對的投資標的。在他那個年代，個人投資者如果想透過多元化的投資來分散違約風險，其成本非常昂貴且過程相當麻煩。[1]（要瞭解違約可能有多糟糕，即使「精明老練」的專業債券投資者也有可能不小心踩到地雷，請參見本章隨後的專欄內容。）然而，如今超過130支共同基金專門投資此種債券；這些基金大量買進垃圾債券，而且持有幾十支不同的此種債券。這種做法使葛拉漢抱怨無法分散風險的擔心得到了緩解。（不過，他對高收益優先股仍然持有偏見，因為至今仍缺乏成本低廉且普遍可行的方式，可用以分散其風險。）

自1978年以來，垃圾債券市場平均每年有4.4%的債券出現違約，但即便如此，垃圾債券的年收益率仍可達到10.5%，而當時美國10年期

1. 1970年代初，葛拉漢撰寫本書的時候，市場上的垃圾債券基金只不過十來支，其銷售佣金高達8.5%；而且幾乎所有的基金，甚至還向投資者收取額外的費用，以換取將其每月的利息再投入該基金的權利。

公債的殖利率為 8.6%。[2] 不幸的是，大多數的垃圾債券基金都收取高額的佣金，而且往往無法保證你的本金不受損失。如果你已經退休，正在尋找額外的月收入以彌補退休金之不足，同時能夠承受價值的波動，那麼垃圾債券基金可能就適合於你。如果你在一家銀行或金融機構工作，利率一旦大幅上升，就有可能會使你的職位升遷受到影響，或甚至威脅到你的工作，那麼由於垃圾債券基金在利率上升時的表現，往往優於其他大多數債券基金，因此你可以考慮將其做為一種平衡的做法，將其納入到你的 401（k）帳戶之中。不過，對智慧型投資者來說，垃圾債券只是一種次要的選擇，並不是非買不可。

世界通訊公司債所造成的傷害

只為了債券收益而買進債券，就像是只為了性生活而結婚一樣的荒謬。當初吸引你的東西逐漸消失時，你就會開始問自己：「還剩下什麼？」如果答案是「什麼都沒有了」，那麼夫妻雙方及債券持有者最終得到的，都將只是令人心碎的結局。

2001 年 5 月 9 日，世界通訊公司發行了美國企業有史以來最大金額的公司債── 119 億美元。其高達 8.3% 的收益率，吸引了許多機構投資者，其中包括：加州公務員退休基金（全世界規模最大的退休基金）、阿拉巴馬州退休基金（其經理人事後曾解釋說：「當初買進時，其『高殖利率』對我們來說相當有吸引力」）、Strong 公司債基金（其經理人對該債券推崇備至，並稱：「我們從中得到的額外收益足以抵償其風險。」）[3]

2. 參見 Edward I. Atman and Gaurav Bana, "Defaults and Returns on High-Yield Bonds," research paper, Stern School of Business, New York University, 2002。

3. 參見 www.calpers.ca.gov/whatshap/hottopic/woridcom_jaqs.htm and www.calpers.ca.gov/whatsnew/press/2002/0716a.htm; Retirement Systems ofAlabama Quarterly Investment Report for May 31, 2001, at www.rsa.state.al.us/lnvestments/quarteriy_report.htm; and John Bender, Strong Corporate Bond Fund comanager, quoted in www.businessweek.com/magazine/content/01_22/b3734118.htm.

但即使只花30秒看一眼世界通訊公司的債券發行說明書，就可以發現，除了收益率之外，這些債券並沒有任何吸引人之處。在此前的5年中，有兩年的稅前收益（向國稅局繳納稅款之前的利潤）尚不足以支付其固定費用（支付債券持有人的利息），其缺口高達41億美元。該公司只能向銀行借更多的錢來支付這些債券利息。現在，隨著新增的巨額貸款，其每年的利息費用又增加了9億美元！[4] 這就像《脫線一籮筐》（Monty Python's The Meaning of Life）中的Creosote先生一樣，世界通訊的狼吞虎咽，已經讓自己的肚皮快要被撐破了。

無論多高的利息，也無法補償這種毀滅性的風險。世界通訊公司確實支付了幾個月高達8%的利息，但接下來就像葛拉漢所預料的那樣，這一收益突然間就沒有了：

- 2002年7月，世界通訊公司申請破產。
- 2002年8月，世界通訊公司承認，誇大其獲利金額超過70億美元。[5]
- 當世界通訊公司無力支付利息時，其債券違約了；債券價格下跌了80%以上。

內外兼顧的組合

葛拉漢認為，外國的債券與垃圾債券差不多，都不是最好的投資標

4. 這些數據都來自於世界通訊公司的債券發行說明書或銷售文件。該說明書於2001年5月11日公佈，可以在下列網站查到：www.sec.gov/edgar/searchedgar/companysearch.html（在「公司名稱」一欄中輸入「世界通訊」）。如今回過頭來，我們可以清楚看到世界通訊公司用欺騙的手段誇大其獲利，但即便不是如此，該公司的債券發行金額也會讓葛拉漢感到驚訝。

5. 關於世界通訊公司破產倒閉的記載，請參見：www.worldcom.com/infodesk。

的[6]，但現在有一種外國債券，可能會吸引到一些具有高風險承受能力的投資者。目前大約有 10 多支共同基金專門從事新興市場國家（或第三世界國家）如巴西、墨西哥、奈及利亞、俄羅斯和委內瑞拉等國的債券投資。明智的投資者若購買此類資產，投入的資金通常不會超過其債券投資組合的 10%。不過，新興市場債券基金很少與美國股票市場連動，因此它們屬於那種不會隨著道瓊下跌而下跌的少數投資之一。如果你確實需要此種資產，可以考慮少量地將其納入你的投資組合。[7]

致命的短線交易

正如我們在第 1 章指出的，短線交易（持有股票的時間只有幾小時）是有史以來人類發明的最佳金融自殺武器。某些交易你可能賺錢，但大多數交易你會賠錢，而你的經紀人則會一直賺錢。

而且，由於你急於買進或賣出股票，因此這也有可能會降低你的收益。如果有人不顧一切要買進某支股票，其出價就得比大多數賣家樂意接受的價格高出 10 美分。這額外的成本被稱之為「市場衝擊」（market impact），它雖然不會顯現在你的對帳單上，但它確實是存在的。如果你過於心急買進了 1,000 股股票，從而使價格推高了 5 美分，那麼你就等於是要為此多支付一筆無形但卻實實在在的 50 美元。另一方面，如果一個恐慌的投資者急於賣出其持股，並且以低於最近的市場價格拋售，那麼這種市場衝擊的效應，就會再次使你蒙受損失。

就像受到多層砂紙的打磨一樣，交易成本會逐漸侵蝕掉你的收益。

---

6. 葛拉漢並不是隨意批評外國債券，因為在其職業生涯早期的幾年，他曾經擔任過日本設在紐約的債券發行代理人。

7. 以下兩支基金是低成本且經營有方的新興市場債券基金：富達新市場收益基金（Fidelity New Markets Income Fund）以及 T. Rowe Price 新興市場債券基金；更多有關訊息，請參見 www.fidelity.com，www.troweprice.com 和 www.morningstar.com。不要購買那些管理年費超過 1.25% 的新興市場債券基金，而且要注意，有些基金會向持有不到 3 個月就贖回的投資者收取短期贖回費用。

買進或賣出一支熱門的小股，需要2%到4%的交易成本（或買賣來回4%到8%）。[8]如果你投入1,000美元購買股票，那麼一開始你的交易成本就吃掉了大約40美元，而賣出股票時，你還要另外支付4%的費用。

哦，對了，還有一件事要注意：如果你只是交易而非投資，你就會把長期收益（應繳納資本利得稅，最高稅率為20%）變成一般收入（其最高稅率為38.6%）。

把所有這些考慮進來之後，短線交易者至少需要獲得10%的收益，才能在一買一賣的過程中打成平手。[9]光靠運氣，任何人都能做到損益兩平的結果，但如果鬼迷心竅地頻繁進行交易，加上由此帶來如噩夢般的壓力，那麼想經常性的獲利，就可說是一件不可能的事了。

已經有成千上萬的投資者嘗試過短線交易，但結果是無庸置疑的：交易越頻繁，得到的就越少。

加州大學的金融學教授布拉德·巴伯（Brad Barber）和特倫斯·奧丁（Terrance Odean），研究了一家大型折扣經紀公司超過66,000名客戶的交易記錄：從1991年到1996年，這些客戶的交易超過190萬次。在考慮交易成本侵蝕其利潤之前，他們的年收益比市場平均收益至少高出0.5個百分點，但考慮交易成本之後，其中買賣最頻繁的交易者（每個月的股票周轉率達20%以上），其年收益率就從超出市場平均水準變成低於該水準6.4個百分點。至於最有耐心的投資者（每個月的持股周轉率低於0.2%），其收益即使扣除交易成本之後，仍略高於市場。這些有耐

8. 經紀費用最確切的數據，來自於加州聖莫尼卡的Plexus Group，其網址為www.plexusgroup.com。Plexus令人信服地指出，就像大多數潛伏在海面下的冰山一樣，大部分的經紀費用也往往是無形的——如果手續費用較低，就會誤導投資者認為他們的交易成本是微不足道的。通常那斯達克上市股票的交易成本會顯著高於紐約證券交易所上市的股票（見第5章評釋中的註解5）。

9. 實際的情況還會更糟，因為在這個例子中，我們並沒有考慮到各州的所得稅。

心的投資者，幾乎把所有的收益都收入囊中，而不是大把大把地把它貢獻給經紀商和國稅局。[10] 關於這一研究的結果，請參見圖 6-1。

由此得出的結論是顯而易見的：不要頻繁操作，要耐心等待。現在每個人都知道「長期投資者」的意義了，只有長期投資才是真正的投資者，而持股時間連幾個月都達不到的人，最終不可能成為獲勝者，而注定成為失敗者。

圖 6-1 交易越頻繁，得到的報酬越少

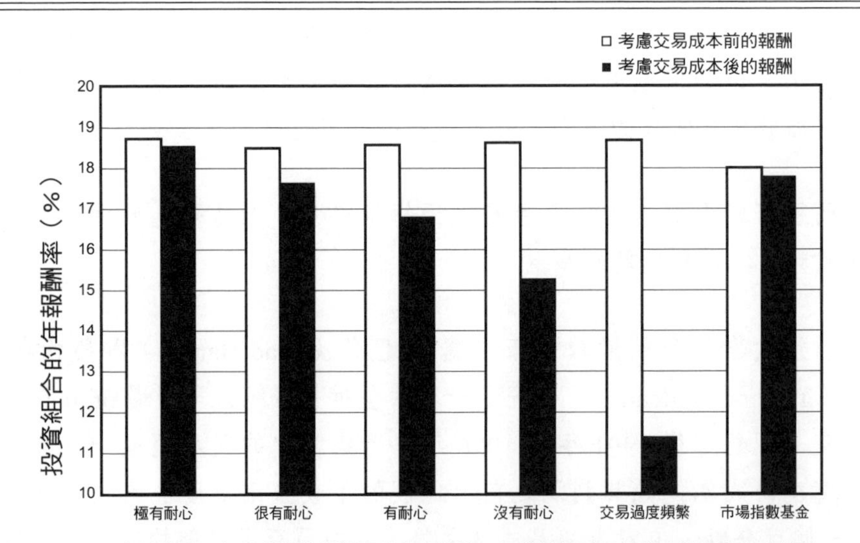

資料來源：加州大學戴維斯分校的布拉德・巴伯教授以及加州大學伯克萊分校的特倫斯・奧丁教授。

研究員布拉德・巴伯和特倫斯・奧丁，根據交易者的持股周轉率，把數以千計的交易者分成5組。那些交易次數最少的一組（圖的最左邊）所獲的報酬最多，而沒有耐心和交易過度頻繁的兩組，則使其經紀人而非他們自己賺錢。（圖的最右邊是做為比較基準的市場指數基金。）

10. 關於巴伯和奧丁的研究結果，請參見：http://faculty.haas.berkeley.edu/odean/Current%20Research.htm 和 http://faculty.gsm.ucdavis.edu/-bmbarber/research/default-html。附帶一提的是，多項研究顯示，專業的基金經理人也有類似情況，因此這種情形絕非「無知」的散戶所特有。

早起的鳥兒反被蟲吃

1990年代，毒害投資大眾最深的，莫過於那種認為購買IPO股票可以致富的想法。所謂的IPO是指「首次公開發行」，即公司股票首次出售給大眾。乍看之下，投資IPO似乎是一個好主意——畢竟，假如你在1986年3月13日買進100股微軟公司的新股，到2003年初，你的2,100美元投資將變成72萬美元。[11]金融學教授杰・李特（Jay Ritter）和威廉・史瓦特（William Schwert）的研究指出，如果你在1960年1月投入1,000美元，購買當月首次公開發行的所有新股，並在月底就賣出，然後連本帶利相繼投入此後發行的所有IPO新股，到了2001年底，你的投資組合價值將超過5.33×10^{35}美元。

這天文數字是：

533,000,000,000,000,000,000,000,000,000,000,000美元

遺憾的是，並不是每個IPO都像微軟那樣是個大赢家，市場還有成千上萬的失敗者。心理學家丹尼爾・卡納曼（Daniel Kahnerman）和阿莫斯・特沃斯基（Amos Tversky）的研究指出，人們在估計某一事件發生的可能性或頻率時，判斷的依據往往不是其實際發生的頻率，而是對過去事例的印象。我們都想買到「下一個微軟」，正是因為我們錯失了微軟的首次公開發行，但我們很容易忽略一個事實，那就是大多數IPO都是一些很爛的股票。如果想獲得上述天文數字的財富，你就必須掌握住IPO市場上每一支大赢家的股票；但由於這些股票十分稀少，因此這種情況是不可能發生的。最後一提的是，那些高收益的IPO股票，大多被高級私人俱樂部的會員——投資銀行與基金公司，在公開銷售之前以所謂的「包銷」價囊括走了。此外，漲得最猛的股票通常是一些小型股，即使大機構也拿不到其新股，因為市場上根本沒有足夠的股票可供銷售。

11. 參見：www.microsoft.com/msft/stock.htm, “IPO investment results”。

如果你只能像所有的投資者那樣，在這些 IPO 股票暴漲後買進該股票，那麼你的結果就會非常糟糕。在 1980 ~ 2001 年間，如果你以新股上市當天的收盤價買進一支 IPO 股，並持有 3 年，你的年收益率將低於市場 23 個百分點。[12]

或許只有 VA Linux 的 IPO 最能說明人們幻想致富的白日夢了。「Linux 是下一個微軟」，一位認購者欣喜地說：「現在買進，5 年後就可以退休了。」[13]1999 年 12 月 9 日，該股以每股 30 美元價格發行，但人們對該股的需求十分強勁，以致於當天早上在那斯達克開盤時沒有人願意出脫，直到價格飆升到 299 美元才有人願意賣出。該股在上市當日的最高價達 320 美元，收盤價 239.25 美元，單日漲幅高達 697.5%。但能獲得這一高額收益的只有極少數的機構投資者，個人投資者幾乎沒有人賺到。

更重要的是，買進新上市股票之所以是一個壞主意，是因為它嚴重違反了葛拉漢的基本原則：不管有多少人想購買某一支股票，唯有該股票夠便宜且值得擁有時你才能買進那支股票。投資者以該股上市首日的高價買進 VA Linux 股票，意味著其總市值高達 127 億美元。該公司的商業價值究竟是多少？ VA Linux 在不到 5 年的時間，其軟體和服務銷售額總計為 4,400 萬美元，但同期虧損了 2,500 萬美元。在最近的一季，VA Linux 的銷售額為 1,500 萬美元，但虧損卻高達 1,000 萬美元，也就是說，該公司每 1 美元的銷售，就要虧損近 0.7 美元。VA Linux 的累計赤字（總支出超出總收入的金額）已達 3,000 萬美元。

---

12. 參 見：Jay R. Ritter and Ivo Welch, "A Review of IPO Activity, Pricing, and Allocations," Journal of Finance, August, 2002, p. 1797。對 IPO 有興趣的人，可以從下列網站中找到大量寶貴的資料：Ritter's website, at http://bear.cba.ufl.edu/ritter/, and Welch's home page, at http://welch.som.yale.edu/。

13. 參見 messages.yahoo.com，網友 GoldFingers69 於 1999 年 12 月 16 日在 VA Linux（LNUX）留言板上的第 9 則留言。MSFT 是微軟公司的股票代碼。

如果 VA Linux 是一家私人企業，老闆就住在你家隔壁。有一天，他倚著兩家之間的柵欄，問你願意出多少錢，接手他的這家處境艱難的小企業？你會這樣回答嗎：「哦，在我看來，127 億美元是一個合適的價格」？還是說，你會面帶微笑，回頭繼續烤肉，心裡還有點納悶，他怎麼會提出這樣的提議呢？如果完全按照我們自己的判斷，我們絕不會以近 130 億美元的價格，買進一家累計虧損已達 3,000 萬美元的企業。

但是，當我們面對的是一家上市公司而非私人企業，而且企業的估值突然演變成了一場人氣競標後，股票的價格似乎就比公司的商業價值更重要了。只要有人願意出更高的價格來買你手中的股票，又何必關心企業的價值呢？

從下圖中可以看到，關心企業的價值是很重要的。

圖 6-2 VA Linux 股價的傳奇走勢

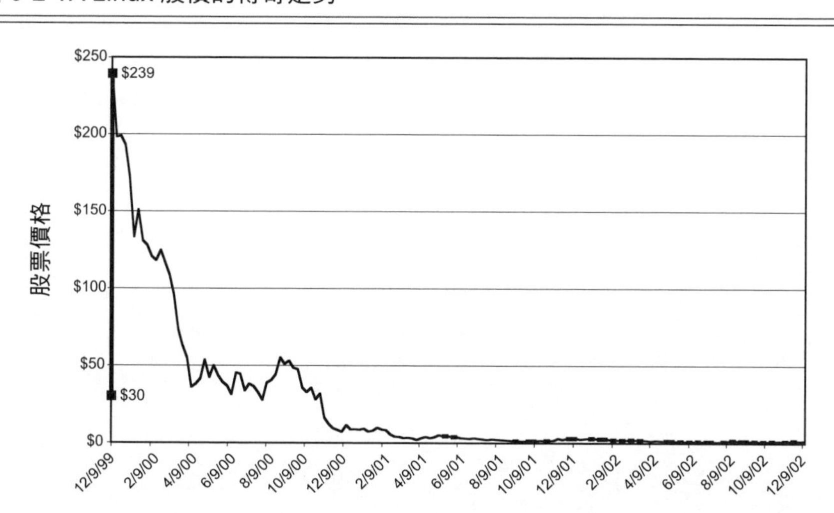

資料來源：VA Linux Systems Inc.; www.morningstar.com

VA Linux 在上市交易首日像火箭般飆升，隨後就像奶油熔化般下滑了。2002 年 12 月 9 日，即 VA Linux 上市交易後 3 年，股價從 239.5 美元跌至 1.19 美元。

如果客觀地來看這些事實，智慧型投資者會發現，IPO 的含義不僅是「首次公開發行」，它還可以是以下短語的縮寫：

- 它很有可能被高估了（It's Probably Overpriced）。
- 只是幻想中的利潤（Imaginary Profits Only）。
- 內部人專屬的機會（Insiders' Private Opportunity）。
- 愚蠢、荒謬和瘋狂（Idiotic, Preposterous, and Outrageous）。

第7章

積極型投資者的投資組合策略：主動的做法

根據定義，積極型投資者會投入更多的精力與努力，以獲得比一般投資績效更好的結果。我們在討論一般投資策略時，曾建議積極型投資者在投資組合中必須包含一些債券投資。積極型投資者有可能會對下列特殊投資機會感興趣：

(1) 美國政府擔保的免稅新住房債券。

(2) 美國政府擔保的應稅、高收益新社區信用債券。

(3) 市政當局發行的免稅產業債券，其償還債務的資金，來自於將資產出租給大型企業的收入。

這幾種特殊的債券都曾經在第 4 章介紹過。[1]

另一方面，市場還存在著許多價格非常低的低等級債券，它們提供了一些真正廉價的買進機會。但是，這些債券通常是正處於「特殊」的情況，而在那樣的情況下，債券與普通股之間實際上並沒有區別。[2]

普通股的操作

積極型投資者在普通股的操作，可以分為以下 4 種策略：

1. 低價買進，高價賣出

2. 購買仔細挑選出的「成長股」

---

1. 如前面提到的（參見第 4 章的註解 4），新住房債券和新社區信用債券如今已不再發行了。

2. 如今，這些屬於「特殊」領域的「低等級債券」，被稱為不良債權或違約債券。當一家公司進入（或即將進入）破產程序時，其普通股實際上已經一文不值，因為美國破產法賦予債券持有者的法律求償權優先於股東。但如果該公司成功重整並走出破產，其債券持有者通常可以獲得新公司的股份，而且一旦公司能夠再次支付利息，這些債券的價值通常會恢復回來。因此，一家陷入困境企業的債券，其表現幾乎與正常企業的普通股一樣。正如葛拉漢所說的，在這些特殊情況下，「債券與普通股之間實際上並沒有區別。」

3. 購買各種廉價證券

4. 購買「特殊情況」的股票

一般市場策略——採用定則投資法的時機

關於低價買進、高價賣出這種策略的可能性和侷限性，我們留到下一章再討論。不過在過去許多年，這種聰明的策略似乎既簡單又可行，至少看一眼市場週期性波動的走勢圖就可以操作。但我們很沮喪地承認，過去 20 年的市場波動並沒有一定的規律性，儘管其波動幅度不小，但如果要從中獲利，必須擁有特殊的才能或「感覺」才行。這完全不符合我們對讀者智慧的認知，因此在我們推薦的方法中，必須排除此類的技術操作。

在 1972 年的情況下，50-50 的方案（我們曾在第 4 章中針對防禦型投資者提出這樣的建議），可能是我們推薦給所有投資者最具體而直接的做法。但是，我們在普通股方面保留了 25% ～ 75% 的調整空間，因此那些對整體市場風險或吸引力有強烈判斷能力的投資者，可以做出一些不同的選擇。大約 20 年前，我們可以詳細定出一些明確的方法，來調整普通股的持股比重，而且確信這些方法具有一定的實用性。[3] 但隨著時間的變化，這些方法似乎都過時了，而如今想要根據 1949 年以來的市場模式，來決定新的買賣水準，這樣的想法似乎也已經站不住腳了，因為這一段期間實在太短，無法對未來提供任何可靠的指引。[4]

---

3. 【原註】參見 Lucile Tomlinson, Practical Formula for Successful Investing；and Sidney Cottle and W. T. Whitman, Investing Timing：The Formula Approach。這兩本書都在 1953 年出版。

4. 請仔細注意葛拉漢在這裡所說的。他在 1972 年撰寫本書時，認為 1949 年以來的這一段期間（22 年以上的時間）太短，因此無法從中得出可靠的結論！由於精通數學，葛拉漢從未忘記這樣的事實：客觀的結論必須建立在長期、大量的數據樣本。那些兜售「經過時間檢驗的」選股方法的騙子們，其結論總是建立在葛拉漢永遠不會接受的少數樣本上。（葛拉漢經常使用 50 年的數據來做分析。）

成長股的投資

每一個投資者都喜歡選擇那些特定幾年業績表現優於平均水準的公司股票。成長型股票的定義是，過去的業績表現優於平均水準，而且預期未來也會繼續如此的股票。[5] 因此，智慧型投資者應專注於挑選成長型股票，似乎是唯一合乎邏輯的做法。事實上這一問題較為複雜，我們接下來將試著加以說明。

要確定哪些公司的過去業績表現「優於平均水準」，這只不過是一項簡單的統計問題。投資者可以從自己的經紀人那裡，獲得 50 家或 100 家這樣的公司名單。[6] 既然如此，為什麼不能僅從這些股票中挑選出最看好的 15 支或 20 支股票，從而擁有一個保證成功的股票組合呢？

這種簡單的想法，會面臨兩種意料不到的複雜情況。首先，業績良好而且前景看好的普通股，其價格通常也相對較高。投資者即使對其前景的判斷是正確的，還是有可能得不到好處，因為預期的利益已經完全反應在他所支付的股價上了（或許他支付的股價還超出預期的利益）。其次，他對未來的判斷有可能是錯誤的。通常，企業的快速成長不可能永遠持續下去；當一家企業已經顯著擴張，其規模的擴大將使其很難再取得以往的成就。達到某一時點，成長曲線就會趨於平緩，而且很多時候甚至會轉為向下。

---

5. 【原註】為了避免混淆，一家業績表現普普通通的公司，不能僅因為其擁護者預期該公司未來的表現將優於平均水準，就把它稱之為成長型企業，或是將其股票稱之為「成長股」。它只能說是一家「具有潛力的企業」。【新註】葛拉漢在此指出了一種微妙但卻很重要的區別：如果成長股的定義是一家將在未來茁壯成長的公司，那麼這根本不能算是定義，只能說是一廂情願的想法而已。這就好比在賽季結束之前，就先說某一支參賽隊伍是「冠軍」一樣。這種一廂情願的想法如今仍然存在；在共同基金中，許多「成長型」基金稱其持股為「優於一般成長潛力」或「有很好獲利成長前景」的公司股票。實際上成長型公司較好的定義是，至少連續 5 年，公司每股淨利的年均成長率至少 15%。（過去能滿足這一定義的公司，並不能保證未來也能滿足此定義。）

6. 現在，積極型投資者可以透過下列網站取得這樣的一份公司名單：www.morningstar.com（使用股票快速排名工具 [Stock Quickrank tool]）、www.quicken.com/investments/stocks/search/full 和 http：//yahoo.marketguide.com。

顯然，如果投資者只專注於幾支成長股，那麼根據事後的結果來看，他有可能成功，也有可能失敗。人們如何公平地判斷這種投資的整體結果呢？我們認為，透過專門從事成長股投資的基金公司相關的研究成果，應該可以得出比較可靠的結論。紐約證券交易所的會員公司 Arthur Wiesenberger & Company 每年出版的權威性手冊《Investment Companies》（投資公司），提供了大約 120 支「成長型基金」多年來的績效。其中，有 45 支基金的記錄長達 10 年或 10 年以上。在 1961 ～ 1970 年的 10 年間，這 45 支基金的整體平均收益（未按基金規模予以加權）為 108%，而同期標準普爾綜合指數和道瓊工業指數的收益分別為 105% 和 83%。[7] 1969 年和 1970 年這兩年，在 126 支「成長型基金」中大多數的績效都不如標準普爾和道瓊這兩種指數。從我們早期的研究中也可以看到類似的結果。這也就說明了，與一般的普通股投資相比，多元化投資成長型股票並不能帶來優異的績效。[8]

表 7-1「成長型基金」的平均收益（1961 ～ 1970 年）[a]

	11 年（1970 年）	5 年（1966 ～ 1970 年）	10 年（1961 ～ 1970 年）	1970 年股息收益率
17 支大型成長型基金	–7.5%	+23.2%	+121.1%	2.3%
106 支小型成長基金	–17.7	+20.3	+102.1	1.6
38 支小型成長基金	–4.7	+23.2	+106.7	1.4
15 支以「成長型」稱謂的基金	–14.2	+13.8	+97.4	1.7
標準普爾綜合指數	+3.5%	+16.1	+104.7	3.4
道瓊工業指數	+8.7	+2.9	+83.0	3.7

a 數據來源：Wisenberger Financial Services

7. 【原註】參見表 7-1

8. 截至 2002 年 12 月 31 日的 10 年間，專門投資成長型大公司的基金（相當於葛拉漢所謂的「成長型基金」），其年均報酬率為 5.6%，比整體股市的年均報酬率少了 3.7 個百分點。然而，專門投資價格較為合理大公司的「高價值」基金，其報酬率也不如同期的市場收益（每年整整少了一個百分點）。其中的問題是否僅僅在於，成長型基金無法可靠地挑選出未來表現超越市場的股票？還是基金營運的較高成本（無論是買進成長型或「價值型」公司的股票），超過了經理人挑選出的股票所帶來的回報呢？要知道各類基金最新的績效，請查看網站 www. morningstar.com 中的「Category Returns」。要瞭解各種不同投資風格的績效是多麼不可靠，請查看下列網站：www.callan.com/resource/periodic_table/pertable。

一個智力一般的投資者（即使投入了大量的精力）購買成長股，其績效恐怕很難優於專門投資這一領域的基金公司。顯然，這些機構比你更聰明，而且擁有更好的研究設備。因此，我們不建議積極型投資者從事一般所謂的成長股投資。[9] 原因在於，這些成長股極好的未來前景已被市場發現，而且已完全反映在當期的本益比上——例如，本益比超過 20 倍（我們建議，防禦型投資者買進股票的價格上限，為過去 7 年平均盈餘的 25 倍。這兩個標準在大多數情況下都是不變的）。[10]

成長股這一類股票有一個顯著的特點，就是其市場價格的波動幅度較大。這種現象會出現在歷史悠久的大企業（如通用電氣和 IBM），而成立不久、規模較小的成功企業更是如此。這證明了我們如下的觀點：1949 年以來，股票市場的主要特徵是，一些已取得輝煌成就且享有高投資評等的公司股票（其信用等級最佳，借款利率最低），也都加入了高度投機性股票的行列。這些企業的投資品質很可能經過很多年都不會改變，但其股票的風險將取決於投資者對它的熱情程度。大眾對它越熱情，其股價上漲的速度相對於實際獲利成長的速度就越快，因而風險也會變得越大。[11]

---

9. 葛拉漢所說的這一點是要提醒你，「積極型」投資者並不是指那些比一般人願意冒更大風險的人，或那些購買「快速成長」股票的人；積極型投資者是指那些願意投入更多時間和精力去研究其投資組合的人。

10. 請注意，葛拉漢堅持以過去多年的平均獲利來計算本益比。這樣一來，那些因暫時性高獲利而被高估的公司，被我們挑中的機率也就下降了。想像一下，如果一家公司前 12 個月的每股盈餘為 3 美元，但前 6 年的平均每股盈餘只有 50 美分，那麼哪一個數字（突如其來的 3 美元，還是穩定的 50 美分）更能代表長期趨勢呢？以最近一年 3 美元的盈餘來計算，25 倍的本益比將使該股票的定價達到 75 美元。但是，若以過去 7 年的平均盈餘來計算（總共 6 美元的盈餘除以 7，得出平均每股盈餘為 85.7 美分），25 倍的本益比得出的該股價格只有 21.43 美元。不同的數據選擇會有很大的差別。最後值得注意的是，華爾街今日普遍使用的方法（主要以「下一年度的獲利」來計算本益比）是葛拉漢極力反對的。你怎能以尚未獲得的利潤來評估公司的價格呢？這就好比根據灰姑娘將在附近興建新城堡的謠言來決定房屋的價格一樣荒謬。

11. 最近的例子正好證明了葛拉漢的觀點。2000 年 9 月 21 日，晶片製造商英特爾公司宣布，預計下一季的營業額將成長 5%。乍看之下，這是一個極好的消息；對大多數的大公司來說，營業額在 3 個月內成長了 5%，是一件令人高興的事。但市場對此消息的反應，竟使得英特爾的股價下跌了 22%，其總市值在一天內就跌掉了將近 910 億美元。這是為什麼呢？原因是，華爾街的分析師們原本預期英特爾的營業額將成長 10%。同樣地，2001 年 2 月 21 日，數據存儲公司 EMC 宣布，預計 2001 年的營業額將至少成長 25% ——但對其客戶來說，這反而是一個新的警訊，因為庫存增加將「導致銷售週期延長」。只因為這一點點疑慮，EMC 的股價在一天內就下跌了 12.8%。

讀者可能會問，獲得普通股真正巨額收益的，難道不是那些早期投入大量資金，並堅持持有股份直到其價值上漲 100 倍或更高的人嗎？答案是「肯定的」。但是，投資一家公司獲得巨額財富的，幾乎都是與該公司有密切關係的人（如僱用關係和親屬關係），他們會將自己大部分的資金投入到該公司，而且不論在任何情況下，始終會持有其股份——儘管一直都有許多高價出售的機會在引誘著他們。沒有這種密切關係的人，通常會不斷面臨這樣的問題：投入的資金是否過多？[12] 每一次的價格下跌（不論事後證明價格下跌只是短暫的）都會更加突顯這一問題，而且內部和外部壓力都有可能迫使他賣出股票，而賣出股票的獲利雖然看似不錯，但卻遠低於最終能獲取的巨額財富。[13]

可用於「積極投資」的三個領域

如果想長期獲得比一般投資更好的結果，就必須在選擇標的或操作策略方面具備兩項優勢：（1）必須達到基本穩健所要求的客觀或合理標準；（2）必須有別於大多數投資者或投機者所採用的策略。根據我們的經驗和研究，我們推薦三種能滿足這些標準的投資方法。這些方法相互之間有很大的不同，而且每一種方法都要求其遵循者具備不同的知識和特質。

不受歡迎的大公司

我們經常認為，市場有時會高估那些成長極快或表現傑出的普通股；

---

12. 現在，這些「與特定公司有著密切關係」的投資者被稱為控制人，即那些負責公司營運和擁有公司大量股份的高級經理人或董事。像微軟的比爾 · 蓋茲和波克夏海瑟威的華倫 · 巴菲特，他們可以直接掌控公司的命運，而外部投資者則希望看到這些高層主管們持有大量公司的股份，以示對公司的信心。但是，層級較低的經理和下層的職工，都無法透過個人的決定來影響公司的股價；因此，他們不應該將自己大部分的資金投入其雇主的股票。對外部投資者來說，無論他們認為自己有多麼瞭解該公司，都不應該持有該公司太多的股份。

13. 【原註】關於這種賣出股票的行為，華爾街有兩則古老的諺語可以給予忠告：一是「樹高不過天」，二是「牛市能賺錢，熊市能賺錢，但豬市永遠賺不到錢」。

另一方面，我們也可以合理預期，市場有時也會低估那些因為表現不甚理想而暫時失寵的公司股票。這種現象可視為股市的一種基本規律，而且它提供了一種既穩妥又有希望的投資方式。

此種方法的關鍵在於，積極投資者必須關注那些已有一段時間不受歡迎的「大」公司。雖然小公司也有可能因為同樣原因而被低估，但小公司的風險是，在面臨困境時，其獲利能力往往會蒙受比較大的折損，而且即使後來營業額和股價都上升了，但小公司通常還是比較容易被市場所忽視。因此，與小公司相比，大公司有兩個優勢。首先，大公司擁有龐大的資本和人力資源，比較容易度過難關，重新創造出令人滿意的利潤。其次，市場比較關注大公司的表現，因此比較有可能及時對任何改善做出合理的反應。

對道瓊工業指數中不受歡迎股票的價格行為所作的一項研究，可以證明這種理論的可靠性。在這個研究中，我們假設投資者每年買進道瓊工業指數中本益比最低的 6 支或 10 支股票（股價與當期或前一年的盈餘之比率為最低），這些股票可以被稱為「最廉價」的股票，而其低廉的價格顯然反映出它們不太受投資者或交易者的歡迎。我們還進一步假設，購買這些股票後持有 1 ～ 5 年。然後，把這些投資的結果與整個道瓊工業指數或本益比最高（即最受歡迎）的股票所顯示的結果進行比較。

我們所獲得的詳細資料包括了過去 53 年每一年的投資結果。[14] 在早些時候（1917 ～ 1933 年），這種方法並不賺錢，但從 1933 年開始，這種方法卻相當成功。在 Drexel 公司（現在的 Drexel Firestone 公司 [15]）對

---

14. 【原註】這裡有兩項相關的研究。第一項是我們的學生施奈德（H. G. Schneider）針對 1917 ～ 1950 年所做的研究，其研究結果發表在 1951 年 6 月出刊的《金融雜誌》（Journal of Finance）。第二項是紐約證券交易所的會員公司 Drexel Firestone 針對 1933 ～ 1969 年所做的研究。承蒙他們的許可，我們在這裡使用了他們的數據。

15. Drexel Firestone 是費城的一家投資銀行，於 1973 年與 Burnham 公司合併後，更名為 Drexel Burnham Lambert 公司。在 1980 年代併購業務繁榮時期，該公司因其垃圾債券融資業務而聞名於世。

持續持有股票1年所進行的34次檢驗中（從1937年到1969年），廉價股的表現明顯遜於道瓊工業指數的只有3次；兩者持平的有6次；而其餘的25次，廉價股的表現全都明顯優於道瓊工業指數。若以連續5年期間的平均收益來看（參見表7-2），低本益比股票的表現全都優於道瓊工業指數與10支高本益比的股票。

表 7-2 所檢驗股票的年均損益（%，1937 ～ 1969 年）

期間	10 支低本益比的股票	10 支高本益比的股票	道瓊 30 支股票
1937–1942	–2.2	–10.0	–6.3
1943–1947	17.3	8.3	14.9
1948–1952	16.4	4.6	9.9
1953–1957	20.9	10.0	13.7
1958–1962	10.2	–3.3	3.6
1963–1969 (8 年)	8.0	4.6	4.0

從Drexel公司計算的結果中還可以看到，如果在1936年以10,000美元投資低本益比的股票，而且此後每年都根據此原則換股投入低本益比的股票，那麼到了1962年，這筆投資就會變成66,900美元。如果以等額的資金投資高本益比的股票，最終將只獲得25,300美元；同樣地，以等額的資金平均投資道瓊30支股票，則會使最初的10,000美元變成44,000美元。[16]

上述買進「不受歡迎大公司」股票的方法，其概念和執行都十分簡單，但個別公司的情況各不相同，因此在執行階段有時必須考慮到個別公司的特殊情況。有些公司由於獲利情況極不穩定，導致其股票具有一定的投機性。在景氣好的時候，這些公司的股票價格較高，但本益比卻比較低；在景氣差的時候，這些公司的股票價格較低，但本益比卻又比較高。從

16. 這種買進道瓊工業指數中最廉價股票的策略，現在被稱為「狗股」（Dogs of the Dow）投資法。關於「道瓊10支廉價股」的訊息，可以從下列網站獲得：www.djindexes.com/jsp/dow510Faq.jsp。

表7-3中就可以看到這樣的關係，其中所反映的是克萊斯勒公司（Chrysler Corp.）普通股價格的波動情形。在獲利較高的情況下，市場對其異常高獲利的持久性有可能產生疑慮，因此會保守地進行估價；而當獲利較低或沒有獲利時，則會出現相反的情況（請注意，根據本益比的運算公式，如果一家公司的獲利「接近於0」，那麼其股票的本益比就會趨於無限大）。

由於克萊斯勒公司算是道瓊工業指數中表現相當特殊的領導股，因此它對低本益比的計算結果並不會產生太大的影響。但如果想要避免將這種異常股票被納入到低本益的股票名單中，方法也很簡單，只要記得要求股票除了呈現低本益比的情況之外，同時還必須要求股價本身也處於相對低點（或採用一些類似的標準也可以）。

在撰寫本修訂版時，我們曾把這種低本益比方法應用於道瓊工業指數中的一組股票，並檢視其結果（假設在1968年年底買進股票，而以1971年6月30日的價格來檢驗）。所得出的結果令人相當失望：有6到10支低本益比的股票出現了巨額虧損，而高本益比的股票反而有很好的獲利。這個不好的結果，應該還不至於推翻先前30多次檢驗所得出的結論，但最近出現的情況確實造成了特別不利的影響。或許，積極型投資者在建立其投資組合時，應先採用「低本益比」的方法，然後再增加一些其他的定量和定性要求。

表7-3 克萊斯勒公司普通股的價格與盈餘（1952～1970年）

年份	每股盈餘	最高價（H）或最低價（L）	本益比
1952	9.04	H 98	10.8
1954	2.13	L 56	26.2
1955	11.49	H 101½	8.8
1956	2.29	L 52 (1957年)	22.9
1957	13.75	H 82	6.7
1958	（淨虧損）3.88	L 44[a]	—
1968	24.92[b]	H 294[b]	11.8
1970	淨虧損	L 65[b]	—

a 1962年的最低價為37.5。
b 已考慮股票分割。

購買廉價證券

我們對廉價證券的定義是：根據分析所確立的事實，顯示其價值顯著高於其價格的證券。這種證券包括了價格低於面值的債券、優先股，以及普通股。為了盡可能更具體一些，我們認為真正的「廉價」證券，其價值要比其價格至少高出 50%。什麼樣的事實能夠證明，價值與價格之間存在如此巨大的差異？廉價證券是如何產生的？投資者又如何從中獲利？

要尋找廉價的普通股，可透過兩種方式。第一種方式是採用評估法，即對某特定證券的未來獲利做出估計之後，再乘以該證券相適應的係數。如果得出的價值遠高於其市場價格（而且投資者對其所採用的方法有信心），那麼他就可以將這種股票稱為廉價股。第二種方式是檢視私人能得到的企業價值。這種價值主要也是由未來的預期獲利決定——在這種情況下，其得出的結果可能與第一種方式相同。但是，第二種方式可能更關注資產的可實現價值，尤其是淨流動資產或營運資本。

若依據這些標準來衡量，當市場整體處於低價位時，大多數的普通股都會成為廉價股。（通用汽車就是一個典型的例子：1941 年，其股價還不到 30 美元，相當於 1971 年的股價 5 美元。其當期的每股盈餘超過 4 美元，股息為 3.5 美元或更多。）當時的企業獲利情況與短期的前景確實都不太好，但透過對未來總體情況的冷靜分析可以看出，企業的價值遠高於其價格。因此，有膽識在市場低迷時買進廉價證券的智慧，不僅來自於以往的經驗，而且來自於合理的價值分析技巧。

從一般市場環境下經常發生的廉價交易情況可以看到，幾乎所有的市場都同樣存在著許多廉價證券。市場總是喜歡小題大做，將股價正常的拉回誇大為嚴重的下跌。[17] 即使投資者對該股票只是沒有興趣或缺乏熱情，其價格也會跌到荒謬的水準。因此，價格被低估有兩個主要原因：（1）當期令人失望的業績；（2）長期被忽視或不受歡迎。

然而，如果單獨考慮上述兩個原因，它們都不可能做為成功普通股投資的指引。我們如何確定當期令人失望的業績只是短暫的現象呢？是的，在這方面我們可以提供一些非常好的例子。鋼鐵股曾經以周期性波動而聞名，精明的投資者可以在景氣循環低谷時低價買進這些股票，然後在景氣循環高峰時賣出，以獲得豐厚的利潤。從表 7-3 中的數據可以看到，克萊斯勒公司就是一個最明顯的例子。

如果盈餘的變化與股票的表現有一致性，那麼在股市賺錢就很容易了。遺憾的是，我們可以舉出許多這樣的例子：盈餘下降與股價下跌之後，兩者並沒有在隨後自動出現大規模的反彈。Anaconda 電線電纜公司就是這方面的一個例子。在 1956 年之前，該公司的盈餘一直快速成長，而當年的股價曾達到 85 美元的高價。隨後 6 年，盈餘出現了不穩定的下降；股價則在 1962 年跌到了 23.5 美元，而且隔年被其母公司 Anaconda Corporation 收購時，價格只有 33 美元。

在這方面的許多經驗表明，投資者如果要穩當地投資，僅觀察公司獲利和股價同時下跌是不夠的，他還應該要求公司在過去 10 年或更長時間的獲利，至少具有較好的穩定性（即沒有出現過虧損）；同時，還要要求公司具備足夠的規模和財力，以因應未來可能出現的困難。因此，這裡想

17. 近期有一些最為嚴重的小題大做事件：1998 年 5 月，輝瑞公司和美國食品藥品管理局宣布，有 6 個正在服用威而鋼（Viagra）治療陽萎的人，在行房時心臟病發而死亡了。輝瑞的股價應聲下跌，單日重挫了 3.4%。但是，當後來的研究表明人們不必為此擔心時，輝瑞的股價又急劇上漲；在隨後的 2 年，該股票大約上漲了三分之一。1997 年年底，Warner-Lambert 公司的股價在一天之內下跌了 19%，因為其治療糖尿病的新藥在英國暫時禁止銷售；6 個月後，該股票的價格幾乎翻了一倍。2002 年年底，Carnival 郵輪公司的股價大約下跌了 10%，因為遊客發生了嚴重腹瀉和嘔吐，但這些遊客乘坐的是其他公司的郵輪。

要找出的理想狀態是：一家大型傑出的企業，其股價與本益比都遠低於其過去的平均水準。這無疑會把許多公司（如克萊斯勒公司）的賺錢機會排除在外，因為這些公司在股價較低的幾年，通常伴隨著較高的本益比。但是，現在我們要明確地告訴讀者（毫無疑問地我們還會一再告訴讀者），「事後看到的利潤」和「實際得到的利潤」是不同的。我們強烈懷疑，像克萊斯勒這樣極不穩定的公司，是否適合於我們的積極型投資者操作。

我們曾經提及，長期被忽視或不受歡迎是導致股價偏低的另一個原因。目前的 National Presto Industries 公司就是這種情況。在 1968 年牛市期間，其最高價為 45 美元，這只是該年每股盈餘 5.61 美元的 8 倍。其每股盈餘在 1969 年和 1970 年都呈現成長，但股價卻在 1970 年跌到了 21 美元。這個價格還不到其當年每股盈餘（最高記錄）的 4 倍，而且低於其淨流動資產價值。1972 年 3 月，該股票的價格為 34 美元，仍然只有前一年每股盈餘的 5.5 倍，且相當於其成長後的淨流動資產價值。

另一個例子是，加州標準石油這家重量級企業。1972 年年初，其股價 56 美元，大約與 13 年前一樣。其盈餘狀況十分穩定，儘管成長幅度相對較小，但在整個期間只出現過一次小幅衰退。公司的帳面價值大約與市值相當。雖然公司在 1958 ～ 1971 年間一直擁有非常好的記錄，但其年均股價從未達到當期每股盈餘的 15 倍。它在 1972 年初的本益比只有 10 倍左右。

導致普通股價格偏低的第三個原因，有可能是市場沒有瞭解公司實際的獲利情況，而北太平洋鐵路公司就是這方面的一個典型例子。1946 ～ 1947 年，該公司的股價從 36 美元跌到了 13.5 美元。該公司在 1947 年的實際獲利接近於每股 10 美元，而股價下跌的原因，主要來自於其 1 美元的股息。另一個被忽視的原因在於，鐵路公司所採用的會計方法掩蓋了公司大部份的獲利能力。

最容易辨識的廉價證券是，股價低於公司淨營運資本（扣除所有債務後）的普通股。[18] 這意味著購買者不需要支付任何成本，就能購買到公司的固定資產（房屋和機器設備等），以及任何形式的商譽。公司的價值最終低於其營運資本的情況是極少發生的——儘管可以看到少數的幾個例子。但令人驚訝的是，市場上可以找到許多這種廉價條件的股票。1957年的一項統計資料顯示，儘管當時的股價水準並不低，但這種廉價條件的普通股大約有 150 支。在表 7-4 中，我們以 1957 年 12 月 31 日的價格買進標準普爾《每月股市指南》（Monthly Stock Guide）中的 85 支股票，而且每一支股票各買一股並持有 2 年時間，然後總結這項交易的結果。

表 7-4 價格被低估股票的獲利情況（1957 ～ 1959 年）

交易所	公司數	每股淨流動資產總和	1957 年 12 月的總價格	1959 年 12 月的總價格
紐約證券交易所	35	748	419	838
美國股票交易所	25	495	289	492
中西部股票交易所	5	163	87	141
場外市場	20	425	288	433
合計	85	1,831	1,083	1,904

出於某種巧合，每一組股票在兩年內都上漲到其淨流動資產總值的水準。在這段期間，整個「股票組合」的價值上漲了 75%，而標準普爾 425 工業指數只上漲了 50%。值得注意的是，沒有一支股票出現過嚴重虧損，其中 7 支股票大致持平，78 支股票有豐厚的利潤。

在 1957 年之前的許多年，這種多元化投資方式都能收到很好的效果。我們可以毫不猶豫地說，確定與尋找價格被低估的股票，是一種既安全又有利可圖的方法。然而，在 1957 年之後的股市上漲期間，這種機會變得非常有限，而且其中只有少數獲利，有的甚至出現了虧損。1969 ～ 1970

18. 葛拉漢所謂「淨營運資本」（net working capital）指的是，公司的流動資產（如現金、可售證券和存貨等）減去其全部負債（包括優先股和長期債務）。

年的股市下跌，導致了新一批「價格低於營運資本」股票的出現。我們將在第 15 章介紹積極型投資者如何選股時，進一步探討這一類股票。

二類企業的廉價證券。我們所定義的二類（Secondary）企業，是指那些未在重要產業中佔據領導地位的企業。因此，這類企業通常是其產業類別中的小型企業，但也有可能是非重要產業類別中的主要企業。至於那些被稱為成長股的企業，一般都不屬於「二類企業」。

在 1920 年代大牛市期間，所謂的領導企業與其他中型企業之間，並沒有太大的區別。當時人們認為，中型企業有實力足以度過金融風暴，而且它們應該比大型企業有更好的成長機會。然而，1931 ～ 1932 年的大蕭條，使得許多規模不大或穩定性不佳的企業遭受到沉重打擊。有了這番經歷之後，投資者開始明顯偏好產業中的領導股，而對其他居於次要地位的二類企業，則顯得興趣缺缺。這也就意味著，相對於獲利與資產而言，二類企業的股價通常會相對低許多。同時，這也表示在許多情況下，二類企業的股價經常會下跌到廉價股的水準。

由於投資者排斥這些二類企業的股票，因此儘管這些股票的價格相對較低，但人們還是會認為或擔心此類企業的前景不佳。實際上，至少在潛意識裡，人們就是一味地認為，這些股票不管價格多少都算太高，因為他們完全不看好這些企業──這簡直就像 1929 年盛行的理論之反例：當時人們認為，「藍籌股」的價格不管多高都不算高，因為人們一味地認為其未來前景無限光明。事實上，這兩種觀點都被誇大了，而且會導致嚴重的投資失誤。客觀來說，相對於一般的未上市公司，中等規模的上市公司應該都可以稱得上是大企業。我們實在沒有充分理由認為，這類公司一定會無法持續經營，而且經歷了經濟大蕭條之後，投資這類公司應該也不至於無法獲得合理報酬才對。

根據以上的簡要分析，可見股市對於二類企業的看法經常不切實際，而其價格在一般情況下，有可能會被嚴重低估。我們可以看到，在二戰期間與戰後繁榮期，規模較小的企業比大型企業更加有利，因為當時一般的銷售競爭沒那麼嚴重，而小型企業往往有比較大的空間，可以擴大其銷售與利潤。1946 年當時的市場情況，與戰前完全不同。從 1938 年底到 1946 年的高點，道瓊工業指數中的領導股只上漲 40%，而標準普爾指數中的低價股在這段期間，漲幅則超過了 280%。在此之後，投機者和許多自詡為投資者的人，便根據他們在股市中的短暫記憶，開始以高估的價格積極買進非主要企業的新舊股份。此時，鐘擺顯然又偏向了另一個極端。原本二類企業的股票絕大部分都能提供廉價交易的機會，但此時絕大多數又因為人們的過度熱情而被高估了。這種現象在 1961 年和 1968 年時，又以不同的方式出現——重點轉向了規模比二類企業更小的企業所發行的新股，以及大多數特別受歡迎領域的企業股票，如「電子」、「電腦」、「特許經營權」等。[19]

正如人們所預料的，這些價格被高估的股票，隨後在市場上出現了大幅下跌。在這樣的情況下，鐘擺又再度偏向另一個極端，造成價格明顯低估的結果。

如果大多數二類證券的價格總是被低估，那麼投資者何以認為他可以從中獲利呢？如果這種情況一直持續，那麼投資者是不是會始終處在買進這些證券時同樣的市場情況呢？這問題的答案有點複雜。廉價購買二類企業股票的巨額利潤，來自於幾個不同的面向。首先，股息收益相對較高。

---

19. 1975 年到 1983 年期間，小企業（「二類企業」）股票的年均報酬率遠高於大企業股票（高出 17.6%）。投資大眾熱情追逐小企業股票，共同基金公司也推出了幾百支專門投資小企業股票的新基金，於是在隨後的 10 年，小企業股票的年均報酬率又變成低於大企業股票 5%。1999 年，這樣的循環再度出現：小企業股票的年均報酬率幾乎比大企業股票高出 9 個百分點，因而激勵了投資銀行，推出幾百支首次公開發行的熱門高科技股。這些股票的名稱不再是「電子」、「電腦」或「特許經營權」，新的流行語是「網路」、「光纖」和「無線」，以及字首為「e」和「i」的股票。這些投資流行語，最後總是會變成電鋸，把相信它的人鋸成兩半。

其次，相對於所支付的價格，股息再投資的收益十分可觀，從而最終影響到股價。在 5 ～ 7 年的期間，這些優勢會在精心挑選的股票中明顯反映出來。第三，在牛市期間，低價證券的上漲空間通常最大，因此典型的廉價證券至少會上升到一個合理的價位。第四，即使在市場相對平淡時期，也會不出現價格調整，這樣一來，價格被低估的二類證券至少有機會上升到該類股票正常的價格水準。第五，造成獲利記錄令人失望的特定因素，有可能因為新情況的出現、採用了新的策略或管理方式而得到修正。

最近幾年出現了一個新的重要因素，那就是大企業對小企業的收購──這通常是多元化投資方案的一部分。在這樣的情況下，人們購買此類證券出手總是比較大方，從而使其價格遠高於不久之前的廉價水準。

當利率遠低於 1970 年的水準時，廉價證券的範圍還可以擴大到大幅折價的債券和優先股。目前，我們面臨著一種不同的情況：如果息票率為 4.5% 或更低，那麼即使是有擔保的證券，也有可能會大幅折價銷售。例如，美國電話電報公司息票率為 2.625%，1986 年到期的債券，1970 年的售價僅為其面值的 51%；Deere 公司息票率為 4.5%，1983 年到期的債券，1970 年的售價僅為其面值的 62%。不久之後我們可能就會看到，這些債券都有可能成為廉價投資的機會──如果目前的市場利率大幅下降的話。

關於更傳統的廉價債券，或許我們又要談到目前面臨財務困境的鐵路公司，他們在 1920 年代和 1930 年代所發行的第一抵押債券。這樣的標的並不適合缺乏專業知識的投資者；他們並不能真正理解這一領域債券的價值，所以有可能會遭受慘重的虧損。然而，在這一領域中，市場超跌是一種基本趨勢；因此整體而言，這領域的債券會給那些仔細且大膽分析的人帶來可觀的報酬。截至 1948 年的 10 年間，數十億美元的違約鐵路債券提供了眾多極好的投資機會。從 1948 年之後，此類的機會就變得極其罕見；不過，它們在 1970 年代很有可能會再度出現。[20]

「套利」和一些特殊情況

不久前，這一領域幾乎可以保證讓那些內行的人獲得可觀的報酬，而且在任何市場環境下都是如此。對於一般大眾而言，這實際上並不是一塊禁地。具有這方面天賦的人，無需透過長期的學術研究或學習，就能掌握其中的竅門，並且成為箇中翹楚。另有一些人敏銳地嗅到這種方法的可靠性，於是就把自己的資金委託一些主要致力於「特殊情況」投資的年輕人去操作。但最近幾年，由於某些原因（我們將在稍後說明），「套利和特殊情況」這一領域的風險變大，而且獲利空間也變小了。或許幾年之後，這一領域的條件又會變得更有利。無論如何，我們還是有必要透過一兩個例子，來簡要說明這一領域的特性和起源。

由於越來越多的管理階層認為企業經營應該更多元化，因此大企業收購小企業的事情不斷發生，從而產生了許多典型的「特殊情況」。如果某家企業試圖進入某一領域，它通常會收購該領域的現有企業，而不是從頭開始建立一家新公司。為了使收購過程順利，並取得小企業大多數股東對被收購的認同，大企業總是會提出一個大大高於現有水準的價格。這樣的舉動會給一些對該領域有所研究、而且擁有豐富經驗可做出可靠判斷的人，帶來具有吸引力的獲利機會。

就在幾年以前，有一些精明的投資者投入大量的資金，購買了破產鐵路企業的債券。他們知道，鐵路公司最終重整後，這些債券的價值就會大大高於其買進成本。重整計劃公佈之後，市場會出現一種「虛股交易」

---

20. 如今，違約鐵路債券已經無法提供重大的投資機會了。然而，正如我們說過的，2000 ～ 2002 年股市崩盤後，一些廉價、違約的垃圾債券，以及高科技公司發行的可轉換債券，都能提供真正有價值的投資機會。但是，多元化在這一領域是至關重要的——至少要有 10 萬美元專門投入廉價證券，才有實質上的意義。除非你擁有幾百萬美元的資金，否則就無法選擇這種模式的多元化操作。

（when issued）的新證券，而這些證券的價格將大大高於購買舊證券的成本。儘管重整計劃有可能存在無法實現或意外延期的風險，但整體來看，這種「套利操作」是非常有利可圖的。

1935 年的法律要求公用事業控股公司進行分拆，這同樣也帶來了類似的機會。當控股公司變成一群獨立經營的公司之後，幾乎所有這些企業的價值都大幅上升了。

其根本原因在於，證券市場往往低估那些涉及任何複雜法律訴訟的證券價值。華爾街有一句古老的格言：「永遠不要購買涉及法律訴訟的證券」。這對短線交易的投機者而言，或許是一個中肯的建議，但如果所有的投資大眾都秉持這種心態，那麼受影響的證券就會成為廉價投資的機會，因為人們的偏見會使其價格跌到不合理的低水準。[21]

利用特殊情況套利是一種另類的投資技巧，它需要有些不尋常的智慧和專業知識。或許只有少數的積極型投資者可能會去從事這種投資，因此本書並不適合進一步闡述其內容。[22]

我們的投資法則所具有的更廣泛含義

投資者要決定採用何種投資策略（如這裡所介紹的）之前，首先要先做個選擇，看看自己究竟想成為被動的防禦型投資者，還是主動的積極型投資者。積極型投資者對證券的價值必須有相當的認識——事實上，

---

21. 近期的一個典型例子是菲利浦莫里斯（Philip Morris）公司。當佛羅里達州法院批准陪審員的要求對該公司處以 2,000 億美元的懲罰性賠償之後，該公司的股價在兩天內下跌了 23% ——該公司最後承認香煙可能致癌。一年之後，菲利浦莫里斯的股價翻了一倍——但後來伊利諾州法院對其數百億美元的判決又使其股價下跌了。另有幾家公司因承擔訴訟賠償損失而幾乎被摧毀，其中包括 Johns Manville、W.R. Grace 和 USG 公司。因此，對所有的人來說，「永遠不要購買涉及法律訴訟的證券」仍然是一個有效的生存之道，但最勇敢的投資者除外。

22. 【原註】參見本書第 15 章最後一節，其中包括了 1971 年的 3 個特殊情況。

他應該把證券投資當作自己的事業來經營。被動與主動之間，並不存在什麼中間狀態。許多（或許是大多數）投資者都想讓自己處身於這樣的一個中間狀態；但我們認為，這種折衷的結果反而比較有可能帶來失望，而不是成就。

做為一名投資者，你不可能只成為「半個生意人」，然後天真地期待你的投資能帶來相當於正常生意一半的利潤。

如果根據這一推論，或許大多數的證券持有者，都應該選擇成為一個防禦型投資者。因為大多數人沒有時間、決斷力和精力，也沒辦法像經營事業那樣從事投資活動。因此，他們應該要滿足於防禦型投資組合所能夠提供的優異報酬（甚至是較低的報酬），而且他們還應該堅定抵制不斷出現的誘惑，不要為了增加報酬而偏離正軌。

至於積極型投資者，則可以適當地從事任何證券投資活動，因為他的訓練和判斷力足以應對這些操作，而且以經營事業的標準來看，這些操作顯然可以獲得更豐厚的報酬。

我們在對積極型投資者提供建議和忠告時，會盡量以經營事業的角度來切入；而在對防禦型投資者提出建議和忠告時，我們則是（在心理上和數學上）遵循三個要求：能提供基本安全性、選擇方法簡單、而且可望獲得令人滿意的報酬。在一般建議的投資領域中，有好幾種證券經常被視為適合於各種投資者，但如果依循前三項要求，卻應該排除掉這些證券。這些被排除的證券，就列在第 1 章最後一節的內容中。

現在，我們就來更詳細地討論，為什麼要排除掉這些證券。我們建議，人們不要以「全價」（full price）購買以下 3 種重要類別的證券：（1）外國債券，（2）一般的優先股，（3）二類普通股（當然還包括這幾類證券的首次公開發行）。我們所說的「全價」，以債券或優先股來說，就是指接近於面額的價格；如果以普通股來說，就是指接近於企業公允價值的價格。大多數防禦型投資者都應該迴避這幾類證券（無論其價格如何）；積極型投資者則只有在價格低廉時，才能買進這些證券——我們所定義的低價，是指價格不超過證券評估價值的三分之二。

如果所有的投資者都採納我們的建議，那麼情況會如何呢？在本書第 6 章介紹外國債券時，我們曾經討論過這一問題，因此這裡已經沒有需要再補充的了。投資級的優先股只適合一些公司（例如保險公司）購買，因為它們持有優先股可獲得稅賦的優惠。

在我們排除的證券種類中，二類普通股是最麻煩的。如果大多數投資者都屬於防禦型的，而且根本不會去買進它們，那麼這一領域的可能買家將會十分有限。此外，如果積極型投資者只在廉價水準買進，那麼這些證券的價格必定會低於其公允價值，除非有一些不明智的人去購買它們。

這聽起來似乎非常嚴重，甚至隱約感到有些不道德。然而，事實上我們只是認識到這一領域在過去 40 年的大多數時間裡所發生的實際情況。在大多數時間裡，二類證券會在遠低於其公允價值的某一中心水準上下波動。其價格有時會達到或甚至超過公允價值，但這只會發生在牛市的上升階段，而實際經驗中所獲得的教訓，將與以市場價格買進普通股的理性觀點相抵觸。

因此，我們的建議是，要求積極型投資者應該認識到二類證券所處的客觀現實，並且以此類證券通常的中心市場價格水準為參考，來確定自己的買進價格。

然而，這裡的論點有點自相矛盾，因為經過精心挑選出來的二類企業，很有可能與產業領導者一樣具有良好的前景，而且小企業所缺乏的穩定性，可以藉由其快速成長的潛力來彌補。因此，在許多讀者看來，以全額的「企業價值」購買二類股票被說成「不明智」，似乎並不合乎邏輯。關於這點，我們認為還是觀察實際經驗最有說服力，而金融史明白表示，投資者通常必須在價格比企業擁有者心目中價值還低（即廉價）時，才去購買這些二類普通股，這樣才比較有機會獲得令人滿意的報酬。

前面的最後一句話，本身就意味著該原則只適用於一般的外部投資者。任何能控制企業經營的內部投資者，當然有充分理由根據不同考量購買該公司的股票。而以二類企業來說，內部和外部投資者之間的區別尤其重要。如果是主要企業或領頭企業，其基本特徵就是所有個人投資者所擁有的股份，通常與擁有控制權者手中的股份相當。但在二類企業中，所有個人投資者所擁有的股份，通常遠低於擁有控制權者所持有的股份。由於存在著這樣的事實，因此二類企業股東與管理階層之間的關係，以及內部與外部股東之間的關係，往往比主要企業來得更重要，而且更具有爭議性。

在第 5 章結尾我們曾說過，要嚴格區分主要企業和二類企業並不容易。居於兩者之間的許多普通股，也有可能會出現某種中間價格。理論上來說，如果某企業與主要企業之間只有很小的差距，而且可能在不久的將來，就會完全達到主要企業的等級，那麼投資者若能以低於帳面價值或評估價值的小幅折價買進這種普通股，倒也不是不合邏輯的做法。

因此，主要企業和二類企業之間不需要太過於精確的區分；因為這樣做的話，兩者之間的些許差別，就會導致合理的購買價格出現重大差異。我們這樣說，就是承認普通股的分類存在著一個中間地帶，儘管我們不贊成投資者的分類也有這樣的一個中間地帶。我們的論述明顯不一致的理由是：對某一證券的看法不確定，並不會造成巨大的傷害，因為這種情況是例外，而且並沒有太大的利害關係。但是，投資者在防禦型與積極型之間的選擇則非常重要，他在做這個基本決定時，絕不應該模棱兩可或採取折衷做法。

第七章 評釋

要獲得巨額的財富，需要有極大的膽識和小心謹慎；一旦你獲得了巨額財富，則需要十倍的智慧來留住它。

——納森 · 梅爾 · 羅斯查爾德（Nathan Mayer Rothschild）

時機並不重要

在理想的世界裡，智慧型投資者只在價格便宜時購買股票，並在價格漲高時將其賣出，然後以債券和現金的形式持有這些資金，直到股價再次變便宜時，才會再重新進場買進。一項研究指出，從 1966 到 2001 年年底，持續持有的 1 美元股票將增值到 11.71 美元，但如果你在每年最糟糕的 5 個日子到來之前出脫股票，那麼你最初的 1 美元就會變成 987.12 美元。[1]

就像市場上大多數的魔法概念一樣，這其實也是一種騙人的招數。你（或任何人）如何確切地預先知道哪幾天是最糟糕的日子？ 1973 年 1 月 7 日，《紐約時報》專訪了美國最頂尖的一位金融預言家，他一再呼籲投資者趕快購買股票：「現在形勢大好，以往很少見到這樣的情況。」這位預言家就是艾倫 · 葛林斯潘（Alan Greenspan），而這位日後的聯準會主席，在那天所做的判斷錯得非常離譜——後來事實證明，1973 年和 1974 年是繼大蕭條以來，經濟成長和股市表現最糟糕的年份。[2]

---

1. 參見：《The Truth About Timing》（時間的真相），Barren's, November 5, 2001, p. 20。這篇文章的標題，正好可用來說明一個原則，提醒智慧型投資者最好特別留意。每當你在有關投資的文章中看到「真相」一詞時，請擦亮自己的眼睛；這類文章中引述的許多內容，實際上很有可能都是謊言。（舉例來說，投資者在 1966 年買進股票並持有至 2001 年年底，其最終的結果是至少 40 美元，而不是 11.71 美元；他們所引用的研究似乎忽略了股息再投資。）
2. 參見：The New York Times, January 7, 1973, special “Economic Survey” section, pp. 2, 19, 44。

其他專業人士對進場時機的判斷，會比艾倫・葛林斯潘更準確嗎？2001年12月3日，R.M. Leary 公司擇時交易（market-timing）部門總裁凱特・利瑞・李（Kate Leary Lee）宣稱：「我認為大部分的下跌壓力都已經過去了，現在正是你進場的時機，」她補充說：「預計2002年第一季的股票表現會『很不錯』。」[3] 結果在隨後的3個月，股票的報酬只有微不足道的0.28%，比現金的回報還少1.5個百分點。

會做出這種事的並非只有利瑞一人。杜克大學有兩位金融學教授進行了一項研究發現，如果你採納所有通訊雜誌關於市場時機的建議，買進最佳10%的股票，那麼你從1991年到1995年獲取的年報酬就會是12.6%。但如果你不採納那些的建議，而是把資金投入股票指數基金，你反而會獲得更高（16.4%）的年報酬。[4]

正如丹麥哲學家索倫・齊克果（Søren Kierkegaard）所說的，如果想要理解人生，你只能往回看；但如果想要體驗人生，你就得向前看。回頭看時，你總能看到何時該買進股票、何時該賣出股票，但你總不能就此認為，自己當時也能清楚知道何時該買進或賣出股票。在金融市場上，事後觀察永遠是清晰的，但是看未來一定是盲目的。因此，對大多數投資者而言，擇時交易的做法從實際上和心理上來看都是不可能的。[5]

---

3. 參見：Press release, "It's a good time to be in the market, says R. M. Leary & Company," December 3, 2001.

4. 你每年還可以省下上千美元的訂閱費（這些費用並沒有從回報中扣除。）擇時交易者所面臨的經紀成本和短期資本利得稅，一般來說會比買進並持有的投資者高很多。關於杜克大學的研究，請參見：John R. Graham and Campbell R. Harvey, "Grading the Performance of Market-Timing Newsletters," Financial Analysts Journal, November/December, 1997, pp. 54-66, also available at www.duke.edu/-charvey/research.htm.

5. 關於可替代擇時交易的其它一些明智的交易方法——重新調整法與成本平均法，請參閱第5章和第8章的內容。

哪些股票會上漲

正如飛船進入地球的平流層之後就可以加速飛行一樣，成長股似乎也經常會脫離地心引力。現在，讓我們來看看 1990 年代最熱門的 3 支成長股的成長軌跡：通用電氣（General Electric）、家得寶（Home Depot）和昇陽電腦（Sun Microsystems）。參見圖 7-1。

圖 7-1 不斷上漲的股票

		1995	1996	1997	1998	1999
通用電氣	營業額（百萬美元）	43,013	46,119	48,952	51,546	55,645
	每股盈餘（美元）	0.65	0.73	0.83	0.93	1.07
	股票年化報酬率（%）	44.5	40.0	50.6	40.7	53.2
	年底的本益比	18.4	22.8	29.9	36.4	47.9
家得寶	營業額（百萬美元）	15,470	19,536	24,156	30,219	38,434
	每股盈餘（美元）	0.34	0.43	0.52	0.71	1.00
	股票年化報酬率（%）	4.2	5.5	76.8	108.3	68.8
	年底的本益比	32.3	27.6	37.5	61.8	73.7
昇陽電腦	營業額（百萬美元）	5,902	7,095	8,598	9,791	11,726
	每股盈餘（美元）	0.11	0.17	0.24	0.29	0.36
	股票年化報酬率（%）	157.0	12.6	55.2	114.7	261.7
	年底的本益比	20.3	17.7	17.9	34.5	97.7

資料來源：Bloomberg, Value Line。

註：營業額和盈餘以會計年度計算；股票報酬率以自然年度計算；本益比是以 12 月 31 日的股價除以前 4 個季度的盈餘。

從 1995 年到 1999 年，這 3 家公司的規模和獲利每年都在成長。從營業額來看，昇陽公司成長了一倍，家得寶公司成長了一倍多。根據 Value Line 提供的資料，通用電氣的營業額成長了 29%，盈餘成長了 65%。家得寶和昇陽公司的每股盈餘幾乎都翻了 3 倍。

然而，同時間其他的情況也在發生——關於這一點，葛拉漢一點也不會感到驚訝。這些公司成長得越快，其股價也就越來越昂貴。當股價上漲的速度超越了公司的成長時，投資者最終的結果總是吃虧的。從圖 7-2 中就可以看到：

如果一家優秀企業的股價太高，它就不是一個很好的投資標的。

圖 7-2] 看看下列數據

	1999/12/31 的股價	2002/12/31 的股價	1999/12/31 的本益比	2003 年 3 月 的本益比
通用電氣	$51.58	$24.35	48.1	15.7
家得寶	$68.75	$23.96	97.4	14.3
昇陽電腦	$38.72	$38.72	123.3	n/a

n/a：沒有相應數據；昇陽在 2002 年是淨虧損。

資料來源：www.morningstar.com, yahoo.markstguide.com。

股價上漲得越高，似乎就越有可能繼續上漲才對。但是，這種直覺的看法完全與金融物理現象的根本法則相抵觸：公司的規模越大，成長速度就越慢。一家業務量為 10 億美元的公司，能夠輕易地使自己的銷售額增加一倍；但業務量為 500 億美元的公司，到哪裡去尋找另外 500 億美元的業務呢？

如果股價是在合理的情況下，成長股當然值得去購買。但是，當其本益比大大高於 20 或 30 倍時，獲利的機會就很渺茫了：

- 新聞工作者卡羅 ‧ 盧米斯（Carol Loomis）發現，從 1960 年到 1999 年，《財富》500 強名單中最大的 150 家企業，只有 8 家企業的獲利在 20 年內達到年均成長至少 15%。[6]
- 綜觀 50 年的數據，Sanford C. Bernstein 公司的研究部門指出：在美國的大型企業中，只有 10% 的公司能達到至少連續 5 年的獲利成長 20%；只有 3% 的公司至少連續 10 年的獲利成長 20%；沒有一家公司能連續 15 年達到 20% 的獲利成長。[7]

6. 參見：Carol J. Loomis, "The 15% Delusion," Fortune, February 5, 2001, pp 102-108。

7. 參見：Jason Zweig, "A Matter of Expectations," Money, January, 2001, pp 49-50。

- 針對 1951 ~ 1998 年美國幾千支股票所進行的學術研究發現，在每一個 10 年期，平均每年的淨獲利成長率為 9.7%。但是，就 20% 的大型企業而言，其年均獲利成長率只有 9.3%。[8]

甚至許多企業的領導者，也無法理解這些差異（參見隨後的專欄內容）。然而，智慧型投資者對這些快速成長股感興趣，並不在它們最受歡迎之時，而是這些公司出現某種問題的時候。2002 年 7 月，嬌生公司（Johnson & Johnson）宣布，聯邦監管當局正在調查其一家下屬製藥廠涉嫌做假帳之事，因而導致了該公司的股價在一天內下跌了 16%，使得嬌生公司的本益比從 24 倍下降到只有 20 倍。在如此低的水準下，嬌生公司就成為了葛拉漢所稱的「不太受歡迎的大公司」，隨後有可能再次成為一支具有成長空間的成長股。[9] 如果能用便宜的價格買到一家優秀公司的股票，那麼這種暫時性的「不受歡迎」，將可以給你帶來持久的財富。

虛假的高成長潛力

認為高成長能夠永遠持續下去的幻覺，並非只發生在投資者身上。2000 年 2 月，有人問北電網路（Nortel Networks）的執行長約翰 · 羅斯（John Roth），這家光纖巨頭的規模會達到多大。「這個產業以每年 14 ~ 15% 的速度在成長，」羅斯回答說：「而且我們的成長速度還要加快 6 個百分點。就我們這種規模的企業來說，這是相當令人興奮的事。」在前 6 年，北電的股價幾乎每年上漲 51%，是當時華爾街預估 2000 年獲

8. 參見：Louis K. C. Chan, Jason Karceski, and Josef Lakonishok, “The Level and Persistence of Growth Rates,” National Bureau of Economic Research, Working Paper No. 8282, May, 2001, available at www.nber.org/papers/w8282。

9. 大約 20 年前的 1982 年 10 月，嬌生公司的股價在一周內下跌了 17.5%。原因在於，有幾個人服用了該公司生產的 Tylenol 止痛藥後中毒身亡──某個不知名的人士在該藥品膠囊的表面塗上了一層氰化物。嬌生公司為了挽救聲譽，決定立即收回所有在市場上銷售的 Tylenol 產品，並率先使用防破壞的包裝。由於嬌生公司妥善的危機處理，使得該公司的股票在 1980 年代仍然是一個極好的投資標的。

利的 87 倍。股票價格是否高估了呢？「它已來到這麼高的價位，」羅斯聳了聳肩說：「但是，隨著我們無線策略的執行，股價還是有很大的上漲空間。」（他補充說，思科（Cisco Systems）的股價是其預期收益的 121 倍！）[10]

至於思科公司，在 2000 年 11 月，其執行長約翰・錢伯斯（John Chambers）堅持認為，他的公司將保持每年至少 50% 的成長。「從邏輯上來說，」他宣稱：「這是一種特殊情況。」由於當時思科的股價一直下跌——當時的股價只有上一年盈餘的 98 倍——因此錢伯斯呼籲投資者趕快去購買。「所以，你還在猶豫什麼？」他問道：「現在正是機會。」[11]

事實正好相反，這些成長型企業全都萎縮了，而且它們被高估的股價也縮水了。2001 年，北電的營業額下降了 37%，而且公司虧損超過了 260 億美元。思科的營業額儘管在 2001 年上升了 18%，但該公司最終淨虧損仍超過了 10 億美元。北電的股價在羅斯說話的當時為 113.50 美元，2002 年最終跌到只剩 1.65 美元。思科的股價在錢伯斯稱自己的公司是一種特殊情況時為 52 美元，後來跌到了 13 美元。

此後，兩家公司對未來的預測，就變得更加謹慎了。

應該把所有的雞蛋都放進一個籃子裡？

「把所有的雞蛋都放到一個籃子裡，然後小心看好這個籃子，」安德魯・卡內基（Andrew Carnegie）在一個世紀前告訴人們：「不要分散你的注意力……人生巨大的成功在於目標集中。」正如葛拉漢指出的，「從普通股獲得真正巨大財富的，都是那些把所有資金投入到自己最熟悉的

10. 參見：Lisa Gibbs, "Optic Uptick," Money, April, 2000, pp. 54-55。

11. 參見：Brooke Southall, "Cisco's Endgame Strategy," InvestmentNews, November 30,2000,pp.1, 23。

一種投資的人」。

幾乎所有美國富人所獲取的財富，都來自於集中投資某一產業或甚至某一家企業（想一想比爾・蓋茲（Bill Gates）與微軟，山姆・華頓（Sam Walton）與沃爾瑪，或洛克菲勒家族與標準石油）。例如，《富比士》自從 1982 年首次編製美國 400 名富豪榜以來，其中大多數人的財富都是集中投資某一產業或某一企業而獲得的。

然而，幾乎所有的小額財富都不是透過這種方式獲得的，而且，實際上有許多巨額財富也不是透過這種方式累積下來的。卡內基沒有想到的是，人生大多數的重大失敗，也是來自於這種集中投資的做法。我們再來看看《富比士》的富豪榜。回顧 1982 年，《富比士》前 400 名富豪的平均淨資產為 2.3 億美元。一個 1982 年的富豪成員，如果想要登上 2002 年《富比士》前 400 名的富豪榜，平均每年只需從其財富中獲得 4.5% 的報酬即可——在這段期間，銀行帳戶的收益甚至高於 4.5%，而股市的年均報酬率則高達 13.2%。

那麼，經過 20 年之後，1982 年《富比士》400 名的富豪中還有多少位留在榜單上呢？最初的 400 人中，只有 64 人仍然留在 2002 年的榜單上——只有可憐的 16%。

當初把所有的雞蛋放到一個籃子裡——投入曾經繁榮過的產業，如石油和天然氣、電腦硬體或基礎製造業——使得他們登上富豪榜的那些人，大多數都從富豪榜上消失了。當金融風暴來襲時，這些人（儘管擁有巨額財富可以帶來巨大的優勢）都沒有做好適當的準備，他們眼看著不斷變化的經濟，將他們唯一的一個籃子和所有的雞蛋壓得粉碎，大多只能束手無策，畏縮成一團。[12]

12. 關於很難保持《富比士》前 400 名富豪榜中的地位這一觀點，我要感謝投資經理人肯尼思・費雪（Kenneth Fisher）所提供的幫助（他本人是《富比士》的一位專欄作家）。

廉價類證券

你可能會認為，在無遠弗屆的網路世界裡，我們很容易就能找到和買到符合葛拉漢廉價交易標準的一組股票。但儘管網路可以提供一些幫助，你終究還是必須親自做許多工作。

找一份當天的《華爾街日報》，翻到「金融與投資」（Money & Investing）這一頁，從紐約證券交易所和那斯達克的報價欄中，尋找過去一年來價格創新低的股票——這就是一種快速和簡便的方法，可以找到符合葛拉漢「淨營運資本」標準的公司。（網路上可以試試：http://quote.morningstar.com/highlow.html?msection==HighLow.）

如果想要瞭解某一支股票的價格是否低於其淨營運資本的價值（即葛拉漢追隨者所稱的「淨值」（net nets）），可以從該公司網站或 www.sec.gov 的資料庫 EDGAR 中，下載或索取最新的季度或年度報告，然後將公司的流動資產減去其全部負債，其中包括所有的優先股和長期債務。（或者，從當地的公共圖書館找到一本《價值線投資調查》（Value Line Investment Survey），這樣就可以省下一筆昂貴的訂閱費用。每一期的《價值線投資調查》都列有與葛拉漢的定義十分相似的「廉價類股票」（bargain basement stocks））。最近，符合這些條件的大多是高科技和電信這種類別的股票。

例如，截至 2002 年 10 月 31 日為止，Comverse 科技公司擁有 24 億美元的流動資產和 10 億美元的總負債，因此其淨營運資本為 14 億美元。由於公司的股本不到 1.9 億股，而每股股價低於 8 美元，因此該公司的總市值低於 14 億美元。由於股價並未達到 Comverse 公司現金與存貨的價值，所以該公司後續的業務價值，實際上並沒有包含在股價之中。正如葛拉漢所說的，購買像 Comverse 公司這樣的股票，還是有可能虧損——所以你最好等到同時間能找到幾十支這樣的股票時，才去分散購買這些符合條件的股票，並耐心持有這些股票。這種狀況並不常見，但只要市場先生提供許多真正廉價的證券，最後你幾乎都可以從中獲利。

你的外國投資策略？

對智慧型投資者而言，投資外國股票並不是一定要去做的事，但我們還是一定會建議人們考慮這一方面的投資。為什麼呢？讓我們來做一個簡單的思考。假設現在是 1989 年年底，而你是一位日本人。實際情況如下：

- 在過去的 10 年中，你的股市平均每年上漲 21.2%，遠超過美國的 17.5%。
- 日本的公司大量收購美國的企業，從 Pebble Beach 高爾夫球場到洛克菲勒中心；與此同時，美國的一些企業，如德崇證券公司（Drexel Burnham Lambert）、美國金融公司（Financial Corp. of America）和德士古石油公司（Texaco），紛紛申請破產。
- 美國的高科技產業正在消亡，而日本的高科技業正在蓬勃發展。

1989 年，做為一個日本人，你恐怕只能做出這樣的結論：到日本以外的國家去投資，肯定是發明壽司自動販賣機以來最愚蠢的想法。想當然耳，你當時一定會把所有的錢拿來購買日本的股票。

結果如何？在隨後的 10 年，你所投入的資金將虧損大約三分之二。

我們從中可以得到什麼教訓呢？這並不是說，你永遠不應該到日本這樣的外國市場去投資；而是說，日本人永遠不要將自己所有的資金，全部只投放在日本國內。同樣地，你也不應該這樣做。如果你生活在美國，在美國工作，得到的薪資是美元，那麼你已經對美國的經濟投下了多層賭注。為了謹慎起見，你實在應該在別的市場擁有一些投資組合。原因很簡單：畢竟任何人都不可能知道，未來的趨勢會是在本國還是外國。如果能將你三分之一的股票資金用於購買外國股票（包括新興市場）的共同基金，這將有助於你分散一些風險，因為本國市場不一定是全球最好的投資市場。

第8章

投資者與市場波動

如果投資者的資金全都放在期限較短（如 7 年以下）的高等級債券，市場價格的變化對他而言並不會造成重大影響，因此他也就可以不需要考慮價格的變化了（這種觀點同樣適用於美國儲蓄債券，因為投資者可隨時以成本價或更高的價格將其兌現）。期限較長的債券在其存續期間則會有比較大的價格波動；至於普通股投資組合，在任何一段橫跨幾年的期間，幾乎都一定會出現大幅的價格波動。

投資者應該要瞭解這些可能發生的情況，並且對此做好財務上和心理上的準備。每位投資者都想從市場價格的變化中獲利——主要當然是透過所持有股票隨著時間的推移而出現價格上漲，但也有可能是透過有利價格的買進或賣出。對投資者而言，這是無可避免、也是合情合理的做法，但這其中涉及到一個非常現實的風險，很有可能會導致投資者陷入投機的心態和行為。告訴你不要投機，對我們而言十分簡單；但聽從我們的建議，對你來說卻十分困難。且讓我們再次重複先前所說過的：如果你想投機，請睜大自己的雙眼，認清自己最終有可能會虧損；一定要將投機的資金控制在一定範圍內，並把它完全從你的投資計劃中分離出來。

我們首先將討論普通股價格變化這個重要議題，然後再轉向債券領域。在第 3 章，我們提供了過去 100 年以來股票市場的歷史概況。在此，我們將不時地回顧前面的內容，以便投資者能從以往的記錄中，知道自己可能的投資結果——不管是透過持有相對穩定的投資組合以獲取長期的升值，或者是在接近熊市的低點買進股票，在牛市的高點附近賣出股票。

市場波動引導投資決策

由於普通股（即使是投資級的普通股）經常會出現大幅的價格波動，因此智慧型投資者還是應該關注這些價格在大幅波動中可能產生的利潤。他大致上有兩種方法可供運用：一種是掌握時機（timing），另一種則是價格策略（pricing）。所謂的掌握時機，是指試圖預測股市的方向——認為未來走勢上升，則買進或持有股票；認為未來走勢下跌，則賣出或不要買進股票。所謂的價格策略，是指試圖在股票價格低於其合理價值時買進，而在股票價格高於其合理價值時賣出。另一種消極的價格策略是，確定自己買進股票的價格不會太高。這種做法適合於防禦型投資者，因為他們強調的是長期持有，而這種做法只需要對市場價格水準保持最基本的關注即可。[1]

我們可以確信的是，無論採用哪一種「價格」策略，智慧型投資者都能得到滿意的結果。我們同樣確信的是，如果投資者選擇以預測為基礎，太過強調「時機」的掌握，最後他終究會成為一個投機者，並承受投機所帶來的財務結果。在外行人看來，這種區別似乎非常不明顯，而且華爾街也未必能普遍認同這樣的看法。「預測」這件事情，如今已成為商業行為的一部分，變成了一種根深蒂固的信念，而股票經紀人與投資服務機構，似乎也固守著這樣的一個原則，那就是——普通股的投資者與投機者，似乎都應該細心關注市場的相關預測。

但我們相信的是，人們離華爾街越遠，就越會發現股市預測或掌握時機的吹噓，其實十分值得懷疑。真正的投資者根本就不需要認真看待那些不計其數的預測結果（幾乎每天都有這種預測，而且不費吹灰之力就能獲得）。然而，許多投資者還是會關注它們，甚至根據這些預測結果採取行動。為什麼呢？因為他已經被說服，認為預測股市的未來是很重要的，而且還認為經紀公司或投資服務機構的預測，至少會比自己的預測更加可靠。[2]

---

1. 【原註】在合理價格水準下開始持續買進的成本平均投資法，或許可算是個例外。
2. 1990 年代末期，「市場策略分析師」的預測比以往任何時候都更具影響力。遺憾的是，他們的預測並沒有變得更為精確。2000 年 3 月 10 日，就在那斯達克綜合指數創新高來到 5,048.62 點時，保德信證券公司（Prudential Securities）的首席技術分析師拉爾夫・阿卡波拉（Ralph Acampora）在《今日美國》（USA Today）上聲稱，他預測那斯達克將在 12 ～ 18 個月之內達到 6,000 點。5 個星期之後，那斯達克就跌到了 3,312.19 點——而在這個時候，Donaldson, Lufkin & Jenrette 公司的市場策略分析湯瑪士・高爾文（Thomas Galvin）又宣稱，「那斯達克的下跌空間只有 200 ～ 300 點，上漲空間則有 2,000 點。」後來的結果顯示，那斯達克非但沒有上漲，還繼續下跌了 2,000 多點，最終在 2002 年 10 月 9 日跌到 1,114.11 點的最低點。2001 年 3 月，高盛證券的首席投資策略師阿比・約瑟夫・科恩（Abby Joseph Cohen）預測，標準普爾 500 指數在 2001 年底將收在 1,650 點，道瓊工業指數則收在 13,000 點。「我們認為經濟不會出現衰退，」科恩說：「而且我們相信，公司下半年的獲利成長有可能接近於長期經濟成長率。」就在她講這番話時，美國經濟正陷入衰退，後來標準普爾 500 指數在 2001 年底收在 1,148.08 點，道瓊指數則收在 10,021.50 點——分別比她的預測結果低了 30% 和 23%。

在此，我們不去詳細探討贊成和反對市場預測的觀點。實際上確實有許多聰明人涉足這一領域，而且毫無疑問的是，其中確實有某些人成為很好的股市分析師而賺到錢。但是，我們並不認為，一般投資大眾也可以透過市場預測來賺錢。因為一般投資大眾如果都根據某個信號趕緊賣出獲利的股票，有誰會去購買呢？如果做為讀者的你，想透過某些市場預測系統或領導者的指示而在幾年內致富，你就必須知道，有無數其他人的做法也和你一樣，而你顯然必須比那些市場上的眾多競爭者做得更好才行。無論是根據邏輯，或是根據實際的經歷，我們實在無法認同，在一大群採用相同做法的人之中，會有某個一般的典型投資者，能比其他人更成功預測出市場的變化趨勢。

所有人似乎都忽略了「時機」這個理念具有某種特點。對投機者來說，掌握時機的做法具有一種很重要的心理作用。因為他一心只想要迅速獲利，必須等待一年之後股票才會上漲的想法，他是不可能接受的。然而，這樣的等待對一個投資者來說，卻算不了什麼。將資金閒置，直到接獲某種（自認為）可靠的信號之後，才去購買股票，這樣的做法對投資者究竟有什麼好處呢？投資者必須等到足夠低的價格再買進股票，因為這樣才能補償股息的損失，讓自己享受優勢。因此，時機的掌握對投資者而言，並沒有什麼實際的價值，除非它恰好與價格策略相吻合（換句話說，除非它能讓投資者以遠低於先前賣出的價格重新買回其股份）。

著名的道氏理論在掌握時機買進和賣出這方面，有一段不尋常的歷史。[3] 簡單地說，這種方法就是在股票指數「突破」某一個特殊點位時買進，並在「跌破」某一個特殊點位時賣出。利用這種方法所計算出（但未必實際）的結果顯示，從 1897 年到 1960 年代初，這樣的操作幾乎總是能不間斷地獲利。根據所顯示的結果，道氏理論的實際價值似乎非常

3. 參見本書引言。

穩固；值得懷疑的地方（如果有的話）在於，這項公佈的「記錄」能否可靠地反映出道氏理論家在市場上的實際行為。

進一步仔細研究該數據可以發現，1938 年之後（也就是華爾街開始重視道氏理論後的幾年），該理論所得出結果就發生了急劇的變化。道氏理論最引人注目的成就，就是大約在 1929 年崩盤前的一個月，在道瓊 306 點時發出了賣出信號，使其追隨者避開了漫長的熊市，直到市場情況明顯好轉後，又在 1933 年道瓊 84 點時發出了買進信號。但是，從 1938 年開始，道氏理論的操作主要是逢高賣出，然後又以更高的價格將其買回。在此後近 30 年的時間裡，只有買進並持有道瓊指數的人，能夠得到明顯更好的結果。[4]

根據對這個問題所做的許多研究，我們認為道氏理論的結果發生變化並非是偶然的。它反映了商業與金融領域的預測和交易方法所固有的特性。有些方法之所以獲得支持並且變得重要，是因為它們在某段期間表現良好，或有時只是因為它們似乎能夠與過去的統計記錄相適應。但是，隨著它們被越來越多的人接受，其可靠性往往就會降低了。導致這種情況的原因有兩個：第一，隨著時間的流逝，過去的方法不再適用於新的情況。第二，在股市交易方面，廣受歡迎的交易理論本身就會影響市場的行為，從而削弱了這種理論長期獲利的可能性。（像道氏理論這樣受歡迎的理論，似乎有在創造自我驗證的效果，因為其追隨者根據其信號買進或賣出，就會使得市場上漲或下跌。當然，對交易大眾而言，這種「一窩蜂的行為」其實是一種危險，而不是一種優勢。）

4. 【原註】但是，根據道氏理論權威羅伯 · 羅斯（Robert M. Ross）提供的訊息，最後兩次的買進信號（分別出現在 1966 年 12 月與 1970 年 12 月）都遠低於先前的賣出點位。

低買高賣的投資法

我們確信，一般投資者不可能成功地預測股價的變動。但在價格發生變動之後，我們能否從中受益呢——換句話說，在每一次大跌之後買進，並在每一次大漲之後賣出，效果如何呢？1950年之前的幾年裡，市場的波動加強了投資者的這一想法。事實上，所謂「精明投資者」的傳統定義是，「在熊市中，其他的人都在賣出股票，但他卻買進股票；在牛市中，其他的人都在買進股票，但他則賣出股票。」如果仔細查看第3章的圖3-1（它顯示了標準普爾綜合指數在1900～1970年間的波動情況）以及表3-1的相關數據，我們可以很容易看到，為什麼這種觀點直到最近幾年才似乎變得有說服力。

從1897年到1949年，其間出現了10個完整的市場循環周期——從熊市的最低點到牛市的最高點，再回到熊市的最低點。其中有6個循環的持續時間在4年之內，4個循環的持續時間為6～7年，還有一個最出名的「新時代」循環（發生在1921～1932年）持續了11年。這些循環從低點到高點的上升幅度為44%～500%，其中大多數為50%～100%。隨後的下降幅度為24%～89%，其中大多數為40%～50%。（值得注意的是，50%的下降會完全抵消先前100%的上升。）

幾乎所有的牛市都明顯具有一些共同點，例如：（1）價格水準來到歷史高位，（2）本益比偏高，（3）與債券收益相比，股息收益率較低，（4）很多投機者都使用保證金交易，（5）有許多品質較差的新普通股發行。因此，根據股市的歷史經驗，智慧型投資者應該能夠分辨反覆出現的熊市和牛市，從而在熊市買進，然後在牛市賣出，而且在很短的時間內重複這種做法。為了確定一般市場的買進和賣出價位，人們以價值或（和）價格變化的百分比設計出許多方法。

但是，我們必須指出，即使在始於1949年的空前大牛市出現之前，連續市場循環中所發生的變化，也會使低買高賣這種理想的做法變得更加複雜，而且有時還會失敗。顯然，這種背離現象中最明顯的就屬1920年代末期的大牛市，它使所有的計算方法都出現了嚴重失誤。[5] 因此，即便是在 1949 年，當時的投資者也無法確定，該不該用「在熊市低點買進，在牛市高點賣出」做為其金融策略與方法的基礎。

最後的事實證明，情況正好相反。過去 20 年的市場行為並沒有遵循以往的模式，也沒有聽從曾經非常靈驗的危險信號，致使買低賣高這一古老法則在這段期間並沒能獲得成功。過去相當有規律的牛市熊市交替模式是否會再次出現，我們並不知道。在這樣的情況下，投資者將自己的策略建立在傳統方法上——即等到明顯的熊市價格水準出現時才買進普通股——似乎有點不切實際。不過，我們所建議的策略可以在投資組合中調整普通股與債券的比例，投資者若選擇這樣的做法，就可以根據股價的高低（以價值標準來衡量）進行調整。[6]

定則投資方案

在 1949 ～ 1950 年股市開始上漲的頭幾年，人們對於利用股市循環的各種方法產生了極大的興趣。這些方法被稱為「定則投資方案」（Fomula Plan）。此類方案的核心（除了簡單的成本平均投資法之外）就是，當市場大幅度上漲時，投資者將自動賣出一些普通股。在許多這樣的方案中，如果市場價格水準大幅上升，將導致投資者出清所持有的普通股；另外有一些其他的方案則會規定，不論在何種情況下都至少還是要持有少量的股票。

5. 如果沒有熊市將股價拉回，那些等待「低價買進」的人們會感到非常失落——最後，他們往往會不再堅持先前的謹慎，而全心投入股市。這就是葛拉漢認為情緒管理非常重要的原因。從 1990 年 10 月到 2000 年 1 月，道瓊工業指數不斷地上漲，其拉回的幅度從未超過 20%，只有 3 次的拉回達到或超過了 10%。其總收益（不計股息）為 395.7%。根據 Crandall Pierce 公司提供的訊息，這是過去一個世紀持續時間第二長的牛市——僅次於 1949 ～ 1961 年的繁榮時期。牛市持續的時間越長，投資者的健忘症就越嚴重；大約 5 年之後，許多人甚至不再相信有可能會出現熊市。所有的健忘者最終都將被喚醒；而且，在股市被喚醒的記憶總是不愉快的。

6. 在本書第 4 章中，葛拉漢討論了這種「建議的策略」。這種策略，現在被稱為「戰術性資產配置」，已被養老基金和大學捐贈基金這樣的機構投資者廣泛採用。

如果將這種方法運用在過去多年的股市，那麼它會具有雙重的吸引力：一是聽起來很有道理（而且很穩當）；二是能顯示出很好的結果。遺憾的是，它最受歡迎的時刻，也正是其有效性最差的時刻。許多「定則投資方案使用者」發現，他們在 1950 年代中期的某一股價水準下，完全或幾乎完全退出了股市。的確，他們獲得了相當豐厚的利潤，但從另一層意義來說，此後的市場「拋棄」了他們，而且他們的定則投資方案也讓他們失去了買回普通股部位的機會。[7]

1950 年代初使用定則投資法的人所經歷的情況，與 20 多年前使用道氏理論純機械式方法的人所經歷的情況是很類似的。在這兩種情況的當下，其所使用的方法都廣受歡迎，但幾乎也同時意味著這些方法的有效性消失了。我們以「中心價值法」（central value method）來確定道瓊工業指數的買賣價格水準，也曾經遭遇類似不愉快的經歷。這裡給我們的寓意似乎是，股市上任何的賺錢方法，只要它容易理解而且被許多人採納，那麼這種方法就會因為太單純容易而無法持久。[8] 史賓諾莎（Spinoza）對人生哲學的結語，在華爾街同樣適用：「所有美好的事物都是複雜又罕見的。」

投資組合的價格波動

每一位擁有普通股的投資者，都應該預料到其股票價值有可能每隔幾年就會發生大幅波動。自從本書上一版於 1964 年寫作以來，道瓊工業指數的走勢或許就可以反映出防禦型投資者投資組合所面臨的情況，因

7. 許多「定則投資方案使用者」在 1954 年底賣掉了所有的股票，之後美國股市上漲了 52.6%，而當時的年報酬率是有史以來的第二高。在隨後的 5 年內，那些交易者只能眼巴巴地看著股價翻了一倍。

8. 在股市中容易賺錢的方法會逐漸消失，有兩個原因：一是自然趨勢隨著時間的推移而逆轉，即「回歸到平均水準」；二是會有許多人迅速採納這種選股方案，而這些人的蜂擁而入，會破壞那些搶先者所享有的歡樂氣氛。（值得注意的是，葛拉漢在此提到自己「不愉快的經歷」，從這一點可以看出，他坦白承認了自己的失誤——他始終都是如此。）請參見：Jason Zweig, "Murphy Was an Investor," Money, July, 2002, pp. 61-62, and Jason Zweig, "New Year's Play," Money, December, 2000, pp. 89-90。

為他們所持有的股票，通常僅限於那些財務穩健的著名大企業。道瓊指數大約從 890 點上升到 1966 年的高點 995 點（1968 年又來到 985 點），1970 年下跌到 631 點，而 1971 年初又幾乎完全恢復而回到 940 點。（由於個股的高點和低點發生在不同的時間，因此道瓊指數的整體波動幅度還小於其中的個別成份股。）我們針對其他多元化穩健普通股投資組合的價格波動，進行了追蹤後發現，其總體結果與上述情況並沒有明顯不同。在一般情況下，二線企業[9]的股價波動會比大企業來得更大，但這並不意味著，一組精心挑選出的小企業股票，其長期績效一定會比較差。無論如何，投資者不妨事先接受其大部份持股在未來 5 年很有可能（不僅僅只是可能）出現大幅波動的事實——比如說，從不同時期的低點上漲 50% 或更多，或從高點下跌三分之一的情況。[10]

一個真正的投資者不太可能相信，股市每天或甚至每月的波動，就會使他一下子變得更富有或更貧窮。但是，長期和大幅度的波動又如何呢？對此，投資者會面臨一些現實問題，而且會產生一些更複雜的心理問題。市場的大幅上漲會立即給人們帶來舒適的滿足感，並且引起應該謹慎的擔憂，但它也可能使人產生強烈的魯莽衝動。你的股票上漲了，很好！你比以前更富有了，很好！但是，股價是否過高而應該考慮賣出？或者，你是否會因為低價時買進的股票太少而責備自己？或者（這是最壞的想法），你是否會屈服於牛市氛圍，像絕大多數一般大眾那樣滿懷熱情，陷入過度的自信和貪婪（畢竟你也是一般大眾的一員），並且做出更多危險的投資？最後一個問題的答案顯然應該是否定的，但即使是智慧型投資者，也有可能需要相當大的毅力，才能防止自己做出那樣的從眾行為。

---

9. 葛拉漢所說的「二線企業」，在今日相當於不包含在標準普爾 500 指數成份股中的幾千家企業。關於標準普爾指數中 500 支股票的定期調整名單，請參見：www.standardandpoors.com.

10. 請仔細關注葛拉漢在這裡所說的。無論你持有哪些股票，或者整體市場是否上漲或下跌，你所持有的大多數股票都有可能會從它們的最低點上漲至少 50%，或從其最高點下跌至少 33% ——這樣的情況不僅僅只是有可能，而且是很有可能發生的。如果你不能接受這樣的波動，或者認為自己的投資組合可以神奇地免除這樣的波動，那麼你就沒有資格稱自己是個投資者。（葛拉漢所說的「下跌三分之一」，相當於 33% 的跌幅。價格 10 美元的股票如果上漲 50%，就會變成 15 美元，而從 15 美元下跌 33%（或 5 美元]之後，正好又會回到原來的 10 美元。）

我們贊成投資者採用某種機械式的方法，來調整投資組合中債券與股票的比重；這是出自於人性的考量，而不是考慮財務上的損益。或許，這種方法的主要優點在於，它可以讓投資者有事可做。隨著市場的上漲，他會不時地賣出手中的持股，並將收回的資金投入債券；當市場下跌時，他則會反向操作。這些操作可以提供一些出路，以釋放投資者不斷累積的能量。如果他是個正面思考的投資者，他還能從下列的想法得到滿足：他的操作與一般大眾正好相反。[11]

企業價值與市場評價

市場波動對投資者的實際影響，或許還可以從股東的立場（即各企業的部分擁有者）來考量。有價證券的持有者實際上具有雙重身份，而他可以利用其中任何一種來獲取利益。一方面，他的立場類似於一家私人企業的少數股東，或是不過問業務的合夥人；在這樣情況下，他的投資結果完全取決於該企業的獲利，或是企業資產基本價值的變化。為了計算這類私人企業的投資價值，通常他會透過最近資產負債表中的淨資產價值，來衡量自己股份的價值。另一方面，普通股投資者持有一紙證書（即印製的股票憑證），因此他可以在市場交易的時間內，隨時以市價將其賣出。股票價格時時刻刻都在變化，而且大多數時候還會偏離其淨資產價值。[12]

股市近幾十年來的發展，使得典型投資者更加依賴於股市的行情變化，而不像以前那樣，可以把自己單純視為企業的擁有者。其原因在於，投資者總是希望把持有的優秀企業股票以超出淨資產價值（即帳面價值，或「資產負債表價值」）的價格賣出。當投資者支付這些市場溢價的時候，

---

11. 對當今的投資者而言，實現這種「方法」的理想策略就是重新調整法（rebalance）——我們在第 4 章評釋中曾經介紹過這種方法。

12. 現在，大多數企業只在有特殊要求時才提供「印製的股票憑證」。在大多數情況下，股票都是以電子形式存在（就像你的銀行帳戶以電子方式記載貸方和借方，並不使用實際的貨幣），因此現在的交易比葛拉漢那個時代的交易更容易了。

他們就必須要承擔很大的風險，因為這麼一來，他就必須依賴於股市本身才能驗證他的選擇。[13]

在當前的投資環境中，這是一個非常重要的因素，但它並沒有受到應有的重視。整個股市的報價體系存在著一種內在矛盾。如果一家企業的歷史記錄和前景都非常樂觀，那麼它的股票價格與帳面價值之間的關聯就會越少。但是，超出帳面價值的溢價越多，決定其股票內含價值的基礎就越不牢固——換言之，真實的「價值」將會更加取決於股市不斷變化的情緒和市場衡量標準。由此，我們就會得出一個矛盾的結論：企業經營得越成功，其股價的波動可能就會越劇烈。這其實意味著，從非常真實的意義上來說，普通股的品質越高，其投機性可能就會越強——至少與那些不太受矚目的中等級股票相比是如此。[14]（我們的結論也適用於主要成長股與其它許多績優股票做比較；不過我們排除了嚴重投機的股票，因為那些企業本身就是投機性的。）

上述的論證應該可以解釋，為什麼最成功和最著名企業，其市場定價往往出現偏差的行為。我們最喜歡的一個例子就是 IBM 這家最大企業。IBM 的股價在 1962 ～ 1963 年間的 7 個月，從 607 美元跌到了 300 美元；經過兩次股票分割之後，在 1970 年又從 387 美元跌到了 219 美元。同樣地，Xerox（該企業最近幾十年的獲利更為可觀）的股價在 1962 ～ 1963 年期間，從 171 美元跌到了 87 美元，然後在 1970 年又從 116 美元跌到

---

13. 淨資產價值、帳面價值、資產負債表價值和有形資產價值，指的都是淨值，即一家企業的實質資產和金融資產的總價值減去所有的負債。這一價值可以根據企業年度和季度報告中的資產負債表計算出來；從全部的股東權益中，減去商譽、商標和其他無形資產等所有的「軟性」資產，然後除以加權平均流通在外的股數，就可以得到每股帳面價值。

14. 葛拉漢使用「矛盾」一詞，可能是暗指大衛・杜蘭德（David Durand）的一篇經典文章（參見：David Durand, "Growth Stocks and the Petersburg Paradox," The Journal of finance, vol. XII, no.3, September, 1957, pp. 348-363）。這篇文章把投資高價成長股比喻成一系列的擲硬幣賭局，而且投注的收益會隨著每擲一次硬幣而增加。杜蘭德認為，如果成長股可以持續以高速率無限期成長，那麼投資者應該（理論上）很樂意以無限大的價格來購買這種股票。但是，為什麼沒有任何一支股票的價格是無限大呢？原因在於，投資者假設的未來成長率越高、預期的時間越長，誤差的幅度就會越大，而且即便是很小的計算錯誤，都會帶來高昂的代價。葛拉漢在本書的附錄 3 中會進一步討論這個問題。

了 65 美元。這些令人震驚的跌幅，並不表示人們對這兩家企業未來的長期成長性產生了疑慮；相反地，它反映的是人們對溢價部分缺乏信心，而溢價正是股市對這些企業未來優異前景的表達方式。

根據上面的論述，我們得到了一個對於投資普通股的防禦型投資者來說，在實務上非常重要的結論。如果他打算付出特別的關注，為投資組合進行選股，那麼集中購買那些股價合理接近於該企業有形資產價值（例如，不超過有形資產價值 1 ／ 3）的普通股，或許就是最好的選擇。投資者若基於這樣價格水準（或更低）買進股票，在邏輯上可視為與公司的資產負債表相關，而且有理由或論據相信它不會受到市場價格波動的影響。超出帳面價值部分的溢價可視為一種額外的費用，用來支付企業上市交易的優勢和伴隨其中的市場流動性。

我們應該注意的是，一支股票並不僅僅因為價格接近於其淨資產價值，就代表它能成為一個穩健的投資。除此之外，投資者還應該要求合理的本益比、足夠強大的財務水準，以及獲利前景至少能夠在未來幾年保持不變。對於價格適中的股票來說，我們的要求似乎有些過分，但除了高危險的市場水準外，符合上述條件的股票並不難找到。如果投資者願意放棄燦爛前景（即預期成長高於一般水準）的股票，他就很容易可以找到許多符合上述標準的股票。

在介紹如何選擇普通股的第 14 章和第 15 章，我們將提供一些數據表明，道瓊工業指數成份股在 1970 年底有一半以上符合我們的淨資產價值標準。在本書寫作之時，最為投資者青睞的股票 AT&T，其股價就低於有形資產價值。大多數電力公司的股票，除了具有其它種種優勢外，其股價在 1972 年初也接近其合理的淨資產價值。

投資者若擁有這樣一個帳面價值的股票投資組合做支撐，就可以對股市波動採取比較冷靜和客觀的態度，不必像那些購買高本益比和高淨值比股票的投資者那樣每天提心吊膽。只要其股票的獲利能力保持令人滿意的水準，他大可不必在乎股市的變幻莫測。更有甚者，他有時還可以利用這些市場波動玩點低買高賣的大師遊戲。

以 A&P 公司為例

在此，我們將介紹一個案例，這個例子發生在多年以前，但它對我們來說卻具有一定的吸引力，因為它結合了企業與投資等諸多方面的經驗。該例子與 Great Atlantic & Pacific Tea 公司（A & P）有關，其事情的經過如下：

A & P 公司的股票最初於 1929 年是在「場外」市場（即現在的美國股票交易所）進行交易，其價格曾高達 494 美元。1932 年，其股價跌到了 104 美元，儘管在這段期間經濟大蕭條，但該公司的獲利狀況幾乎與前一年一模一樣。1936 年時，其股價在 111 ～ 131 美元之間波動。隨後，1938 年的經濟衰退和熊市，使得該股票跌到了 36 美元的新低。

這個價格顯然是異常的，因為它意味著，其優先股和普通股加起來的總市值只有 1.26 億美元，但該公司剛出爐的報告是，它持有 8,500 萬美元現金和 1.34 億美元的營運資本（或淨流動資產）。A & P 公司是美國最大的零售企業（即便不是全世界最大的零售企業），其獲利多年來一直保持著很高的成長記錄。然而，在 1938 年，華爾街卻認為這家傑出企業的價值低於其流動資產──這意味者，其持續經營的價值低於其資產清算的價值。為什麼呢？原因在於：首先，連鎖商店面臨著被課徵特別稅的威脅；其次，前一年的淨利下跌了；第三，市場普遍低迷。其中第一個原因是誇大而毫無根據的恐懼；另外兩個則是典型的暫時性影響。

讓我們假設，投資者在 1937 年以大約 80 美元的價格買進 A & P 公司的普通股（價格為其 5 年平均獲利的 12 倍）。我們不能說，隨後股價跌到 36 美元對他而言並不重要，但他最好仔細分析當時的情況，看看是否估計錯誤。如果他的研究結果證明沒有問題（與正常情況一樣），那麼他就可以將隨後的市場下跌，視為是金融市場的暫時性變化而持續持有，如果他還有資金和勇氣，他甚至可以利用這一機會以低價買進更多的股票。

後續發展與思考

隔年（1939 年），A & P 公司的股價上漲到 117.5 美元，相當於 1938 年最低價的 3 倍，而且遠高於 1937 年的平均水準。普通股出現這樣的轉變並不罕見，但 A & P 公司的表現顯得特別耀眼。1949 年之後，這家雜貨連鎖店的股票隨著整個市場一路上漲，直到 1961 年，該公司分割的股票（1 股分割成 10 股）已來到 70.5 美元的高價，相當於 1938 年的每股 705 美元。

70.5 美元的價格之所以顯得突出，是因為它是 1961 年盈餘的 30 倍。這樣的本益比（當年道瓊工業指數的本益比為 23 倍），必然意味著投資者對該企業獲利快速成長的預期。以該企業前幾年的獲利情況而言，這種樂觀情緒根本沒有道理，而且事實證明是完全錯誤的。其獲利不僅沒有迅速成長，相反地，隨後的一段時間還出現了普遍下降。隔年，股價就從 70.5 美元的高價下跌到 34 美元，跌幅超過 50%。然而，此時的股票並不像 1938 年那樣，達到廉價交易的條件。經過數次不同的波動後，股價於 1970 年再創 21.5 美元的新低，1972 年又進一步跌到了 18 美元——該企業的季度報告有史以來首次出現了虧損。

從這一段歷史我們可以看到，一家美國大企業在 30 多年間由盛而衰；同時也可以看到，大眾對股票的估價往往因過度的樂觀和悲觀而出現嚴重的失誤。1938 年，該企業實際上是白白送給別人卻沒有人要；1961 年，該企業的股價高得離譜大眾卻拼命追捧。後來其市值迅速下降了一半，而在幾年之後下降得更為嚴重。在此期間，該企業十分不錯的獲利也降到了一般水準；在 1968 年的大繁榮時期，其獲利還不如 1958 年；其間還支付了一系列令人困惑的小額股息（未根據當期增加的盈餘而發放的股息）。A & P 公司在 1961 年和 1972 年的規模遠甚於 1938 年，但其經營、獲利與吸引力卻每況愈下。[15]

這個案例帶給我們兩個主要的教訓。首先，股市經常會出現嚴重的錯誤，而敏銳和大膽的投資者有時可以利用其明顯的錯誤從中獲利。其次，大多數企業的特性和經營品質會隨著時間而改變，有時會變得更好，但更多的情況下會變得更差。投資者不必像老鷹那樣緊盯著企業的營運，但他應該時不時地對其進行仔細的觀察。

現在，讓我們回過頭來比較一下上市股票持有者與私人企業擁有者。我們曾經說過，前者具有一種選擇權：他可以把自己視為所投資企業的部分擁有者，或是把自己視為股票持有者，可以隨時按市場報價賣出股票。

但是，請注意這個重要的事實：真正的投資者是不會被迫賣出股票的，而且任何時候他都無需理會股價的漲跌。他只有在適合賣出的合理價格出現時，才會去關注股價。[16] 因此，如果投資者因為擔心市場非理性下跌而自亂陣腳盲目賣出股票，那麼他就是把自己的基本優勢轉變成了基本劣勢。對這種人而言，如果股票沒有市場報價可能會更好，因為這樣他就不會因為其他人的錯誤判斷而遭受精神折磨了。[17]

事實上，在 1931 ～ 1933 年的大蕭條時期，這種情況非常普遍。當時有些標的因為市場不流通而沒有市場報價，結果對人們的心理反而產生了某種優勢。例如，擁有首次房地產抵押貸款債券的人，只要能夠持續

---

15. A & P 公司近期的情況並沒有多大改觀。1999 年底，其股價為 27.875 美元；2000 年底的股價為 7.00 美元；2001 年底的股價為 23. 78 美元；2002 年底的股價為 8.06 美元。儘管 A & P 後來暴露出一些會計違規行為，但仍然沒有理由相信，像雜貨店這樣相對穩定的企業，其價值會在一年內下降四分之三，隔年又上漲兩倍，再過一年又下降三分之二。

16. 「只有在適合賣出的合理價格出現時」的意思是指，「股價在某種程度上已經足夠優惠可以賣出。」

17. 這或許是葛拉漢在整本書中最重要的一段話。葛拉漢用這一段話總結了自己畢生的經歷。你並不會經常見到這樣的話語；它就像熊市氣氛中穩定的稀有氣體一樣。如果你牢牢記住這些話，並在你的投資生涯中遵守這些紀律，那麼你將能夠在所有的市場環境中存活下來。

收到利息，他們就會認為自己的投資價值沒有減損，因為沒有市場報價證明他們的投資虧損了。另一方面，許多上市公司的債券，即使品質更好、實力更雄厚，但它們的市場報價卻因為出現嚴重下跌，而使得持有者認為自己顯然因此變得越來越窮了。實際上，上市證券持有者的情況還是比較好一些，因為這些證券的價格雖然比較低，但他們至少可以賣出這些證券（無論是自願還是被迫），而且還有可能換取更廉價的證券。或者，他們也可以理所當然地暫時忽略那些基本上毫無意義的市場報價。但如果只因為自己的證券沒有市場報價，就認為自己證券價值沒有減損，那根本就是自欺欺人的想法。

現在，讓我們回頭看看 A & P 公司的股東在 1938 年所面臨的情況。我們認為，只要他繼續持有股票，就不會遭受價格下跌的損失，除非他自己的判斷認為，價格下跌是由股票基本價值或內含價值的縮水所造成的。如果沒有出現這樣的縮水，他就有理由相信，市場報價終究會回到或超出 1937 年的水準——事實上第二年正是如此。在這方面，他的立場至少應該與擁有私人企業股票而無市場報價的投資者一樣，因為在這樣的情況下，由於 1938 年經濟衰退的影響，他可能會（也可能不會）在心理上認為自己所持股票價值減損——這點終究還是要取決於其所持股票企業實際上所發生的情況。

反對以價值評估方法進行判斷的人士認為，用對待和評價私人企業股票的方法來對待和評價上市普通股是不恰當的，因為存在有組織的證券市場，會「為股票所有權注入全新且極其重要的流動性」。但是，這樣的流動性實際上意味著：第一，投資者可以知道股市每天對其持股評價的變化，而不管這種評價是否有價值；第二，投資者可以根據每天的市場報價而增加或減少自己的投資——如果他決定這麼做的話。因此，一個有報價的市場給了投資者一定的選擇權，反之則不能。但是，證券市場並不能迫使投資者必須接受當前的報價，投資者可能寧願利用某些其他的來源，自己進行評價。

讓我們以寓言的方式，來結束這部分的內容。假設你擁有某一私人企業一小部分股權，成本為1,000美元。你的一位合夥人（名叫市場先生）是一位非常熱心的人，他每天會根據他所判斷的價值提供你賣出或買進的機會。有時根據對該企業發展與前景的瞭解，他的價值判斷相當合理公正；但另一方面，市場先生也經常會受到熱情與恐懼的影響，而提供給你似乎有點愚蠢的價位。

如果你是一個謹慎的投資者或是一個敏銳的商人，你會讓市場先生每天的報價來決定你對1,000美元股權的看法嗎？除非你同意他的判斷，或者想和他交易時，你才會這麼做。如果他的報價高得離譜，你或許願意賣給他；如果他的報價非常低，你或許願意買進。然而，在其他時候，你還是會根據該企業的營運和財務報告，來判斷你所持股的價值。

對真正的投資者而言，當他擁有一家上市企業的普通股時，他就是處於這樣的地位。他根據自己的判斷與傾向，既可以利用每天的市場價格進行操作，也可以不予理會。他必須識別出重要的價格波動，否則他的判斷將無據可依。我們可以想像得到，市場可能會給予他一個警告信號，要他最好多加留意——譬如股價下跌，告訴他應該賣出他的股票，以避免發生更壞的事情。我們認為，這些信號誤導投資者的次數，至少與其提供幫助的次數差不多。基本上，價格波動對真正的投資者只有一個重要的意義：當價格大跌時，提供了明智的買進機會；當價格大漲時，提供了明智的賣出機會，而其他時候，如果他可以忘記股市的一切，而把注意力放在股息收益與企業的營運績效上，他將會做得更好。

總結

投資者和投機者真正的區別，在於他們對股市運行的態度。投機者的興趣主要在參與市場波動並從中謀取利潤；投資者的興趣主要在以合理的價格買進並持有適當的股票。市場波動實際上對投資者而言也很重要，因為他們既可以在市場因為波動而產生較低的價格水準時，有機會明智地買進股票，也可以在市場產生較高的價格水準時，克制購買的行為，而且很可能可以明智地賣出股票。

投資者是否應該等到市場價位跌到極低時才買進票呢？這個問題的答案並不明確，因為這意味著可能要等很長的時間，從而損失股息收入，而且很有可能錯失投資的機會。總而言之，投資者最好是在他有資金可以投入股市時就購買，除非整體市場水準比一些公認的價值標準判斷的合理價位高出許多。如果他是一個精明的投資者，那麼他就應該可以從一些市場隨時存在的廉價個股中尋找投資機會。

在華爾街，人們除了會試圖預測整體市場波動之外，還投入大量的精力去挑選一些在未來短時間內可能「表現更優異」的股票或產業族群。儘管這種努力看似合乎邏輯，但我們認為這種嘗試並不適合真正投資者的需求與性格——尤其是，這意味著他將與大量從事同樣工作的股市交易員和一流的金融分析師展開競爭。這種做法與重視價格波動、輕視內含價值的所有其他行為一樣，許多聰明人不斷在這一領域所做的工作，往往就會使得這種做法本身隨著時間的推移而自動失效或弄巧成拙。

擁有穩健股票投資組合的投資者，都應該預料到其股票價格有可能會發生波動，但無論其漲跌，他都應該避免因暴跌而過分擔憂，或因大漲而變得過度興奮。他應該永遠銘記在心的是，市場報價只是為了交易上的方便，而他可以利用市場波動進行操作，也可以選擇忽略它們。千萬不要因為某一股票已經上漲就買進，或是因為某一股票已經下跌就拋出。如果能記住下面這樣的一句格言，他就不會犯下大錯：「在股票大漲後切莫急於買進，在暴跌後切莫急於賣出。」

另外一點思考

關於以市場平均價格來衡量企業管理階層能力的問題，還需要進行一些分析。股東會根據所獲得的股息和市場平均價格的長期趨勢，來判斷自己的投資是否成功。這一標準應該同樣可以用來檢驗企業管理階層的效率，以及企業管理階層對企業擁有者的態度是否恰當。

這一說法聽起來似乎是老生常談，但我們必須進一步強調，因為到目前為止，市場對管理階層效率的評判並沒有一個公認的手段或方法。另一方面，管理階層始終堅持認為，他們不需要為股價的任何變化負責。當然，他們的確不需要為那些與基本條件和價值無關的價格波動負責（我們也堅持這一點），但正是由於股票持有者缺乏警覺性與相關訊息，才使得管理階層的這種免責權被延伸到整個市場報價領域，其中包括價格水準長期處於被低估和不能令人滿意的情況。好的管理階層還是可以帶來好的市場平均價格，不好的管理階層則會帶來不好的市場平均價格。[18]

債券價格的波動

投資者應該意識到，即使本金與利息的安全性不容置疑，但長期債券的市場價格會隨著利率的變化而出現大幅的波動。在表 8-1 中，我們列出了自 1902 年以來，高等級公司債券和免稅債券在不同年份的殖利率。做為個例，我們增加了兩支具有代表性的鐵路債券在同一時期的價格波動情況。它們分別是 Atchison，Topeka & Santa Fe 公司於 1995 年到期、息票率為 4% 的普通抵押債券（它是最早發行不可贖回的債券之一），以及 Northern Pacific Ry 公司於 2047 年到期（原本存續期間長達.150 年！）、息票率為 3% 的債券（它長期以來一直是 Baa 級債券的代表）。

18. 關於目前人們所熟知的「公司治理」，葛拉漢有諸多的看法。請參見第 19 章評釋。

表 8-1 債券殖利率的變化以及兩支具有代表性的債券價格（1902 ～ 1970 年）

債券殖利率	債券價格	標準普爾 AAA 級債券	標準普爾市政債券	A. T. & S. F. 公司，4%，1995	Nor. Pac. 公司，3%，2047
1902 年最低	4.31%	3.11%	1905 年最高	105 ½	79
1920 年最高	6.40	5.28	1920 年最低	69	49 ½
1928 年最低	4.53	3.90	1930 年最高	105	73
1932 年最高	5.52	5.27	1932 年最低	75	46 ¾
1946 年最低	2.44	1.45	1936 年最高	117 ¼	85 ¼
1970 年最高	8.44	7.06	1939–40 年最低	99 ½	31 ½
1971 年收盤	7.14	5.35	1946 年最高	141	94 ¾
			1970 年最低	51	32 ¾
			1971 年收盤	64	37 ¼

由於殖利率與價格呈現負相關，因此殖利率越低，債券的價格越高；反之亦然。Northern Pacific 公司息票率為 3% 的債券，價格在 1940 年的下跌主要是其安全性受到了質疑。尤其突出的是，該債券的價格在隨後幾年就回升到歷史最高點，然後又因為整體利率上升而下跌了三分之二。因此，我們從中可以看到，在過去的 40 年，即使是最高等級的債券，其價格的波動也是驚人的。

請注意，債券價格與殖利率的（反向）變動幅度並不相同，因為債券價格在到期時會等於面值。然而，就期限很長的債券而言，如 Northern Pacific 公司的債券，其價格與殖利率的變動幅度幾乎是相同的。

從 1964 年以後，高等級債券市場的價格走勢出現了兩種方向的變動。以（免稅的）「主要市政債券」為例，其殖利率增加了一倍以上，從 1965 年 1 月的 3.2% 上升到 1970 年 6 月的 7%。與此同時，它們的價格指數從 110.8 點跌到了 67.5 點。1970 年中，高等級長期債券的殖利率創下近 200 年來美國經濟史上最高水位。[19] 25 年前，就在長期大多頭行情開始發動之時，債券殖利率處於歷史最低水準；長期市政債券的殖利率只有 1%，工業債券的殖利率為 2.4%，而以前人們總認為，「正常的」收益率應該介於 4.5% ～ 5% 之間才對。我們這些在華爾街有著長期經歷的人，曾經多次看到牛頓的「作用力與反作用力大小相等，方向相反」這一定律在股市上得到了驗證。最值得一提的例子是，道瓊指數從 1921 年的 64 點上漲到 1929 年的 381 點，然後在 1932 年又下跌到 41 點的最低記錄。但是，這一次最大幅度的波動，發生在通常較為穩定且變化緩慢的一系列高等級債券的價格與殖利率。這帶給我們的教訓是：在華爾街，人們恐怕不能指望任何重要的事物，會完全像以前那樣再次發生。這正好反映了我們最喜歡的一句格言：「物極必反。」

如果說股票價格的波動幾乎不可能預測，那麼要預測債券價格的波動，更是完全不可能的事。[20] 在過去，人們只要研究債券價格的走勢，至少就可以找出牛市或熊市即將結束的一些蛛絲馬跡，但如今利率與債券價格即將發生變化時，卻沒有類似的線索。因此，投資者選擇長期或短期債券投資時，必須依據個人的偏好來做決定。如果他想確保債券市場價值不會下跌，那麼最好就是選擇 E 系列或 H 系列的美國儲蓄債券（我們在第 4 章曾介紹過這兩種債券）。這兩種債券都能給他帶來 5% 的收益（第一年之後），E 系列的最長期限為 5 年 10 個月，H 系列的最長期限則為 10 年，兩者都保證能以成本價或更好的價格贖回。

---

19. 基於葛拉漢隨後所提的「物極必反法則」，美國長期公債的殖利率在 2002 年跌到了 1963 年以來的最低水準。由於債券殖利率與價格朝相反的方向變動，因此低殖利率意味著債券價格上揚，從而使得那些急於購買債券的投資者支付了最昂貴的價格，而且他們未來的收益幾乎可以肯定是最低的。這再一次驗證了葛拉漢的教訓：智慧型投資者千萬不要根據市場的波動做投資決策。

20. 如今，讀者可以在第 4 章評釋中找到關於預測債券價格的最新分析——我們觀察了近期殖利率與各種債券和債券基金之間的關係。

如果投資者現在想從優質的長期公司債獲得 7.5% 的收益，或從免稅市政債券獲得 5.3% 的收益，那麼他就必須做好面對價格波動的準備。銀行和保險公司可以採用「攤餘成本」（Amortized cost）的方式，估算這種高等級債券的價值（這種做法不受市場價格的影響）；個人投資者採用類似做法也是一個不錯的主意。

可轉換債券和優先股的價格波動是由下列 3 個不同因素所造成的：（1）相關普通股的價格變化，（2）企業信用等級的變化，（3）整體利率水準的變化。這些可轉換證券中有相當多是由信用等級較差的企業發行的[21]，其中有一些受到了 1970 年金融緊縮的不利影響。其結果是，整個可轉換證券市場在近幾年彌漫著嚴重不安，而且價格的波動也十分巨大。因此，在一般情況下，如果投資者想從可轉換證券中同時獲得高等級債券的安全性與價格穩定性，以及普通股價格上漲所帶來的好處，那麼他只不過是在幻想而已。

在此，或許我們應該對「未來的長期債券」提出一點建議。為什麼不以某種實際和公平的方式，將利率變化的影響分攤到債權人和債務人身上呢？其中一種可能的做法就是出售浮動利率的長期債券（其利息會隨著某一市場指標利率而變動）。這種做法的主要結果是：（1）如果企業的信用等級不變，投資者所持債券的本金價值將始終在面值的 100% 左右，但收到的利息將隨著（例如）新發行傳統債券的利率變化而變動；（2）發行長期債券的企業所得到的好處在於，避免了不斷進行融資所帶來的問題和成本，但其支付的利息費用將逐年不同。[22]

---

21. 【原註】關於債券與優先股的信用評等，穆迪（Moody's）的三個最高等級為 Aaa、Aa 和 A；標準普爾的三個最高等級為 AAA、AA 和 A。還有其他一些等級，其中最差的是 D。

22. 【原註】這種想法已經在歐洲部分國家得到了採納——例如，義大利國營電力公司發行了 1980 年到期的「擔保浮動利率貸款債券」。1971 年 6 月，該公司在紐約宣布，未來 6 個月，該債券所支付利息的年利率為 8.125%。此外，多倫多道明銀行（Toronto-Dominion Bank）在 1971 年 6 月發行「票息為 7% ～ 8% 的信用債券」（1991 年到期），就採用了這種靈活的做法。該債券在 1976 年 7 月之前的利率為 7%，之後的利率為 8%，但持有者有權選擇在 1976 年 7 月取回本金。

在過去的10年中，債券投資者一直被一個越來越嚴重的矛盾所困擾：他應該選擇本金完全穩定但利率（通常是水準較低的短期利率）不斷變化的債券，還是應該選擇固定利息收入但本金價值大幅波動（似乎通常都是向下變動）的債券？大多數的投資者都希望在這兩種極端之間找到一個折衷，以確保其利息收益和本金價值在一定期限（比如20年）內不會低於某個最低水準。要做到這一點其實很容易，只要透過一種新形式的債券合約就能達成。重要提示；事實上，美國政府已經採用了類似的做法，也就是將原有的儲蓄債券合約與高利率相結合。在此，我們建議投資者，購買固定投資期限比儲蓄債券更長且利率條件更為靈活的債券。[23]

我們沒有必要討論不可轉換優先股，因為它們特殊的稅賦條款使得那些安全的不可轉換優先股被更多的公司（如保險公司）持有，而較少被個人持有。品質較差的不可轉換優先股，幾乎總是面臨著大幅度的價格波動，其價格波動的百分比與普通股沒有太大差別。我們無法針對它們提供一些有用的建議。在後面的表16-2中，我們提供了一些品質較差的不可轉換優先股在1968年12月至1970年12月期間的價格訊息。其平均跌幅為17%，而標準普爾綜合指數在同段時間則是下跌了11.3%。

23. 在第2章和第4章的評釋中所提到的抗通膨保值債券（TIPS），就是葛拉漢在此建議的一種新形式的債券合約。

第八章 評釋

那些想要受到人們歡迎的人，其幸福取決於其他人；那些尋求快樂的人，其幸福會受到無法控制的情緒影響；但有智慧的人，其幸福來自於自己的自由行動。

——馬庫斯 · 奧勒歷斯（Marcus Aurelius）

化身博士與市場先生

在大部份的時間裡，市場對大多數股票的定價都是很準確的。數以百萬計的買家和賣家討價還價的結果，通常可以對公司做出較好的定價。但是，有時候價格並不正確；偶爾確實會出現嚴重錯誤。在這時候，你就需要瞭解葛拉漢所描述的市場先生——或許這是用來解釋股票錯誤定價的最好比喻。[1] 情緒變化無常的市場先生，並非總是像評價者或私人買家那樣評估一家企業。相反地，當股票上漲時，他會欣然支付比股票客觀價值更高的價格；當股票下跌時，他則會以低於股票實際價值的價格拼命拋售股票。

市場先生還存在嗎？他仍然處於兩種極端情緒之中嗎？答案是肯定的。

2000 年 3 月 17 日，Inktomi 公司的股價創下了 231.625 美元的新高。從 1998 年 6 月首次上市以來，這家網路搜尋軟體公司的股票上漲了約 19 倍。就在 1999 年 12 月之後的幾個星期，該股票就幾乎上漲了兩倍。

1. 參見葛拉漢在第八章的原文內容。

Inktomi的業務發生了什麼樣的變化，可以使其股票變得如此值錢？答案似乎很明顯：驚人的快速成長。截至1999年12月的三個月內，Inktomi在產品和服務的銷售額達3,600萬美元，比1998年全年的營業額還要多。如果Inktomi可以維持前一年的成長率繼續成長5年，其營業額將從每季的3,600萬美元爆增到每月50億美元。看到這樣的成長速度，股票肯定會上漲得更快，其價格也會越來越高。

但是，市場先生與Inktomi陷入瘋狂熱戀之時，忽視了其業務的某些東西。該公司正在賠錢，而且賠很多。它在最近一個季度虧損了600萬美元，在此之前的12個月虧損了2,400萬美元，再往前一年的虧損也是2,400萬美元。Inktomi公司自成立以來未曾賺取過任何的利潤，但市場先生在2000年3月17日對這家小企業評估的總市值卻高達250億美元。（是的，就是250億美元。）

隨後，市場先生突然又陷入了噩夢般的悲觀。2002年9月30日，就在每股價格達到231.625美元後的兩年半，Inktomi的股價以每股25美分收盤——總市值從250億美元暴跌到不足4,000萬美元。Inktomi的業務枯竭了嗎？根本不是；在過去的12個月，該公司有1.13億美元的營業額。那麼，是什麼發生了變化？一切都只是市場先生的情緒：在2000年年初，投資者是如此熱衷網路企業，以致於Inktomi的股價達到其營業額的250倍。然而，現在他們願意支付的股價，卻只有其營業額的0.35倍。市場先生像化身博士一樣，一下子從樂觀變成了悲觀，並狠狠地打壓曾經愚弄過自己的每一支股票。

但是，市場先生半夜裡的憤怒與過去的瘋狂興奮一樣都是沒有理由的。2002年12月23日，雅虎宣布將以每股1.65美元的價格收購Inktomi，這幾乎是Inktomi公司9月30日股價的7倍。歷史可能會證明，雅虎獲得了一筆廉價交易。當市場先生使股價變得如此便宜時，整個公司會從他的手中被買走，就不是什麼奇怪的事了。[2]

獨立思考

如果有個瘋子每週至少 5 次告訴你，你應該和他的感覺完全一樣，你會允許他這樣做嗎？你會不會因為他的樂觀而樂觀，或者因為他的悲觀而悲觀？當然不會。你會堅持自己的權利，根據自己的經驗和信念來掌控自己的情緒。然而，每當涉及金融操作時，許多人就會讓市場先生告訴他們如何感覺以及應該做些什麼——儘管事實一次又一次地明白證明，他愚蠢至極。

1999 年，當市場先生歡欣鼓舞的時候，美國的職工將其 8.6% 的薪資直接匯入他們 401（K）退休計劃的帳戶中。到了 2002 年，市場先生花了 3 年的時間把一些股票打入冷宮之後，整體的供款率下降了近四分之一，僅剩下 7%。[3] 股票越便宜，人們越不想購買，因為他們在跟隨著市場先生的感覺，而不是獨立思考。

智慧型投資者不應該完全忽視市場先生，相反地他應該與市場先生打交道——但僅限於對你股票的服務。市場先生的任務是為你提供價格，而你的任務則是決定這些價格是否對你有利。你不應該僅因為他不斷地懇求就與他打交道。

不要讓市場先生成為你的主人，你要將他轉變成你的僕人。畢竟，即便他看似在破壞價值，但他也在其它方面創造價值。1999 年，由於科技股和電信類股的推動，Wilshire 5000 指數（反映美國股市表現最廣泛

2. 正如葛拉漢在 1932 年的一系列經典文章中指出的，經濟大蕭條使得許多企業的股價低於其現金和其他流動資產價值，從而使得這些企業「消亡比存續更值錢」。

3. 參見：News release, The Spectrem Group, "Pan Sponsors Are Losing the Battle to Prevent Declining Participation and Deferrals into Defined Contribution Plans," October 25, 2002。

的指數）上漲了 23.8%。不過，儘管 Wilshire 指數是上漲的，但指數中所包含的 7,234 支成份股卻有 3,743 支股票是下跌的。雖然那些高科技股和電信股炙手可熱，但幾千支「舊經濟」的股票卻不受青睞，而且價格越來越便宜。

1999 年，CMGI（「孵化」新創立網路企業的控股公司）的股價，令人驚訝地上漲了 939.9%。與此同時，波克夏海瑟威（一家控股公司，葛拉漢最優秀的弟子華倫 · 巴菲特透過這家公司而擁有代表舊經濟中堅力量的企業，如可口可樂、吉列和華盛頓郵報等）的股價則下跌了 24.9%。[4]

但隨後，市場在突然間就出現了情緒變化（這種事經常發生）。圖 8-1 提供的例子顯示，1999 年遭受冷落的企業，如何在 2000 ~ 2002 年成為廣受歡迎的企業。

---

4. 幾個月後的 2000 年 3 月 10 日（當天那斯達克創下了歷史新高），網路股交易權威詹姆斯 · 克拉默（James J. Cramer）撰文寫道，最近幾天他「不斷地」想放空波克夏海瑟威的股票，即打賭巴菲特的股票會進一步下跌。克拉默甚至以極為誇張的口氣宣稱，波克夏海瑟威的股票將「大幅下跌」。就在同一天，保德信證券公司的市場戰略分析師拉爾夫 · 阿卡波拉（Ralph Acampora）問道：「未來你希望持有 Norfolk Southern 公司的股票，還是思科公司的股票？」選擇思科（通往未來高速網路世界的一家主要企業）的人，似乎全面壓倒了 Norfolk Southern（過去鐵路系統的一員）。（在接下來的一年，Norfolk Southern 的股價上漲了 35%，而思科的股價則下跌了 70%。）

圖 8-1 從被冷落到廣受歡迎的企業

企業	業務	總報酬				1999/1/1 投資 1,000 美元的終值
		1999	2000	2001	2002	
Angelica	工業制服	–43.7	1.8	19.3	94.1	1,328
Ball Corp.	金屬和塑料包裝	–12.7	19.2	55.3	46.0	2,359
Checkers Drive-In Restaurants	速食	–45.5	63.9	66.2	2.1	1,517
Family Dollar Stores	折扣零售商	–25.1	33.0	41.1	5.0	1,476
International Game Technology	博弈設備	–16.3	136.1	42.3	11.2	3,127
J B Hunt Transportation	卡車運輸	–39.1	21.9	38.0	26.3	1,294
Jos. A. Bank Clothiers	服裝	–62.5	50.0	57.1	201.6	2,665
Lockheed Martin	國防與航空	–46.9	58.0	39.0	24.7	1,453
Pier 1 Imports	家居裝飾	–33.2	63.9	70.5	10.3	2,059
UST Inc.	鼻菸草	–23.5	21.6	32.2	1.0	1,241
Wilshire 網路股指數		139.1	–55.5	–46.2	–45.0	315
Wilshire 5000 指數（整個股市）		23.8	–10.9	–11.0	–20.8	778

資料來源：Aronson+Johnson+Ortiz, L,P.；www.wilshire.com。

至於那兩家控股公司，CMGI 在 2000 年下跌了 96%，2001 年又下跌了 70.9%，2002 年再次下跌了 39.8% ——累計損失達 99.3%。波克夏海瑟威在 2000 年上漲了 26.6%，2001 年上漲了 6.5%，隨後 2002 年小幅下跌了 3.8% ——累計獲利達 30%。

你能在專業經理人的遊戲中獲勝嗎？

葛拉漢最強有力的一個見解是：「如果投資者因為擔心市場非理性下跌而自亂陣腳盲目賣出股票，那麼他就是把自己的基本優勢轉變成了基本劣勢。」

葛拉漢所說的「基本優勢」指的是什麼呢？他指的是，智慧型個人投資者有充分的自由可以選擇是否要跟隨市場先生，享有獨立思考的權利。[5]

然而，傳統的基金經理人別無選擇，只能模仿市場先生的一舉一動——買高，賣低，而且只能幾乎毫無意識地盲目跟隨著他的腳步。下面是共同基金經理人和其他專業投資者所面臨的一些障礙：

- 由於旗下管理的資金高達數十億美元，使得他們必須傾向於購買規模最大的企業股票——那是他們的投資組合唯一可以買進數百萬美元的標的。因此，許多基金最終都同樣擁有少數幾支價格被高估的大型股。
- 隨著市場上漲，投資者往往會投入更多的錢購買基金，而基金經理人則會利用這些新注入的資金買進更多他們已經擁有的股票，從而使得價格上升到更危險的水準。
- 當市場下跌時，如果基金投資者要求贖回，基金經理人就有可能需要賣出股票以獲取現金。正如市場上漲時這些基金被迫買進價格已高漲的股票一樣，它們又被迫在價格低廉時賣出股票。
- 許多基金經理人的獎金取決於其績效優於市場水準，因此，他們極其關注自己的績效要超越基準指標（例如標準普爾500指數）。如果某家公司的股票被納入指數而成為指數的成份股，那麼數百支基金就會被迫買進這支股票。（如果他們沒有購買而該股票的表現很好，人們就會認為基金經理人太愚蠢；另一方面，如果他們購買後該股票的表現不好，卻沒有人會去責怪他們。）

---

5. 每當有人問起大多數個人投資者為什麼會失敗時，葛拉漢有一個簡要的回答：「失敗的主要原因在於，他們過於在意股市當前的運行情況。」參見："Benjamin Graham: Thoughts on Security Analysis"（1972年3月，在密蘇里西北州立大學商學院的演講稿），Financial history magazine, no. 42, March, 1991, p.8。

- 基金經理人的投資將越來越專精。正如普通科醫生已經被過敏兒科醫生和老年耳鼻喉科醫生所取代一樣，基金經理人必須只專注於購買「小型成長股」、「中型價值股」或「綜合大型股」。[6] 如果某家企業的規模變得太大或太小，價格變得太便宜或太貴，該基金就必須將其賣出，即使基金經理人喜歡這支股票。

因此，你沒有理由認為自己不如這些專業經理人。你無法做到的是（儘管所有的專家都認為你可以），「在專業經理人的遊戲中獲勝」。但即使是專業經理人，他們也無法在自己的遊戲中獲勝！為什麼你還要去參與這種遊戲呢？如果你按照他們的規則行事，你肯定會輸——因為你會像專業經理人那樣，最終成為市場先生的奴隸。

相反地，人們要認識到，聰明的投資在於控制可以控制的因素。你無法控制自己所購買股票或基金的表現，是否會在今天、下個星期、這個月或這一年勝過市場；在短期內，你的報酬將始終受制於市場先生及其突發奇想的念頭。然而，你可以控制的是：

- **你的經紀成本：**避免頻繁的交易，耐心等待並尋找手續費低廉的經紀商。
- **你的持有成本：**拒絕購買年費過於昂貴的共同基金。
- **你的期望報酬：**根據現實而不是幻想，來預測你的報酬。[7]
- **你的風險：**決定將自己的多少資產投入股市，進行多元化投資，並對投資結構進行重新調整。

---

6. 不要去管這些術語的含義是什麼，也不要去想它們是什麼意思。儘管在公開場合人們會十分尊重這樣的分類，但大多數投資者在私底下都把它們當成無聊的笑話。

7. 請參見下列精闢的專欄文章：Walter Updegrave, "Keep It Real," Money, February, 2002, pp. 53-56。

- **你的稅款：**持有股票至少1年；如果有可能的話，應至少長達5年，以降低你的資本利得稅。

- **你自己的行為：**這點是最重要的。

如果你看電視上的財經節目，或是閱讀大多數的股市專欄文章，就會認為投資活動就像某種體育運動或戰爭，或是在荒野中的一場生存搏鬥。然而，投資活動並非要在別人的遊戲中打敗他們，而是要在自己的遊戲中控制好自己。智慧型投資者所面臨的挑戰並不是尋找漲幅最大和跌幅最小的股票，而是要防止自己成為自身最大的敵人——不要只因為市場先生說「買進！」就高價搶購，也不要只因為市場先生說「賣出！」就低價拋售。

如果你的投資期限很長（至少25年或30年），唯一明智的做法就是：只要有閒置資金，你就自動地每月購買。這種終身持有股票的唯一最佳選擇，就是購買代表整個股市的指數型基金。唯有你需要現金的時候，才賣出自己的投資。（為了強化自己的意志，請剪下並簽署附在本章後面的「投資持有者合約」。）

做為一位智慧型投資者，你還必須拒絕以其他人的表現來判斷自己的投資是否成功。如果有人在杜比克、達拉斯或丹佛戰勝了標準普爾500指數而你沒有，你也絲毫不比別人差。沒有人會在墓碑上寫著**「他戰勝了市場」**。

我曾經在Boca Raton（佛羅里達州一個富人退休社區）訪問過一群退休人士。我問這些人（大多數都是70多歲的人），他們在自己一生的投資中是否戰勝過市場。有些人的回答是肯定的，也有些人的回答是否定的。後來，有一個人說：「管它去的？我只知道，我的投資收益足以讓我在此安享晚年。」

難道還有比這更好的答案嗎？畢竟，投資的意義並不在於賺到的錢比一般人更多，而是所賺的錢足以滿足自己的需求。衡量自己的投資是否成功的最好方法，並不是看你是否戰勝市場，而是看你是否擁有一個可能使自己達到目標的財務計劃和紀律規範。最後，你應該關注的不在於你比他人先到達終點，而是確保自己能夠到達終點。[8]

你的錢和你的大腦

那麼，為什麼投資者會發現市場先生如此誘人呢？事實證明，我們的大腦讓我們陷入投資困境；人類是喜歡遵循過去某種模式的動物。心理學家已經證明，如果你給人們一組隨機序列，並告訴他們這是不可預知的，他們還是會試圖猜測下一個序列。這就像人們認為他們「知道」，下一次擲骰子會出現3；棒球運動員即將擊出一支安打；下一期威力球樂透彩的中獎號碼一定是4-27-9-16-42-10；以及某一支熱門的小股將成為下一個微軟。

神經科學領域有一項新的突破性研究顯示，我們的大腦天生會去感應趨勢，即使趨勢可能並不存在。只要一件事連續發生兩三次，人類大腦部位的前扣帶和伏隔核就會自動地感應它將會再次發生。如果它的確再次發生，一種名為多巴胺的天然化學物質就會釋放出來，從而使你的大腦充斥著一定程度的快感。因此，如果某支股票連續幾次上漲，那麼你就會自發性地預期它將繼續上漲，因為隨著股價的上漲，你的大腦起了化學變化，從而給你帶來一種「天然的快感」，而且使你沉溺在自己的預測中。

然而，當股價下跌時，金錢上的損失會激發你的杏仁核——大腦中處理恐懼和焦慮的部位，其最明顯的反應就是「要嘛戰鬥，要嘛逃跑」（這是所有困獸共同的反應）。正如火警響起時你的心律必然會加快一樣；

8. 參見：Jason Zweig, "Did You Beat the Market?" Money, January, 2000, pp 55-58。

正如登山途中遇到響尾蛇時你必然會退縮一樣；當股價大幅下跌時，你必然會感到害怕。[9]

事實上，傑出的心理學家丹尼爾・卡尼曼（Daniel Kahneman）和阿莫斯・特沃斯基（Amos Tveraky）已經證明，金錢上的損失所帶來的痛苦程度，是等額獲利所帶來的快感程度的兩倍。在股市賺到1,000美元的感覺很快樂，但1,000美元的虧損所帶來的心理折磨將是快樂的兩倍。賠錢是如此痛苦，以致於許多人會因為害怕進一步虧損，而在價格接近谷底時賣出，或是拒絕購買更多。

這有助於說明，為什麼我們緊盯著市場下跌的大小，卻忘記了相對比例的虧損。因此，如果電視主持人高喊：「市場正在迅速下跌——道瓊下跌了100點！」，大多數人都會本能地感到震撼。然而，道瓊近期在8,000點的水準，100點的跌幅只有1.2%。現在，想一想下面的事情聽起來是多麼地可笑：有一天，室外溫度為華氏81度，電視氣象主播高聲說：「溫度正迅速下降——從華氏81度降到了華氏80度！」這樣的下降幅度也是1.2%。如果你忘了以百分比來觀察市場價格的變化，那麼小幅的變動就很容易造成過度的恐慌。（如果你還準備投資幾十年的話，可以採用一個更好的方法來觀察財經方面的新聞報導；參見隨後的專欄內容。）

可利用的新聞

股市正在崩盤，於是你打開電視觀看最新的市場新聞。然而，假設你觀看的不是CNBC或CNN，而是班傑明・葛拉漢財經網（Benjamin Graham Financial Network，BGFN）。在BGFN中，你聽不到市場收盤

9. 關於神經科學在投資方面的探討，請參見：Jason Zweig, "Are You Wired for Wealth?" Money, October, 2002, pp. 74-83，也可以參見：http://money.cnn.com/2002/09/25/pf/investing/agenda_brain_short/index.htm。同時參見：Jason Zweig, "The Trouble with Humans," Money, November, 2000, pp. 67-70。

時人們熟悉的刺耳鈴聲；看不到場內經紀人慌忙的腳步，也看不到投資者站在冰冷的人行道上觀看頭頂上方電子股票行情看板中紅色箭頭快速移動的情景。

相反地，你在電視上看到的畫面是紐約證券交易所的一面大旗，上面寫著：「大拍賣！減價 50%！」隨著前奏音樂，Bachman-Turner Overdrive 唱著激動人心的搖滾歌曲《你還沒見識過》（You Ain't Seen Nothin' Yet），主持人高興地宣布：「今天的股票又變得更有吸引力了，因為道瓊又帶量下跌了 2.5% ——股市連續第 4 天下跌，而股票變得更便宜了。科技股投資者的情況甚至更好，因為像微軟這樣的龍頭企業當天下跌了近 5%，使得它們的股票更加實惠了。這是過去一年來最好的消息——股價已經下跌了 50%，從而使得它們來到多年來未曾見過的廉價水準。一些著名的分析師樂觀地認為，價格在未來幾週和幾個月內還會進一步下跌。」

新聞畫面切到了華爾街 Ketchum & Skinner 公司的市場戰略分析師伊格納茨・安德森（Ignatz Anderson），他說：「我預測股價到 6 月還會下跌 15%。我審慎樂觀地認為，如果一切順利的話，股價可能還會下跌 25% 或甚至更多。」

「但願伊格納茨・安德森的預測是正確的，」主持人高興地說：「對任何做長遠投資的人來說，股價的下跌都是極好的消息。現在把鏡頭交給我們獨家的 AccuWeather 天氣預報主播華利・伍德（Wally Wood）。」

1990 年代末，許多人在一天之中若沒有查看幾次股價，就會感到自己一無所知。然而，正如葛拉漢所說的，「如果股票沒有市場報價，一般的投資者可能反而會比較好一些，因為這樣他就不會因其他人的錯誤判斷而遭受精神折磨了。」如果你在下午 1：24 查看了你的股票投資組合的價格，而在下午 1：37 又覺得有必要再去查看的話，那麼問問你自己這樣幾個問題：

- 我在下午 1：24 打電話給房地產產經紀人詢問我房子的市價，而在下午 1：37 時，還會再一次打電話給他嗎？
- 如果我這樣做了，房價變化了嗎？如果變化了，我是不是應該趕緊賣掉我的房子？
- 如果沒有時時刻刻去檢視或瞭解自己房屋的市場價格，是不是房屋的價值就不會上漲呢？[10]

這些問題的答案當然是否定的。你應該以同樣的方式來看待自己的投資組合。對 10 年、20 年或 30 年的投資而言，市場先生每天的情緒波動根本就不重要。無論如何，對想做長期投資的人來說，股價不斷地下跌是好消息，而不是壞消息，因為這使得他們可以花較少的錢買到更多的股票。股票下跌的時間越長、幅度越大，而且你在它們下跌時不斷地買進，那麼最終你賺到的錢就會更多——如果你能夠一直堅持到底的話。不要害怕熊市，而是應該歡迎熊市。即使股市在未來 10 年不提供每日的價格訊息，智慧型投資者也可以安心地擁有股票或共同基金。[11]

矛盾的是，神經科學家安東尼 · 達馬西奧（Antonio Damasio）解釋說：「如果你意識到自己越不能掌控，你就能掌控得越好。」在認識到自己買高賣低的生理傾向後，你就會更明白自己有必要採用成本平均法、重新調整法（rebalance）和簽訂「投資持有者合約」等做法。只要讓自己的投資組合永久處於自我運行狀態，你就能克服自己喜歡預測的傾向，使自己專注於長期財務目標，並擺脫市場先生情緒波動所帶來的影響。

---

10. 你還可以這樣問自己：如果報紙和電視每天都準確地報導自己房屋的市場價值，你住在裡面是否就會更快樂呢？

11. 1980 年代末，哥倫比亞大學和哈佛大學的心理學家保羅 · 安德森（Paul Andreassen）透過一系列精心設計的實驗證明，經常關心自己股票最新訊息的投資者，其收益僅為根本不去關心股價的投資者的一半。參見：Jason Zweig, "Here's How to Use the News and Tune Out the Noise," Money, July, 1998, pp. 63-64。

利用市場先生提供的機會

雖然葛拉漢教導人們應該在市場先生高喊「賣出」時買進，但有一個例外是智慧型投資者需要知道的。在熊市拋售股票的合理性在於，它能夠帶來稅賦上的好處。美國稅法允許人們使用已實現的虧損（賣出股票導致的任何價值損失）來沖抵一般收入（最大限額為3,000美元）。[12]比方說，你在2000年1月以每股60美元的價格購買了200股的可口可樂——總投資額為12,000美元。到了2002年年底，股價跌到每股44美元，即你擁有的股票價值為8,800美元——虧損了3,200美元。

你可以像大多數人那樣，對自己的虧損感到痛心，或者怕別人知道而假裝什麼事都沒有發生。除此之外，你還可以控制你的損失。在2002年結束之前，你可以賣出所有可口可樂的股票，把虧損鎖定在3,200美元。然後，遵循美國國稅局（IRS）的規定，等31天後再購買200股的可口可樂。結果就是：你可以把2002年的應稅收入降低3,000美元，而且你還可以用剩餘的200美元虧損拿來抵扣2003年的收入。更棒的是，你仍然擁有一家你認為前景看好的公司股票，而且你現在支付的價格比第一次買進時幾乎少了三分之一。[13]

在山姆大叔對你的虧損提供補貼的情況下，你當然可以賣出股票並鎖定虧損。如果山姆大叔想讓市場先生看起來較為合理，我們能有什麼好抱怨的呢？

12. 聯邦稅法經常會調整。這裡所列舉的可口可樂例子，只適用於2003年年初的美國稅法條款。

13. 本例是假設投資者在2002年沒有資本利得，而且沒有將可口可樂的任何股息進行再投資。使用租稅交換（tax swap）時一定要謹慎，因為很容易出錯。在使用租稅交換之前，請閱讀國稅局的第550號刊物（www.irs.gov/pub/irspdf/p550.pdf）。下列著作將有助於你在投資稅務方面的管理：Robert N. Gordon with Jan M. Rosen, Wall Street Secrets for Tax-Efficient Investing（Bloomberg Press, Princeton, New Jersey, 2001）。最後，在你採取行動之前，請諮詢一下專業的稅務顧問。

投資持有者合約

我 ________________ 在此聲明，我是一位尋求長期財富累積的投資者。

我知道，很多時候我會因價格已上漲（或正在上漲）而想投資股票或債券，而且有時候我也會因價格已下跌（或正在下跌）而想賣出自己的投資。

我在此聲明：拒絕讓一群陌生人替我做出投資方面的決定。我進一步鄭重承諾：絕不因為股市上漲而去投資，也絕不因為股市下跌而去賣出手中的投資。相反地，我將透過自動投資計劃或「定期定額投資方案」，每個月投資 _____ 美元，以購買下列幾支共同基金或多元化投資組合：

____

____

____

只要我有閒置資金（而且能承受短期內虧損），我還會進行額外的投資。

我在此聲明：我將持有每一筆投資至少持續到下列日期（從合約簽訂日起，必須至少長達 10 年）：____ 年 ____ 月 ___ 日。在本合約條款下，唯一允許的例外是突然出現的緊急現金需求，如醫療急診、失業或購房首付及學費等有計劃的支出。

下列的簽名說明，我不僅要遵守本合約條款，而且每當我想賣出任何投資時，都必須再次閱讀這份文件。

本合約需要至少一名見證人簽署才能生效，而且必須安全存放在將來容易找到的地方。

簽名：________________ 見證人：

日期：___________ 年 _____ 月 ____ 日

第9章

基金投資

防禦型投資者還有另一種投資管道，可以考慮把資金投入投資公司的股份。這種股份的持有者，可以隨時要求以淨資產價值贖回股份，而這些公司就是人們通常所稱的「共同基金」（或「開放式基金」）。許多投資公司都會利用大批銷售人員積極銷售新股份。至於那些發行不可贖回股份的公司，則被稱為「封閉式」公司或基金；它們的股份數量相對穩定。所有的基金都必須在證券交易委員會（Securities & Exchange Commission，SEC）註冊，並接受 SEC 的監控和管理。[1]

這個行業的規模非常龐大，截至 1970 年年底，在證券交易委員會註冊的基金共有 383 家，資產總額高達 546 億美元，其中包括 356 家共同基金（資產總額為 506 億美元）和 27 家封閉式基金（資產總額為 40 億美元）。[2]

基金分類有好幾種不同的做法，其中一種是根據資產組合內容來區分；如果基金持有很大一部分（一般約為三分之一）的債券，就稱為「平衡基金」；如果基金持有的幾乎都是普通股，則稱為「股票基金」（另外還包括其它一些類別，如「債券基金」、「對沖基金」和「信函股基金」等等）。[3] 還有一種分類的方式，是根據其目標來區分，譬如其主要目標可以是收益、價格穩定或資本增值（「成長」）。還有一種做法是根據其銷售方式來區分：「收費基金」（load fund）會從投資者購買的金額中扣除一筆銷售費用（通常約為資產最低購買價值的 9%）。[4] 另一種「不

---

1. 沒有在證券交易委員會「註冊」（或提出法定金融業務申請）就向一般大眾發行開放式基金、封閉式基金或指數股票型基金（exchange-traded fund），這樣的行為是違反聯邦法律的。

2. 基金這行業已經從「非常龐大」變成了無限大。截至 2002 年年底，共有 8,279 支共同基金，持有的總資產達 6.56 兆美元；共有 514 支封閉式基金，持有的總資產達 1,496 億美元；共有 116 支指數股票型基金（ETF），持有的總資產達 1,097 億美元。這些數據還不包括變額年金和單位投資信託之類的投資。

3. 共同基金的主要分類可以參見：www.ici.org/pdf/g2understanding.pdf 以及 http://news.morningstar.com/fundReturns/CategoryReturns.html。信函股基金已經不存在了，而根據 SEC 的規定，對沖基金不能銷售給年收入低於 20 萬美元或淨資產低於 100 萬美元的投資者。

4. 【原註】銷售費用一般都是以銷售價的百分比來表示的。由於銷售價中包含了銷售費用，從而使得這一百分比看起來比使用淨資產價值算出來的要低一些。我們認為，這種銷售技倆有損這個行業的聲望。

收費基金」（no-load funds）則不收取此類費用，它只收取一般的投資諮詢費用。由於不收費基金不支付銷售人員的佣金，因此其規模逐步在萎縮。[5] 封閉式基金的買賣價格並不是由基金公司決定的，而是像一般公司股票那樣，是由市場的買方和賣方決定的。

大多數基金公司都是根據所得稅法中的特殊條款在運作，其目的在於減輕股東受到雙重課稅的壓力。實際上，基金公司必須分派所有的一般收入——即股息和利息收入減去相關費用。此外，它們還可以用「資本利得分紅」的形式分派出售投資所獲得的長期利潤，而股東把這部分的收入視為自己的股票獲利。（還有另外一種選擇，但為了避免混亂，我們省略了。）[6] 幾乎所有的基金公司都只發行一種證券，但 1976 年推出了一種新的做法：把股本分為優先股（可獲得所有的一般收入）和資本（即普通股，可獲得所有的資本利得）。這些基金稱為「雙重目的基金」。[7]

許多基金公司稱其主要目標是資本利得，專門購買所謂的「成長股」，而其基金名稱中經常會出現「成長」一詞。有些公司專門購買特定領域的股票，如化工、航空和海外投資等；這些領域通常也會在其名稱中顯示出來。

---

5. 如今，股票基金收取的最大銷售費用一般為 5.75%。如果你投資 10,000 美元購買基金，其銷售費用為 5.75%，那麼將有 575 美元屬於賣給你基金的那個人（和經紀公司），而你初始的淨投資就會變成 9,425 美元。該 575 美元的銷售費用實際上為淨投資額的 6.1%，這就是為什麼葛拉漢把計算費用的傳統方法稱為「銷售技倆」。自 1980 年代以來，不收費基金已經成為主流，而它們的規模也已不再小於收費基金的規模。

6. 如今，幾乎所有的共同基金都是「受管制的投資公司」（RIC），必須繳納所得稅，但它只要將所有的收入分派給股東，就可以免繳公司所得稅。葛拉漢「為避免混亂」而省略的「選擇」指的就是這種基金；它可以從 SEC 獲得特殊許可，將其持有的某一種資產直接分派給基金的股東——如葛拉漢的 Graham-Newman 公司，在 1948 年將 GEICO 公司的股份分派給自己公司的股東。這種分配是十分罕見的。

7. 雙重目的基金在 1980 年代後期非常流行，但基本上它已經從市場上消失了——真是遺憾，因為它們可以為約翰 · 內夫（John Neff）這樣的選股高手提供更加靈活的方法。或許，最近的熊市將導致這種極具吸引力的投資工具再次興起。

因此，想明智購買基金的投資者將面臨眾多且令人有些困惑的選擇——這和直接投資時所面臨的情況大致相同。在本章中，我們將討論幾個主要問題，即：

1. 有沒有一種方法，可以使投資者找到適當的基金，而且能夠確保自己的收益優於平均水準？（進一步的問題：「績效基金」（performance fund）的收益如何？）[8]

2. 如果沒有，那麼投資者如何避免挑選到投資收益低於平均水準的基金？

3. 投資者能不能在不同類型的基金（如平衡基金與股票基金、開放式基金與封閉式基金、收費基金與不收費基金）之間，做出明智的選擇？

投資基金的整體績效

在回答這些問題之前，我們要討論一下整個基金行業的表現。該行業是否能為股東帶來好的收益？在一般情況下，與直接從事投資的人相比，基金投資者的情況如何？我們可以肯定地說，基金總體上有一定的作用。它們養成了人們儲蓄和投資的好習慣，使得無數個人投資者免於在股市犯錯而蒙受巨大損失，並且為其股東帶來相當於普通股投資報酬的收入和利潤。透過比較，我們大體上可以推測：過去 10 年來，專門投資基金的人所獲得的收益優於直接購買普通股的人。

儘管基金的實際表現總體上似乎不會比普通股好，儘管共同基金投資的成本可能會高於直接購買證券，但上面提到的最後一點很可能是正確

8. 「績效基金」在 1960 年代末風靡一時。它們相當於 1990 年代後期的積極成長型基金，不過它們實際上並沒有為投資者帶來更好的收益。

的。個人投資者如果想獲得完全平衡的普通股投資組合，他真正的選擇並不在於是否要自行建構，還是採用購買基金這種稍微昂貴的方式。他的選擇很有可能在於：是否要屈服於共同基金推銷員的花言巧語，還是屈服於二、三流的新股推銷員更狡猾、更危險的詭計。我們不得不思考這樣的問題——個人投資者之所以開立經紀帳戶，原本是想從事保守的普通股投資，但實際上卻經常發現自己可能受到誘惑而從事投機，並遭受投機虧損；不過對於購買共同基金的人而言，這種誘惑就相對少得多了。

然而，基金投資的收益相對於市場的表現又如何呢？這是個具有爭議性的話題，但我們將以一種簡單而適當的方式來加以分析。表 9-1 顯示的是，截至 1970 年年底，規模最大的 10 支股票基金在 1961 ～ 1970 年的投資績效（每一家基金管理公司只選取規模最大的一支基金）。表中歸納出各基金在 1961 ～ 1965 年、1966 ～ 1970 年及 1969 年和 1970 年兩個年份的總體績效。我們還將這 10 支基金的每股獲利加總，計算出平均績效。1969 年年底，這些公司的資產加總起來超過了 150 億美元，相當於所有普通股基金的三分之一。因此，它們應該能夠代表整個基金行業。（理論上，表中所列出各基金的績效應該優於整體基金行業，因為這些基金公司擴張的速度比其他基金公司更快；但實際情況並非如此。）

表 9-1 十大共同基金的管理績效[a]

	5 年（1961 ～ 1965 年）（均為正數）	5 年（1966 ～ 1970 年）	10 年（1961 ～ 1970 年）（均為正數）	1969 年	1970 年	1970 年 12 月的淨資產（百萬美元）
Affiliated Fund	71%	+19.7%	105.3%	–14.3%	+2.2%	1,600
Dreyfus	97	+18.7	135.4	–11.9	–6.4	2,232
Fidelity Fund	79	+31.8	137.1	–7.4	+2.2	819
Fundamental Inv.	79	+ 1.0	81.3	–12.7	–5.8	1,054
Invest. Co. of Am.	82	+37.9	152.2	–10.6	+2.3	1,168
Investors Stock Fund	54	+ 5.6	63.5	–80.0	–7.2	2,227
Mass. Inv. Trust	18	+16.2	44.2	–4.0	+0.6	1,956
National Investors	61	+31.7	112.2	+4.0	–9.1	747
Putnam Growth	62	+22.3	104.0	–13.3	–3.8	684
United Accum.	74	– 2.0	72.7	–10.3	–2.9	1,141
平均	72	18.3	105.8	–8.9	–2.2	13,628（合計）
標準普爾綜合指數	77	+16.1	104.7	–8.3	+3.5	
道瓊工業指數	78	+2.9	83.0	–11.6	+8.7	

a 這些股票基金在 1970 年年底的淨資產規模是最大的，但每一家基金管理公司只選取一支基金。

資料來源：Wiesenberger Financial Services。

從表中可以得到一些引人關注的事實。首先，我們發現，在 1961 ～ 1970 年間，這 10 支基金的整體績效與標準普爾 500 綜合指數（或標準普爾 425 工業指數）的表現並沒有明顯的差別，但它們肯定比道瓊工業指數的表現更好。（這引發了如下令人困惑的問題：道瓊工業指數中 30 家巨頭的表現，為什麼趕不上標準普爾指數中數量眾多而且更為繁雜的公司呢？）[9] 第二點是，與前面 5 年相比，後面 5 年的基金總體績效優於標準普爾指數。基金的收益在 1961 ～ 1965 年間稍低於標準普爾指數，而在 1966 ～ 1970 年間卻略高於標準普爾指數。第三點是，各個基金的表現存在著相當大的差異。

9. 就 10 年的期限而言，道瓊指數和標準普爾 500 指數的收益可能存在相當大的差異。但是，就典型的投資生命週期（如 25 ～ 50 年）而言，它們的收益往往十分接近。

我們並不認為，共同基金的績效若沒有超越整體市場的表現，就應該遭受批評。基金經理人及其專業的競爭者，管理著市場上大部分的普通股，因此整體市場所發生的一切，必定（大致上）也會發生在整個基金行業。（請注意，1969 年年底，所有參加保險的商業銀行所持有的信託資產中，包括了 1,810 億美元的普通股；如果我們將這部分資產加上投資顧問管理帳戶中的普通股，再加上 560 億美元的共同基金與類似基金中的普通股，那麼我們可以得出如下的結論：綜合這些專業人士的決策，就可以決定整體股市的走向，而整體股市的走向，可以決定基金的總體績效。）

基金投資者是否可以透過某支優於平均水準的基金，而獲得更好的收益？顯然所有投資者都不可能做到，因為這麼一來我們很快就會回到原點，畢竟終究沒有人可以做得比其他人更好。讓我們以一種簡單的方式來思考這一問題。為什麼投資者不應該尋找過去幾年表現最優異的基金，並據此認為該基金經理人最有能力，從而將自己的錢投入該基金，便可以期待在未來獲得優於平均水準的績效？這種想法似乎非常合理，因為以共同基金而言，投資者並不需要支付任何額外費用，就能獲得「最有能力的管理階層」。（相對來說，以非投資行業的企業而言，由於管理績效最好的公司股價會反映當期獲利和資產，因此價格通常會比較高。）

多年來，這方面的證據一直是相互矛盾的。但是，包含十大共同基金的表 9-1 顯示，在 1961 ～ 1965 年期間表現最佳的 5 支基金，其績效整體上也持續到了 1966 ～ 1970 年，儘管這 5 支基金中，有 2 支基金的表現比不上另外 5 支基金中的 2 支基金。我們的研究顯示，共同基金投資者可以適當地比較過去某一時期的績效（譬如至少 5 年），只要這些數據並不是因為整個市場大幅上漲而造成，那麼就可能具有一定的意義。但如果是因為市場大幅上漲的情況，那麼那些看來可觀的收益，就有可能是來自於非傳統方式──在下一節有關「績效基金」的內容中，我們就會指出這一點。這樣的結果或許只能反映如下的事實：基金經理人可能正冒著過度投機的風險，而暫時獲得了過高的收益。

「績效」基金

近幾年出現了一種新的現象，就是投資基金（甚至包括許多信託基金）對「績效」的追捧。在此，我們首先要鄭重澄清，這種現象並未出現在大多數信譽卓著的基金，而是出現在一些受到過多關注的少數基金。事情的原委很簡單，就是有些基金管理者一心追求超越平均水準（或道瓊指數）的績效。他們在這方面暫時取得了成功，獲得了很高的知名度，並且吸收了更多的管理資金。這樣的目標十分合理；遺憾的是，在進行巨額投資的情況下，為達成目標就必然會伴隨著風險的大增，而且在短時間內就會嘗到惡果。

在這樣一些「績效」現象圍繞的環境下，我們這些有長久經歷的人（有些人甚至經歷過 1920 年代）不禁搖頭；也正因為如此，我們的觀點被視為過時，不符合這個「新時代」的潮流。首先，我們必須說，幾乎所有取得優異績效的人，都是一些三、四十歲的年輕人，他們在金融方面的直接經驗，僅限於 1948 ～ 1968 年間持續上漲的牛市。其次，他們常常把「好的投資」定義為：購買未來幾個月價格有可能大幅上漲的股票。這導致大量的資金流入了一些新的企業，而這些企業的股價，與其資產或獲利記錄完全不相稱。他們的行為只能透過下列事實來「合理解釋」：一方面，人們天真地希望這些企業未來有豐碩的經營成果；另一方面，巧妙地利用了一般大眾無知貪婪的投機熱情。

在這一節中，我們不會提到任何人的名字，但我們有充分的理由提出幾支具體的基金做為例子。在一般大眾的心目中，1965 年底成立的曼哈頓基金無疑是最具有代表性的「績效基金」。它以每股 9.25 ～ 10 美元的價格首次發行了 2,700 萬股，起始資本為 2.47 億美元。當然，其操作強調的是資本利得，而它所管理的資金，大部分投資於本益比很高的股票。這些股票並不分派股息（或股息很少），而且相當投機，價格波動非常劇烈。1967 年，該基金的總收益率為 38.6%，同期標準普爾綜合指數的收益率則為 11%。然而，正如表 9-2 所示，此後該基金的績效就不甚理想了。

表 9-2 某績效基金的資產組合與表現
（曼哈頓基金中的較大持股，1969 年 12 月 31 日）

持有股數（千股）	持有的股票	價格	1969 年盈餘	1969 年股息	市場價值（百萬美元）
60	Teleprompter	99	0.99	—	6.0
190	Deltona	60½	2.32	—	11.5
280	Fedders	34	1.28	0.35	9.5
105	Horizon Corp.	53½	2.68	—	5.6
150	Rouse Co.	34	0.07	—	5.1
130	Mattel Inc.	64¼	1.11	0.20	8.4
120	Polaroid	125	1.90	0.32	15.0
244[a]	Nat'l Student Mkt'g	28½	0.32	—	6.1
56	Telex Corp.	90½	0.68	—	5.0
100	Bausch & Lomb	77¼	1.92	0.80	7.8
190	Four Seasons Nursing	66	0.80	—	12.3[b]
20	Int. Bus. Machines	365	8.21	3.60	7.3
41.5	Nat'l Cash Register	160	1.95	1.20	6.7
100	Saxon Ind.	109	3.81	—	10.9
105	Career Academy	50	0.43	—	5.3
285	King Resources	28	0.69	—	8.1
					$130.6
				其它普通股	93.8
				持有的其它證券	19.6
				投資總額[c]	$244.0

a 1 股分割成 2 股後

b 包括 110 萬美元的子公司股票

c 不包括約當現金

與標準普爾綜合指數年收益的比較

	1966	1967	1968	1969	1970	1971
曼哈頓基金	–6%	+38.6%	–7.3%	–13.3%	–36.9%	+9.6%
標準普爾綜合指數	–10.1%	+23.0%	+10.4%	–8.3%	+3.5%	+13.5%

曼哈頓基金在 1969 年底的資產組合是有些異常的（至少可以這麼說）。一個不可思議的事實是，該基金的最大持股中，有兩家企業在隨後 6 個月內提出了破產申請，其中三分之一的企業在 1971 年遭到了債權人的訴訟。另一個不可思議的事實是，在這些瀕臨倒閉的企業中，至少有一家企業的股票不僅是投資基金買進的標的，而且是大學退休基金、大型銀行信託部門以及類似機構買進的標的。[10] 第三個不可思議的事實是，曼哈頓基金的創始者兼經理人，將自己管理的另一支基金中的持股賣給了另一支大型基金，金額超過了 2,000 萬美元；當時，賣出持股的這支基金其資產只有不到 100 萬美元。毫無疑問，這可說是有史以來「管理者」與「被管理者」之間最大的不平等待遇。

在 1969 年底出版的一本書中 [11]，內容總體介紹了 19 位基金經理人的情況──「他們是嚴酷競爭下的頂尖人物，管理著他人所委託的數十億美元資產。」書中的總結更進一步告訴我們，「他們都很年輕……有些人的年收入超過 100 萬美元……他們是新興的金融人才……他們都對金融市場操作著迷……而且擁有驚人的獲勝技巧。」這些頂尖人物的成就，可以從他們所管理基金公佈的結果一目了然。在《Money Managers》（基金經理人）一書中，詳細介紹了上述 19 人其中 12 人所管理的基金績效。普遍的情況是，他們在 1966 年的表現都很不錯，1967 年的績效更是非常突出。1968 年，他們的績效總體上仍然還算可以，但各基金的表現有很大的差異。到了 1969 年，他們都出現了虧損，只有一人勉強優於標準普爾綜合指數。1970 年時，他們的表現甚至比 1969 年還要差。

---

10. 葛拉漢提到的其中一家「倒閉的企業」，就是全美學生行銷公司（National Student Marketing Corporation）──它其實是以股份做為掩蓋的一場騙局。安德魯・托拜斯（Andrew Tobias）在《有趣的金錢遊戲》（1971 年，紐約花花公子出版）一書中，生動地描述了它的傳奇故事。受到該公司具有個人魅力的創始人科特・蘭德爾（Cort Randell）誆騙的專業投資者，包括：康乃爾大學和哈佛大學的捐贈基金，以及頗具聲望的摩根擔保銀行和信孚銀行的信託部門。

11. 【原註】參見：The Money Managers, by G. E. Kaplan and G. Welles, Random House, 1969。

我們描述這方面的內容，是為了要凸顯一個事實，或許有句法國諺語最能表達這一點：物極必反。自古以來，聰明且具有能力的人（通常都很年輕）都是用「別人的錢」來創造奇蹟。他們通常在某一段時間都能做到優異的績效（或至少看起來是做到了），但最後他們終將不可避免地給一般大眾帶來虧損。[12] 大約半個世紀之前，這種「奇蹟」往往是透過公然的操縱、誤導性的企業報告、異常的資本結構和其他的金融詐欺行為取得的。所有的這一切，促使證券交易委員會設計出更嚴格的金融監控制度，而大眾也因此對普通股抱持著更謹慎的態度。新「基金經理人」在 1965 ～ 1969 年的操作手法，是在 1926 ～ 1929 年的詐騙行為之後，經過了整整一個世代才出現的。[13]1929 年股市崩盤後被禁止的種種不當行為，已不再被人們採用——因為這些行為，如今已涉及到被判刑入獄的風險。但在華爾街的許多角落，已出現許多新的花招和手法取而代之，最終還是會帶來非常相似的結果。雖然公然操縱股價的行為消失了，但還是有許多其他的方法，可以吸引到那些容易上當的一般大眾，持續關注「熱門」股可能的獲利。許多「信函股」[14] 可以用遠低於市場報價的價格買進，卻不必公開揭露關於賣出所受的限制；隨後，這些股票馬上就可以用市價登錄到財報中，呈現出虛幻而誘人的利潤。此類的行為還有很多，但令人感到驚訝的是，即使在完全不同的監管和禁令的環境下，華爾街還是可以重複出現 1920 年代許多不當和錯誤的行為。

---

12. 關於「物極必反」的最新一個例證，請看 29 歲天才萊恩 · 雅各布（Ryan Jacob）的操作。他在之前管理網路股基金獲得了 216% 的報酬之後，於 1999 年底成立了雅各布網路股基金。在 2000 年的最初幾個星期，雅各布的基金就湧入了近 3 億美元的投資資金。隨後，在 2000 年虧損了 79.1%，2001 年虧損了 56.4%，2002 年虧損了 13% ——累計虧損了 92%。這樣的虧損與其說使得雅各布變得更老練和聰明，倒不如說使得他的投資者變得更成熟也更理智了。

13. 有趣的是，1999 ～ 2002 年災難性的繁榮與蕭條周期，也發生在前一次瘋狂周期的 35 年之後。對於那些記得上一次「新經濟」狂熱的投資者來說，或許需要經過 35 年之後才會忘記那一次的教訓。如果這種直覺是正確的，那麼智慧型投資者或許應該在 2030 年前後特別提高警覺。

14. 【原註】參見引言註解 3 中關於「信函股」定義的內容。

毫無疑問的是，將來還是會出現新的法規和新的禁令。1960 年代後期的特定違規行為，終究會完全被禁止在華爾街出現，但人們恐怕很難指望投機衝動永遠消失或消除。智慧型投資者必須瞭解那些「異常流行幻象」[15]，並且盡可能地遠離它們。

如果我們從 1967 年輝煌的記錄之後才開始觀察基金的表現，大多數的基金表現其實都不理想。但若包含 1967 年的數據，它們的整體績效並不差。在這樣的基礎下，《基金經理人》這本中提到幾位管理者，其中有 1 個人的操作績效遠優於標準普爾綜合指數，3 個人的績效明顯較差，6 個人的績效則與標準普爾指數相當。讓我們來觀察另一組績效基金── 1967 年表現最佳的 10 支基金，它們這一年的收益為 84% ～ 301%。在這些基金中，有 4 支基金的 4 年總體績效超越了標準普爾指數（包括 1967 年的收益）；其中有 2 支基金的績效在 1968 ～ 1970 年間超越了標準普爾指數。所有這些基金的規模都不大，平均規模大約為 6,000 萬美元。因此，有明顯的跡象顯示，要持續獲得優異績效的必要因素，就是基金規模要小。

上面的敘述所隱含的結論是：基金經理人追求卓越的績效時，可能會面臨一些特殊的風險。迄今為止，所有的金融經歷都顯示，歷年來穩健管理的大型基金，其績效充其量只能略高於平均水準。如果管理不當，它們雖然有可能暫時獲得可觀的虛幻利潤，但隨後必然遭受災難性的虧損。

---

15. 【原註】這是一本書的書名，於 1852 年首次出版，內容描述的是「南海泡沫」、鬱金香狂熱以及其它過去的一些投機狂潮。1932 年，伯納德 ‧ 巴魯克（Bernard M. Baruch，他或許是當代唯一能持續獲得成功的投機者）重印了這本書。【新註】查爾斯 ‧ 麥凱（Charles Mackay）是在 1841 年時，首次出版了《異常流行幻象與群眾瘋狂》（Extraordinary Popular Delusions and the Madness of Crowds，Metro Books，New York，2002）。這本書的內容閱讀起來既不輕鬆，也不完全準確，它只是廣泛分析許多人往往相信一些非常愚蠢的事情──例如，鐵能夠被轉化成黃金、惡魔經常會在星期五的晚上出現，以及透過股市可以迅速致富等等。關於更實際的描述，請參見：Edward Chancellor's Devil Take the Hindmost（Farrar, Straus & Giroux, New York, 1999）；若想更輕鬆地閱讀，請參見：Robert Menschel's Markets, Mobs, and Mayhem：A Modern Look at the Madness of Crowds（John Wiley & Sons, New York, 2002）。

市場中確實有一些基金，曾在10年或更長的期間持續超越市場平均水準，但這些基金都是一些罕見的特例：它們的操作大多集中於專門領域，對資本的規模自我設限，而且不對外公開銷售。[16]

封閉式基金與開放式基金

幾乎所有共同基金（或開放式基金，即其持有者有權以該基金每日的淨值贖回其股份），都有相應的新股銷售機制。這也就意味著它們的規模將日益擴大。至於封閉式基金（它們幾乎都是許多年前成立的），則有固定的資本結構，從而相對美元的重要性已逐漸下降。開放式基金有成千上萬精力充沛且具有說服力的銷售人員從事推銷，封閉式基金則並不特別關注銷售情況。因此，大多數的「共同基金」都是以淨資產價值加上大約9%的固定費用（以支付銷售人員的佣金）溢價銷售給一般大眾，而大多數封閉式基金的價格，則一直是低於其資產價值。每一支封閉式基金的折價幅度不盡相同，而且整體的平均折價幅度也隨著時間而變化。關於這方面的訊息，請參考表9-3。

16. 葛拉漢所說的「罕見的特例」，相當於今日不接納新投資者的開放式基金──這意味著基金經理人不再接納更多的資金。雖然這樣做會使得他們可收取的管理費變少，但這可以使現有股東的報酬最大化。由於大多數基金經理人都是把個人的利益放在首位，而不是把股東的利益放在首位，因此不接納新投資者的做法，是非常罕見而有勇氣的行為。

表 9-3 封閉式基金、共同基金及標準普爾綜合指數的相關數據

年份	封閉式基金的平均折價	封閉式基金的平均投資績效 [a]	股票共同基金的平均投資績效 [b]	標準普爾指數的收益 [c]
1970	–6%	持平	–5.3%	+3.5%
1969		–7.9%	–12.5	–8.3
1968	(+7)[d]	+13.3	+15.4	+10.4
1967	–5	+28.2	+37.2	+23.0
1966	–12	–5.9	–4.1	–10.1
1965	–14	+14.0	+24.8	+12.2
1964	–10	+16.9	+13.6	+14.8
1963	–8	+20.8	+19.3	+24.0
1962	–4	–11.6	–14.6	–8.7
1961	–3	+23.6	+25.7	+27.0
10 年平均數：	+9.14%	+9.95%	+9.79%	

a Wiesenberger 公司所提供的 10 支不同基金的平均數。

b Wiesenberger 公司所提供的 5 支普通股基金每年的平均數。

c 加上所有的股息分配。

d 溢價。

我們不需要花太多精力就可以發現，封閉式基金的價格相對低於開放式基金的原因，並不在於這兩種基金的投資績效有很大的差異。實際情況在表 9-3 中，只要比較兩個族群在 1961 ～ 1970 年間的投資績效，就可以看得出來。

因此，在投資者的選擇方面，我們就可以得出其中一個很明顯的規則。如果你想把錢投入基金，那麼就應該以一定的折價（譬如資產價值的 10% ～ 15%）購買封閉式基金，而不要以高於資產價值 9% 的溢價購買開放式基金。假設這兩種基金未來的股息與資產價值變化大致相同，那麼你從封閉式基金所得到的收益，將會比開放式基金多出五分之一。

共同基金的銷售人員可能會馬上提出反駁：「哦，但如果你擁有封閉式基金，你就永遠無法確定能以什麼樣的價格將其賣出。折價有可能會比今天更大，而你將承受更大的差價損失。只要購買我們的基金，保證你可以用 100% 的淨資產價值全額贖回。」且讓我們對此辯駁稍做分析。這樣的觀點在邏輯上站得住腳而且符合常識，問題在於：假如封閉式基

金的折價確實擴大了，在這種情況下，你購買封閉式基金的結果，怎麼可能比等額購買開放式基金的結果更差呢？

這需要用到一些計算。假設投資者 A 以 109% 的資產價值購買了開放式基金的股份，投資者 B 則以 85% 的資產價值外加 1.5% 的佣金購買了封閉式基金的股份。假設在（比方說）4 年內兩者都獲得了資產價值 30% 的收益，並將這些收益全都分配給了投資者，因此基金最終的價值，仍與開始投資時相同。隨後投資者 A 以 100% 的價值贖回其股份，損失了 9% 的溢價，他在這一期間的總報酬就是 30% 減去 9%，即資產價值的 21%。這也就相當於其投資總額的 19%。投資者 B 購買封閉式基金的價格，確實有可能會產生折價，但究竟要折價多少，其報酬才會降到與投資者 A 相同的程度呢？答案就是資產價值的 73%（或 27% 的折價）。換句話說，封閉式基金投資者可以接受市場折價擴大 12 個百分點（從 85% 降到 73%），這樣他的收益才會降到與開放式基金投資者相同的水準。這麼大幅度的折價極少發生，就算有可能，但在封閉式基金的歷史上也不曾出現過。因此，如果兩種基金的投資報酬率大致相同的話，那麼你以折價購買封閉式基金所獲得的報酬，極有可能高於購買開放式基金所獲得的報酬。如果開放式基金改以小額收費（或不收費）取代目前一般為「8.5%」的收費，那麼封閉式基金的優勢顯然就會下降，但目前封閉式基金還是具有一定的優勢。

有些封閉式基金銷售時的溢價，會高於大多數共同基金實際收取的 9% 的費用，而這一事實給投資者帶來了另一個問題：這些溢價銷售的基金在管理上的優勢，是否足以證明它們的價格上漲具有一定的合理性？如果比較過去 5 年或 10 年的結果，答案似乎是否定的。在 6 支溢價銷售的基金中，有 3 支基金主要是從事外國投資。這些基金的顯著特徵是，價格在幾年內有很大的變化；在 1970 年年底，其中一支基金的價格只有其最高價的四分之一，另一支只有三分之一，還有一支不到二分之一。如果觀察 3 支溢價銷售的國內基金（如表 9-4 所示），我們可以發現，其 10 年的平均績效會優於 10 支折價銷售的基金，但從最後 5 年來看，情況卻正好相反。雷曼公司（Lehman Corp.）和美國大眾投資者公司（General American Investors）是兩家歷史最悠久的大型封閉式基金公司，而表 9-5 顯示的是它們在 1961 ～ 1970 年間績效表現的比較。1970 年年底，其中一家的價格有 14% 的溢價，另一家則是 7.6% 的折價。這些數據似乎無法解釋價格與淨資產之間，存在著什麼樣的關係。

表 9-4 封閉式基金的平均績效（1961 ～ 1970 年）[a]

	1970 年	5 年（1966～1970 年）	1961 ～ 1970 年	溢價或折價（1970 年 12 月）
溢價銷售的 3 支基金	–5.2%	+25.4%	+115.0%	11.4% 的溢價
折價銷售的 10 支基金	+1.3	+22.6	+102.9	9.2% 的折價

a 資料來源：Wiesenberger Financial Services.

表 9-5 兩家主要封閉式基金公司績效表現的比較 [a]

	1970 年	5 年（1966 ～ 1970 年	10 年（1961～1970 年）	溢價或折價（1970 年 12 月）
美國大眾投資者公司	–0.3%	+34.0%	+165.6%	7.6% 的折價
雷曼公司	–7.2	+20.6	+108.0	13.9% 的溢價

a 資料來源：Wiesenberger Financial Services.

平衡基金的投資

在威森伯格報告（Wiesenberger Report）中有 23 支平衡基金，持有優先股和債券的資金比重大約在 25% ～ 59% 之間（平均為 40%），而其餘的部分則是持有普通股。其實一般投資者自己應該就可以直接進行債券投資，而不需要再透過共同基金來從事債券投資。1970 年，這些平衡基金的年均報酬率僅為其資產價值的 3.9%（或發行價的 3.6%）。投資者最好是選擇美國儲蓄債券、A 級或 A 級以上的公司債，或者是免稅債券，來建構自己的債券組合。

第九章 評釋

老師問比利・包柏：「如果你有 12 隻羊，其中有一隻跳出了籬笆，那你還有幾隻羊？」

比利・包柏回答：「一隻也沒有了。」

「唉，」老師說：「你顯然還不會減法。」

「或許吧，」比利・包柏回答說：「但是，我非常瞭解我的羊。」

——德州大學法學院教授 Henry T. C. Hu

近乎完美

共同基金是美國的一項發明。1924 年，一位名叫愛德華・萊弗勒（Edward G. Leffler）的鋁製鍋碗瓢盆推銷員將共同基金引入了美國市場。共同基金相當便宜、非常方便、種類繁多、由專業人士管理，而且受到聯邦證券法最嚴厲規定的嚴格監管。由於它使投資變得容易，而且幾乎每個人都負擔得起，因此共同基金成為了美國 5,400 萬個家庭（以及全球數百萬人）的投資主流——這或許是有史以來金融民主化的最大進步。

然而，共同基金並不完美；它只是近乎完美，而「近乎」這個詞道出了其中的差別。由於它並不完美，因此大多數基金都面臨著一些問題，如績效低於市場平均水準、收取過高的費用、帶來令人頭痛的稅務問題，而且績效還是會隨機出現大幅的波動。智慧型投資者一定要非常謹慎地選擇基金，以免到頭來惹了一身大麻煩。

最熱門的基金

大多數投資者會以持續上漲為前提，而直接購買上漲速度最快的基金，這是一種理所當然的想法。心理學家已證明，人類有一種與生俱來的傾向，認為長期趨勢可以透過短期的一系列結果預測出來。此外，從我們自身的經歷可以知道，有些水管工做的就是比其他人更好，有些棒球選手就是比較有可能擊出全壘打，而我們喜歡的餐館，總是能夠提供美味的餐點，聰明的孩子也總是能得到比較好的成績。在我們的身邊，技能、智慧和勤奮工作總是能獲得肯定和回報，而且這樣的事情一直都在重複發生。因此，如果某支基金的表現勝過了市場，我們的直覺就會告訴我們，它接下來應該還是會有優異的表現才對。

遺憾的是，在金融市場上，運氣比技巧更重要。如果某一位基金經理人碰巧在對的時機進場操作，他看起來就會是一個很棒的人，但很多時候，熱門的東西經常會突然受到冷落，而經理人的智商也似乎會瞬間縮減 50 分。圖 9-1 顯示的是，1999 年一些最熱門的基金所遭遇的情況。

圖 9-1 徹底崩潰的基金

基金	總報酬				2002 年 12 月 31 日的價值（1999 年 1 月投資 10,000 美元）
	1999	2000	2001	2002	1/1/1999
Van Wagoner Emerging Growth	291.2	–20.9	–59.7	–64.6	4,419
Monument Internet	273.1	–56.9	–52.2	–51.2	3,756
Amerindo Technology	248.9	–64.8	–50.8	–31.0	4,175
PBHG Technology & Communications	243.9	–43.7	–52.4	–54.5	4,198
Van Wagoner Post-Venture	237.2	–30.3	–62.1	–67.3	2,907
ProFunds Ultra OTC	233.2	–73.7	–69.1	–69.4	829
Van Wagoner Technology	223.8	–28.1	–61.9	–65.8	3,029
Thurlow Growth	213.2	–56.0	–26.1	–31.0	7,015
Firsthand Technology Innovators	212.3	–37.9	–29.1	–54.8	6,217
Janus Global Technology	211.6	–33.7	–40.0	–40.9	7,327
Wilshire 5000 指數（整個股市）	23.8	–10.9	–11.0	–20.8	7,780

資料來源：Lipper。
說明：Monument Internet 後來更名為 Orbitex Emerging Technology。
這是 1999 年最熱門的 10 支基金——事實上，它們是有史以來年報酬率最高的基金。然而，在隨後的 3 年，不但 1999 年的巨大收益全抹得一乾二淨，而且還轉為虧損。

這是1999年最熱門的10支基金——事實上，它們是有史以來年報酬率最高的基金。然而，在隨後的3年，不但1999年的巨大收益全抹得一乾二淨，而且還轉為虧損。

這一情況再次提醒我們，市場上最熱門的產業（譬如1999年的科技業）往往在毫無預警的情況下，突然就冷到極點。[1] 它還提醒我們，投資者憑著基金過去的績效來購買基金，是一種最愚蠢的行為。金融學者對共同基金的研究持續了至少半個世紀，他們幾乎一致認同以下幾點：

- 基金所挑選的股票，通常不足以承擔其研究和交易成本；
- 基金的費用越高，其報酬越低；
- 基金所持股票的交易越頻繁，賺錢的機會往往越小；
- 大幅波動（上漲和下跌幅度超過平均水準）的基金，很有可能長期處於不穩定狀態；
- 過去高報酬的基金，不可能長時間持續成為贏家。[2]

想根據過去的績效，挑選出未來最優秀的基金，機會非常之小。這種機會就像北美野人和喜馬拉雅山雪人穿著粉紅的芭蕾舞鞋同時出現在你的雞尾酒會一樣微乎其微。換句話說，你的機會不是零，但卻非常接近於零（參見本章最後的專欄內容）。

---

1. 幾乎每一個能想像得到的產業，都有可能是產業基金從事投資的標的——這可以往前追溯到1920年代。近80年的歷史，證實了如下的事實：任何一個最賺錢、最受歡迎的行業，往往都會成為下一年表現最差的行業。正如遊手好閒必然會招致禍端一樣，產業基金也必然會使它的投資者遭到最嚴厲的懲罰。

2. 關於共同基金績效的研究非常多，一些有用的訊息可以從下列的網站找到：www.investorhome.com/mutual.htm#do、www.ssrn.com（在搜尋欄輸入「mutual fund」），以及www.stanford.edu/～wfsharpe/art/art.htm。

不過，這也是好事。首先，能瞭解到為什麼要找出一支好的基金很難，這將有助於你成為一個更明智的投資者。其次，儘管過去的績效並不能代表未來的獲利，但你還是可以利用其他一些因素，來增加你找到優秀基金的機會。最後，基金即使無法勝過市場，但它還是能夠提供很有用的價值——透過一種廉價的方式分散你的持股，並且使你不必花時間去挑選股票，而把時間拿來做其他事情。

能夠持續才厲害

為什麼許多績效優異的基金無法持續保持優異的績效？

基金的績效越好，其投資者面臨的障礙就越多，簡述如下：

基金經理人跳槽。如果某位選股高手似乎有點石成金的技巧，每個人都會想要得到他——包括競爭對手的基金公司。如果你購買泛美優質股票基金（Transamerica Premier Equity Fund），想透過葛倫・畢克斯達夫（Glen Bickerstaff）高超的選股技巧（他在 1997 年獲得了 47.5% 的回報）獲得好處，那麼你很快就會失望了；TCW 公司在 1998 年年中把他挖角，去管理其伽利略精選股票基金（TCW Galileo Select Equity Fund），而泛美基金的績效在隨後 4 年中，有 3 年落後於市場。如果你想利用艾琳・沙利文（Erin Sullivan）的高獲利能力（1997 年以來，她讓股東的資金幾乎增加了兩倍），因此於 2000 年初購買了富達積極成長基金（Fidelity Aggressive Growth Fund），那麼很遺憾地，你也會遭受損失：她在 2000 年辭職後成立了自己的對沖基金，而她先前管理的基金在隨後的 3 年，虧損超過了四分之三。[3]

3. 這並不是說，如果這些「超級明星」經理人仍留在原位，這些基金的績效就會更好些。我們可以肯定的是，這兩支基金沒有他們兩位時的表現顯然不佳。

資產過度膨脹。當某支基金獲得高額收益時，所有投資者都會注意到——接著他們經常就會在幾個星期之內，注入上億美元的資金。這將使得基金經理人只剩下很少的幾項選擇，而且所有的選擇都是不好的。他可以安全地保存這些資金以備不時之需，但這樣做的話，如果股市持續上漲，較低的現金收益就會影響到基金的績效。他也可以把新的資金投入已經買過的股票，但自從他首次購買之後，這些股票的價格或許已經上漲了，如果現在再投入上百萬美元的資金，這些股票就會被嚴重高估。或者，他也可以購買不太有把握的新股，但這樣做的話，他就必須從頭開始研究這些股票，並且留意更多的股票。

舉例來說，如果靈寶基金（Nimble Fund）決定將其資產的2%（或200萬美元）投入股票總市值為5億美元的Minnow公司，那麼它等於只購買了該公司不到0.5%的股份。但如果靈寶基金獲得傲人的績效，使基金的規模激增到100億美元，其2%資產的投資總額就會達到2億美元（接近Minnow公司總市值的一半）。但是，聯邦法律並不允許基金擁有這麼高程度的擁有權。如果靈寶基金的經理人仍想擁有小規模的一些股份，他就必須把資金廣泛配置於更多的公司，而最終這肯定會使基金經理人的注意力過於分散。

高超的技巧不復存在。有些基金公司專門「孵育」自家的基金——在公開銷售之前，私下嘗試經營基金業務。（一般情況下，股東只包括員工和基金公司的分支機構。）由於規模較小，基金公司可以利用這些孵育基金做為高風險策略的試驗品——這些策略最適合於小額資金，譬如購買真正的小股，或連珠炮似地交易首次公開發行的股票。如果其策略成功，那麼該基金就可以公佈自己的績效以吸引大量的大眾投資者。在某些情況下，基金經理人會「放棄」（或免收）管理費以提升其淨獲利，然後等到優異的績效吸引了大量客戶之後，就開始收取費用。當外面的投資者投入上百萬美元的資金後，那些免收費孵育基金的績效，幾乎毫無例外地全都陷入了平庸。

成本上升。巨額股票交易涉及到的成本，往往高於小額股票交易；因為買家和賣家較少，以致於很難達成交易。擁有1億美元資產的基金，每年的交易成本約為1%，但如果高獲利使基金規模激增到100億美元，其交易成本很容易就會消耗掉至少2%的資產。在一般的情況下，基金每次持股的時間只有11個月，因此其交易成本會像強酸一樣腐蝕其獲利。同時，隨著資產增加，基金管理的其他成本卻很少會出現下降（有時甚至還會上升）。由於基金的營運成本平均為1.5%，交易成本大約為2%，因此基金若想要在市場中勝出，每年的收益就必須高出市場3.5個百分點。

羊群行為。最後，一旦某支基金獲得成功，其經理人往往就會變得膽小，而且開始模仿他人。隨著基金的規模越來越大，其管理費收入更加可觀，從而使得基金經理人們不願意去承擔更多的風險。如果他們把最初獲得的高收益繼續投入冒險，投資者可能就會望之卻步，進而危及原有豐富的費用收入。因此，一些規模龐大的基金，就像一群吃得太多的綿羊一樣，行為一致地懶散漫步行走，並且不停地發出「咩咩」的叫聲。幾乎每一支成長型基金都擁有思科（Osco）、通用電氣（GE）、微軟（Microsoft ）、輝瑞（Pfizer）和沃爾瑪（Wal-Mart）的股票，而且其持股比例幾乎是相同的。這種行為如此之普遍，以致於金融學者就稱它為「羊群效應」。[4] 然而，基金經理人在保護自己的費用收入時，同時也損害了外部投資者的利益，因為他們已無法為投資者獲取優異的報酬。

由於高昂的成本與一些不好的行為，大多數的基金都難以維持高收

4. 這裡還有另外一個教訓：為了取得成功，個人投資者挑選股票時，應該設法避開大機構所挑選的股票，或者應該更有耐心地去持有這些股票。參見：Erik R. Sirri and Peter Tufano, "Costly Search and Mutual Fund Flows," The Journal of Finance, vol. 53, no. 8, October, 1998, pp. 1589-1622；Keith C. Brown, W. V. Harlow, and Laura Starks, "Of Tournaments and Temptations," The Journal of Finance, vol. 51, no. 1, March, 1996, pp.85-110；Josef Lakonishok, Andrei Shleifer, and Robert Vishny, "What Do Money Managers Do?" working paper, University of Illinois, February, 1997；Stanley Eakins, Stanley Stansell, and Paul Wertheim, "Institutional Portfolio Composition," Quarterly Review of Economics and Finance, vol. 38, no. 1, Spring, 1998, pp. 93-110；Paul Gompers and Andrew Metrick, "Institutional Investors and Equity Prices," The Quarterly Journal of Economics, vol. 116, no. 1, February, 2001, pp. 229-260。

益。這就像未冷凍的魚容易腐敗一樣，基金的高收益幾乎總是轉瞬即逝。更重要的是，隨著時間的推移，在其過高成本的拖累下，大多數基金的績效多半會逐年下降，如圖 9-2 所示。[5]

圖 9-2 基金績效的逐步下滑

自 2002 年 12 月 31 日以來，有多少支美國股票基金的績效，超越先鋒 500 指數基金？

一年：

2,423 支基金中有 1,186 支（或 48.9%）

三年：

1,944 支基金中有 1,157 支（或 59.5%）

五年：

1,494 支基金中有 768 支（或 51.4%）

十年：

728 支基金中有 227 支（或 31.2%）

十五年：

445 支基金中有 125 支（或 28.1%）

二十年：

248 支基金中有 37 支（或 14.9%）

資料來源：Lipper 公司

那麼，智慧型投資者究竟應該怎麼做呢？

首先，投資人必須要認識到，指數基金（它始終擁有市場上所有的股票，而從不假裝自己能夠挑選出「最好的」股票、避開「最差的」股票）從長遠來看將勝過大多數的基金。（如果你的公司沒有在你的 401（K）中提供低成本的指數基金，你可以聯合你的同事一起去申請增加一個。）指數基金極低的管理費用（每年 0.2% 的營運費用，外加每年僅 0.1% 的交易成本），使其具有難以逾越的優勢。如果股票在未來 20 年的年報酬

5. 令人驚訝的是，這裡的說明甚至還低估了指數基金的優勢，因為在這些數據中，並沒有包含這些時期已經消失的上百支基金的記錄。如果更準確衡量的話，指數基金將具有壓倒性的優勢。

率（比方說）為7%，那麼低成本的指數基金（如先鋒整體股市基金）的年報酬率就會接近於6.7%（這將使10,000美元的投資，變成36,000多美元）。但是，就一般的股票基金而言，扣除1.5%的營運費用和大約2%的交易成本之後，每年的報酬率能夠達到3.5%就很不錯了。（這樣的話，10,000美元的投資所得還不到20,000美元，比指數基金的結果幾乎少了一半。）

指數基金只有一個最大的缺點：令人覺得乏味。你無法在野餐時向朋友吹噓，自己如何擁有全國表現最佳的基金。你也無法吹噓自己戰勝市場，因為購買指數基金就是為了得到與市場相同的報酬，而不是超越市場。指數基金的經理人不可能透過「擲骰子」的方式，來打賭下一個最好的產業會是電子傳輸、高科技網路還是心靈感應減肥診所；指數基金始終擁有每一種股票，而不是經理人最佳猜測的某一支新股。但是，隨著時間的推移，指數基金的成本優勢將勢不可擋。持有指數基金20年或更長時間，而且每個月注入一筆新的資金，這樣的結果肯定比絕大多數的專業投資者或個人投資者更好。葛拉漢在他的晚年稱讚指數基金為個人投資者的最佳選擇，而華倫・巴菲特也持有同樣的觀點。[6]

轉變思維

當我們歸納出基金的所有缺點之後，或許你應該感到驚訝的，並不是為什麼只有少數幾支基金能勝過指數基金，而是居然有基金能勝過指數基金。是的，確實有一些基金能勝過指數基金，但它們具有什麼樣的共同特質呢？

---

6. 參見：Benjamin Graham, Benjamin Graham, Memoirs of the Dean of Wall Street, Seymour Chatman, ed.（McGraw-Hill, New York, 1996）, p. 273, and Janet Lowe, The Rediscovered Benjamin Graham: Selected Writings of the Wall Street Legend（John Wiley & Sons, New York, 1999）, p. 273。正如華倫・巴菲特在其1996年年報中所說的：「大多數投資者（無論是機構投資者還是個人投資者）都將發現，擁有普通股的最佳方式，就是投資一個收費最為低廉的指數基金。遵循這一做法的人，其最終結果（扣除費用和支出之後）肯定勝過絕大多數的投資專家。」（參見：www.berkshirehathaway.com/1996ar/1996.html。）

經理人就是最大的股東。如果經理人同時身為基金的最大股東，經理人與基金投資者之間的利益衝突就能得到緩解。有些公司（如 Longleaf Partners 公司）甚至禁止自己的員工擁有其他基金的股份。在 Longleaf 公司以及 Davis 和 FPA 這樣的一些公司中，其基金經理人都擁有大量的基金股份，因此他們會像管理自己的資金一樣，仔細地管理好基金——這麼一來，他們就不會去增加基金的費用，或是讓基金的規模迅速變大，或是讓股東面臨惱人的稅賦問題。基金的股東委託書和其他資訊揭露，都可以從證券交易委員會（www.sec.gov）的 EDGAR 資料庫中獲得。從這些資料中，就可以看到基金經理人所擁有的基金股份是否至少達到了 1% 的程度。

收費低廉。「一分錢一分貨」是基金投資最常見的錯誤觀念，但高報酬還是經常成為收費較高的最好理由。這種觀點有兩個問題。首先，它是錯誤的；幾十年來的研究已經證明，從長遠來看，收費較高的基金獲得的報酬較低。其次，高報酬只是暫時的，而高收費卻幾乎是不變的。如果你看著高報酬而去購買某基金，最後你終將感到失望，但你擁有基金的成本，幾乎可以肯定不會隨著其報酬變低而跟著下降。

敢於與眾不同。當彼得 · 林奇（Peter Lynch）經營富達麥哲倫基金（Fidelity Magellan）時，他購買的都是一些廉價的證券，而不去管其他基金經理人持有的是什麼資產。1982 年，他最大的投資是美國長期公債；隨後，他持有最多的是克萊斯勒的股票，儘管大多數專業人士都認為這家汽車製造商將會破產；1986 年，林奇以近 20% 的富達麥哲倫基金購買了一些外國公司的股份，如 Honda、Norsk Hydro 和 Volvo 等。因此，你在購買美國股票基金之前，最好比對一下基金最新報告中的持股與標準普爾 500 指數中的成份股；如果兩者極為相似，那就不如去購買另一支基金。[7]

7. 標準普爾 500 指數成份股的完整名單，可以從下列網站獲得：www.standardandpoors.com。

不接納新的投資者。最好的基金經常會拒絕新的投資者加入，而只允許現有股東購買更多的股份。這也就阻止了一些新買家蜂擁而入（他們總想擠入最優秀的基金），並且避免了承受資產大幅膨脹之苦。這同時也說明了，基金經理人並沒有把個人利益放在客戶利益之上。然而，拒絕新投資者應該在基金規模膨脹之前而不是之後。曾經拒絕新投資者的一些具有代表性的基金公司包括：Longleaf、Numeric、Oakmark、T. Rowe Price、Vanguard 和 Wasatch。

不做宣傳。正如柏拉圖在《理想國》中所說的，人們理想中的統治者是那些不想統治的人，而最佳的基金經理人通常正是那些不想賺你錢的人。他們不會經常出現在電視的財經節目中，或打廣告吹噓自己的績效名列前茅。Mairs & Power 成長基金是一支穩定成長的小型基金，直到 2001 年它才設立自己的網站，而且至今仍然只在 24 個州銷售其股份。Torray 基金自從 1990 年推出以來，從未刊登過銷售廣告。

你還應該注意哪些東西呢？大多數基金購買者首先會關注基金過去的績效，其次是基金經理人的聲譽，然後是基金的風險程度，最後（如果有的話）關注的則是基金的費用。[8]

智慧型投資者也會觀察這些東西，但其順序正好相反。

由於基金的費用比未來的風險或報酬更容易預測，因此你應該將其做為第一個篩選條件。依基金的類別，其每年的營運費用不應高出下列水準：

8. 參見：Noel Capon, Gavan Fitzsimons, and Russ Alan Prince, "An Individual Level Analysis of the Mutual Fund Investment Decision," Journal of Financial Services Research, vol. 10, 1996, pp. 59-82；Investment Company Institute, "Understanding Shareholders' Use of Information and Advisers," Spring, 1997, atwww.ici.org/pdf/rpt.undstnd_share.pdf, p. 21；Gordon Alexander, Jonathan Jones, and Peter Nigro, "Mutual Fund Shareholders: Characteristics, Investor Knowledge, and Sources of Information," OCC working paper, December, 1997, at www.occ.treas.gov/ftp/workpaper/wp97-13.pdf。

- 應稅市政債券：0.75%。
- 美國（大型和中型企業的）股票：1.0%。
- 高收益（垃圾）債券：1.0%。
- 美國（小型企業）股票：1.25%。
- 外國股票：1.5%。[9]

接下來是風險評估。在基金公開說明書（或購買指南）中，每一支基金都必須以柱狀圖來展示其一個季度的最大虧損。如果你無法承受在三個月內有如此大的損失，那就可以去看看其他基金了。你還有必要查看晨星公司（Morningstar）對該基金的評級。做為主要的投資研究公司，晨星會根據基金風險相對其報酬的比例給予「星級評等」（一顆星最差，五顆星最優）。然而，就像基金過去的績效一樣，這些評級只不過是對過去的觀察；它們只能告訴你過去哪些基金是最佳的，但無法告訴你未來的情況。事實上，五星級基金的績效，往往尷尬地無法持續，甚至還不如一星級的基金。因此，首先要尋找具有下列特質的低收費基金：基金經理人為主要股東，敢於與眾不同，不誇大自己的績效，在規模變得過大之前停止接納新的投資者。然後，唯有在這樣的前提下，再去參考晨星公司的評級才有意義。[10]

最後，觀察過去績效時，別忘了它只是對未來報酬不太準確的一個預測。正如我們所看到的，昨天的贏家往往會成為明天的輸家。但是，研究者也已經證明，有一點幾乎是可以肯定的：昨天的輸家幾乎永遠無

9. 投資者可以利用一些網站（如 www.morningstar.com 和 http://money.cnn.com）的基金篩選工具，找到滿足這些條件的基金。

10. 參見：Matthew Morey, "Rating the Raters: An Investigation of Mutual Fund Rating Services," Journal of Investment Consulting, vol. 5, no. 2, November/ December, 2002。儘管它的星級評等只能大致預測未來的結果，但對個人投資者而言，晨星不愧是一個最佳的基金資訊來源。

法成為明天的贏家。因此，不要購買過去績效一直不佳的基金，尤其是每年的費用高於平均水準的基金。

封閉式基金的封閉世界

儘管封閉式股票基金在1980年代頗受歡迎，但它們現在已慢慢地萎縮了。目前只有30種不同的國內股票基金，其中許多基金的規模都很小，每天的交易只有幾百股，它們的收費很高，而且是以新奇的交易策略進行交易（如Morgan Fun-Shares專注於「成癮」行業的股票——如酒類、賭場和菸草等）。Lipper公司的專家唐納德・卡西迪（Donald Cassidy）對封閉式基金的研究，證實了葛拉漢先前的看法：各種折價交易的封閉式股票基金，不僅表現優於溢價交易的封閉式基金，而且報酬很有可能優於一般開放式共同基金。然而，令人遺憾的是，由於市場萎縮，各種折價交易的封閉式股票基金已不常見了。[11]

但是，市場上還有幾百支專注於市政債券的封閉式債券基金可供人們選擇。當這些基金以折價交易時，其收益率會上升而變得很有吸引力——前提是只要其年費不超出上面所列出的限額。[12]

新問世的指數股票型基金（ETF）也頗值得探討。有些時候，投資者只能透過這些低成本的「指數股票型基金」進入比較狹隘的市場（如比利時的企業股票或半導體產業股票），而其他一些指數股票型基金，則提供了比較廣泛的市場投資。然而，它們一般來說並不適合想定期注入

11. 與共同基金不同的是，封閉式基金並不發行新股直接銷售給想購買基金股份的人。相反地，投資者並不能從基金本身購買到股份，只能從願意出售股份的另一位股東那裡購買。因此，股份的價格會隨著供給和需求的變化而高於或低於其淨資產價值。

12. 關於更多的訊息，請參見：www.morningstar.com和www.etfconnect.com.

資金的投資者，因為大多數經紀商會對每一筆新增的投資收取手續費。[13]

要懂得何時賣出

當你擁有一支基金時，你如何判斷何時應該賣出呢？標準的建議是，如果基金的績效在 1 年內，或連續 2 年，或連續 3 年低於市場（或類似的資產組合），那麼就應該將其賣出。但是，這個建議是沒有意義的。Sequoia 基金從 1970 年成立到 1999 年的 29 年中，有 12 年（超過 41% 的時間）的績效低於標準普爾 500 指數。然而，Sequoia 在此期間的收益率超過 12,500%，而同期標準普爾 500 指數的收益率則只有 4,900%。[14]

大多數基金的績效下滑，其原因只是因為它們所偏愛的股票暫時不受歡迎了。如果你雇用某位經理人以特定方式進行投資，那為什麼要因為他按照承諾行事而將他解雇呢？

當某一種投資風格不再流行時，若將其股份賣掉，你不僅鎖住了自己的虧損，同時也使自己喪失了幾乎必然會發生的反彈機會。一項研究顯示，從 1998 年到 2001 年，僅因為買高賣低，共同基金投資者的收益每年就要減少 4.7 個百分點。[15]

那麼，你應該何時賣出呢？在此有幾個明確的信號：

- **交易策略突然急劇改變**，如 1999 年「價值型」基金大量購買科技股，以及 2002 年「成長型」基金大量購買保險股。

13. 與指數共同基金不同，指數股票型基金（ETF）的買賣手續費是根據一定的標準，而這些手續費經常是根據額外的購買或股息再投資來決定的。詳細資料請參見：www.ishares.com、www.streettracks.com、www.amex.com 以及 www.indexfunds.com。

14. 參見 1999 年 6 月 30 日 Sequoia 給股東的報告：www.sequoiafund.com/Reports/Quarterly/SemiAnn99.htm。從 1982 年開始，Sequoia 基金就不接納新的投資者了，而這有助於穩固其卓越的績效。

15. 參見：Jason Zweig, "What Fund Investors Really Need to Know," Money, June, 2002, pp. 110-115。

- **費用上升**，這說明了基金經理人中飽私囊。
- **過度交易導致經常出現大量稅單**。
- **收益突然出現異常**，如保守型的基金突然出現了巨大虧損（或者出現了巨大收益）。

正如投資顧問查爾斯・艾利斯（Charles Ellis）所說的：「如果你不打算維持婚姻，那你就不應該結婚。」[16] 基金投資也是一樣的。如果你沒有準備經受基金所帶來至少 3 年的虧損，那麼你壓根兒就不應該購買基金。耐心是基金投資者唯一最重要的伙伴。

為什麼我們總喜歡憑自己的靈應牌

相信（或只是希望）自己能夠挑選出未來表現最好的基金，這種感覺真好，因為這可以讓我們以為，我們掌管著自己的投資命運。這種「這裡的一切由我掌控」的感覺，是人類生活的一部分；這就是心理學家所說的過度自信。下面幾個例子正好可以說明這一點：

- 1999 年，《錢雜誌》對 500 多個人做了一項調查，詢問他們的投資組合績效是否勝過了市場平均水準。其中四分之一的人表示肯定，但要求他們說出具體的報酬率時，這些投資者中又有 80% 的人說他們的收益其實低於市場平均水準。（4% 的人不知道自己的投資組合上漲了多少，但卻非常肯定自己的績效無論如何都超越了市場的平均水準！）
- 瑞典有一項研究，要求經歷過嚴重交通事故的司機們評價自己的駕駛技術。這些人（包括一些警察已找到的肇事者，以及一些傷

16. 參見艾利斯的專訪內容：Jason Zweig, "Wall Street's Wisest Man," Money, June,2001, pp.49-52。

勢嚴重躺在醫院病床上接受調查的人）全都堅持認為他們的駕駛技術優於一般水準。

- 2000年年底，《時代雜誌》和CNN做了一項調查，他們採訪了1,000多個選民，詢問他們是否認為自己屬於前1%的富人。有19%的人認為，自己屬於前1%最富有的美國人。

- 1997年年底，針對750個投資者的一項調查發現，有74%的人認為自己所持有的共同基金，將可以「每年持續超越標準普爾500指數」——不過，實際上大多數基金長期以來都沒有超越過標準普爾500指數，而且許多基金甚至沒有辦法在任何一年超越過標準普爾500指數。[17]

儘管這種樂觀情緒是一種健康心理的正常表現，但它並不能帶來良好的投資策略。只有某種東西實際上可以被預測時，相信自己能做出預測才是有意義的。如果脫離了現實，那麼你的自我意識最後終將面臨失敗。

17. 參見：Jason Zweig, "Did You Beat the Market?" Money, January, 2000, pp 55-58；Time/CNN poll #15, October 25-26, 2000, question 29。

第10章 投資者與投資顧問

證券投資是一種獨特的業務，因為它在某種程度上幾乎總是需要依賴他人的建議。大部分的投資者都是業餘的，因此自然會認為，透過專業的指導選擇證券就可以獲利。然而，就投資建議的概念而言，其本身就存在著許多特殊性。

如果人們投資的理由是想賺錢，那尋求投資建議其實就是想讓別人告訴自己如何賺錢。這種想法有點天真。商人在自己的生意方面，會設法尋求專業的建議，但他們並不指望有人告訴他們如何賺錢。如何賺錢屬於他們自己的職責範圍。當那些非商業人士想依賴他人來獲取投資利潤時，他們其實是在期待一種在一般商業活動中並不存在的事情。

如果證券投資可以獲得正常或一定的收益，那麼投資顧問的角色就很容易得到肯定。他可以利用自己的特殊訓練和經驗來防止客戶出錯，並確保他們獲得應有的投資收益。但如果投資者要求獲得高於平均水準的投資收益，或其投資顧問承諾為他帶來更好的收益時，就會出現如下的問題：所要求的或所承諾的是否過頭了？

投資建議可以從多種管道獲得，包括：（1）擁有證券方面知識的親戚或朋友；（2）當地的（商業）銀行家；（3）經紀公司或投資銀行；（4）金融服務機構或金融期刊；（5）投資顧問。[1] 這一系列繁雜的來源表明，迄今為止，在投資者的心目中還沒有一套邏輯或系統化的方法。

上面所提到的正常或一定的收益，涉及到某些常識性的考慮。我們的基本觀點是：如果投資者在運用資金方面主要依靠別人的意見，那麼他就必須將自己與投資顧問嚴格限制於固定、保守甚至有些枯燥的投資

1. 如今，投資建議的來源仍然與葛拉漢寫本書時一樣「繁雜」。2002 年年底，證券業協會（它是華爾街的一個交易群體）對投資者進行了一項調查發現，17% 的投資者極其依賴配偶或朋友的投資建議；2% 依賴於銀行家；16% 依賴於經紀人；10% 依賴於金融期刊；24% 依賴於理財規劃師。唯一與葛拉漢時代不同的是，有 8% 的投資者極力依賴於網路，還有 3% 的投資者依賴於電視財經節目（參見：www.sia.com）。

方式；或者必須對指導他採用其他投資方式的人非常熟悉和信任。但是，如果投資者與投資顧問之間只是普通業務和專業的關係，那麼投資者接受非傳統建議的條件是：他本人必須擁有充分的知識和經驗，足以對他人的建議做出獨立的判斷。這樣，他就等於是從防禦型投資者轉變成積極型投資者了。

投資顧問與銀行信託服務

真正的專業投資顧問（收取較高年費的著名投資顧問公司），在承諾和建議方面都是相當保守的。大多數情況下，他們會把客戶的資金投入固定支付利息和股息的證券，而且他們主要依靠一般的投資經驗來獲取整體報酬。一般情況下，除了領導企業的股票與政府債券（包括州和市政債券）之外，其他的投資通常不會超過總投資的 10%；他們也不會試圖去獲取整體市場波動的好處。

主要的投資顧問公司都不會聲稱自己比別人更能幹，他們引以為豪的是謹慎、穩健和有能力。他們的主要目標是長期保障本金的價值，並獲得穩健成長的收益。除此之外的其他任何成就（他們確實盡力達到的更好目標），都被視為額外的服務。或許，他們對客戶的主要作用在於保護客戶免於出現慘痛的失誤，而他們所提供的正是防禦型投資者從任何投資顧問那裡所能得到的服務。

在我們的介紹中關於著名投資顧問公司的情況，一般也適用於大型銀行的信託和諮詢服務。[2]

---

2. 投資諮詢公司和信託銀行的性質並沒有改變，但現在他們對金融資產少於 100 萬美元的投資者一般都不提供服務；在某些情況下，甚至還會要求投資者要有 500 萬美元以上的資產。如今，儘管（正如分析師 Robert Veres 所說的）在投資選擇方面，共同基金已經取代了藍籌股，而在安全標準方面，多元化的投資也已經取代了「優質股」，但還是有上千家獨立的財務規劃公司正在執行非常類似的業務。

金融服務公司

所謂的金融服務公司，是指發送訊息（有時以電報形式發送）給客戶的組織機構。其發送的內容包括：企業的業務狀況與前景、證券市場的現況與展望，以及個股相關的資訊與建議。這些機構通常設有「諮詢部門」以回答與客戶個人相關的問題。這些金融服務機構所收取的費用，遠低於投資顧問向客戶收取的費用。有些機構（較出名的包括 Babson's 和標準普爾）分別設置金融服務和投資諮詢兩種層次的業務。（順便一提的是，某些機構如 Scudder、Stevens & Clark 公司，除了獨立運作投資諮詢業務之外，還經營一項甚至多項的投資基金業務。）

就整體而言，金融服務公司的客戶與投資顧問公司的客戶有很大的不同。後者的客戶群一般不願意花費心思去做決策，而金融服務公司則是提供訊息和指導那些掌管自己財務或提供他人投資建議的人。許多金融服務公司完全（或幾乎完全）以各種「技術」方法來預測市場走勢，但由於這些方法與本書所定義的「投資者」無關，因此我們在此將不予討論。

另一方面，一些最著名的金融服務公司（如穆迪投資服務公司和標準普爾公司）則被視為是提供統計資料的機構，他們所彙編的大量統計數據，是所有重要證券分析的基礎。這些金融服務公司有各種不同的客戶群，從最保守的投資者到最大膽的投機者都有。因此，他們的觀點和建議，很難堅持一個明確或根本的理念。

穆迪以及其他一些歷史悠久的金融服務公司，顯然擁有一些有價值的訊息，可以提供給眾多的投資者。那是什麼呢？基本上，他們提供的是一般積極型投資者和投機者會感興趣的訊息，而他們的看法往往具有某種權威性，或至少比較可靠。

多年來，金融服務公司一直在做股市預測，但沒有任何人真正重視這件事。就如同該領域的其他人一樣，他們的預測有時是正確的，有時則是錯誤的。他們會盡可能表達兩方面的看法，以避免被證明是完全錯誤的（他們擅長模稜兩可的說法，無論未來的發展如何，他們都能成功地加以應對。）我們認為（或許是一種偏見），他們的工作除了揭露證券市場上的人性之外，並沒有什麼實際的意義。幾乎每一個對普通股感興趣的人，都想從別人那裡獲得市場未來走勢的看法，因而有需求，必然會產生供給。

當然，他們對企業經營狀況的理解和預測比較具有權威性和啟發性。他們所提供的訊息，會一直在證券的買方和賣方之間流傳，而且在大多數情況下，有助於形成公平合理的股票與債券價格。毫無疑問的是，金融服務公司提供的資料增加了許多可用的訊息，也強化了客戶的投資判斷。

我們很難評斷他們對個別證券所提出的建議。他們的每一項服務都必須分別判斷，而且只有仔細研究其多年來的結果之後，才能得出合理的結論。就我們的經驗，我們注意到他們普遍存在著一種傾向，而我們認為這種傾向會傷害到原本可以更有用的諮詢工作。這種傾向就是他們普遍持有的觀點：如果企業近期的前景良好，就應該購買該企業的股票；如果前景不佳，就應該賣出該企業的股票，而且無論當時的價位如何，都應該拋售其股票。這種膚淺的原則，經常會妨礙專業人士提供有意義的分析——也就是根據企業未來的長期獲利能力，來判斷當時的股價是否被高估或被低估。

智慧型投資者不會完全依賴金融服務公司提供的建議，來從事買賣交易。只要確定能謹守這項原則，就可以把金融服務公司當成提供訊息和建議的機構。

經紀公司的建議

對於持有證券的投資大眾來說，大量的訊息和建議或許都是來自於證券經紀商。經紀商是紐約證券交易所和其他交易所的會員，他們透過執行買賣指令來獲取固定的手續費。實際上，所有的經紀公司都設有「統計」或分析部門，以接受客戶的諮詢和提供建議。大量的分析報告（其中有一些非常詳細而昂貴）會免費提供給公司的顧客（customer）——或者說是客戶（client）會比較貼切一些。

「顧客」和「客戶」這兩個名稱，究竟哪一個更為恰當，這個問題看似無關緊要，但有時必須視情況而定。企業一般所擁有的是顧客，而專業從業人員或機構所服務的對象則可稱為客戶。在所有的商業活動中，華爾街經紀商的道德標準是比較高的，但要達到真正的專業水準還有待加強。[3]

華爾街過去的興盛主要來自於投機，而在股市投機的人幾乎肯定是輸錢的。因此，從邏輯上來看，經紀公司不可能完全以專業為基礎來經營。否則，它們的努力將導致業務量的下降，而不是增加。

一些經紀公司在這方面的最大努力（預期還會繼續）是，盡量不誘導或鼓勵人們去投機。此類經紀公司將自己的業務範圍侷限於：執行指令，提供金融資訊與分析，評論各種證券投資的優缺點等。因此，理論上它們至少無需對投機客戶的盈虧負全部的責任。[4]

然而，大多數證券公司仍然堅持傳統的觀念：它們的業務就是賺取手續費，而成功的辦法就是提供客戶所需要的服務。由於最能創造利潤的客戶需要投機性的建議和意見，這使得經紀公司的思維與活動，全都必須緊密追踪日常的市場交易。因此，雖然經紀公司極力想幫助客戶賺錢，

---

3. 總體而言，葛拉漢是華爾街有史以來批判最嚴厲和最憤世嫉俗的觀察者之一。但罕見的是，他在此似乎顯得不夠憤世嫉俗。華爾街如果和某些行業（走私、賣淫、國會遊說和傳媒等）相比，道德標準或許有稍微高一點，但投資界實際上一直充斥著各種謊言、詐欺和盜竊等無數罪惡的勾當。

4. 1990 年代末，成千上萬的人認為，華爾街分析師提供的是公正而有價值的建議，但他們最終以慘痛的代價，認識到葛拉漢的看法是多麼地正確。

但根據數學定律，客戶最終總是虧錢的。[5]我們的意思是，從長遠來看，大多數經紀公司的客戶在投機操作是不可能賺錢的。但如果他們的操作類似於真正的投資，或許其投資收益有可能會超出投機的虧損。

投資者可以透過證券公司的兩類員工，來獲取建議和訊息。現在他們的正式稱呼為「經紀人」（或帳戶管理者）和金融分析師。

經紀人也被稱為「註冊代表」，以往他們的地位較低，被人們稱做「為客戶服務的人」。現在，他們大多數是品德優良、擁有豐富證券知識並嚴格遵守原則辦事的人。然而，由於其業務是為了賺取手續費，因此他也難以避免投機性思維。所以，不想受到投機性思維影響的證券購買者，在與自己的經紀人往來時必須謹慎而態度明確；他必須清楚地（以言語和行動）表明，自己對任何類似於股市「小道消息」的事情都不感興趣。一旦經紀人清楚地明白他的客戶是一個真正的投資者，他就會尊重客戶的意見並與其合作。

金融分析師，以往被稱為證券分析師，這一職位與作者本人密切相關，因為本人從事這一職位長達50多年，並且培養了無數的從業者。在這一階段，我們所指的只是經紀公司所僱用的金融分析師。證券分析師的作用從其稱呼中就可以清楚明白。他要仔細研究各種證券，詳細比較同一領域中不同的個股，並對所有各種股票和債券的安全性、吸引力或內在價值提出其專業的見解。

讓外人感到奇怪的是，做為一個證券分析師並沒有任何的正式要求。相反地，經紀人必須通過考試，符合所要求的品德鑑定，並獲得紐約證

---

5. 有趣的是，葛拉漢當年針對這些全方位服務經紀商的嚴厲批評，也適用於1990年代末的網路折扣經紀商。這些經紀公司花費上百萬美元做了許多視窗彈跳廣告，以刺激其客戶進場做更多而且更迅速的交易。大多數的客戶到最後都靠自己交易，而不再掏錢讓別人服務——唯一令人感到安慰的是，這種交易的手續費比較便宜。與此同時，更多的傳統經紀公司開始強調財務規劃和「綜合資產管理」，而不是僅憑公司獲取多少手續費來決定經紀人的報酬。

券交易所的認可和註冊登記。實際上，幾乎所有的年輕分析師都在商學院經歷過廣泛的培訓，而年長的分析師在長期的經歷中所學到的知識也應該不少。絕大多數情況下，經紀公司可以確保其分析師達到要求和具備相應的能力。[6]

經紀公司的客戶可以直接請教證券分析師，或透過經紀人與其間接聯繫。無論哪種方式，分析師都可以提供大量的訊息與建議。在此，我們要鄭重聲明：證券分析師對投資者的價值，主要取決於投資者自身的態度。如果投資者提出正確的問題，他就有可能得到正確的（或至少具有一定價值的）答案。我們相信，受雇於經紀公司的分析師，一般認為他們對市場分析應該非常在行。當有人問及某支股票是否「穩當」時，這問題往往意謂著：「這支股票在隨後的幾個月內有沒有可能上漲？」因此，許多分析師在進行分析時，都會被迫關注於股票價格——這種態勢並不利於健全的思維，也不利於得出有價值的結論。[7]

在本書的下一章，我們將討論證券分析的一些概念以及可能的成果。對於真正的投資者而言，大多數在證券公司工作的分析師，其主要的作用是協助投資者，以確保其得到投資全部（或至少盡可能多一點）的價值。正如經紀人的情況一樣，分析師首先需要做的是，瞭解投資者的態度和目標。一旦分析師確信自己的客戶是以價值而不是價格為考量的人，那麼他的建議就很有可能產生真正的整體效益。

---

6. 這一點至今仍然如此，不過華爾街許多最優秀的分析師都擁有特許金融分析師（CFA）的頭銜。CFA 證書是由投資管理和研究協會（前身為金融分析師聯合會）頒發的，只有經過多年嚴格的專研並通過一系列高難度考試的人，才有資格獲得該證照。全球有 50,000 多名分析師擁有 CFA 證照，但遺憾的是，史丹利．布洛克（Stanley Block）教授最近的調查發現，大多數的 CFA 都忽視了葛拉漢的教誨：在決定本益比方面，成長潛力比收益、風險和股利政策等更為重要，但有太多的分析師都根據近期的股價，而不是公司的長遠前景來買進股票。參見：Stanley Block, "A Study of Financial Analysts: Practice and Theory, "Financial Analysts Journal, July/August, 1999, at www.aimrpubs.org。正如葛拉漢常說的，與金融領域的其他書籍相比，他自己的著作被人們閱讀得更多，但也遺忘得更多。

7. 如今，一般民眾已很難與證券分析師直接聯繫。大多數情況下，只有一些地位崇高的機構投資者才能夠接近華爾街的權威分析師，而個人投資者有幸也許可能接觸到紐約市之外「地區性」經紀公司的分析師。大多數上市公司的網站都設有「投資者關係」一欄，提供追蹤其股價的分析師名單。像 www.zacks.com 和 www.multex.com 這樣的網站，都會提供分析師的研究報告。但是，智慧型投資者要記住，大多數的分析師並不是對企業進行分析，相反地，他們是在猜測未來的股價。

金融分析師的 CFA 證照

1963 年，金融分析師在專業地位與責任方面邁出了重要的一步。凡是通過規定的考試並符合其他一些合格標準的資深從業者，可以取得特許金融分析師（CFA）的資格。[8] 考試科目包括證券分析與資產組合管理。顯然，這樣做的目的是為了採用與註冊會計師（CPA）這一歷史悠久的稱謂相類似的做法。這種新的認可和控制方法，有助於提升金融分析師的水準，並使其工作真正達到專業的程度。[9]

與經紀公司往來

在我們撰寫本修訂版時，金融領域出現了令人不安的發展——許多紐約證券交易所的會員公司陷入了財務困境（簡單地說，就是破產或瀕臨破產），其中至少包括兩家具有相當規模的公司。[10] 這是半個多世紀以來首次發生的情況，而且令人驚訝的是，發生的原因不只一個。幾十年來，紐約證券交易所對其會員的業務和財務狀況採取了越來越嚴格的管制，其中包括最低資本要求與不定期稽核等等。除此之外，證券交易委員會對交易所與其會員公司的管制也長達 37 年之久。最後，股票經紀產業一直在有利條件下開展經營——即交易量大增、固定最低手續費率（這在很大程度上消除了手續費的競爭），以及限制會員公司的數量。

---

8. 【原註】檢定考試是由特許金融分析師協會（它是金融分析師聯合會的其中一個單位）主持的。現在，金融分析師聯合會所包含的各個協會，一共擁有 50,000 多名會員。

9. 班傑明・葛拉漢是推動 CFA 計劃背後的主要力量，在他倡導這一計劃將近 20 年之後，該計劃才成為現實。

10. 葛拉漢所指的兩家公司可能是杜邦公司和 Goodbody 公司。杜邦公司（由杜邦化學公司的繼承人創立）是在 1970 年獲得德克薩斯州的企業家 H. Ross Perot 所提供 5,000 萬美元的貸款之後才免於破產的；Goodbody 公司為美國第五大經紀公司，要不是被美林收購，它會在 1970 年底破產。Hayden, Stone & Co 公司要不是被收購，也已經破產了。1970 年，至少有 7 家經紀公司破產。約翰・布魯克斯（John Brooks）的著作《The Go-Go Years》（投機時代，1999 年，紐約 John Wiley & Sons 出版），生動地描述了 1960 年代華爾街瘋狂追逐股票的鬧劇。

經紀公司（於 1969 年）第一次發生金融危機，主要原因是交易量暴增。有人認為，這會使其交易設施的負荷過重，增加其管理費用，並造成交易結算方面的許多困難。我們必須指出，這或許是有史以來第一次出現重要公司由於無法處理過多業務量而破產的情況。到了 1970 年，隨著越來越多的經紀公司倒閉，人們開始把原因歸咎於「交易量萎縮」。這是一個相當奇怪的指控，因為紐約證券交易所在 1970 年的交易量為 29.37 億股，它是有史以來的最大交易量，而且是 1965 年之前任何一年的兩倍多。在截至 1964 年為止的 15 年牛市期間，每年的平均交易量「只有」7.12 億股（相當於 1970 年的四分之一），但經紀公司卻經歷了有史以來最大的繁榮期間。如果按前面所說的，由於交易所會員公司的總體管理費用與其他費用的增加，使得它們無法承受一年中某段期間交易量的小幅下降，這對於謹慎而保守經營的經紀商來說，實在不大像是個合理的解釋。

關於金融危機的第三種原因，終於逐漸浮出檯面，而且我們認為這是三種原因中最有說服力，也是最重要的一個。某些經紀公司大部分的資本，是由個別合夥人以普通股的形式持有的，而這些股份似乎非常投機，價格也被高估。1969 年市場下跌時，這類股票的價格大幅下跌，經紀公司很大一部分資本也就隨之而消失了。[11] 實際上，合夥人是為賺取雙倍利潤而以資本進行投機，而這些資本原本是為了防範經紀業務在發生財務風險時可用來保障客戶權益的。這種行為是不可原諒的，在此我們就不做更多的評論了。

在制定投資策略以及處理相關細節時，投資者都應該運用自己的智慧，其中包括選擇一家信譽卓著的經紀公司來執行自己的交易指令。目前，我們只會建議讀者只與紐約證券交易所的會員公司往來，除非他有充足的理由選擇非會員公司。儘管不願意，但我們還是必須在這方面提出一

---

11. 【原註】為了減少這方面的風險，紐約證券交易所曾經採用一些非常嚴厲的評價原則（即所謂的「haircut」），但這樣的做法顯然沒有多大的作用。

些建議。我們認為，沒有保證金帳戶的人（在我們看來，這些都是非專業投資者），都應該透過其往來銀行進行證券的交割。當你向經紀公司下達買進指令時，你可以指示他們將你購買的證券交付給你開戶的銀行，並由銀行支付款項；相對地，當你賣出證券時，你可以指示你的開戶銀行在收到款項後將證券交付給經紀公司。這些服務將花費一點點額外費用，但從安全和放心的角度來看，這種花費是值得的。在投資者確信所有與證券公司相關的問題被解決之前，這項建議是不應該被忽視而且必須遵守的。[12]

投資銀行

「投資銀行」這一術語指的是，主要從事新股票和債券的發行、承銷和銷售的公司（承銷指的是，向發行公司或其他發行人保證，證券將可全數被售出）。一些經紀公司也在從事一定數量的承銷業務。一般情況下，這種業務僅限於參與主要投資銀行所組成的承銷團體。另外一種趨勢是，經紀公司會支持並贊助新股發行的小額資金融通，尤其是正當牛市時發行小金額的普通股。

投資銀行或許是華爾街最受人們尊敬的一個部門，因為它為企業擴張提供新的資本而發揮了建設性的作用。事實上，維持股市活躍（儘管經常出現過度投機）的理論依據在於，有組織的證券交易所有利於新發行債券和股票的銷售。如果投資者或投機者看不到一個可供新發行證券進行交易的流通市場，他們是不會去購買這些證券的。

12. 現在，幾乎所有證券公司都是透過電子方式進行交易，而且證券也不再進行實物「交割」。由於 1970 年設立了證券投資者保護公司（SIPC），因此，如果經紀公司破產，投資者一般也能夠保證收回其帳戶上的全部投資。SIPC 是政府要求設立的一個經紀商聯合會；所有的會員都同意繳納一些資金，以彌補任何一家經紀公司破產時給客戶帶來的損失。由於有了 SIPC 的保護，現在的投資者也就不必像葛拉漢所敦促的那樣，以銀行為中介進行付款和交割了。

投資銀行與投資者的關係，基本上是推銷員與潛在購買者之間的關係。在過去的許多年裡，絕大多數新發行的證券，都是銀行和保險公司這樣的金融機構在購買的。在這一行業中，證券推銷員推銷的對象都是一些精明且經驗豐富的買家。因此，投資銀行對客戶提出的任何建議，都必須通過仔細和嚴格的審查。所以，這些交易總是以商業化的條件完成的。

但是，就個人購買者與投資銀行（包括擔任承銷商的股票經紀人）之間的關係而言，就會出現不同的情況。這些個人購買者往往缺乏經驗而且不精明，他們很容易受到證券推銷員的影響，尤其是在普通股方面，因為他們潛意識的購買慾望主要是迅速獲利。所有這些造成的結果是，對大眾投資者的保護並不在於其自身的判別能力，而是在於承銷機構的良心和道德。[13]

如果承銷機構能夠結合顧問和推銷員這兩種不同的角色，那麼這將是其品德和能力的最好證明，但購買者也不能輕易相信銷售者的判斷。我們在 1959 年的版本中曾說過：「這種錯誤態度所造成的不好結果，經常會在承銷領域出現，而且在投機狂熱期間，也會對新的普通股發行造成明顯的影響。」隨後，這一告誡很快就被證明是非常必要的。正如先前所提到的，在 1960 ～ 1961 年和 1968 ～ 1969 年這兩段期間，市場有非常大量的低品質股票以不合理的高價賣給了一般大眾，而且在許多情況下，因為盲目投機和某些操縱的緣故，又把價格推得更高。華爾街許多重要的投資銀行，在一定程度上也涉及這些不當行為，這也就說明了人們所熟悉的貪婪、愚蠢和不負責任等行為，並沒有從金融舞台上消失。

---

13. 【原註】現在，新發行證券的銷售只能透過符合證券交易管理委員會相關規則的公開說明書來進行。這份文件必須揭露與所發行的證券以及證券發行人相關的所有訊息，而且必須讓審慎的投資者充分瞭解該證券的特點。但是，所要求的大量數據通常會使公開說明書過於冗長而令人生畏。人們普遍認為，只有少數的個人投資者在購買新發行證券時會詳細閱讀公開說明書。因此，個人投資者的投資行為仍然不是取決於自己的判斷，而是依賴於承銷機構或推銷員與經紀人的推薦。

智慧型投資者要關注投資銀行所提供的意見和建議，尤其是那些信譽卓越的投資銀行；但他一定要對這些建議做出恰當獨立的判斷——無論是自己判斷（如果他有能力的話），還是透過其他的投資顧問來進行判斷。[14]

其他的投資顧問

向本地銀行諮詢有關投資的意見，是一個很好的習慣（尤其對小城鎮上的人而言）。商業銀行並不一定是證券價值方面的專家，但他卻一定是一個有經驗而且穩重的人。他對於不曾接受過專門訓練的投資者尤其有用，因為這些投資者經常會偏離單純而乏味的防禦性投資策略，所以需要有一個謹慎的人來穩定其思維。對於比較機靈和積極的投資者而言，他們在尋求的是證券選擇方面的建議，因此他們通常會發現，商業銀行家的觀點並不是特別適合其目標。[15]

我們不太贊成向親戚或朋友尋求投資建議的普遍做法。諮詢者總是認為，他有充分的理由相信被諮詢者具有更好的知識或經驗。根據我們的觀察，挑選一位滿意的顧問，與自行挑選適當的證券幾乎是一樣困難。多數免費的建議都是不好的。

總結

準備支付一筆費用來管理自己資金的投資者，可以選擇一些穩健且信譽卓著的投資顧問公司。同時，他們還可以諮詢大型信託公司的投資部門，或者付費取得紐約證券交易所主要會員公司所提供的諮詢服務。雖然得到的結果預期不會太好，但這樣的做法應該會相當於一般消息靈通而謹慎的投資者所得到的結果。

---

14. 那些聽從葛拉漢建議的人，就不會受騙而去購買1999年和2000年首次發行的網路股。

15. 銀行家這種傳統角色，如今已大部分被會計師、律師和理財規劃師取代了。

大多數證券購買者並沒有透過支付特定費用的方式來獲取投資建議。因此，按理說，在大多數情況下，他們不能夠也不應該預期獲得優於平均水準的結果。他們應該對所有的人保持警覺，無論是經紀人，還是證券推銷員（他們經常承諾會有驚人的收益或利潤）。這一點不僅適用於證券的選擇，也適用於市場上難以捉摸的（或許根本就是虛幻的）交易技巧的指導。

根據我們的定義，防禦型投資者通常沒有能力對其顧問所提供的投資建議做出獨立的判斷。但是，他們可以明確地（甚至不斷重複地）陳述自己想購買哪幾種證券。如果他們遵循我們所提出的建議，他們將只會購買高等級債券和主要企業的普通股——最好是購買那些從經驗和分析來看，個股的價格水準並不太高的證券。

任何信譽卓著經紀公司的證券分析師，都能夠列舉出一系列價格適當的普通股，並且能夠向投資者證明，從過去的經歷來看，現在的價格水準是否合理穩當。

積極型投資者通常都會與自己的顧問密切合作。他會要求顧問詳細解釋其建議，而且堅持表達自己對這些建議的判斷。這意味著，投資者將根據自己在該領域的知識與經驗累積，調整自己的預期與操作。只有在特殊的情況下（此時，投資顧問的操守和能力已證明是完全可靠的），投資者才能夠在投資決策沒有得到理解和認可時，根據他人的建議來採取行動。

市場上總是有一些不道德的股票推銷員和不可靠的股票經紀商，因此我們建議讀者盡可能與紐約證券交易所的會員公司往來交易。然而，雖然不願意，但我們還是不得不提出另一個謹慎的建議：證券交割一定要透過投資者的往來銀行辦理。華爾街證券經紀公司的困境，有可能在幾年之內豁然開朗，但是在1971年底，我們仍然建議：「注意安全，以免後悔。」

第十章 評釋

我要感謝愛爾蘭的小女孩。她看見哲學家泰勒斯（Thales）一直在沉思蒼穹，而且發現他的眼睛始終凝視著天空，於是她就在他的腳下放了點東西使其絆倒，警告他：在思考天上的事情時，也應該注意腳下的東西。事實上，她給了人們一個很好的忠告：與其關注天空，不如注意自身安全。

—— Michel de Montaigne

你需要幫助嗎？

在 1990 年代末的繁榮時期，許多投資者都選擇自己獨自運作。他們自己做研究，自己挑選投票，自己透過網絡經紀商從事交易，而這些投資者繞過了華爾街昂貴的研究、建議和交易等服務。遺憾的是，許多自己獨自運作的人聲稱，他們在大蕭條以來最嚴重的熊市出現之前，採用了這種獨立自主的做法，但最後他們才明白，獨自運作的做法是愚蠢的。當然，這種說法也並不一定正確，因為把每一項決策全都委託給傳統股票經紀人的那些人，最後也賠了錢。

但是，許多投資者的確從優秀財務顧問的經驗、判斷和其他意見中得到了幫助。有些投資者需要其他人來告訴自己應該獲取多高的投資報酬，或者需要多少額外的儲蓄，才能實現自己的財務目標。還有一些投資者能獲得的好處是，當投資失敗時可以去責怪他人；這樣，你就不會在自我懷疑中折磨自己，而是去批評某個人（這個人通常能為自己辯護，同時又能給你鼓勵）。這能使你在投資時保持平穩的心態，使你在其他投資者失敗時還能繼續投資。總而言之，由於你無法管理自己的投資組合，因此尋求專業人士的幫助，並沒有什麼好讓人感到羞恥的。[1]

你怎麼知道自己是否需要幫助呢？這裡有一些可供參考的信號：

巨大虧損。從2000年初到2002年底，如果你的投資組合減損了40%以上的價值，那麼你的表現顯然比令人失望的股市更差。無論你的失敗是由於懶惰、粗心，還是運氣不好所造成，當你的投資組合出現巨額虧損時，就說明你需要尋求幫助了。

預算超支。如果你經年累月入不敷出，不知道自己的錢哪裡去了，發現自己無法定期儲蓄，經常不能按時支付各種帳單，那麼這就說明你的財務狀況失控了。一位顧問可以幫助你管好自己的錢財，他可以設計一個全方位的財務規劃，安排你如何花費、如何借款，如何儲蓄和如何投資（還有該花費多少、借多少、儲蓄多少和投資多少）。

雜亂的投資組合。1990年代末期，有太多投資者認為自己的投資組合是多元化的，因為他們擁有39支「不同的」網路股，或者是擁有7支「不同的」美國成長股基金。但是，這就像下列的想法一樣：一個全部是女高音的合唱團，會比一個女高音獨唱《老人河》的效果更好。事實上如果合唱團中不加入一些男中音，那麼無論你增加多少個女高音，都無法展現出低音的效果。同樣的，如果你所有的持股都一起上漲或一起下跌，那麼你就無法得到真正多元化所帶來的好處。此時，一個專業的「資產配置」計劃，就可以給你提供幫助。

重大變化。如果你是一個自由業人士，需要設立一個退休計劃，而你年邁的父母沒有積蓄，或者你孩子的大學學費似乎無力負擔，那麼一位顧問不僅能讓你安心，而且可以幫助你真正改善自己的生活品質。更

1. 對於這問題更深入的討論，請參見：Walter Updegrave, "Advice on Advice," Money, January, 2003, pp. 53-55。

重要的是，一位合格的專業顧問可以確保你遵守複雜而令人眼花撩亂的稅法和退休規則。

信任，並加以確認

請記住，金融詐騙的盛行在於他們總能透過勸說讓你相信他們，而且讓你不去調查他們。當你把你的財務前景交給某一位顧問之前，一定要查明他是否能讓你放心，而且還必須具有無可非議的誠信特質。正如羅納德 · 雷根（Ronald Reagan）曾經說過的：「信任，並加以確認。」首先，考慮你最瞭解和最信任的幾個人。然後，問他們能否推薦一位他們最信任而且認為最有價值的顧問。能得到你所仰慕的人信任的人選，就是一個好的開端。[2]

一旦你有了顧問的姓名、其公司的名稱，以及他的專長（他是一個股票經紀人？理財規劃師？會計師？還是保險經紀人？），你就可以開始做你應該做的調查了。在 Google 這樣的網路搜索引擎中，輸入該顧問的名字及其所屬公司的名稱，看看會出現什麼樣的內容（請注意「罰款」、「投訴」、「法律訴訟」、「懲罰」或「停職」等詞語）。如果該顧問是股票經紀人或保險經紀人，請聯繫自己所在州的證券專員辦公室（或連結 www.nasaa.org），詢問該顧問是否有任何的懲罰或客訴紀錄。[3] 如果你正在考慮的是一位可以充當財務顧問的會計師，那麼你所在州的會計監管機構（你可以在 www.nasba.org 找到）將可以告訴你，此人的記錄是否清白。

---

2. 如果無法從你信任的人那裡得到一個推薦人選，那麼你可以透過 www.napfa.org 或 www.feconly.org 等網站，找到一個收取費用的理財規劃師。該網站的成員一般都能夠提供高水準的服務，並且擁有優良的品德。

3. 客戶的投訴本身並不足以否決一名顧問，但持續不斷的投訴就要考慮了。州或聯邦監管機構的懲罰，通常就是告訴你去找另一位顧問。查看經紀人行為記錄的另一個管道是：http//pdpi.nasdr.com/PDPI。

理財規劃師（及其公司）必須在美國證券交易委員會或業務所在州的監管部門登記註冊。做為註冊的一部分，金融顧問必須提交一份包含兩項內容的 ADV 表。這份文件可以在 www.advisorinfo.sec.gov，www.iard.corn，或你所在州的證券監管機構的網站查看或下載。要特別注意訊息揭露報告這個頁面，其中金融顧問必須披露監管機構對其進行的任何懲罰（由於不道德的顧問在把 ADV 表交給潛在客戶之前，會先刪除這些頁面的內容，因此你應該自己取得一份完整的副本）。在網站 www.cfp-board.org 上交叉檢查一個理財規劃師的紀錄也是個好辦法，因為有些規劃師也被其他州的監管機構懲罰。更多的警告詞語，請參見隨後的專欄內容。

警告性詞語

需要注意的事項，並不能因為你已經有了顧問就不去管了。馬里蘭州的證券管理委員梅蘭妮．森德．魯賓（Melanie Senter Lubin）建議人們要注意一些有可能帶來麻煩的詞語。魯賓警告說，如果你的顧問不斷說出這些詞語，或迫使你做一些感覺不太舒服的事，那麼請「儘快與相關部門聯繫」。下面是一些你應該有所警覺的術語：

「海外的」　「獨家的」

「千載難逢的機會」　「你應該關注績效而不是費用」

「最大的銀行」「難道你不想發財嗎？」

「這個人要行動了」　「不可能虧損」

「有保證的」　「上漲空間很大」

「你要趕快」　「不可能下跌」

「這是肯定的」＝「我媽媽都加入了」

「我們專有的電腦系統模式」＝「相信我」

「聰明的人都在買它」「期貨交易」

「選擇權策略」「每月分紅」

「根本不用考慮」　　「積極的資產配置策略」

「絕不能錯過機會」　　「我們會鎖住你的虧損」

「我們能勝過市場」　　「其他人都不知道這種做法」

「如果你不……你肯定會後悔」

瞭解情況

最近，一家主要的理財規劃通訊社採訪了幾十位顧問，讓他們談一談客戶與顧問面談時應該考慮些什麼。[4] 在挑選顧問時，你的目標應該是：

- 確定他是否想幫助客戶，或只是敷衍了事。
- 確定他是否理解本書所介紹的基本投資原則。
- 評估他所受的教育、培訓和經驗是否足夠幫助你。

下面這些問題是一些著名的理財規劃師建議潛在客戶向顧問提出來的：

你為什麼要從事這一行業？你們公司的宗旨是什麼？除了鬧鐘之外，還有什麼會使你早起？

你的投資理念是什麼？你做規劃是使用股票還是共同基金？你使用技術分析嗎？你靠著掌握市場時機的方式進行交易嗎？（如果最後兩個問題中任何一個問題的回答是「肯定的」，那就是「否定」的信號。）

你只專注於資產管理的諮詢，還是同時在做稅務、不動產與退休計

4. 《內幕訊息》（Inside Information）通訊社的編輯和出版商羅伯特・威爾斯（Robert Veres），慷慨地讓本書分享了這些訊息。至於其他一些問題的回答，可以在 www.cfp-board.org 和 www.napfa.org 找到。

劃、預算和債務管理以及保險等方面的諮詢？你的教育、工作經歷和金融證照足以讓你能提供此類的理財建議嗎？[5]

你的客戶通常有哪些共同的需求？你如何幫助我達成目標？你如何追蹤和報告我的進展情況？你能提供一份清單供我查看財務規劃的執行情況嗎？

你如何選擇投資？你認為哪一種投資方式最好，而且你有哪些證據可以證明這樣的投資方式已經為你的客戶達成目標？當某一項投資在整整一年的表現都很差時，你會怎麼做？（如果只是回答「賣出」，這種顧問就不值得僱用。）

當你在推薦投資時，會接受第三方給的任何形式的報酬嗎？為什麼接受，或者為什麼不接受？在什麼情況下你會接受？你估計我在第一年應該支付給你多少錢的服務費？這筆費用將會因為哪些因素而上升或下降？（如果每年的費用會消耗你資產的1%以上，那麼你或許就應該去找別的顧問。[6]）

你有多少客戶，而且你多久會與他們聯繫？你為客戶做的最值得驕傲的事是什麼？你最喜歡的客戶有哪些共同點？你與客戶之間最不愉快的經歷是什麼？你是如何解決的？客戶是與你還是與你的助手溝通，這是由什麼來決定的？你的客戶通常多久會與你聯繫？

我能看一下對帳單的樣本嗎？（如果你看不懂，就請顧問解釋。如

---

5. 如CFA、CFP或CPA之類的證書，就是告訴你該顧問已通過了嚴格的訓練課程並取得了證照。（金融規劃師所炫耀的其他大多數「字母縮寫組合」證書，其中包括「CFM」和「CFMC」等，其實都不能證明什麼。）更重要的是，只要與頒發證書的機構聯繫，你就可以查核到該顧問過去的記錄，確認他沒有因為違規行為或道德問題而受到處分。

6. 如果你的投資額在10萬美元以下，你可能無法找到為你管理帳戶的財務顧問。在這種情況下，你可以購買組合多元化的低成本指數基金，只要按照本書的建議去做，你的投資組合最終就會成長到可以雇用顧問的程度。

果你不能理解他的解釋，就說明他不適合你。）

你認為自己在財務方面有所成就嗎？原因是什麼？你如何定義財務上的成功？

你認為我的投資年均報酬率可以達到多少？（任何8%～10%以上的報酬都是不切實際的。）

你能夠提供你的簡歷、ADV表以及至少3個參考嗎？（如果該顧問或其公司被要求提交ADV表而沒有出示的話，那就起身離開，並記得要看好自己的錢包。）

曾經有人正式投訴過你嗎？最近與你解約的客戶是因為什麼原因才這麼做的？

擊敗自己最大的敵人

最後要記住的是，優秀的財務顧問並非唾手可得。通常情況下，最優秀的顧問已經有很多的客戶，他們不見得願意接納你，除非你能與他進行很好的合作。因此，他們可能會問一些難以回答的問題，其中包括：

- 為什麼你覺得自己需要一個財務顧問？
- 你的長期目標是什麼？
- 你與其他顧問（包括與你自己）溝通時，最大的挫折是什麼？
- 你有預算方案嗎？你能收支平衡嗎？你每年花費多少百分比的資產？
- 回顧過去的一年，我需要為你獲得多少收益，你才會滿意？
- 你如何處理衝突或爭議？

- 你如何看待2000年開始的熊市？
- 你最擔心的財務問題是什麼？在財務上你最大的希望是什麼？
- 你認為你投資的合理報酬率應該是多少？（請參照第3章的內容去回答。）

如果該顧問不問你這些問題，而你在直覺上感覺他對你認為應該問的其他問題不太感興趣，那麼他就不是一個理想的人選。

尤其重要的是，你要對自己的顧問有足夠的信任，從而使他能夠保護你免於被最大的敵人——自己——所擊敗。評論員尼克・穆雷（Nick Murray）說：「你僱用顧問的目的不是為了理財，而是為了管理你自己。」

財務規劃分析師羅伯特・威爾斯（Robert Veres）說：「如果顧問是你與自己的不利衝動傾向之間的一條防線的話，那麼他就應該有現成的計劃可以幫助你控制好自己。」這些計劃包括：

- **全方位的財務計劃**，以便安排好你的收入、儲蓄、支出、借款和投資等。
- **投資策略計劃**，以表明你的基本投資方式。
- **資產配置計劃**，以詳細說明你在各種不同的投資類別中應配置多少資金。

這些都是制定一個好的財務決策的基礎，應該由你和顧問共同來決定，而不是由某單方面來決定。除非這些基礎條件已到位，而且符合你的願望，否則你就不該掏錢去投資或做出任何投資決策。

非專業投資者的證券分析：一般的做法

現在，金融分析已經成為一個地位穩固且盛行的職業（或準職業）。由各種分析師社團所組成的全美金融分析師聯合會擁有 13,000 多名會員，其中大多數會員都在這一行業中憑著自己的腦力謀生。金融分析師有一本教科書、道德規範，以及一本季刊。[1] 他們也面臨了一些有待解決的問題。近年來出現了一種趨勢，改以「金融分析」這個概念來取代通常人們所說的「證券分析」。金融分析的含義更廣，更適合用來描述華爾街大多數資深分析師的工作。證券分析主要侷限於股票和債券的審查和評價，而金融分析除了這項工作之外，還包括制定投資策略（投資組合的配置），以及大量的總體經濟分析。[2] 在本章中，我們將視情況來使用這些稱呼，但我們的重點還是在強調證券分析師的工作。

證券分析師的工作，就是研究某種證券的過去、現在和未來。他要介紹企業的業務；匯總其經營結果與財務狀況；指出其優缺點以及可能面對的結果和風險；根據各種假設條件或「最好的猜測」，來估算其未來的獲利能力。他要詳細比較各種不同企業以及同一企業在不同時間的情況。最後，他還要表達自己的觀點：以債券或投資級優先股而言，他要判斷這些證券的安全性；對於普通股來說，他則要判斷它是否值得買進。

在做這些工作時，證券分析師會利用到一些技巧，包括基本技巧到最複雜的技巧。他可能會大幅調整企業年度財務報表中的數據，儘管這些財務報表已經得到了會計師的簽證，但他還是會特別關注這些報告中有可能被極力誇大或過於輕描淡寫的數據。

證券分析師會設計並使用一些安全標準。我們可以根據這些標準，判斷某種債券或優先股是否足夠穩健而值得買進。這些標準主要涉及到過去

1. 全美金融分析師聯合會現在更名為投資管理與研究協會；其「季度」研究報告《金融分析師雜誌》（Financial Analysts Journal）現在每隔一個月出一期。

2. 【原註】我們的教科書《證券分析》（1962 年第 4 版），儘管它仍然保留了 1934 年最初出版時的書名，但書中的內容已經涵蓋了很多金融分析的範圍。

的平均收益，同時也涉及到資本結構、營運資本、資產價值和其他項目。

在面對普通股時，證券分析師直到目前還沒有像債券和優先股安全標準那樣的一套價值標準。大多數情況下，他們只是匯總以往的業績，對未來做出大體的預測（尤其是對隨後 12 個月的預測），並且得出一個相當武斷的結論，而這樣的結論往往取決於股票報價或市場走勢圖。然而，在過去的幾年裡，一些從業分析師開始更加關注成長股的評價問題。相對於過去和當前的獲利而言，許多成長股的價格都顯得太高，因此推薦這些股票的分析師覺得有必要為這種投資找到合理的理由，於是他們對較遙遠未來的預期獲利提出了明確的預測。為了支持其評價的結果，他們採用了某些相當複雜的數學技巧。

稍後，我們將簡要地介紹這些方法。但是，在此我們必須指出一個惱人的困惑：時下最流行的數學評價方法，正是最不可靠的一種做法。因為對未來的預期越依賴（與過去的業績表現越沒有關聯），評價就越有可能出現錯誤的計算和嚴重的誤差。高本益比成長股的價格有很大一部分來自於對未來的預期，而與過去的業績表現完全無關——或許只與成長率本身有關。因此，我們可以說，如今的證券分析師在面對不太容易準確判斷的情況時，不得不使用數學和所謂「科學」的方法。[3]

3. 如果你的預期成長率越高，對未來的預期越遠，那麼你的預測對於微小誤差就越敏感。舉例來說，如果你估計某家公司每股 1 美元的利潤將在隨後 15 年以 15% 的年率成長，那麼其利潤最終將達到 8.14 美元。如果市場給該公司的本益比為 35 倍，那麼期末股票價格將達到大約 285 美元。但是，如果利潤成長率為 14% 而不是 15%，那麼期末公司的利潤就是 7.14 美元——而且，由於利潤未達到預期，投資者將不再願意支付相當於 35 倍利潤的價格。比如說，以本益比為 20 倍來看，每股最終將在 140 美元左右，比原來少了 50% 以上。由於高等數學會使預測未來的固有不確定過程，形成一種看似準確的感覺，因此投資者必須高度質疑那些聲稱使用複雜計算方法來解決基本財務問題的人。正如葛拉漢所說的：「在華爾街 44 年的經歷和研究中，除了簡單的算術和最基本的代數之外，我從未見過任何可靠的算法，可以決定普通股價值或相關的投資決策。每當有人使用微積分或高等代數時，你幾乎就可以把它當作一個警告信號，因為那很可能是操作者試圖以理論替代經驗，而且通常也很可能是試圖以投資為幌子來掩蓋投機」。（參見附錄 3）

儘管如此，我們還是要繼續探討證券分析中一些比較重要的因素和技巧。目前，最值得關注的是一些非專業投資者的需要。這些人至少應該明白證券分析師們正在談論些什麼，其含義究竟是什麼；除此之外，還應該要能判斷出證券分析師所談論的內容，究竟是表面的分析還是深入的分析。

人們認為，對於非專業投資者來說，證券分析應該從解讀企業的年度財務報告開始。在另一本名為《葛拉漢教你看懂財務報表》[4]的書中，我們曾經介紹這一相關內容。在此，我們認為沒有必要、也不適宜詳細介紹相同的內容，尤其是考慮到本書的重點在於原則和態度，而不在於訊息與說明。在此且讓我們轉向有關投資選擇的兩個基本問題：公司債或優先股的主要安全標準是什麼？影響普通股評價的主要因素有哪些？

債券分析

在證券分析的領域中，最可靠而最被人們看重的，就是對債券和投資級優先股安全性或品質的關注。評估公司債的主要標準是，該公司過去數年的盈餘，究竟是利息總支出的多少倍。就優先股而言，評價標準則是看盈餘的數字，究竟是債券利息和優先股股息的多少倍。

確切的標準將隨著不同的要求而有所不同。由於這些標準基本上具有隨意性，因此我們無法確定何者為最適當的標準。在1961年出版的《證券分析》修訂版中，我們建議了某些利息保障倍數的標準，如表11-1所示。[5]

---

4. 【原註】The Interpretation of Financial Statements，with Charles McGolrick, Harper & Row, 1964, reissued by Harper-Business, 1998。

5. 1972年，公司債的投資者只能自己去建構投資組合。現在，大約有500支共同基金投資於公司債，從而使得人們能夠方便地進行證券組合的多元化。由於資產少於10萬美元的投資者不可能自己建構出一個多元化的債券組合，因此在一般情況下，智慧型投資者最好直接購買低成本的債券基金，把調查信用的勞苦工作留給基金經理人。關於債券基金更多的內容，請參見第4章評釋。

表 11-1 針對債券與優先股所建議的最低「利息保障倍數」

A. 投資級債券
最低利息保障倍數：

	稅前		稅後	
產業類別	過去 7 年平均數	以「最差年份」衡量	過去 7 年平均數	以「最差年份」衡量
公用事業	4 倍	3 倍	2.65 倍	2.10 倍
鐵路	5	4	3.20	2.65
工業	7	5	4.30	3.20
零售業	5	4	3.20	2.65

B. 投資級優先股

稅前盈餘與固定費用加上兩倍優先股股息之和的比值，同樣要達到上述標準。

說明：加上兩倍優先股股息的原因是，優先股股息不可用於扣抵所得稅，而利息支出卻是可以的。

C. 其它類別的債券和優先股

上述標準不適用於（1）公用事業控股公司，（2）金融類企業，（3）房地產公司。在此，我們省略了這些特殊族群的標準要求。

我們的最低標準只針對某幾年的平均結果。其他一些分析師還要求每一個相關年份都必須符合最低利息保障倍數。我們認為，「最差年份」的標準可以替代 7 年平均的標準；債券或優先股只要滿足其中一個標準即可。

或許有人會反對以下的觀點：1961 年後債券利率的大幅上升，應該可以在某種程度上使人們降低對利息保障倍數的要求。顯然，與 4.5% 的利率相比，在 8% 的利率下工業企業要達到 7 倍的利息保障倍數會更加困難。為了因應這種變化，現在我們建議使用另一個標準，即盈餘占債券本金的百分比。就稅前盈餘而言，這些比率可能為：工業企業 33%，公用事業 20%，鐵路 25%。在此應該牢記的是，大多數企業的總債務實際支付的利率遠低於目前的 8%，原因在於它們以前發行的債券息票率更低。對「最差年份」的要求，可以設定在 7 年標準的大約三分之二左右。

除了利息保障倍數之外，一般還可以使用其他一些標準。這些標準包括：

1. **企業規模**。在公司的業務規模以及城市人口方面，有一個最低的標準（工業、公用事業和鐵路的標準各不相同）。

2. **股票相對權益之比率**。這是次級股票[6]的市值與債務（或債務加優先股）的總面值之間的比率。它大致反映了次級投資所提供的保障或「緩衝」，因為次級投資要首先面對不利情況的影響。這種因素包括了市場對企業未來前景的評價。

3. **資產價值**。資產價值（資產負債表中所反映的價值，或資產的評估價值）在過去被人們視為債券發行的主要安全保障。經驗證明，大多數情況下安全性取決於企業的獲利能力，而且，如果企業欠缺這方面的能力，那麼其資產的大部分推估價值就會喪失。然而，以公用事業（因為其收益主要取決於固定資產投資）、房地產企業和投資公司這三類企業族群而言，資產價值仍然是一個衡量債券與優先股安全性的重要標準。

此時，機靈的投資者可能會問：「由於利息與本金的償還取決於未來的情況，那麼根據過去及目前的表現來衡量的安全標準，能有多大的可靠性呢？」這個問題的答案，只能從經驗中去尋找。根據投資領域的歷史顯示，在絕大多數情況下，如果債券和優先股能夠滿足以過去表現來衡量的嚴格安全性標準，那麼企業就能夠成功地應對未來的情勢變化。這一點在主要的鐵路債券領域得到了很好的證明——這一領域尤其容易遭遇破產災難以及巨額虧損。幾乎所有鐵路公司陷入財務困境的案例，都涉及到長期債務過重的問題。這說明了即使在景氣繁榮時期，其固定費用的保障還是不夠，因此使用嚴格安全標準的投資者會將其排除在外。相反地，幾乎每一家滿足標準的鐵路公司實際上都走出了財務困境。1940年代和1950年，許多經過重整的鐵路公司，其金融歷史明確地驗證了我

6. 葛拉漢所稱的「次級股票」指的就是普通股。優先股之所以「優先」於普通股的原因在於，公司在支付普通股股息之前，必須先支付所有的優先股股息。

們前面所說的。所有這些公司（只有一個例外）開始經營時的固定費用，都降到了目前人們普遍認為的固定利息保障要求的水準。唯一的例外是紐黑文鐵路公司（New Haven Railroad），它在 1947 年重整時的利息保障倍數大約只有 1.1 倍。因此，當所有其他的鐵路公司都恢復了償付能力而走出嚴重的財務困境時，紐黑文鐵路公司卻在 1961 年（第三次）陷入了破產接管。

在第 17 章中，我們將討論賓州中央鐵路公司破產的案例，這事件在 1970 年震撼了整個金融界。這個案例中的一個基本事實是，早在 1965 年，該公司的固定費用保障倍數就已經達不到最低標準了；因此，謹慎的債券投資者早就應該在該公司發生財務危機之前避開或拋售其債券。

根據過去的記錄來判斷未來安全性的概念，在公用事業更加適用——這一行業正是債券投資的主要領域。一個資本雄厚的公用事業（電力）公司或公用事業組織，幾乎不可能陷入破產接管。由於證券交易委員會實行了控制措施[7]，加上大多數控股公司系統拆分，從而使得公用事業單位的融資一直是穩健的，而且從未發生過破產的情事。1930 年代，電力與天然氣公用事業的財務困境，幾乎全都與融資過多和管理不善有關，這可以從該企業的資本結構中清楚地看到。因此，只需要一些簡單而嚴格的安全性標準，就可以在公司違約之前，警告投資者遠離它們所發行的債券。

各種工業債券的長期記錄各不相同。儘管整體上工業企業的獲利成長優於鐵路或公用事業，但從個別企業及其業務種類來看，其獲利始終是不穩定的。因此，根據過去的經歷，至少有理由讓我們相信：購買工業企業的債券和優先股時，應該侷限於那些規模較大而且在過去有能力承受嚴重壓力的企業。

---

7. 在 1923 ～ 1930 年間，投資者因購買了一些不顧一切成立的公用事業公司的股票，而遭受了數十億美元的損失之後，美國國會授權證券交易委員會根據 1935 年的公用事業控股公司法來監管公用事業的股票發行。

從 1950 年以來，工業債券就很少發生違約，但是導致這一事實的部分原因在於，這麼長的期間內沒有出現過嚴重蕭條。1966 年之後，許多工業企業的財務狀況都出現了不利的發展，而盲目擴張的結果，造成企業相當大的困難。它們一方面涉及到銀行貸款和長期債務的大量增加；另一方面則是因為經營經常出現虧損，而不是獲利。在 1971 年初有人算過：在過去的 7 年裡，所有非金融企業的利息支出，從 1963 年的 98 億美元增加到了 1970 年的 261 億美元，而且利息支出占企業稅前盈餘的比率，在 1971 年達到了 29%，而在 1963 年只有 16%。[8] 顯然，許多企業負擔增加的情況比這還要嚴重。企業債券發行過量已經成為了一種普遍現象，因此我們有充分的理由重申本書 1965 年版中的一段警語：

> 我們並不認為，投資者可以永久地依賴這種有利的環境；因此，我們也不認為，投資者在挑選工業或其他企業的債券時，可以放寬自己的標準。

普通股分析

理想的普通股分析模式在於能夠對股票價值進行評估，並以此與當期的市價做比較，以確定該股票是否值得買進。這種評價方式一般都是透過下列的方法：首先估算出未來幾年的平均獲利，然後再乘以一個適當的「資本化因子」。

現在，估算未來獲利能力的標準化程序是：首先確定過去的平均銷售量、產品價格及毛利率，然後再以前期的銷售量和價格水準的變化為基礎，估算出未來的銷售額。同時，這些估算首先要依據總體經濟預測中的國民生產總值，然後考慮各產業和企業的特殊狀況再做調整。

---

8. 【原註】這些數據來自於所羅門兄弟（Salomom Bros.）這家紐約大型債券公司。

關於這種估價方法的介紹，可以參見本書 1965 年版本以及後續更新的內容。價值線這家主要的投資服務公司，會依據上述方法對公司未來的收益和股息做出預測，然後根據過去的某種關聯，使用計算公式來推導出有關「價格潛力」（或預估市場價值）的數據。在表 11-2 中，我們列出了價值線公司於 1964 年 6 月對 1967 ～ 1969 年所做的預測，並與 1968 年（大致反映了 1967 ～ 1969 年的情況）的實際結果做比較。

表 11-2 道瓊工業股價指數（DJIA）
（價值線公司於 1964 年中對 1967～1969 年所做的預測，並與 1968 年的實際結果做比較）

	盈餘				
	預測結果（1967～1969 年）	實際結果（1968 年[a]）	股價（1964 年 6 月 30 日）	預測股價（1967～1969 年）	平均價格（1968 年[a]）
Allied Chemical	3.70	1.46	54½	67	36½
Aluminum Corp. of Am.	3.85	4.75	71½	85	79
American Can	3.50	4.25	47	57	48
American Tel. & Tel.	4.00	3.75	73½	68	53
American Tobacco	3.00	4.38	51½	33	37
Anaconda	6.00	8.12	44½	70	106
Bethlehem Steel	3.25	3.55	36½	45	31
Chrysler	4.75	6.23	48½	45	60
Du Pont	8.50	7.82	253	240	163
Eastman Kodak	5.00	9.32	133	100	320
General Electric	4.50	3.95	80	90	90½
General Foods	4.70	4.16	88	71	84½
General Motors	6.25	6.02	88	78	81½
Goodyear Tire	3.25	4.12	43	43	54
Internat. Harvester	5.75	5.38	82	63	69
Internat. Nickel	5.20	3.86	79	83	76
Internat. Paper	2.25	2.04	32	36	33
Johns Manville	4.00	4.78	57½	54	71½
Owens-Ill. Glass	5.25	6.20	99	100	125½
Procter & Gamble	4.20	4.30	83	70	91
Sears Roebuck	4.70	5.46	118	78	122½
Standard Oil of Cal.	5.25	5.59	64½	60	67
Standard Oil of N.J.	6.00	5.94	87	73	76
Swift & Co.	3.85	3.41[b]	54	50	57
Texaco	5.50	6.04	79½	70	81
Union Carbide	7.35	5.20	126½	165	90
United Aircraft	4.00	7.65	49½	50	106
U.S. Steel	4.50	4.69	57½	60	42
Westinghouse Elec.	3.25	3.49	30½	50	69
Woolworth	2.25	2.29	29½	32	29½
合計	138.25	149.20	2222	2186	2450
DJIA（總變化 2.67%）	52.00	56.00	832	820	918[c]
DJIA 1968 年實際結果	57.89				906[c]
DJIA 1967～1969 年實際結果	56.26				

a 已考慮 1964 年以後的股票分割。
b 1967～1969 年的平均數。
c 差異來自於餘數的改變。

整體的預測結果證明是有點偏低，但問題不太嚴重。6 年以前相應的預測結果被證明在盈餘和股息方面過於樂觀，但所使用的較小乘數抵消了這種影響。因此，「價格潛力」的預測數據與 1968 年實際的平均價格大致相同。

讀者可能會注意到，許多個股的預測與實際情況相差甚遠。這正好支持了我們普遍的觀點：綜合性或針對群體的估算，可能比個別企業的估算更為可靠。或許，理想的做法應該是，證券分析師挑選出自己對其未來前景最瞭解的三、四家企業，然後專注於預測客戶感興趣的內容。遺憾的是，人們幾乎不可能事先分辨哪些預測是可靠的，哪些預測很有可能出現誤差。實際上，這就是投資基金廣泛從事多元化投資的原因。如果你知道買進某支股票可以獲得高額利潤，那麼最好的做法無疑是集中投資於該股票，因為多元化投資反而會使你的投資結果變得平庸。但是，我們並不能真的這樣做，因為這樣做並不可靠。[9] 事實上，廣泛多元化投資的流行做法本身就是否定了「選股」的神話——那只不過是華爾街經常會說的漂亮話罷了。[10]

9. 【原註】至少，大多數的證券分析師和投資者都不能這樣做。一些非常優秀的分析師有可能這樣做而不斷地獲得成功，因為他們事先知道哪些企業值得深入研究，而且他們有工具和能力去從事這項研究。關於這種方法的詳細內容，請參見：Philip Fisher, Common Stocks and Uncommon Profits, Harper & Row, 1960。

10. 近幾年，大多數的共同基金幾乎都在複製標準普爾 500 指數，以免持有不同的證券而導致自己的報酬偏離該指數。一些基金公司則反其道而行，它們推出了所謂「集中化」的投資組合，而這種組合擁有基金經理人認為「最好」的 25-50 支股票。這使得一些投資者產生了疑慮，這些經理人所管理的其他基金是否包含了他們所認為的最差股票。鑒於大多數所謂「最好的」基金的績效，並沒有顯著超越標準普爾 500 指數，因此投資者也必須事先知道，基金經理人的想法是否值得投資。對於像巴菲特那樣經驗豐富的投資者而言，廣泛的多元化投資是很愚蠢的，因為它淡化了集中投資少數幾支好股票的結果。但是，就一般的基金經理人或個人投資者而言，不採用多元化投資是很愚蠢的，因為要挑選出少數幾支能勝出的股票實在很困難。隨著你擁有的股票種類越多，其中某一支股票的虧損所帶來的影響就越小，而且擁有全部勝出股票的機會將會上升。對大多數投資者而言，理想的選擇就是購買股票市場指數基金，這是持有每一支值得購買股票的一種低成本的方法。

影響資本化率的因素

儘管未來的平均獲利被視為價值的主要決定因素，但證券分析師還會考慮其他一些具有一定意義的因素。大多數的分析師都會關注資本化率（capitalization rate），而這一比率會因為股票「品質」的不同而有很大的差異。因此，儘管兩家公司在 1973 ～ 1975 年間的預期每股盈餘相同（比如說 4 美元），但分析師還是有可能給一家公司的評價為 40 美元，另一家公司為 100 美元。現在讓我們簡要地介紹導致這種差別的一些因素：

1. **總體的長期前景**。沒有人能夠真正了解遙遠的未來會發生什麼事，但分析師和投資者在這方面卻有著同樣強烈的看法。他們的看法反映在個別企業與產業類股的本益比上，就會產生很大的差異。在 1965 年的版本中，我們曾經談到這一點：「例如，1963 年年底，道瓊工業指數中化工類股的本益比，遠高於石油類股，這也就說明人們強烈認為，前者的前景比後者的前景更好。市場表現出這種差別通常是有道理的，但如果這種差別主要取決於過去的表現，那麼它也有可能是錯誤的。」在表 11-3 中，我們分別列出了道瓊工業指數中化工與石油類股在 1963 年底和 1970 年底的數據。從表中可以看到，儘管化工類股的本益比較高，但 1963 年之後的盈餘幾乎毫無進展。石油類股的情況確實比化工類股好多了，而且大致實現了 1963 年本益比所隱含的成長率。[11] 因此，在這個例子中，市場賦予化工股的高本益比顯然是錯誤的。[12]

11. 【原註】我們在下一節所列出的公式，反映的是本益比與預期成長率之間的關係。

12. 葛拉漢對 1960 年代化工和石油類股的觀點，幾乎可以在任何時期應用於任何行業。華爾街對某一產業未來前景的看法，通常不是過於樂觀就是過於悲觀。更糟糕的是，股票被嚴重高估時的看法最為樂觀，而股票非常便宜時則最為悲觀。最近的一個例子當然就屬科技與電信類股：1999 年和 2000 年年初，它們的前景一片看好時股價創下了新高，然後 2002 年一路崩跌。歷史證明，華爾街的「專家」既沒有能力預測整個市場的表現，也沒有能力預測某個產業和特定股票的表現。正如葛拉漢所指出的，個人投資者也不可能做得更好。智慧型投資者的優異表現來自於：做決策時不依賴任何人（包括他自己）的精確預測。（參見第 8 章）

表 11-3 道瓊工業指數中化工與石油類股的表現（1963 年和 1970 年）

	收盤價	1963 年 每股盈餘	本益比	收盤價	1970 年 每股盈餘	本益比
化工公司：						
Allied Chemical	55	2.77	19.8 倍	24⅛	1.56	15.5 倍
Du Ponta	77	6.55	23.5	133½	6.76	19.8
Union Carbideb	60¼	2.66	22.7	40	2.60	15.4
			25.3（平均）			
石油公司：						
Standard Oil of Cal.	59½	4.50	13.2 倍	54½	5.36	10.2 倍
Standard Oil of N.J.	76	4.74	16.0	73½	5.90	12.4
Texacob	35	2.15	16.3	35	3.02	11.6
			15.3（平均）			

a 1963 年的數據，已考慮通用汽車股息的分配。

b 1963 年的數據，已考慮隨後的股票分割。

2. **管理**。華爾街經常大量討論這一話題，但實際上並沒有多大的作用。除非我們能夠設計出一套標準，來對管理階層的能力進行客觀、量化而可靠的檢驗，否則我們對這一因素永遠只能模糊地看待。的確，非常成功的企業通常都擁有一個好的管理階層。他們的表現可以從過去的記錄中看到；我們可以進而預期未來五年他們還是會有優異的表現，而且會在前面介紹過的總體長期前景因素中反映出來。如果把管理做為另一個牛市的因素來單獨考量，它通常很容易導致嚴重的價值高估。我們認為，只有在最近情況發生變化而且影響還沒在實際數據中反映出來時，管理因素才會成為一項很重要的因素。在這方面，克萊斯勒汽車公司就曾經發生過兩次引人注目的事件。第一次發生在 1921 年，當時華特 ・ 克萊斯勒（Walter Chrysler）接管了即將倒閉的 Maxwell 汽車公司，並在短短幾年之間使其成為了一家高獲利的大企業，而同時間許多其他的汽車公司卻都被迫歇業。第二次發生在 1962 年，當時克萊斯勒的財產價值大幅縮水，股價也跌到了多年來的最低點。隨後，另一個財團與聯合煤礦公司接管了克萊斯勒。公司的每股盈餘從 1961 年的 1.24 美元上升到 1963 年的 17 美元，股價也從 1962 年的最低點 38.5 美元，上漲到了隔年的近 200 美元。[13]

3. **財務實力與資本結構**。在相同價格的條件下，一家擁有大量結餘現金且資本結構只有普通股的公司股票，顯然比一家每股盈餘相同但擁有大量銀行貸款和優先股的公司股票更值得購買。證券分析師會適當地仔細考量這一因素。然而，適量的債券和優先股並不一定不利於普通股，而適度地利用周期性銀行貸款也不一定不利於普通股。（在有利的情況下，偶爾頭重腳輕的資本結構——相對於債券和優先股，普通股所占的比例較少——有可能會給普通股帶來巨大的投機利潤。這就是所謂的「槓桿」因素。）

4. **股息記錄**。優質股最具有說服力的其中一個標準，就是多年來連續派發股息的記錄。我們認為，20 年以上連續派發股息的記錄，是反映公司股票品質的一個非常重要的有利因素。事實上，防禦型投資者只可以購買符合這一標準的股票。

5. **當期的股息率**。最後這個因素是最難以把握的。幸運的是，大多數公司都開始實施所謂的標準股息政策。這意味著，公司會將其平均獲利的三分之二用於派發股息，不過近年來由於對高獲利的追求需要更多的資本，因而降低了股息率。（1969 年道瓊指數

---

13. 【原註】克萊斯勒的股價有優異表現的部分原因，無疑在於 1963 年所進行的兩次 2 比 1 的股票分割——對於一家大企業而言，這是一個史無前例的現象。1980 年代初，在李 · 艾科卡（Lee Iacocca）的領導下，克萊斯勒取得了三連冠，從瀕臨破產邊緣轉變成為美國表現最佳的公司。然而，要看清那些使大企業起死回生的經理們的真面目，似乎不太容易。1996 年，艾爾 · 鄧樂普（Al Dunlap）對史考特紙業公司（Scott Paper Co.）進行了重整（並使其股價在 18 個月內上漲了 225%）之後，接任了陽光公司總裁，當時華爾街都尊稱他為第二個能夠起死回生的人。但是，後來的事實證明，鄧拉普是一個騙子——他利用不當的會計方法和偽造的財務報表，誤導了陽光公司的投資者，其中包括受人尊敬的基金經理人邁克爾 · 普萊斯（Michael Price）和邁克爾 · 史丹哈特（Michael Steinhardt）——這兩人都曾經雇用過他。關於鄧樂普職業生涯的詳細剖析，請參見：John A. Byrne, Chainsaw, HarperCollins, New York, 1999。

的股息率為 59.5%，而所有美國企業的股息率則為 55%。）[14] 如果股息與盈餘之間有一個正常的關係，那麼股價就可以依據股息或盈餘來決定，而其結果應該不會有太大的差異。例如，一般二類公司的預期平均盈餘為 3 美元，預估股息為 2 美元，那麼其股價就可以估算為盈餘的 12 倍或股息的 18 倍，而這兩種情況下的股價都是 36 美元。

然而，越來越多的成長型企業都摒棄了標準股息政策，也就是說不再將其獲利的 60% 或更多用於派發股息。他們所持的理由是，保留幾乎所有利潤用於公司擴張的做法，更能符合股東的利益。這導致了一些需要仔細區分的問題。關於適當的股息政策這個重要問題，我們將在後面的第 19 章中討論，並將其視為管理階層與股東關係的一般問題來加以解決。

成長股的資本化率

大部分證券分析師的正式評估報告，往往都會涉及到成長股的評價。我們對各種方法進行了研究，得出了一個非常簡單的成長股評價公式，該公式計算出的數據相當接近於一些更加複雜數學計算所得出的結果。我們的公式為：

價值 = 當期（正常）盈餘 ×（8.5+ 兩倍的預期年成長率）

成長率這一數據指的是未來 7 ～ 10 年的預期成長率。[15]

14. 從葛拉漢那個年代以來，人們已不再考慮這一數據（即現在人們熟知的「股息支付率」）了，因為美國的稅法既不鼓勵投資者尋求股息，也不鼓勵企業派發股息。截至 2002 年底，標準普爾 500 指數的股息支付率為 34.1%，而在 2000 年 4 月，股息支付率更創下了 25.3% 的新低（參見：www.barra.com/research/fundamentals.asp）。在第 19 章評釋中，我們將更深入地探討股息政策這一問題。

15. 【原註】請注意，我們並不認為這個公式可以計算出成長股的「真實價值」，只能說其結果近似於現在正流行的複雜計算方法所得出的結果。

在表 11-4 中，我們列出了各種預期成長率以上述公式計算的結果。根據公式，我們就可以很容易根據當期的市場價格反推出預期的成長率。在本書上一版本中，我們計算過道瓊工業指數以及 6 支重要股票的結果。這些數據重新列在表 11-5 中，當時我們的評論是：

全錄公司（Xerox）的隱含年成長率高達 32.4%，而通用汽車僅為 2.8%，兩者之間的差異的確相當大。其部分原因在於，股市認為，通用汽車可能難以維持 1963 年的獲利（有史以來最大的獲利），最好的情況下也只能勉強達成。另一方面，全錄公司的本益比代表了人們的投機熱情，他們十分關注公司的巨大成就，而且期望未來的成就更大。

道瓊工業指數的隱含或預期成長率為 5.1%，而 1951 ～ 1953 年和 1961 ～ 1963 年間的實際（複合）年成長率為 3.4%。

我們必須提出如下的忠告：如果我們希望高成長股的成長率實際上得以實現的話，那麼該高成長股的預估評價就必須相對保守。事實上，根據公式，如果假設一家企業將以 8% 或更高的成長率無限期成長，那麼其價值將趨於無限大，而且其股價無論如何都不會過高。在這種情況下，評價者實際上應該要在其計算中引入安全邊際（margin of safety）的概念——類似於工程師在結構方面的考慮一樣。在此基礎上，即便是實際的成長率遠低於公式計算出來的預期成長率，購買者也能達到自己的目標（1963 年，預期未來的整體年報酬率為 7.5%）。當然，如果預期成長率實際得以實現，投資者必然會獲得一筆可觀的額外報酬。事實上，分析師沒有辦法估算出高成長企業（如預期年成長率為 8%）的價值，因為他無法確定當期的本益比以及未來的預期本益比。

表 11-4 根據簡化的公式以及預期成長率計算出當期的本益比

預期成長率	0.0%	2.5%	5.0%	7.2%	10.0%	14.3%	20.0%
10 年成長率	0.0	28.0%	63.0%	100.0%	159.0%	280.0%	319.0%
當期的本益比	8.5	13.5	18.5	22.9	28.5	37.1	48.5

表 11-5 隱含或預期的成長率（1963 年 12 月～ 1969 年 12 月）

	股票	本益比（1963 年）	預期成長率[a]（1963 年）	每股盈餘（1963 年）（1969 年）	實際年成長率（1963 ～ 1969 年）	本益比（1969 年）	預期成長率[a]（1963 年）
American Tel. & Tel.	23.0 倍	7.3%	3.03	4.00	4.75%	12.2 倍	1.8%
General Electric	29.0	10.3	3.00	3.79[b]	4.0	20.4	6.0
General Motors	14.1	2.8	5.55	5.95	1.17	11.6	1.6
IBM	38.5	15.0	3.48[c]	8.21	16.0	44.4	17.9
International Harvester	13.2	2.4	2.29[c]	2.30	0.1	10.8	1.1
Xerox	25.0	32.4	.38[c]	2.08	29.2	50.8	21.2
DJIA	18.6	5.1	41.11	57.02	5.5	14.0	2.8

a 根據前面的公式計算而得。

b 1968 年和 1970 年的平均值，因為 1969 年的盈餘由於罷工而減少了。

c 經股票分割之調整。

後來的事實證明，全錄和 IBM 公司的實際成長率非常接近我們公式預期的高成長率。正如剛才所解釋的，這樣的高成長率導致兩者的股價大幅上揚。道瓊工業指數本身的成長也接近於 1963 年市場收盤時的預測結果。但是，5% 的溫和成長率並不會導致類似於全錄和 IBM 公司那樣的數學難題。結果證明，到 1970 年年底，23% 的價格上漲加上 28% 的總股息收益，使得公式中的整體年收益率達大約 7.5%。就其他 4 家公司而言，我們只能說，它們的成長沒有達到 1963 年價格的預期成長率，而且其股價的實際漲幅也低於道瓊工業指數。請注意：我們提供的上述資料只是為了方便說明，因為在證券分析中，必然會涉及到對大多數企業未來成長率的預測。讀者不要誤以為這樣的預測非常可靠，也不要誤以為未來的價格一定會如預測結果一樣實現，實際上有可能超過或未達到。

我們還必須指出的是，基於未來預期的結果來評估股票價值的任何「科學」（或者說至少合理可靠的）方法，都必須考慮到未來的利率情況。如果我們假設利率結構是上升的，那麼預期收益或股息的現值就會降低。[16]實際上預測利率一直是很困難的事，而且近年來長期利率劇烈波動，使得這種預測更近乎是武斷的。因此，我們之所以仍然使用上述的公式，純粹只是因為沒有更合理的新方法。

產業分析

由於企業的前景對市場價格會產生重大的影響，因此證券分析師自然會極力關注產業及產業中個別企業的經濟狀況。這方面的研究可以非常深入，有時會在重要因素方面提供一些寶貴的見解；這些因素有可能會在未來發揮作用，但目前市場並沒有明顯察覺到這一點。這方面研究所得出的結論相當可靠，它有助於做出穩健的投資決策。

然而，根據我們自身觀察後認為，提供給投資者的大多數產業研究報告，實際上並沒有什麼實用的價值。這些研究報告的內容一般都是大眾非常熟悉的資料，而且早已經充分反映在市場的價格上了。我們很少發現某經紀公司的研究報告會以一系列令人信服的事實告訴人們，某個受歡迎的產業即將衰退，或者是某個不受歡迎的產業即將出現繁榮。華爾街對較遠未來的看法經常是錯誤的，這必然會使得它研究中的重要內容（即對各產業獲利情況的預測）也是錯誤的。

然而，我們必須認識到，近年來科技業快速且普遍地發展，這對證券分析師的態度與工作產生了重大影響。與以往相比，一家企業在未來

16. 這是為什麼呢？根據「72 法則」，10% 的利率將使得本金在大約 7 年後增加一倍，而 7% 的利率將使得本金在大約 10 年後增加一倍。當利率升高時，若要達到未來的某一價值，你現在需要預留的資金就可以少一些，因為較高的利率能夠加速本金的成長。因此，如今利率的上升，將使得未來的收益流或股息流變得不值錢，因為投資於債券變得相對更有吸引力。

10 年的發展與否，都將更大程度取決於新產品與新的製程，這使得分析師必須預先進行研究和評估。因此，分析師的實際工作將有一個很好的前景——無論是透過實地考察、與研究人員面對面的交流，或是透過自身廣泛的科技研究。如果投資結論主要來自於對未來的判斷，而不是目前明顯的價值支持，這就存在著風險。然而，如果過分拘泥於以實際結果嚴格計算出價值，同樣也有可能存在著風險。投資者無法兩者兼得。他可以發揮想像力，對巨額利潤做出判斷，只要判斷正確就可以獲得可觀的報酬，但在這種情況下，他也必須承擔任何錯誤計算可能帶來的巨大風險；或者，他可以保守些，拒絕以過高的價格投入未經證實的可能結果，但在這種情況下，他就必須有放棄絕佳機會而後悔莫及的心理準備。

兩階段評價程序

現在讓我們回到本章前面所討論的普通股分析。經過大量的思考，我們認為，採用完全不同的做法可能比現行的做法更好。我們建議分析師首先要清楚明白，我們所說的「過去表現的價值」完全取決於過去的記錄。如果假設其過去相關的表現將繼續在未來保持不變（這假設包括其相對的成長率，如過去 7 年的成長率也會在隨後的 7 年保持不變），那麼它就會反映該股票的價值（絕對值，或者是道瓊工業指數或標準普爾綜合指數的百分比）。這一程序可以運用公式按部就班地進行：根據過去的獲利能力、穩定性、成長率以及目前財務狀況等數據，計算出各個權重；分析的第二步則要考慮，完全基於過去表現的價值，應該根據未來預期的新情況而加以修正。

這樣的程序對高級和初級分析師而言是有區別的：（1）高級分析師要確定一個可以適用於所有企業的一般化公式，以決定企業過去表現的價值。（2）初級分析師要以十分簡單的方式，計算出特定企業在這些因素的價值。（3）高級分析師隨後要確定，企業的表現（絕對的或相對的）可能在多大程度上偏離過去的記錄，以及應該對價值進行多大的調整，以反映這種預期的變化。最好的結果是，在高級分析師的報告中，既顯示了初始價值，也顯示了修正後的價值，以及價值調整的理由。

這樣的工作值得人們去做嗎？我們的答案是肯定的，但我們的理由對讀者來說似乎有點不太可靠。就一般的工業企業（不論其規模大小）而言，我們並不知道這樣的評價結果是否足夠可靠。在下一章，我們將以美國鋁業公司為例子來說明這項工作所面對的難題。然而，對於這種普通股而言，恐怕也只能採用這種方法。為什麼呢？首先，許多證券分析師的例行工作，就包含了對當期或預期價值的評估，而我們所提出的方法，應該是對目前人們普遍使用方法的一種改進。其次，使用這種方法的分析師，可以藉此獲得有用的經驗和見識。第三，由於這種工作能夠帶來大量的寶貴經驗（如同醫學領域），因此有可能會導致更好的方法出現，並使人們更瞭解其可能性和侷限性。公用事業類股可以很好地證明，這種方法在重要領域具有實用價值。最後，智慧型分析師會專注於未來明顯可以合理做出預測的族群[17]，或者是過去表現的價值相對於當期價格具有相當大安全邊際的個股，然後對未來的變化做出推測，就像他在挑選十分穩妥的優先證券時那樣。

在隨後的章節中，我們將提供以這種方法應用於實際的具體範例，但那只是用於說明，如果讀者對這種方法感興趣，就應該有系統並徹底地進行研究，以便讓自己最終有能力做出證券投資決策。

---

17. 理想的情況下，這些產業族群不能過分依賴於如下不可預測的因素：利率的變動，或者是石油和金屬等原物料價格未來的變化。可能的行業包括：博奕、化妝品、酒精飲料、養老院和廢物回收處理等。

第十一章 評釋

「請告訴我，我應該走哪條路呢？」

「這取決於你要去哪裡，」柴郡貓說。

——路易斯 · 卡羅，《愛麗絲夢遊仙境》

確定未來的價格

購買股票時，究竟是哪些因素決定你願意支付的價格？為什麼一家公司的本益比 10 倍，另一家公司的本益比卻是 20 倍呢？你如何確保自己不會對未來太過樂觀而支付過高的價格，最後卻變成一場噩夢？

葛拉漢認為決定性的因素有 5 種。[1] 他將其歸納為：

- 企業的「總體長期前景」
- 企業管理階層的素質
- 企業的財務實力和資本結構
- 企業的股息紀錄
- 企業當期的股息支付率。

接下來就讓我們根據如今的市場，來一一分析這些因素。

---

1. 由於如今的個人投資者很少有人會去購買（或應該）購買）個別債券，因此我們這一部分的討論僅限於股票分析。關於債券基金的更多內容，請參見第 4 章評釋。

長期前景

智慧型投資者首先要做的，就是從該公司的網站或 www.sec.gov 的 EDGAR 數據庫中，下載至少 5 年的年度財務報告（10-K 表），[2] 然後在這些財務報告中仔細搜尋，蒐集證據，以便回答兩個決定性的問題。這家企業成長的原因是什麼？企業現在（及未來）的利潤從何而來？其中需要注意的問題包括：

- 該企業是一個「連環併購者」嗎？每年平均有 2 ～ 3 個以上的併購，就預示著有可能會出現麻煩。畢竟，如果企業本身寧願購買其他企業的股份而不願意投資自己，那麼你為何不根據這一線索，也去觀察其他企業呢？查看該企業以往的併購記錄時，尤其要當心狼吞虎咽大肆收購後，最終又將其吐出來的企業。朗訊（Lucent）、美泰兒（Mattel）、桂格麥片和泰科國際（Tyco International）等企業，就曾經因吐出收購的企業而遭受慘痛的損失。其他一些企業則因為過去收購的價格過高，需要長期進行資產或會計沖銷。對未來的業務而言，這是一個不祥之兆。[3]

- 該企業是一個 OPM 成癮者嗎？有些公司可能會透過借貸或賣出股票的方式，大量籌集其他人的資金（Other People's Money, OPM）。在年度財務報告的現金流量表中，這些大量注入的他人資金被稱為「來自於理財活動的現金」。這些資金可以讓一家有問題的企業看起來似乎正在成長，即使其相關業務並不能產生足夠的現金——正如環球電訊公司（Global Crossing）和世界通訊公

2. 你還應該拿到至少一年的季度財務報表（在 10-Q 表上）。在此，我們假設你是一位「積極的」投資者，願意在自己的投資組合上投入大量的精力。如果你難以理解本章的步驟，那就說明你暫時還不適合自己挑選股票。如果你無法按照我們所指的方向去努力，那麼你就無法可靠地獲得自己想要的結果。

3. 一般情況下，你可以從 10-K 表中「管理階層的討論與分析」這一部分的內容中，看到關於併購的細節；請將這些內容與財務報表中的附註交叉比對。有關「連環併購者」更多的內容，請參見第 12 章評釋。

司（WorldCom）不久之前發生的情況一樣。[4]

- 該企業的大部分營業額都來自於某一個（或少數幾個）客戶嗎？1999 年 10 月，光纖製造商 Sycamore 網絡公司首次公開發行股票。其公開說明書上顯示，該公司 1,100 萬美元的總營業額，全部都來自於威廉斯通訊公司（Williams Communications）。交易商樂觀地估計，Sycamore 公司的股票市值為 150 億美元。不幸的是，威廉斯通訊公司在兩年之後就破產了。儘管 Sycamore 公司找到了其他客戶，但其股票在 2000 ~ 2002 年間仍下跌了 97%。

當你研究企業的成長與獲利的來源時，請同時留意有利和不利的因素。其中有利的跡象包括：

- 該企業擁有寬廣的「護城河」或競爭優勢。與城堡一樣，有些企業很容易受到競爭對手的攻擊，而另一些企業則是幾乎堅不可摧。有幾種因素可以擴大企業的護城河：強有力的品牌形象（如 Harley Davidson，其購買者甚至會將該企業的標識刺青在自己的身上）；壟斷或近乎壟斷市場；規模經濟，或有能力廉價地提供大量商品或服務（如吉列公司，它能夠大量生產出幾十億只刀片）；獨特的無形資產（如可口可樂，其調配飲料的秘方沒有任何有形價值，但卻能吸引住寶貴的顧客）；無可取代性（由於大多數企業都不能不使用電力，因此公用事業公司不可能在短期內被取代）。[5]

---

4. 要確定某一企業是否為 OPM 成癮者，請閱讀其財務報表中的「現金流量表」。現金流量表將企業的現金流入與流出，區分為「營業活動」、「投資活動」和「理財活動」。如果來自於營業活動的現金始終是負值，而來自於理財活動的現金一直都是正值，那麼該企業就是習慣於想獲得更多的現金，而不是從自己的營業活動中獲得——你應該迴避一貫濫用這種做法的「專家」。關於環球電訊公司更多的訊息，請參見第 12 章評釋。關於世界通訊公司更多的訊息，請參見第 6 章評釋中的專欄內容。

5. 關於「護城河」的更多內容，請參閱哈佛商學院教授麥克爾 ‧ 波特（Michael E. Porter）的《競爭戰略》（Competitive Strategy，Free Press，New York，1998）。

- 該企業是長跑健將，而不是短跑運動員。查看公司損益表，你可以看到該企業在前10年的營業額和淨利是否持續穩定成長。《金融分析師雜誌》最近的一篇文章證實了另一個研究結果（以及許多投資者的慘痛經歷）：成長最快的企業往往會因為過熱而熄火。[6] 從長遠來看，10%的稅前（或6%～7%的稅後）盈餘成長是可持續的，但許多企業為自己設定的15%成長率，根本是痴人妄想。更高的成長率或是1～2年內突然爆發性的成長，幾乎可以肯定會減緩下來，這就像一個沒有經驗的馬拉松運動員，試圖以百米衝刺的方式跑完全程一樣。

- 該企業一分耕耘一分收獲。無論企業的產品有多好，品牌有多強大，它都必須花一些錢去開拓新的業務。儘管研發支出並不是當前成長的泉源，但它很可能引導今後的成長——尤其是當事實證明該企業過去的振興來自於創新的思維和設備時。一般用於研發的預算，會因不同的行業和企業而有所差異。2002年，寶鹼公司（Procter & Gamble）花在研發上的資金，大約為其淨銷售額的4%，而3M公司和強生公司（Johnson & Johnson）在這方面的支出，則分別為6.5%和10.9%。從長遠來看，沒有任何研發支出的企業，至少與花費太多的企業一樣脆弱。

管理階層的素質和行為

企業的經營高層應該言行一致。查閱過去的年度報告，看看管理者曾經做出哪些預測，以及他們是否達到了目標。管理者應該坦誠地承認自己的失敗，並承擔相應的責任，而不應該拿「經濟衰退」、「不確定性因素」或「需求疲軟」等通用的理由來搪塞。查看企業董事會主席講話

---

6. 參見：Cyrus A. Ramezani, Luc Soenen, and Alan Jung, "Growth, Corporate Profitability, and Value Creation," Financial Analysts Journal, November/December, 2002, pp. 56-67；也可以從下列網站獲得：http://cyrus.cob.calpoly.edu/。

的語氣和內容是否前後一致，或者說是否隨著最近的華爾街潮流而變動。（尤其要注意的是，像 1999 年這樣的繁榮時期，生產水泥或內衣的企業高層是否突然宣布自己是「軟體革命」的前鋒？）

下列這些問題有助於你確定企業管理者的行為，是否符合股東的權益：

- **他們是否在為自己謀求最大利益？**

支付其 CEO 一億美元年薪的企業，最好有一個很好的理由。或許，他發現並獨家擁有了長生不老泉（Fountain of Youth）？或者，他發現了厄爾朵拉杜（El Dorado）黃金城，並且用 1 美元買下了一英畝地？還是另一個星球上的外星人與他達成協議，只向地球上的這家公司購買所有的用品？否則，這種巨額的薪酬只是表明了一件事，那就是企業的經營只是在為管理者謀利。如果企業對內部人員的認股權重新定價（或者是「重新發行」或「進行交易」），那麼你就應該遠離這樣的企業。在這樣的大轉變下，企業會取消員工和主管手中現有的（通常是一文不值的）認股權，然後以新的有利價格的認股權來取代它們。如果認股權的價值永遠不會變為零，而其潛在利潤始終是無限的，那它們怎能激勵管理者管理好企業的資產呢？任何經營良好的企業，如果像一些高科技公司那樣對認股權重新定價，這種行為都是可恥的，而購買這種企業股票的投資者，就是自投羅網。透過年度報告中關於認股權的強制附註說明，你可以看到「認股權的溢價」有多大。例如，AOL 時代華納公司在其年度報告的開頭稱，截至 2002 年 12 月 31 日，公司流通在外的普通股有 45 億股，但在報告底下的腳註顯示，該公司已發行了 6.57 億股的認股權。因此，AOL 未來的獲利將與另外 15% 以上的股份共同分享。每當你估算企業未來的價值時，都應該考慮認股權有可能產生大量的新股。[7]透過EDGAR數據庫中「表格4」（Form 4）的內容，就可以看到企業的高層和董事們是否在買進或賣出股份。企業內部人員有正當理由（資產多元化，換更大的房子，辦理離婚等等）去賣出股份，但一再大規模的賣出則是一個明顯的警示信號。當你不斷地買進而管理者卻不斷地賣出時，他絕不可能成為你理想的合作夥伴。

- **他們是管理者還是推銷員？**

企業的高層應該把大部分時間用於管理企業的內部事務，而不是向投資大眾推銷自家公司的股票。很多時候，CEO們都在抱怨自己的股票被低估（無論股價有多高），但他們忘記了葛拉漢一貫堅持的觀點：管理者應該盡量防止自己的股票被過分低估或高估。[8]同時，現在有太多的財務長會提供「獲利預期」，或對企業的季度獲利做出猜測。還有一些企業喜歡到處張揚，不斷地發布新聞，吹噓一些暫時的、微不足道或假想的「機會」。不過，也有少數企業（包括可口可樂、吉列和USA Interactive）開始拒絕華爾街這種短視的思維。這些少數的勇敢企業，會提供更多關於當期預算和長期計劃的相關細節，同時拒絕推測未來90天可能的情況。（想知道某企業如何與其股東進行坦誠和公平的交流，請進入www.sec.gov的EDGAR數據庫，查看華盛頓國際稽查員所提供的8-K表，它會定期公佈該企業與股東之間精彩的問答內容。）最後，記得要搞清楚企業的會計作帳，究竟是為了使財務結果更透明，還是變得更模糊。如果「非經常性」的費用不斷發生，「特殊」費用卻頻繁出現而成了普通項目，或者公司把EBITDA（Earnings Before Interest, Taxes, Depreciation and Amortization的縮寫，也就是扣除利息、稅金、折舊、攤提之前的盈餘）看得比淨收

---

7. 本書評釋者傑森・茲威格（Jason Zweig）是AOL時代華納公司的員工，而且持有該公司的認股權。更多認股權的內容，請參見第19章評釋。

8. 參見第19章評釋中的註解19。

入來得重要，或是試圖以「預計」（pro forma）的獲利掩蓋實際的虧損，那麼就可以說明一件事，那就是該企業顯然不懂得把股東的長遠利益放在首位。[9]

財務實力和資本結構

一家好企業最基本的定義是：現金收入大於支出。優秀的管理者不斷地尋找各種方法，把這些資金投入生產活動。從長遠來看，滿足這一定義的企業，其價值幾乎肯定是成長的，而且無論股市如何表現。

首先，閱讀該企業年度報告中的現金流量表，看看來自於營業活動的現金在過去10年是否穩定成長。然後再進一步往下看。華倫・巴菲特推廣的概念就是股東權益，即企業的淨收入加上攤銷和折舊，再減去正常的資本支出。這就像Davis Selected Advisors公司的基金經理人克里斯多夫・戴維斯（Christopher Davis）所說的：「如果你完全擁有這家企業，年底時你的口袋裡將會有多少現金？」由於考慮了攤銷和折舊這些不影響企業現金餘額的會計項目，因此股東權益可能是更好的衡量指標，而不是財報中的淨收入。如果要調整股東權益的定義，你還需要將財報中的淨收入減去下列項目：

- 授予員工認股權的任何費用——這使得一部份的盈餘，從現有股東轉移到新的內部人股東手中。
- 任何「不尋常」、「非經常性」或「特殊」的費用。
- 來自於企業養老基金的任何「收入」。

9. 關於這方面更多的內容，請參見第12章評釋，以及一篇精闢的文章：Joseph Fuller and Michael C. Jensen, "Just Say No to Wall Street," at http://papers.ssrn.com。

如果每股股東權益在過去 10 年一直以至少 6% ~ 7% 的速度成長，這就說明該企業有穩定的現金流，而且成長前景很好。

接下來，看看該企業的資本結構。從資產負債表中查看該企業有多少債務（包括優先股）；一般情況下，長期債務應低於總資本的 50%。看看財務報表中的附註，確定長期債務是固定利率（利息支出不變），還是浮動利率（利息支出隨著利率而變動，如果利率上升，支出就會增加）。

從年度報告中，查看所公佈的「收入相對固定費用的比例」。亞馬遜網路公司 2002 年的年度報告顯示，該公司的收入比其利息支出還少 1.45 億美元。將來，亞馬遜公司必須從其業務中賺取更多的錢，或者以更低的利率借到資金，否則最終擁有該企業的不是股東，而是其債券持有者，因為這些債券持有者如果不能獲得應得的利息，就可以對亞馬遜的資產行使求償權。（公平地說，亞馬遜 2002 年的收入相對固定費用的比例，已經比兩年前的情況好多了，當時收入相對償還債務的缺口為 11 億美元。）

股息和股票政策

下面是我們關於股息和股票政策的幾點看法（更多的內容，請參見第 19 章）：

- 如果不派發股息，企業必須證明這樣的結果對股東更好。無論股市行情的好與壞，如果企業始終都能夠在競爭中獲勝，那就說明管理者顯然有效地利用了資金。但是，如果業務量在下降，或者股票的表現不如其競爭對手，那就說明企業的管理者和董事們拒絕分派股息而濫用資金。

- 不斷進行股票分割的企業（以及不斷透過新聞發布而吹噓股票分割的企業），就是把投資者當成了傻瓜。這就像前美國職業棒球手尤吉・貝拉（Yogi Berra）一樣，他說想把他的比薩餅切成 4 片，因為「我不認為我可以吃下 8 片」；而喜歡股票分割的股東，就是沒弄明白其中的道理。價格為 50 美元的兩股股票，並不比價格為 100 美元的一股股票更值錢。透過股票分割來推銷自己股票的管理者，等於是在鼓勵和縱容投資大眾最邪惡的原始本能。因此，在把資金託付給這種表面熱心的操縱者之前，智慧型投資者一定要三思而後行。[10]

- 企業應該在股價便宜時買回其股份，而不是在股價處於或接近於歷史高位時買回股份。遺憾的是，近年來屢見不鮮的現象是，企業經常在股價被高估時買回其股份。市場上沒有比這種浪費企業資金的行為更可惡的了，因為其真正目的是為了讓企業高層以「提升股東價值」的名義賣出自己的認股權，以獲取上百萬美元的豐厚薪酬。

事實上，眾多的證據證明，許多聲稱「提升股東價值」的管理者根本就沒有去執行。這就像一般生活一樣，在投資領域最終的獲勝者通常是實踐者，而不是空談者。

10. 在第 13 章評釋中，我們將進一步探討股票分割的問題。

第12章

每股盈餘的相關問題

本章一開始，我們就要對投資者提出兩項建議，而這兩項建議無可避免地會相互矛盾。第一：不要過於看重某一年的收益。第二：如果你確實關注短期收益，那麼你就必須當心每股盈餘數字中隱含的陷阱。如果投資者嚴格遵守第一條告誡，就沒有必要理會第二條告誡了。但是，我們沒辦法指望大多數股東會根據長期記錄和長遠前景，做出普通股投資的所有決策。在金融領域，季度報告的數據和（尤其是）年度報告的數據都會受到極大的關注，而且這種關注必然會影響投資者的思維。投資者在這方面可能需要接受一些教育，因為其中充斥著許多誤導性的內容。

在撰寫本章時，《華爾街日報》登載了美國鋁業公司 1970 年的財報。第一項數據為：

	1970 年	1969 年
每股盈餘 [a]	$5.20	$5.58

其中的上標 a 是附註，說明每股盈餘是未扣除特別費用之前的「基本盈餘」。報告中還有許多其它的附註；事實上，附註所占的篇幅多達基本內容的兩倍。

就年底時的一個季度而言，1970 年的「每股盈餘」為 1.58 美元，而 1969 年為 1.56 美元。

對美國鋁業公司股票感興趣的投資者或投機者來說，他們看到這些數據後可能會想：「這個結果還算不錯，因為 1970 年的製鋁業相當不景氣。但是，第 4 季的數據顯示，1970 年的結果優於 1969 年，如果換算成整年的每股盈餘，相當於達到 6.32 美元。讓我算一下。股票目前的價格為 62 美元。哦，本益比還不到 10 倍。與國際鎳業公司（International Nickel, etc.）16 倍的本益比相比，看起來很便宜呀⋯⋯」

但是，如果他們（包括投資者和投機者）花一點時間閱讀所有的附註內容，就會發現 1970 年的每股盈餘不只有一個數據（實際上有四個數據）：

	1970 年	1969 年
基本盈餘	5.20	5.58
淨收入（扣除特別費用）	4.32	5.58
完全稀釋（未扣除特別費用）	5.01	5.35
完全稀釋（扣除特別費用）	4.19	5.35

第四季只有兩項數據：

	1970 年	1969 年
基本盈餘	1.58	1.56
淨收入（扣除特別費用）	0.70	1.56

所有這些其他的盈餘是什麼意思？哪一個數據才是 1970 年和最後一季的真正盈餘？如果第 4 季的每股盈餘為 70 美分（扣除特別費用後的淨收入），那麼換算成整年的盈餘就變成 2.80 美元，而不是 6.32 美元；這麼一來，本益比就是 22 倍，而不是我們原先所說的 10 倍。

針對美國鋁業「實際盈餘」這部分問題，很容易解決。其盈餘顯然需要從 5.20 美元降為 5.01 美元，以反映「股權稀釋」的影響。美國鋁業發行了大量的可轉換債券；根據 1970 年的結果計算普通股的「獲利能力」時，必須考慮到：如果債券持有者認為有利可圖，他們會行使轉換權。美國鋁業涉及到的數額並不算太大，因此無需進一步討論。但在其他情況下，在考慮轉換權（以及認股權）之後，所公佈的盈餘數字有可能會減少一半，或甚至更多。稍後在第 16 章我們就會介紹股權被嚴重稀釋的幾個實際例子。（金融服務公司在提供財務報告和財務分析時，並不一定總是會考慮到股權稀釋這一因素。）[1]

1. 「稀釋」是在股票眾多詞彙中，以流體力學的語言來描述股票的其中一個術語。交易量很大的股票，稱為「具有流動性」。當一家企業 IPO 上市時，它是在「發行」（float）自己的股票。在早些年以前，當一家企業大幅稀釋其股份時（擁有大量的可轉換債券或多次發行普通股），人們就會稱其股份「被攙水了」。人們認為，這一術語出自於傳奇的市場操縱者丹尼爾．德魯（1797～1897），他早年是一位牲畜交易商。德魯將自己的牲口趕往南部的曼哈頓時，沿途會強迫它們吃鹽。到達哈林河（Harlem River）時，它們便全都因為口渴而喝下大量的水。隨後，德魯再將牲口趕往市場，於是它們剛剛喝下的水就會增加其重量，而德魯就能賣到好價錢，因為活牛是按重量出售的。之後，德魯也在沒有任何預兆的情況下，透過大量發行新股稀釋了伊利鐵路公司的股票。

現在，讓我們來看看「特別費用」的問題。在第 4 季被扣除的 1,880 萬美元（每股 88 美分），顯然是很重要的。它究竟應該完全予以忽略，還是應該從盈餘中全部扣除，或者應該部分忽略、部分扣除呢？警覺的投資者心裡可能有點疑惑：為什麼在 1970 年年底時，很多公司都出現此類的特別扣除，但前幾年卻沒有這種情況？難道會計作帳裡頭，出現了某些靈巧的義大利工匠（當然，這裡所做的一切，肯定都在合法範圍之內）？[2] 我們仔細觀察後就會發現，這些費用是在實際損失發生之前就先認列，這麼一來它對未來的「基本盈餘」就不會產生不利的影響了。在某些極端的情況下，人們可以利用這種做法，讓隨後的盈餘看起來比實際盈餘高出將近一倍——只要透過某種形式的稅賦抵免就可以了。

關於美國鋁業公司所列出的這些特別費用，我們首先要弄清楚它們是怎麼來的。附註內容表明非常具體，這些扣除額來自於 4 個地方：

1. 企業管理階層對可能關閉製造部門的費用預估。
2. 企業管理階層對美國鋁業公司有可能關閉鑄造廠的費用估計。
3. 企業管理階層對美國鋁業信貸公司逐步退出市場的虧損估計。
4. 還有，完成「幕牆」需要大約 530 萬美元的費用。

所有這些項目涉及到的都是未來的成本與虧損。人們很容易就可以看得出來，這些全都不是 1970 年「正常營運結果」的一部分——不過，如果真是這樣，那又應該將這些項目歸屬到哪一部分呢？難道這些項目都是如此「特別而不經常發生」，以至於沒有適當的歸屬項目？像美國鋁業公司這樣年營業額高達 15 億美元的企業，一定有很多的單位、部門和分

2. 在此，葛拉漢指的是從義大利移民到美國的石雕匠靈巧的手藝。1900 年代初期，他們在整個紐約地區從事建築物的雕刻裝飾。同樣地，會計師也可以將簡單的財務事實轉變為複雜、或甚至是無法理解的模式。

支機構，其中有某些單位、部門虧錢或關閉，難道不是很正常的情況嗎？為什麼非要把它列為特別費用呢？同樣的，修建幕牆的費用也是一樣。只要企業中某一項業務出現了虧損，就把它列為「特別項目」予以扣除，這麼一來，每股的「基本盈餘」就只會包含獲利的項目——這種做法簡直就像國王愛德華七世的日晷一樣，只記錄「有陽光的日子」。[3]

讀者應該有注意到，我們一直在討論的這個美國鋁業公司，其做法有兩個巧妙之處。首先，由於那是預期的未來虧損，因此企業就可以不把它列入該年的經營結果之中。那些項目並不屬於 1970 年，因為它實際上並不是在該年發生的。等到虧損實際發生的那一年，也不需要再列出來了，因為之前就已經認列過了。這個手法真是巧妙，但這難道不算是一種具有誤導性的做法嗎？

美國鋁業在報告中的附註，並沒有提到這些虧損在未來有節稅的作用（大多數的財務報表只會註明「稅後的影響」已考慮）。如果美國鋁業的數據代表的是稅賦抵免之前的未來虧損，那麼未來的盈餘不僅不需要扣除虧損（當它們實際發生時），而且還會因為大約 50% 的稅賦優惠，而造成盈餘增加的效果。人們很難相信在會計上可以這樣處理，但事實上確實有一些過去發生巨額虧損的企業，因為預先認列的損失未扣除正常稅賦，結果後來出現看起來非常可觀的獲利——矛盾的是，這些獲利根本就是來自於過去的虧損。（現在的做法是，過去年份的虧損所產生的稅賦抵免，都必須列為「特別項目」，不過它還是會被納入數據之中，而成為最後「淨收入」的一部分。至於預先提列的未來虧損，如果先考慮未來稅賦抵免的效應，這樣就不會造成未來淨收入增加的效果了。）

---

3. 愛德華國王的靈感，可能來自於英國作家威廉・哈茲里特（William Hazlitt）一篇著名的文章，文章中他念念不忘的是，威尼斯附近一個日晷上刻的一句話：「我只計算有陽光的日子。」有些企業經常以「特殊」或「非經常性」事件為藉口，把虧損從財務結果中予以排除，其實他們採用的就是哈茲里特的觀點：只關注快樂的時光；只在意微笑，別管壞運氣；迎向快樂輕鬆的生活；追求美好的事物，忘卻其他的一切！（William Hazlitt, "On a Sun-Dial," ca. 1827。）遺憾的是，投資者恐怕必須始終關注陽光和陰暗的所有一切。

另一個巧妙的手法是，美國鋁業和其他一些企業選擇在 1970 年底提列特別費用。1970 年上半年，股票市場一片腥風血雨，每個人都預期，大多數企業當年的業績肯定不會太好。不過，華爾街也預期，從 1971 年開始，情況應該就會比較好轉。既然是在業績不好的年份，就盡可能地提列虧損，反正虧損終究會被人們遺忘而成為往事，至於未來幾年的數據，也會因此變得非常亮麗——這是多麼巧妙的安排呀。或許，這是不錯的會計方法和經營策略，而且有利於企業管理階層與股東之間建立良好的關係。然而，我們對此卻有著揮之不去的疑慮。

1970 年底，由於企業的業務廣泛地（或許是盲目地）進行多元化，而且急於清理和整頓，因此年度報告中出現了一些奇怪的附註。如果各位讀者看到紐約證券交易所中某企業（我們不便指名道姓），針對其總金額高達 235.7 萬美元的「特別項目」（大約是未扣除特別費用之前收益的三分之一），做出下面那樣的說明，可能會覺得很好笑：特別費用包括提列關閉英國 Spalding 公司業務的準備金；重整某一部門的費用準備；出售一家小型嬰兒服飾製造企業的成本；出售一家西班牙汽車租賃公司部分權益的費用；以及出售滑雪靴業務的費用。[4]

多年以前，實力雄厚的企業一般會從光景好的年份中提出部分獲利做為「應變準備」，以吸納未來蕭條年份帶來的不利影響。其根本概念在於，這樣可以使報告中的盈餘大致均衡，從而提升企業獲利能力的穩定性。這樣的立意似乎不錯，但會計師們極力反對這種扭曲實際獲利的行為。他們堅持認為，不論好壞，每年的結果都要如實公佈，至於平均或均衡的工作，應該留給股東和分析師自己去做才對。但是，現在我們看到的情況卻是完全相反：每一家企業都盡可能地在 1970 年提列虧損，從而使得 1971 年開始的隨後幾年不僅可以從頭再來，而且還會顯示出令人高興的每股盈餘。

4. 葛拉漢不願直說的這家企業，可能是 1960 年代末一家業務繁雜的綜合大企業美國機械鑄造公司（American Machine & Foundry，AMF）。它是現在的 AMF 國際保齡球公司的前身，如今這家公司的主要業務是經營保齡球館和生產保齡球設備。

現在該回到我們的第一個問題了。美國鋁業在 1970 年的實際盈餘究竟是多少？準確的回答是：「稀釋」後每股 5.01 美元的盈餘，再減去 82 美分的「特別費用」中應當屬於 1970 年的部分。但我們並不知道這一部分的金額，因此無法確知這一年的實際盈餘。企業管理階層和稽核應該要在這方面做出最佳的判斷，但他們實際上並沒有這樣做。除此之外，他們還應該提供未來某些年份（如未來 5 年內）要從盈餘中扣除的特別費用金額，但顯然他們也不會這樣做，因為他們早就把全數金額列為 1970 年的特別費用而加以處置了。

投資者越是重視每股盈餘的數字，就越需要注意各種會計因素可能影響數據之間的可比性。我們已經提到了 3 種因素：扣除特別費用——這將不會反映在每股盈餘上；由於過去的虧損使得正常所得稅扣除額減少；大量可轉換證券或權證帶來的稀釋作用。[5] 對過去盈餘報告有重大影響的第 4 個因素是折舊的方法——主要是「直線」折舊與「加速」折舊的區別。在此我們不做詳細的分析，但目前我們要討論的一個例子是 Trane 公司 1970 年的報告。該公司的每股盈餘比 1969 年成長了近 20%（1969 年和 1970 年分別為 2.76 美元和 3.29 美元），但是其中一半的成長來自於回復之前所採用的直線折舊法——這比前一年採用加速折舊法對每股盈餘的壓力更小。（該公司將繼續採用加速折舊法來申報所得，從而遞延支付所得稅差額。）另一個因素有時也很重要，就是選擇提列研發費用的時間：是在費用發生的那一年提列，還是分攤到未來幾年。最後，我們還要注意存貨的計價方式有先進先出（FIFO）和後進先出（LIFO）的區別。[6]

---

5. 【原註】在處理權證的稀釋方面，我們所建議的方法將在下面章節進行討論。我們比較喜歡把權證的市場價值視為普通股當期市場價格的一部分。

6. 如今，投資者還必須注意一些可能扭曲財務報告的其他「會計因素」。其中一種是「預計」（pro forma）或「非正式」的財務報表，它沒有採用公認的會計原則（GAAP）。另一種是稀釋作用，通常企業會發行數百萬股的認股權做為企業高層的薪酬，然後在市場買回數百萬股的股票，以防止這些認股權導致普通股的價值縮水。第三種是不切實際地認列企業養老基金的報酬——這將會人為地誇大好光景年份的盈餘，降低不景氣年份的盈餘。另外，「特殊目的實體」、子公司或合作夥伴購買關係企業的風險資產或負債，將使得這些財務風險從該企業的資產負債表中「消失」。還有一種扭曲財務報告的因素是，將行銷或其他的「軟性」成本列為企業的資產，而不是做為正常開支處理。在本章後面的評釋中，我們會簡要分析這種做法。

在此，我們必須指出，如果所涉及的金額相對較小，投資者應該就不需要去理會那些會計變數。然而，即使是微不足道的項目，華爾街也經常把它看得很嚴重。就在美國鋁業的報告出爐之前的兩天，《華爾街日報大量討論了道氏化學公司（Dow Chemical）相應的財報。最後的結論認為，「許多分析師」都對下列事實感到困擾：道氏公司將一筆 21 美分的項目列入 1969 年的一般收入，而不是做為「業外收入」。這有什麼好大驚小怪的呢？因為道氏公司的股價變化，動輒涉及好幾百萬美元，所以重點應該是看公司的獲利，從 1968 年到 1969 年究竟成長了 9% 還是 4.5% 才對。我們認為華爾街的看法實在非常荒謬，因為某一年結果的微小變化，不可能對未來的平均獲利或成長產生任何影響，也不可能對企業的穩妥和現實的評價產生任何影響。

與此同時，我們來看 1971 年 1 月公佈的另一份財務報表。這是西北工業公司 1970 年的財務報告。[7] 該公司打算以特別費用的名義，一次沖銷金額高達 2.64 億美元的虧損。其中 2 億美元的虧損來自於該公司準備將其旗下的鐵路公司轉售給員工，其餘的則是近期購買股票的虧損。這一金額將使其普通股在稀釋之前的股價大約損失 35 美元，相當於當期市場價格的兩倍。這個問題非常嚴重。如果這種做法得以進行，而且稅法沒有改變，那麼 1970 年的這筆虧損將使西北工業公司在不需要支付所得稅的情況下，在未來（5 年之內）實現大約 4 億美元的盈餘。[8] 那麼，該企業的實際盈餘究竟應該為何？它實際上並不需要支付將近 50% 的所得稅，這是否應該計算在內？我們認為，適當的計算方法是，首先根據全部的所得稅負債來考量其獲利能力，並且根據估算出來的獲利能力，大致推算出

7. 西北工業公司（Northwest Industries Inc.）是一家控股公司，旗下有芝加哥西北鐵路公司以及聯合內衣公司（生產 BVD 和 Fruit of the Loom 內褲）。1985 年，它被負債累累的金融家威廉 · 法利（William Farley）收購，而他最終也毀掉了該企業。2002 年初，Fruit of the Loom 公司透過破產程序被巴菲特的波克夏海瑟威公司收購。

8. 葛拉漢這裡指的是聯邦稅法的規定：允許企業將其淨營業虧損「遞轉後期」。根據目前稅法的規定，這些虧損可以往後遞轉長達 20 年，從而降低企業整個期間的稅賦負擔（並且提升企業的稅後盈餘）。因此，投資者應該考慮近期的嚴重虧損是否能實際提升企業未來的淨利。

股票的價值，然後在此價值加上一定的金額，以表明暫時但卻很重要的稅賦抵免給股票帶來的價值（在這種情況下，我們還必須考慮可能產生的大規模稀釋。實際上，如果該公司發行的可轉換優先股和權證被執行的話，它們將使流通在外的普通股份增加一倍以上。）

所有這一切都有可能使我們的讀者感到困惑和厭煩，但這就是我們所面臨的情況。公司會計難以一窺全貌；證券分析非常複雜；股票評價只有在特殊情況下才是真正可靠的。[9] 對大多數投資者而言，或許最好的辦法就是，確保自己所購買的股票物有所值，並且能繼續保持下去。

平均收益的使用

從前，分析師和投資者會高度關注過去長期的平均收益（通常為 7 ～ 10 年）。這個「平均數」[10] 有助於平滑景氣循環周期經常引起的利潤波動，因此相對於最近一年的結果，人們認為平均收益更能反映企業的獲利能力。這種平均化過程的一個重要優點是，它可以解決幾乎所有特別費用和借貸的問題。這些費用和借貸應該會包含在平均收益之中，因為這些損益大多數都代表了企業營運歷史的一部分。就美國鋁業而言，如果我們這樣做的話，那麼其 1961 ～ 1970 年（10 年）間的平均每股盈餘就是 3.62 美元，而 1964 ～ 1970 年（7 年）間的平均每股盈餘則是 4.62 美元。如果將此數據與同期的收益成長率和穩定性結合起來使用，就可以瞭解該公司過去表現的實際情況。

---

9. 投資者應該時時刻刻記住這些話，並且經常提醒自己：「股票評價只有在特殊情況下才是真正可靠的。」儘管大多數股票的價格在大多數情況下都是適當的，但是股票的價格與其價值幾乎從來都不是等同的。市場對價格的判斷經常是不可靠的。遺憾的是，市場錯誤定價的差額往往彌補不了交易費用。智慧型投資者在試圖賺取任何差價之前，都必須仔細評估交易成本和稅賦，而且永遠不要指望能夠按照當前的市場報價賣出股票。

10. 這裡的「平均數」指的是葛拉漢前面所說的簡單平均數或算術平均數。

過去成長率的計算

適當考慮企業的成長記錄是很重要的。當成長率相當高時，企業近期的獲利將遠高於 7 年或 10 年的平均數，而分析師可能就會認為這些長期數據沒有參考價值；但情況並非如此。收益可以用平均值來衡量，也可以用最新的數據來衡量。我們建議，成長率本身的計算，可以採用近 3 年的平均數與 10 年前的相應數據進行比對的做法（當存在「特別費用或借貸」的問題時，可以採用某種折衷的方法）。請注意表 12-1 中，美國鋁業、西爾斯羅巴克（Sears Roebuck）和道瓊工業指數之成長率的計算。

表 12-1

	美國鋁業	西爾斯羅巴克	道瓊指數
平均獲利（1968 ～ 1970）	4.95[a]	2.87	55.40
平均獲利（1958 ～ 1960）	2.08	1.23	31.49
成長率	141.0%	134.0%	75.0%
（複合）年成長率	9.0%	8.7%	5.7%

a 1970 年 82 美分的特別費用中，有五分之三是從這裡扣除的。

評論：針對這幾個數據，我們可以做出相當長的討論。與其他任何數據一樣，它們都是透過複雜的數學方法計算出來的；它們大致反映了 1958 ～ 1970 年這段期間的實際成長率。但是，這一數據（通常被認為是普通股評價的核心）與美國鋁業有何關聯呢？美國鋁業過去的成長率非常不錯，實際上稍稍優於廣受好評的西爾斯羅巴克公司，而且遠超過道瓊綜合指數。然而，1971 年年初的市場價格似乎沒有反映這一優異的表現。美國鋁業的股價只有近 3 年平均盈餘的 11.5 倍，而西爾斯的股價為其平均盈餘的 27 倍，道瓊指數則略高於 15 倍。這是為什麼呢？與其過去的記錄相比，華爾街對美國鋁業未來的前景顯然相當悲觀。令人驚訝的是，美國鋁業的股價早在 1959 年就創下了新高，當時的價格為 116 美元，相當於其盈餘的 45 倍（與此相比，西爾斯 1959 年調整後的最高價位為 25.5 美元，相當於其盈餘的 20 倍）。儘管此後美國鋁業的獲利成長確實非常優異，但顯然當時其未來的可能性早已反映在嚴重高估的市場價格了。美國鋁業 1970 年底的收盤價恰好為 1959 年最高價位的一半，而同期西爾斯的價格上漲了 2 倍，道瓊工業指數的漲幅也將近 30%。

我們必須指出的是，美國鋁業的資本報酬率[11]僅能達到平均水準或更低一些，而這可能就是一個決定性的因素。只有企業的獲利能力高於平均水準時，才能維持較高的本益比。

現在，讓我們把前一章曾經討論過的「兩階段評價程序」[12]應用於美國鋁業。根據這種做法，可以計算出美國鋁業「過去的業績價值」為道瓊指數的 10%，即每股 84 美元（道瓊指數在 1970 年底的收盤為 840 點）。依此標準，該股票當時 57.25 美元的價格似乎很有吸引力。

考慮到未來的不利影響，高級分析師應該將「過去的業績價值」調降多少呢？坦白說，我們並不知道。假設分析師有理由相信，美國鋁業 1971 年的每股盈餘只有 2.5 美元（遠低於 1970 年），而且預期道瓊工業指數會上升，那麼股市就很有可能要認真看待這一較差的表現。但市場真的會認為，昔日輝煌的美國鋁業已成為了一家無利可圖的企業，並且認為其股價應該低於其有形資產價值嗎？[13]（1971 年，美國鋁業的價格從 5 月的高點 70 美元，下跌到 12 月的低點 36 美元，而其帳面價值為每股 55 美元。）

美國鋁業的確是一家相當具有代表性的巨型工業企業，但我們認為，其過去的本益比顯然比其他大多數大企業更不尋常，甚至是相互矛盾的。然而，這個例子在一定程度上表明，我們在上一章對典型工業企業的評價方式之可靠性提出質疑是有道理的。

---

11. 葛拉漢使用的「資本報酬率」相當於傳統意義上的淨資產報酬率——即淨收入除以企業的有形資產淨值。

12. 參見第 11 章相關內容。

13. 近期的記錄（以及大量的金融研究）表明，當迅速成長的企業突然獲利下降時，市場會做出最不利的反應。就成長較為溫和和穩定的企業而言（如葛拉漢那個年代的美國鋁業，以及我們這個年代的安海斯 - 布希（Anheuser-Busch）和高露潔），如果其獲利情況不如預期，股價往往只會或多或少地下跌。如果財報出爐不符合人們的預期，那麼比較大的預期將導致比較大的失望，而不太高的預期即使達不到，也不會有太大的反應。因此，擁有成長股的最大風險並不在於它們的成長將會停止，而是其成長將會放緩。從長遠來看，這不僅僅是一種風險，而且這幾乎是一個鐵定會發生的事實。

第十二章 評釋

與手持槍械的傢伙相比，手握筆桿的傢伙更容易對你施行詐術。

——波 · 迪德利（Bo Diddley）

數字遊戲

過去幾年，許多企業與會計師都出現了極為不適當的行為，如果葛拉漢在世的話，恐怕也會感到震驚。在獲得大量認股權做為薪酬之後，企業的高層們意識到，只要企業的獲利能在短短幾年持續成長，他們很快就能變得極其富有。[1]許多企業違背了會計原則的精神（即使表面上看起來並沒有違背），他們將財務報告弄得沒人看得懂、掩飾不利的結果、隱藏某些費用或憑空揑造獲利等等。現在就讓我們來看看其中一些不光彩的行為。

如果沒出問題的話

或許最流行的一種騙人的會計伎倆，就是廣泛使用「預計」（pro forma）盈餘。華爾街有一個古老的說法：每一件壞事的出發點都是好的，預計盈餘的公佈也不例外。公佈預計盈餘的原意是，公司可針對短期偏差或「非經常性」事件做些調整，以便更真實反映出長期的獲利成長。例如，假設某公司剛收購另一家企業，那麼它就可以利用預計盈餘，估計自己如果是一年前就收購該企業的話，在過去一年將可對公司獲利產生多大的貢獻。

1. 關於認股權如何使企業管理者（而非外部股東）致富，請參見第 19 章評釋。

但是，隨著 1990 年代繁榮的進展，一些企業越做越過分了。現在我們就來看看，關於預計盈餘詐騙的幾個例子：

- 截至 1999 年 9 月 30 日的這一季為止，在 InfoSpace 公司所公佈的預計盈餘中，似乎都還沒有考慮到已經支付的 1.599 億美元的優先股股息。
- 截至 2001 年 10 月 31 日的這一季為止，在 BEA Systems 公司所公佈的預計盈餘中，似乎都還沒有考慮到已支付其員工執行認股權證所產生的 1.93 億美元的個人所得稅。
- 截至 2001 年 3 月 31 日的這一季為止，在 JDS Uniphase 公司所公佈的預計盈餘中，似乎都還沒有考慮到已經支付 400 萬美元的個人所得稅、股票投資失誤所造成 700 萬美元的虧損，以及併購和商譽所帶來的 25 億美元費用。

簡而言之，企業只是利用預計盈餘來向人們展示：如果沒出問題的話，公司原本可以做得有多好。[2] 在這種情況下，做為一個智慧型投資者，你唯一能做的事，就是徹底忽略預計盈餘這回事。

急於認列收益

2000 年，電信業巨頭奎斯特國際通訊公司（Qwest Communications International Inc.）的股票顯得非常強勁。儘管當年的股市下跌了 9% 以上，但該公司股票下跌的幅度卻還不到 5%。

2. 上述所有的例子，全都直接來自這些公司自己發布的新聞稿。如果我們效法那些企業調整財報的做法，對我們自己的行為做辯護，那我們的日常生活顯然會變得十分可笑。關於這方面的嘲諷，請參見 http://slate.msn.com/?id=2063953 羅布 • 沃克（Rob Walker）的文章《我的預計生活》（My Pro Forma Life），文中寫道：「……最近運動後到 Smith & Wollensky 牛排館吃午餐，其中包括了 22 盎司的肋骨牛排以及 3 小杯的波本威士忌。這些全都只是一次性費用而已。今後我再也不會這樣做了！」

不過，在奎斯特的財務報告中有一個奇怪的小地方。1999 年底時，該公司的電話簿才剛出版，奎斯特就決定認列來自於電話簿的收益。但是，登載過黃頁廣告的客戶都知道，許多企業都是按月支付這些廣告費用的。真是神奇！小小的「會計原則改變」，竟然使其 1999 年的稅後淨收入增加了 2.4 億美元，相當於奎斯特當年全部收益的五分之一。

這種事就像冰山一角一樣，急於認列收益往往是重大危險的徵兆，而奎斯特的情況正是如此。2003 年年初，在人們仔細檢視之前的財務報表之後，該公司才承認，它已提前認列了出售設備的獲利，並且不當地記錄了外部服務的費用，還不當地將成本列為固定資產而不是列為費用，更不當地將資產交換認定為直接銷售。所有這一切使得奎斯特 2000 和 2001 年的營業額被高估了 22 億美元，其中包括前面所說的「會計原則改變」（現在已糾正回來了）而帶來的 8,000 萬美元的收益。[3]

違反資本方面的規定

1990 年代末，環球電訊公司（Global Crossing Ltd.）雄心萬丈，這家設在百慕達的公司正在建設所謂的「第一條整合全球光纖網路」，鋪設的電纜超過 10 萬英里，主要分佈在全球的海洋深處。在連接全球之後，環球電訊將向其他通信公司出售光纖網路的使用權。僅僅 1998 年，環球電訊在建設光纖網路方面就花費了 6 億多美元。那一年，它被指控，以所謂「出售設施成本」的名義，將近三分之一的建設預算列為費用。如

3. 根據休倫諮詢服務公司（Huron Consulting Group）所提供的訊息，2002 年曾修改過去財務報表的上市公司有 330 家（這是有史以來的最高記錄），其中包括奎斯特公司。關於奎斯特的所有訊息，全都來自於該公司向美國證券交易委員會申報的財務報告（年度報告、8K 表和 10-K 表），這些資料可以在 www.sec.gov 的 EDGAR 數據庫中找到。「會計原則改變」事後無須檢測，因為奎斯特在當時已充分揭露。那麼，奎斯特的股價在這段期間表現如何呢？2000 年底，奎斯特每股的價格為 41 美元，總市值為 679 億美元。到了 2003 年年初，奎斯特的股價跌至 4 美元，整個公司的市值不到 70 億美元，虧損了 90%。股價的下跌並非做假帳所導致的唯一結果；最近的一項研究發現，被美國證券交易委員會指控做假帳的 27 家企業，還多付了 3.2 億美元的聯邦所得稅。儘管這些錢國稅局終將退還，但大多數的股東卻都不可能從這些退款中受益。（參見：Merle Erickson, Michelle Hanlon, and Edward Maydew, "How Much Will Firms Pay for Earnings that Do Not Exist?" at http://papers.ssrn.com。）

果沒有這筆 1.78 億美元的費用，環球電訊應該可以實現大約 8,200 萬美元的淨利，但實際上其財務報告顯示淨虧損 9,600 萬美元。

第二年，環球電訊在 1999 年年度報告中一個不起眼的附註稱「開始使用服務合約會計」。該公司不再將大多數的建設成本視為費用，而從出售網路設施的收入中直接扣除。相反地，現在大部分的建設成本將不再視為營運費用，而是做為資本支出——從而使該公司的資產總額增加，而不是使其淨收入下降。[4]

不可思議！魔杖一揮，環球電訊的「財產和設備」資產就增加了 5.75 億美元，而其銷售成本只增加了 3.5 億美元——儘管該公司花錢如流水。

資本支出是企業管理者增強企業實力的一個重要工具。但是，靈活的會計原則使得管理者可以將正常營運費用轉變為資本資產來誇大其獲利。正如環球電訊這個案例顯示，智慧型投資者一定要清楚明白公司資本化的來源及理由。

一個關於存貨的故事

與許多半導體晶片製造商一樣，美光科技公司（Micron Technology, Inc.）的銷售額在 2000 年之後開始下滑。事實上，美光受到需求急劇下降的沉重打擊，以致於不得不開始下調其存貨的價值，因為客戶顯然不會以美光的報價來購買這些產品。在 2001 年 5 月結束的那個季度，美光將帳上的存貨價值砍去了 2.61 億美元。大多數投資者並沒有把這項跌價損失視為正常或經常性的營運成本，而是將它視為一個特殊事件。

---

4. 先前，環球電訊將大部分的建設成本列為費用，從出售或出租網路使用權的收入中扣除。客戶一般會預付使用權的費用，但有些客戶會在幾年（有的長達 4 年）內分期支付。然而，環球電訊並沒有將大多數的收入先行入帳，而是將其遞延到整個租賃期間。但現在，由於網路設施使用的壽命預計將長達 25 年，因此環球電訊將其視為可折舊的長期資本資產。雖然這一做法符合一般公認會計原則，但為什麼該公司在 1999 年 10 月 1 日之前沒有使用這一做法，或者說，究竟是什麼促成了這一轉變？截至 2001 年 3 月，環球電訊的總市值為 126 億美元；2002 年 1 月 28 日，該公司提出了破產申請，因而其普通股基本上已毫無價值。

圖 12-1 晶片存貨跌價損失柱狀圖

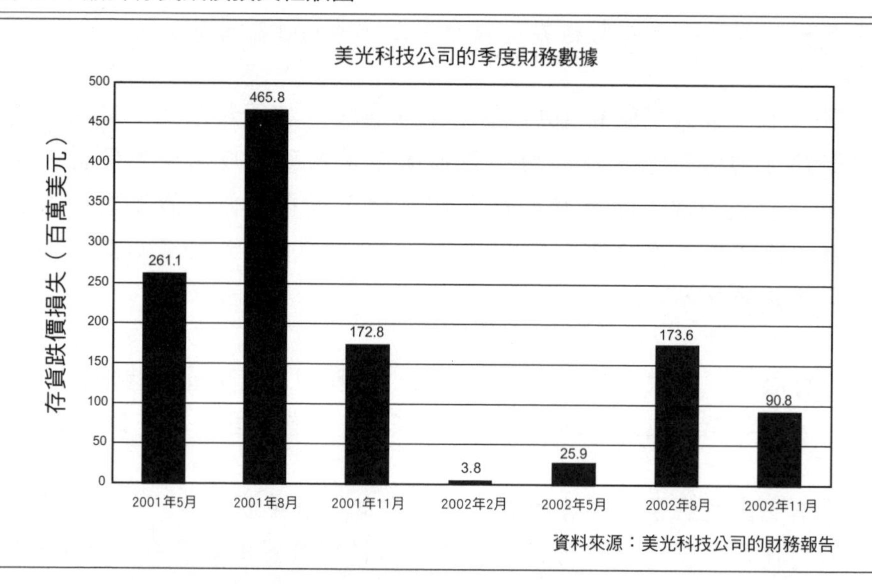

資料來源：美光科技公司的財務報告

但是，我們來看看隨後發生的情況：

在隨後的 6 個財務季度，美光公司都認列了存貨跌價損失。美光公司存貨價值的下降是一次性事件，還是已變成了一種常態呢？理性思考的人可以對這件事做出自己的判斷，但有一點是很明確的：智慧型投資者一定要對那些不斷發生的「一次性」成本，始終保持高度的戒心。[5]

退休金方面的問題

2001 年，SBC 通訊公司（該公司擁有 Cingular Wireless、PacTel 和新英格蘭南方電話公司的股票）的淨收入為 72 億美元——在過度擴張的電信業中，這樣的獲利表現非常耀眼。但是，該收益並非完全來自於 SBC 的業務，其中的 14 億美元（占公司淨收入的 13%）來自於 SBC 的

5. 我要感謝金融分析與研究中心的 Howard Schilit 和 Mark Hamel，這個例子是他們提供的。

退休金計劃。

由於SBC在退休計劃中的資金，比估計未來需要支付給員工的退休金還要多，因此該公司就將這一差額視為當期收入。產生盈餘的原因很簡單：2001年，SBC將退休計劃中的預期投資報酬率從8.5%提升到9.5%，從而降低了如今需要預留的退休金。

針對這種更加樂觀的預期，SBC的解釋是：「截至2001年底為止的每個3年期，我們實際的10年期投資報酬率都超過10%。」換句話說，我們過去的投報率一直很高，所以我們假定未來的投報率也將如此。然而，這不僅不符合最基本的邏輯思考，而且還會面臨如下的事實：利率已來到歷史最低水準，這將降低退休金投資組合中債券部分的未來收益。

實際上，巴菲特的波克夏海瑟威公司在同一年，將其退休金資產的預期收益率從8.3%調降到6.5%。難道SBC認為其退休基金經理人的績效，能顯著超越全球最優秀的投資者？這種情況大概不大可能實現：2001年實際的結果是，波克夏海瑟威的退休基金成長了9.8%，而SBC的退休基金則虧損了6.9%。[6]

在此，智慧型投資者要考慮幾個重要問題：「退休基金的淨收益」會比公司的淨收入高出5%嗎？（如果是這樣，當未來這些退休基金沒有收益時，你對該公司其他部分的收益還是會感到滿意嗎？）公司所假設的「退休金計劃資產的長期投資報酬率」合理嗎？（截至2003年為止，任何高於6.5%的收益率都是不合情理的，至於更高的收益率，只不過是妄想而已。）

---

6. 以「退休計劃資產的實際報酬」，除以當年年初退休計劃的總資產淨值，就可以大致估算出投報率。

給投資者的一些建議

下面幾點建議，可以幫助你避免買到有會計隱憂的股票：

- **從後面往前看。**當你研究某企業的財務報告時，可以從最後一頁開始，慢慢地往前閱讀。凡是該企業不希望你看到的東西，大都放在後面，而這就是你應該先從後面看起的原因。

- **閱讀附註說明。**在沒有閱讀年度財務報告中的附註說明之前，絕不能去買股票。通常，在「重要會計政策摘要」這一欄中，有一個關鍵性的說明會告訴你，該公司如何認列收入，如何記錄存貨，如何處理分期付款或合約銷售，如何攤銷營業費用，以及如何記錄其他一些主要的業務。[7] 在其他的附註中，要注意有關債務、認股權、呆帳準備以及其他「風險因素」的披露，因為這些因素將吞噬大部分的獲利。注意一些會觸動你敏感神經的技術性術語，如「資本化」、「遞延」和「重整」，以及「開始」、「改變」和「然而」等簡單明瞭的詞彙，這些經常都意味著該公司改變了會計原則。這些詞語並沒有告訴你不應該購買該公司的股票，但卻意味著你應該做進一步的調查。一定要把財務報告中的這些附註內容，與至少一家密切競爭對手的財報進行比較，以看出你所關注企業的會計師究竟有多麼膽大妄為。

---

7. 別被財務報表附註中乏味至極的措詞所嚇退，因為他們這麼做的用意，就是想要阻止一般人去閱讀該內容——而這也正是你必須堅持下去的原因。例如，Informix 公司 1996 年年度報告中的附註說明內容是：「本公司通常在交付客戶軟體產品後，才將軟體使用權認列為營業額。然而，對於 12 個月之內分期支付帳款的某些電腦硬體製造商和終端用戶而言，如果這些電腦硬體製造商和終端用戶能夠滿足本公司制定的某些標準，本公司與客戶簽訂合約後，就會把客戶承諾支付不可退還的最低使用費認列為營業額」。簡單地說，Informix 公司的意思是，即使產品還沒有轉售給「終端用戶」（實際使用 Informix 軟體的客戶），它也會認列營業額。後來美國證券交易委員會指控 Informix 公司做假帳，該公司隨後調整了他們的營業額，結果「營業額」一下子就減少了 2.44 億美元。這個例子充分表明，用懷疑的眼光來閱讀附註中的內容是非常重要的。我要感謝 Martin Fridson，這個例子是他推薦的。

- **閱讀更多的財報內容。**如果你是一個積極型投資者，願意為你的投資組合投入大量的時間和精力，那麼你就應該去瞭解更多的財務報告內容。如果希望盡可能避免被複雜的財務報表所誤導，這恐怕是唯一的辦法。下面3本書：Martin Fridson和Fernando Alvarez合著的《財務報表分析》（Financial Statement Analysis）、Charles Mulford和Eugene Comiskey合著的《財報數字遊戲》（The Financial Numbers Game）、以及Howard Schilit所著的《財務騙術》（Financial Shenanigans）[8]，內容就包含大量的最新相關案例，可供讀者做為參考。

---

8. 參見：Martin Fridson and Fernando Alvarez, Financial Statement Analysis: A Practitioner's Guide（John Wiley & Sons, New York, 2002）; Charles W. Mulford and Eugene E. Comiskey, The Financial Numbers Game: Detecting Creative Accounting Practices（John Wiley & Sons, New York, 2002）; Howard Schilit, Financial Shenanigans（McGraw-Hill, New York, 2002）。另外，在簡要介紹收入與費用以及資產與負債的基本原則方面，葛拉漢的《葛拉漢教你看懂財務報表》（The Interpretation of Financial Statements, HarperBusiness, New York, 1998 reprint of 1937 edition）至今仍是一本卓越的著作。

第13章

四家上市公司的比較

在本章，我們將針對證券分析方面，提供一個實際的案例。我們大致上隨機選出紐約證券交易所上市的四家公司（它們是連續排列在一起的）。這四家公司分別是：ELTRA 公司（Electric Autolite 和 Mergenthaler Linotype 合併後成立的公司）、Emerson 電氣公司（電子和電氣設備製造商）、Emery 航空貨運公司（國內一家航空貨運公司）以及 Emhart 公司（最初只生產瓶裝機械，但現在也生產建築工具）。[1] 其中三家製造商大體上有些相似，但實質上有明顯的差異，我們必須獲得足夠的財務和營運數據，才能做出相關的比較。

在表 13-1 中，我們簡要列出了四家公司在 1970 年底的銷售情況，以及 1970 年的幾項營運數據。然後，我們對某些關鍵比率做詳細分析，這些比率與業績有關，也與價格有關。接著，我們對各種業績表現與價格之間的關係進行了分析。最後，我們將對這四家公司進行審查，然後根據一個穩健型普通股投資者的要求，進行一些比較，尋找其中的關係，並且對每家公司做出評估。

---

1. 葛拉漢提到的四家公司中，現在只有 Emerson 電氣公司仍然還像以前那樣在經營。ELTRA 公司已不再是一家獨立的公司；1970 年代，它與 Bunker Ramo 公司合併後，利用早期的電腦網路提供經紀公司股票報價。ELTRA 公司還在營運的業務，目前已成為了 Honeywell 公司的一部分。至於以前的 Emery 航空貨運公司，現在已成為 CNF 公司的一個部門。Emhart 公司則於 1989 年被 Black & Decker 公司收購了。

表 13-1 四家上市公司的比較

	ELTRA	Emerson Electric	Emery Air Frelight	Emhart Corp.
A. 資本結構				
股價（1970 年 12 月 30 日）	27	66	57¾	32¾
普通股股數	7,714,000	24,884,000[a]	3,807,000	4,932,000
普通股市值	208,300,000	1,640,000,000	220,000,000	160,000,000
債券和優先股	8,000,000	42,000,000		9,200,000
總資本	216,300,000	1,682,000,000	220,000,000	169,200,000
B. 收益項目				
銷售額（1970 年）	454,000,000	657,000,000	108,000,000	227,000,000
淨收入（1970 年）	20,773,000	54,600,000	5,679,000	13,551,000
每股盈餘（1970 年）	2.70	2.30	1.49	2.75b
平均每股盈餘（1968 ～ 1970 年）	2.78	2.10	1.28	2.81
平均每股盈餘（1963 ～ 1965 年）	1.54	1.06	0.54	2.46
平均每股盈餘（1958 ～ 1960 年）	0.54	0.57	0.17	1.21
當期股息	1.20	1.16	1.00	1.20
C. 資產負債項目（1970 年）				
流動資產	205,000,000	307,000,000	20,400,000	121,000,000
流動負債	71,000,000	72,000,000	11,800,000	34,800,000
普通股淨資產	207,000,000	257,000,000	15,200,000	133,000,000
每股帳面價值	207,000,000	257,000,000	15,200,000	133,000,000

a 已考慮優先股的轉換。

b 扣除每股 13 美分的特別費用。

c 截至 1970 年 9 月。

表 13-2 四家上市公司的比較（續表）

	ELTRA	Emerson Electric	Emery Air Frelight	Emhart Corp.
B. 財務比率				
股價／盈餘（1970 年）	10.0 倍	30.0 倍	38.5 倍	11.9 倍
股價／盈餘（1968 ～ 1970 年）	9.7 倍	33.0 倍	45.0 倍	11.7 倍
股價／帳面價值	1.00 倍	6.37 倍	14.3 倍	1.22 倍
淨收入／銷售額（1970 年）	4.6%	8.5%	5.4%	5.7%
每股盈餘／帳面價值	10.0%	22.2%	34.5%	10.2%
股息率	4.45%	1.78%	1.76%	3.65%
流動資產／流動負債	2.9 倍	4.3 倍	1.7 倍	3.4 倍
營運資本／債務	很大	5.6 倍	無債務	3.4 倍
每股盈餘成長：				
1968 ～ 1970 vs. 1963 ～ 1965	+81%	+87%	+135%	+14%
1968 ～ 1970 vs. 1958 ～ 1960	+400%	+250%	很大	+132%
C. 股價紀錄				
1936 ～ 1968 年最低價	3/4	1	1/8	3 5/8
最高價	50 3/4	61 1/2	66	58 1/4
1970 年最低價	18 5/8	42 1/8	41	
1971 年最高價	29 3/8	78 3/4	72	

這四家公司最明顯的特徵在於，各家公司當期本益比的差異，遠大於其經營績效或財務狀況的差異。其中兩家公司（ELTRA 和 Emhart）的股價都不是很高，分別只有 1968 ～ 1970 年平均盈餘的 9.7 倍和 12 倍，而同期道瓊工業指數的本益比則為 15.5 倍。另外兩家公司（Emerson 和 Emery）的股價很高，分別為其盈餘的 33 倍和 45 倍。會有如此大的差異，其中必有原因，而我們可以看到的是，本益比較高的那兩家公司（尤其貨運公司），近幾年的獲利都呈現高度的成長（不過，其他兩家公司的成長數據也不差）。

為了進行更全面的分析，讓我們簡要地檢視表中的各項主要數據。

1. **獲利能力**。（a）這幾家公司每股盈餘／帳面價值的數據都表現得相當不錯，不過 Emerson 和 Emery 的數據顯然遠高於另外兩家公司。一般來說，比較高的資本投資報酬率，往往伴隨著比較高的每股盈餘成長率。[2] 這幾家公司除了 Emery 外，其它三家每股盈餘／帳面價值的數據，在 1969 年的表現全都優於 1961 年；而 Emery 在這兩個年份則都有很好的表現。（b）就製造業而言，每一美元銷售額其中所含的利潤高低，通常可反映出該公司相對的優勢或劣勢。關於這點我們觀察的是「淨收入／銷售額」，這與標準普爾上市股票報告中所採用的標準是一樣的。四家公司在這個項目的數據也頗令人滿意，其中 Emerson 的表現更是引人注目。這些公司在 1961 ～ 1969 年之間，盈餘都有相當大的變化。

2. **穩定性**。關於這方面，我們觀察的是過去 10 年中每一年的每股盈餘，並逐一與之前 3 年的平均盈餘相比較，看看最大的跌幅有多大。如果 10 年內盈餘都沒有往下降的情況，就表示具有 100% 的穩定性，譬如 Emerson 和 Emery 這兩家特別受歡迎的企業便是如此。不過 ELTRA 和 Emhart 這兩家公司在 1970 年這個「慘澹的年份」中，盈餘下降的幅度也算是相當溫和，兩家都只有 8%；相對來說，道瓊工業指數下降的幅度則為 7%。

3. **成長率**。本益比較低的兩家公司，其成長率都非常令人滿意，兩家都優於道瓊工業指數。以相對較低的本益比來說，ELTRA 公司的數據尤其引人注目。當然，擁有較高本益比的另外兩家公司，其成長率更是令人印象深刻。

---

2. 這一指標可以從表 13-2 中的「每股盈餘／帳面價值」這一行看到，它反映了公司的淨收入占其有形資產帳面價值的百分比。

4. **財務狀況**。三家製造業公司的財務狀況都相當穩健，其流動資產與流動負債的比率，全都大於 2 這一標準比率。Emery 航空貨運公司的比率較低，但該企業屬於不同產業，而且由於過去記錄良好，因此籌集資金應不成問題。這四家公司的長期債務比率，也都相對較低。在此針對「稀釋」方面，要做些補充說明：1970 年底，Emerson 電氣公司流通在外的低股息可轉換優先股總市值為 1.63 億美元。在我們的分析中，已考慮這個稀釋因子（假設所有的優先股都轉換成普通股），這使得每股盈餘減少了大約 10 美分（或大約 4% 左右）。

5. **股息**。真正重要的是持續不斷的股息發放記錄。在此，記錄最好的是 Emhart 公司，它從 1902 年以來，就沒有中斷過股息的支付。ELTRA 的記錄也非常好，Emerson 的記錄還算令人滿意，Emery 貨運公司則是後起之秀。各家股息支付率之間的差異，並不算特別明顯。兩家低本益比公司的當期股息收益率，大約是另外兩家高本益比公司的兩倍。

6. **股價記錄**。在過去 34 年間，這四家公司的股價從最低點到最高點的漲幅（已考慮股票分割調整），讀者應該非常印象深刻才對。請注意，同時期道瓊工業指數的最高點和最低點比率大約為 11：1，而這四家公司中，Emhart 最低「只有」17：1，Emery 航空貨運公司則為最高的 528：1。[3] 這種價格呈現多倍上漲的情況，是以往大多數普通股的特徵，這說明了過去的股票市場存在著巨大的獲利機會（但這也同時表示，1950 年之前熊市下跌的股價，其實都嚴重超跌）。在 1969 ～ 1970 年價格暴跌期間，ELTRA 和 Emhart 的股價跌幅都超過了 50%。Emerson 和 Emery

3. 葛拉漢指的是表 13-2 中「股價紀錄」這個部分的內容，而這裡所計算的比率都是以 1936 ～ 1968 年期間的最高價除以最低價。例如，Emery 的最高價 66 除以最低價 1/8 等於 528，即最高價與最低價之比率為 528：1。

的股價也嚴重下跌，但受到的壓力較小；Emerson 在 1970 年底前、Emery 在 1971 年初，兩家公司分別出現反彈而再創新高。

四家公司的總體觀察

Emerson 電氣公司擁有巨大的總市值，它比其餘三家公司的總和都還要大許多。[4] 它是我們所認為的「商譽巨頭」——這點容我們稍後再做討論。不管記憶力好不好，分析師難免都會想起 Emerson 電氣和 Zenith 無線電公司之間有許多相似之處，但這並不能保證，這兩家公司未來的發展也都是一樣的。Zenith 的快速成長曾經持續多年，它的市值也達到了 17 億美元（1966 年），但其獲利從 1968 年的 4,300 萬美元來到 1970 年只剩一半。在 1970 年的瘋狂拋售過程中，其股價從先前的最高點 89 美元下跌到了 22.5 美元。由此可見，價格的高估往往帶來巨大的風險。

如果 Emery 航空貨運近 40 倍的本益比能夠部分實現的話，那麼 Emery 肯定是四家公司中未來前景最為看好的一家。當然，公司過去的成長一直令人印象深刻。但是，未來的成長未必如此，因為公司起始的規模很小，1958 年的淨利只有 57 萬美元。事實證明，當市值和收益擴張到很大規模後，想繼續保持高成長率就會更加困難。最令人驚訝的是，1970 年是國內航空客運業最糟糕的一年，但 Emery 的盈餘和股價卻還在快速成長。這的確是一個了不起的成就，但問題是，未來獲利究竟會不會受到不利的衝擊，譬如競爭加劇，以及貨運代理人和航空公司之間新的業務競爭等等。對這些問題做出正確判斷之前，還需要進行仔細的研究，尤其是穩健型的投資者，更不能不考慮這些因素。

---

4. 1970 年底，從當時的股市規模來看，Emerson 公司 16 億美元的市值的確是「非常巨大」。2002 年底，Emerson 普通股的總市值大約為 210 億美元。

再來看看Emhart和ELTRA這兩家公司。在過去的14年內，Emhart的獲利表現遠勝於其股價的表現。1958年，其股價為當期盈餘的22倍，這幾乎與道瓊工業指數的本益比相同。之後，其獲利成長了兩倍，而道瓊工業指數的成長則還不到1倍。然而，該公司1970年的收盤價只比1958年的最高價高出三分之一，而道瓊工業指數卻高出了43%。ElTRA的情況也有幾分相似。這兩家公司在目前的市場上，似乎都失去了魅力或「吸引力」；但所有統計數據都顯示其狀況出奇地好。至於它們的未來前景，我們在此並不能做出審慎的建議，但標準普爾在1971年對這四家公司的評論如下：

ELTRA ——「長期前景：某些業務具有景氣循環的特性，但公司所建立的競爭力和多角化經營策略，可以抵消這些因素所造成的影響。」

Emerson電氣——「儘管目前的股價（71美元）還算恰當，但從長遠來看，該股票還是有一定的吸引力……持續的併購政策，加上它在該產業領域的穩固地位以及加速國際化的腳步，這一切都表明其銷售額和獲利都將持續成長。」

Emery航空貨運公司——「目前的股價（71美元）似乎被高估了，但從長遠來看，該股票還是值得持有。」

Emhart ——「儘管今年玻璃容器業的資本支出較低而受到了限制，但獲利會因為1972年商業環境的改善而增加。股票（價格34美元）是值得持有的。」

結論：許多分析師可能會認為，Emerson和Emery的股票比另兩家公司更有吸引力，其主要原因或許在於：一是其股票的「市場表現」比較優異，二是其近期的獲利成長比較快速。根據我們的審慎投資原則，第一個原因並不能做為選擇的理由——那是投機者才會去考慮的因素。第二個原因具有合理性，但其作用有限。Emery航空貨運公司過去的成長情況以及未來的良好前景，是否能夠證明近期超過 60 倍的本益比是合理的？[5] 我們的答案是：對於深入研究過該公司未來發展的可能性，然後得出極為可靠和樂觀結論的人而言，答案或許是肯定的。但是，對於細心的投資者而言，答案則是否定的——細心的投資者一定會事先進行合理確認，在面對高獲利和良好的市場表現時，絕不會犯下華爾街經常過於樂觀的錯誤。[6] 就 Emerson 電氣而言，市場對其無形資產或獲利能力的估價超過 10 億美元，這種情況尤其需要謹慎。我們還要指出的是，曾經是股市寵兒的「電子產業」已經整體萎縮了。Emerson 是一個明顯的例外，但要使其 1970 年的收盤價得到合理的支持，它還必須在未來許多年繼續保持高速成長。

相形之下， ELTRA 的股價 27 美元和 Emhart 的股價 33 美元，它們都有足夠的價值做為支撐，因此投資這些股票都能獲得合理的保護。在此，投資者（如果他願意的話）可以認為自己基本上是這些企業的部分擁有者，而其購買的價格，就相當於資產負債表中所顯示的淨資產價值。[7] 這兩家公司的資本收益率一直都令人滿意，獲利也很穩定，而過去的成長速度也頗令人驚艷。兩家公司都能滿足我們對防禦型投資者投資組合所提的 7 項要求。這些內容將在下一章討論，但我們先將其表列如下：

1. 適當的規模。
2. 足夠穩健的財務狀況。

---

5. 【原註】1972 年 3 月，Emery 公司的股價為其 1971 年盈餘的 64 倍！

6. 葛拉漢的觀點是正確的。1972 年，在最流行和價格最高的「50 支走俏大盤股」（Nifty Fifty）中，Emery 的表現最差。1982 年 3 月 1 日，《富比士》的文章報導，從 1972 年以來，Emery 的股價已跌掉了 72.8%（考慮通貨膨脹因素之後）。根據明尼亞波里斯（Minneapolis）路佛（ Leuthold）集團的投資研究人員報告顯示，Emery 的股票已經下跌了 58%，其本益比從 64 倍大幅下降到只有 15 倍。葛拉漢曾經警告的「過度樂觀」，很快就見分曉了。時間的流逝能對這種過度狂熱造成的損失做出彌補嗎？並非始終如此：根據路佛的計算，1972 年投入 Emery 的 1,000 美元，到 1999 年只值 839 美元。人們如果在 1990 年代末期購買價格被高估的網路股，即使最終能夠達到損益兩平，但在 10 年內恐怕無法達成此一目標（參見第 20 章評釋）。

7. 葛拉漢的觀點是，從當時的價格來看，投資者購買這兩家公司股票的價格只是略高於其帳面價值，如表 13-2 中「財務比率」這個部分第三個項目所顯示的。

3. 至少在過去 20 年內連續支付過股息。

4. 過去 10 年內沒有虧損。

5. 每股盈餘在 10 年間至少成長三分之一。

6. 股價不高於淨資產價值的 1.5 倍。

7. 股價不高於過去 3 年平均盈餘的 15 倍。

對於 ELTRA 或 Emhart 的未來獲利表現，我們不做任何預測。在投資者多元化的普通股清單中，一定會有一些令人失望的股票，而且這種情況可能會發生在這兩支股票其中的某一支身上，或同時發生在這兩支股票身上。但是，依據上述選股原則，再加上投資者希望採用的其他合理標準，由此所建立的多元化投資組合，將在隨後的幾年會有非常好的表現。至少，長期經驗是這樣告訴我們的。

總結：一個有經驗的證券分析師，即使接受我們對這四家公司的推論，他也不會輕易地建議：在 1970 年底持有 Emerson 或 Emery 股票的人，應該改為持有 ELTRA 或 Emhart 的股票——除非股票持有者能夠清楚明白隱藏在該建議背後的道理。我們沒有理由指望那兩支低本益比股票的表現，在短期內會優於另兩支高本益股票。高本益比來自於市場的強烈認同，因此有相當程度的支撐力量，而這種力量也有可能會持續一段時間。但如果客戶喜歡價值型的投資，不喜歡投機類的投資，應該就會認為 ELTRA 和 Emhart 確實優於 Emerson 和 Emery。因此，普通股的投資策略有很大程度取決於投資者個人的態度。下一章我們就會再進一步深入分析。

第十三章 評釋

在空軍有條規則：永遠記得檢視六點鐘方向。一個傢伙在飛行，他眼觀四面耳聽八方，覺得自己很安全。另一個傢伙飛在其後方（就在「六點鐘」方向——「十二點鐘」表示正前方），然後開火射擊。大多數的飛機就是這樣被擊落的。認為自己很安全，其實是非常危險的！你必須找出可能受到攻擊的弱點。你必須經常檢視六點鐘方向。

——美國空軍將領 Donald Kutyna

E 字頭的企業

讓我們學學葛拉漢，找出四支股票進行分析和比對。我們使用的是這些公司在 1999 年 12 月 31 日財務報告中的數據——在這個時間點可以讓我們看到一些股市有史以來最嚴重的極端價格。

Emerson 電氣公司（股票代碼：EMR）成立於 1890 年，它是葛拉漢當初舉出四家企業中唯一的倖存者；該公司的產品種類繁多，其中包括電動工具、空調設備和電動馬達。

EMC 公司（股票代碼：EMC）的歷史可以追溯到 1979 年。它的業務是讓一些公司能透過網路自動儲存電子訊息。

Expediters 華盛頓國際物流公司（股票代碼：EXPD）在 1979 年成立於西雅圖。它的業務是幫助貨主安排和追踪貨物在全球的運送。

Exodus 通訊公司（股票代碼：EXDS）的業務是提供企業客戶電腦主機和管理網站，以及其他網路服務；它於 1998 年 3 月首次公開發行股票。

下圖概括了這幾家公司在 1999 年底的股價、業績表現和財務比率：

圖 13-1 E 字頭四家公司的比較

	Emerson 電氣公司	EMC 公司	Exodus 通訊公司	Expediters 華盛頓國際物流公司
資本結構				
收盤價（美元，1999 年 12 月 31 日）	57.37	54.62	44.41	21.68
總報酬率（%，1999 年）	–3.1	157.1	1005.8	109.1
資本總市值（百萬美元，1999 年 12 月 31 日）	24845.9	111054.3	14358.4	2218.8
總債務（百萬美元，包括優先股）	4600.1	27.1	2555.7	0
收益項目				
總營業額（百萬美元，1999 年）	14385.8	6715.6	242.1	1444.6
淨收入（百萬美元，1999 年）	1313.6	1010.6	–130.3	59.2
盈餘平均年成長率（%，1995 ～ 1999 年）	7.7	28.8	無意義	19.8
每股盈餘（EPS，1999 年，完全稀釋後）	3.00	0.53	–0.38	0.55
EPS 平均年成長率（%，1995 ～ 1999 年）	8.3	28.8	無意義	25.8
年度股息（每股，1999 年）	1.30	0	0	0.08
資產負債項目				
流動資產（百萬美元）	5124.4	4320.4	1093.2	402.7
流動負債（百萬美元）	4590.4	1397.9	150.6	253.1
每股帳面價值（美元，1999 年 12 月 31 日）	14.27	2.38	0.05	2.79
財務比率				
價格／盈餘（倍）	17.7	103.1	無意義	39.4
價格／帳面價值（倍）	3.7	22.9	888.1	7.8
淨收入／營業額（%，淨利潤率）	9.2	17.4	無意義	4.1
淨收入／帳面價值（%）	21.0	22.2	無意義	19.7
營運資本／債務（倍）	0.1	107.8	0.4	無債務
資本市值／營業額（倍）	1.7	16.5	59.3	1.5

資料來源：Value Line、Thomson/Baseline、Bloomberg、finance.yahoo.com、the companies' SEC filing。

註：所有的數據都已考慮隨後的股票分割調整。債務、營業額和盈餘都以財務年度為單位。市值：普通股總價值。

電氣公司並不來電

在葛拉漢所列舉的四支股票中，Emerson 電氣的價格最為昂貴，但在我們所舉出新的一組企業中，Emerson 電氣的價格則是最便宜的。1990 年代末，由於它屬於舊經濟產業，Emerson 電氣失去了吸引力。（在網路時代，有誰還會去關注 Emerson 生產的強力乾濕兩用吸塵器呢？）該公司股價陷入了長期低迷。1998 年和 1999 年，Emerson 的股價累計落後於標準普爾 500 指數 49.7 個百分點，這是一個非常差的表現。

然而，這是 Emerson 公司股票的情況。Emerson 公司的營運情況如何呢？1999 年，Emerson 出售了價值高達 144 億美元的商品和服務，比前一年增加了近 10 億美元。在這些收入中，Emerson 的淨收入為 13 億美元，比 1998 年成長了 6.9%。前 5 年中，每股盈餘以平均 8.3% 的速度強勁成長。Emerson 的股息翻了 1 倍多，達到了每股 1.30 美元；帳面價值從每股 6.69 美元上升到 14.27 美元。根據價值線公司提供的數據，整個 1990 年代，Emerson 的淨利潤率和資本報酬率（反映業務效率的兩個關鍵性指標）一直都很強勁，分別為 9% 和 18%。除此之外，Emerson 的獲利已連續成長了 42 年，其股息也連續上調了 43 年，這是美國企業穩定成長時間最長的其中一個例子。1999 年底，Emerson 的股價為其每股盈餘的 17.7 倍。就像它生產的電動工具一樣，Emerson 公司的股票從不耀眼，但卻是穩當的，而且沒有過熱的跡象。

EMC 公司能夠快速成長嗎？

EMC 是 1990 年代股票表現最佳的一家公司——股價上漲（或飛漲）了 81,000%。如果你在 1990 年初投資 EMC 公司股票 10,000 美元，那麼在 1999 年年底，你的投資將增值到 810 萬美元以上。僅僅 1999 年這一年，EMC 的股票報酬率就達到了 157.1% ——超過了 Emerson 從 1992 年到 1999 年總共 8 年期間的報酬。EMC 從未支付過股息，而是將所有的盈餘

「用於公司的持續發展」。[1] 以 12 月 31 日 54.625 美元的股價來看，EMC 的交易價格為該公司全年每股盈餘的 103 倍——幾乎是 Emerson 股價的 6 倍。

那麼，EMC 的營運狀況如何呢？1999 年的營業額成長了 24%，達到了 67 億美元。其每股盈餘從前一年的 61 美分激增到 1999 年的 92 美分，成長了 51%。截至 1999 年的 5 年內，EMC 的盈餘以每年 28.8% 的速度急速成長。而且，由於每個人都認為電子商務的浪潮還會持續下去，因此其未來前景將更加光明。整個 1999 年，EMC 的執行長一再預言 2001 年的營業額將達到 100 億美元——比 1998 年增加 54 億美元。[2] 要達到 100 億美元的營業額，平均年成長率需要達到 23%，對如此大規模的一家公司而言，這將是一個驚人的速度。然而，華爾街的分析師和大多數投資者都確信 EMC 能夠做到。畢竟，在過去的 5 年中，EMC 的營業額增加了 1 倍以上，其淨收入也超過了兩倍。

然而，根據價值線公司提供的數據，從 1995 年到 1999 年，EMC 的淨利潤率從 19% 下滑到 17.4%，資本報酬率從 26.8% 下降到 21%。儘管還是高獲利，但 EMC 已經在走下坡。1999 年 10 月，EMC 併購了 Data General 公司，從而使得當年的營業額大約增加了 11 億美元。扣除 Data General 所帶來的額外收入後，我們可以看到 EMC 的營業額從 1998 年的 54 億美元上升到 1999 年的 56 億美元，只有 3.6% 的成長。換句話說，EMC 的實際成長率幾乎為零——即便當年為了因應「千禧蟲」（Y2K）

1. 正如我們將在第 19 章看到的，這種理由實際上往往意味著，「提供資金讓公司高層經理人的財富持續成長」。

2. 1999 年 12 月 30 日，EMC 的執行長麥可 ‧ 魯特格斯（Michael Ruettge）出現在 CNBC 電視新聞頻道，主持人羅恩 ‧ 尹珊娜（Ron Insana）問他，「2000 年及以後」的情況是否會與 1990 年代一樣好。魯特格斯自豪地說：「實際上成長似乎正在加速。」當尹珊娜問到 EMC 的股價是否被高估時，魯特格斯回答說：「我認為，當你看到我們所面對的發展機會時，就會感覺到商機幾乎是無限的……因此，儘管人們很難預言這些股價是否過高，但如果你今天能夠找到贏家（我堅信 EMC 就是其中的一位贏家），你的人生將會有重大的改變，而你的未來也將會得到豐厚的回報。」

危機，許多公司在新技術方面的花費都創下了歷史記錄，也沒能為 EMC 帶來顯著的成長。[3]

貨運公司的概況

與 EMC 不同的是，Expediters 國際物流公司從未出現過飛速成長。儘管該公司在 1990 年代股價年成長率為 30%，但其中大部分的成長來自於最後一年—— 1999 年其股價上漲了 109.1%。前一年，Expediters 的股價僅上漲了 9.5%，落後於標準普爾 500 指數 19 個百分點。

該公司的營運狀況如何呢？實際上，Expediters 的成長非常迅速：從 1995 年開始，其營業額的年成長率達 19.8%，在 1999 年期間營業額高達 14 億美元，幾乎增加了兩倍。而且，每股盈餘的年成長率達 25.8%，股息年增率高達 27%。Expediters 沒有長期債務，其營運資本自 1995 年以來幾乎翻了一倍。根據價值線公司提供的數據，Expediters 的每股帳面價值上升了 129%，其資本報酬率達 21%（上升了三分之一以上）。

無論以任何標準來衡量，Expediters 都是一家優秀的企業。但是，這家小型貨運公司（總部設在西雅圖，而大部分業務都在亞洲）在華爾街卻幾乎沒有什麼名氣，其股份只有 32% 由機構投資者所持有；事實上 Expediters 公司只有 8,500 名股東。該公司的股價在 1999 年翻倍之後，為當年淨收入的 39 倍——這並不算便宜，但卻遠低於 EMC 那令人暈眩的價格。

---

3. 「千禧蟲」或「2000 年問題」是指，人們認為 1999 年跨入 2000 年的一瞬間，全球數百萬台電腦將停止運作。其原因在於，1960 年代和 1970 年代的電腦程式設計者沒有考慮到年序編碼錯亂的問題。美國企業在 1999 年花費了數十億美元，以確保其電腦能順利通過「2000 年問題」。最後，2000 年 1 月 1 日凌晨 12:00:01 秒到來時，一切都運作正常。

應許之地？

1999年年底，Exodus通訊公司似乎帶其股東直接進入了富庶之地。該公司股票在1999年飆升了1005.8%，足以使得1月1日的10,000美元投資，在12月31日變成了110,000美元。華爾街著名的網路股分析師（包括美林證券的重量級分析師亨利 · 布洛傑特在內），都預測該公司的股票在未來一年還會上漲25% ~ 125%。

在那些網路股交易者（他們從Exodus的股票中獲得了大量的收益）的眼中，最為有利的是該公司在1999年進行了三次2比1的股票分割。在2比1的股票分割中，公司的股份數量增加一倍，股價減少了一半，因而股東最終擁有的股份為原來的兩倍，而每股價格只有以前的一半。這有什麼了不起的？想像一下，假如你給我一個10美分的硬幣，然後我返還給你兩個5美分的硬幣，並且問道：「你有沒有覺得現在更富有了呢？」你可能會說我是一個傻瓜，或者說我誤認為你是一個傻瓜。但是，在1999年網股股狂熱中，交易者的行為似乎就是認為，兩個5美分的硬幣會比一個10美分的硬幣更值錢。事實上，僅僅傳出股票進行2比1分割的消息，就能使其股價立即上漲20%以上。

為什麼會這樣？因為擁有更多的股份會使人們覺得更加富有。有人在1月買了Exodus公司股票100股，看著它們在4月分割後變成了200股；8月從200股變成了400股；12月又從400股變成了800股。這些人感到興奮的是，他們最初只有100股，但現在卻增加了700股。對他們來說，這種感覺就好像「找到了致富之路」，卻從不考慮每一次的分割都將使其股價削減一半。[4]1999年12月，一位購買了Exodus股票的股東（署名「給我一美元」）興奮地在網上留言：「我打算持有這些股票直到我80歲，（因

4. 更多有關股票分割的愚蠢行為，請參見：Jason Zweig, "Splitsville," Money, March, 2001, pp. 55-56。

為）經過未來幾年上百次的股票分割之後，我將成為CEO。」[5]

Exodus公司的營運情況如何呢？葛拉漢絕不會去碰這種營業額暴起暴落的公司股票。Exodus的營業額呈現爆發式的成長，從1998年的5,270萬美元成長到1999年的2.421億美元。但是，1999年卻虧損了1.303億美元，虧損的金額幾乎為前一年營業額的兩倍。

Exodus有26億美元的債務，而且急需資金，因此僅在12月就借了9.71億美元。根據Exodus的年度報告，這筆新的借款將使它下一年的利息支出增加5,000多萬美元。該公司在1999年年初的現金有1.56億美元，即使新的融資又籌集到13億美元，但這一年結束時的現金餘額只剩10億美元——這意味著其業務在1999年吞噬了4億多美元的現金。像這樣的公司如何去償還自己的債務呢？

但是，網路股交易者顯然只關注股票的上漲幅度及速度，不會去關注公司是否穩健。一位署名為「Launch_Pad1999」的交易者誇耀地在網上留言：「這支股票繼續無止境地上漲。」[6]

Launch_Pad荒謬的預言——何謂「無止境地上漲」？——正好提醒人們要記住葛拉漢經典的告誡。葛拉漢告訴我們：

「現在的投資者如此地關注於預測未來，以至於已經事先付出了巨大代價。因此，即使他投入大量研究所得出的預測結果成為事實，也有可能無法獲利。如果預測的結果沒有完全實現，實際上他便將面臨嚴重

5. 1999年12月7日，Raging Bull網站中有關Exodus通訊公司的留言，編號3622。（http://ragingbull.lycos.com/mboard/boards.cgi?board=EXDS&read=3622）

6. 1999年12月15日，Raging Bull網站中有關Exodus通訊公司的留言，編號3910。（http://ragingbull.lycos.com/mboard/boards.cgi?board=EXDS&read=3910）

的短期或甚至是永久性的虧損。」[7]

四家公司最後的結果如何？

這四支股票 1999 年之後的表現如何？

Emerson 電氣在 2000 年又上漲了 40.7%。儘管該股票在 2001 年和 2002 年都呈現下跌，但 2002 年結束時的價格僅低於 1999 年的最終價格不到 4%。

EMC 的股價在 2000 年也上漲了 21.7%，但隨後 2001 年下跌了 79.4%，2002 年又下跌了 54.3%。這使得股價比 1999 年年底的水準低了 88%。當初預測 2001 年的營業額為 100 億美元，其結果如何呢？這一年 EMC 最終的營業額僅有 71 億美元（而且淨虧損 5.08 億美元）。

與此同時，對於 Expeditors 國際物流公司來說，似乎根本沒有出現過熊市，其股價在 2000 年上漲了 22.9%，2001 年上漲了 6.5%，2002 年又上漲了 15.1% —— 2002 年結束時的股價幾乎比 1999 年年底的股價高出 51%。

Exodus 的股價在 2000 年下跌了 55%，2001 年下跌了 99.8%。2001 年 9 月 26 日，Exodus 依據破產保護法第 11 章提出了破產申請。該公司大部分的資產被英國的電信巨頭 Cable & Wireless 收購了。Exodus 非但未能將其股東帶入應許之地，相反地，還把他們流放到了荒野之中。2003 年年初，Exodus 股票的最後交易價格為每股 1 美分。

7. 參見本書附錄 3 中葛拉漢的演講：「普通股中的新投機性因素」。

防禦型投資者如何選股

現在，我們要討論證券分析技巧更廣泛的應用。由於我們已大致介紹過兩類投資者應該採納的投資策略，[1] 因此現在我們要介紹如何應用證券分析以執行這些策略。採納我們建議的防禦型投資者，只會購買高等級債券以及多元化的優質普通股，他必須確保自己購買的普通股價格不會過高（可根據一些可適用的標準來進行判斷）。

在建立多元化的投資組合時，防禦型投資者有兩種選擇：一種是採用類似道瓊工業指數的證券組合，另一種則是透過定量方式檢驗過的證券組合。就前者而言，他必須實際獲得一組道瓊股樣本，其中包括一些受歡迎的成長股（其本益比非常高），以及一些不太受歡迎且股價不高的公司股票。要做到這一點，最簡單的辦法或許就是，以相同的數額購買道瓊工業指數中的所有 30 支股票。在道瓊指數 900 點的水準下，如果每支股票買進 10 股，總共要花費大約 16,000 美元。[2] 而根據過去的記錄，購買幾支具有代表性的投資基金股份，未來的結果也大致相同。[3]

如果是第二種選擇，每次購買證券時就要使用一套標準，以確保：（1）公司過去的業績以及當期的財務狀況達到某一最低標準；（2）盈餘、資產與股價的比率達到某一最低標準。在前一章的結尾，我們列出了 7 項選股時在品質和數量上的一些標準。現在就讓我們來逐一說明。

1. 適當的企業規模

我們所提出的最低標準要求都是隨意的，尤其在企業規模方面。我們的想法就是要把小公司排除在外，因為小公司的經營相對比較變化無常，尤其是在工業領域（這類企業經常會有很好的機會，但我們認為，它們

---

1. 葛拉漢在第 4 ～ 7 章的內容中，介紹了他所推薦的投資策略。
2. 【原註】由於多年來多次股票分割的影響，道瓊工業指數在 1972 年初每股實際平均價格約為 53 美元。
3. 正如我們在第 5 章和第 9 章的評釋中所討論的，如今的防禦型投資者可以直接購買低成本的指數基金來實現這一目標，而且最好購買能追蹤整體美國股市的基金。

並不適合於防禦型投資者的需求）。我們在此給出一個大概的金額標準：工業企業的年銷售額不低於 1 億美元，公用事業的總資產不低於 5,000 萬美元。

2. 足夠穩健的財務狀況

以工業企業而言，流動資產應至少是流動負債的兩倍，即所謂 2 比 1 的流動比率。同時，長期債務不應超過淨流動資產（或營運資本）。就公用事業而言，債務不應超過股權（帳面價值）的兩倍。

3. 獲利穩定

在過去 10 年中，普通股每年都有一定的利潤。

4. 股息記錄

至少有 20 年連續發放股息的記錄。

5. 盈餘成長

在過去 10 年中，每股盈餘的成長至少要達到三分之一（使用期初和期末 3 年平均數）。

6. 適當的本益比

當期的股價不應該高於過去 3 年平均盈餘的 15 倍。

7. 適當的股價資產比

當期股價不應該超過最新財報資產帳面價值的 1.5 倍，但本益比低於 15 倍時，股價相對於資產的比率可以更高一些。根據經驗法則，我們建議本益比與此項比率的乘積不應該超過 22.5（這個數字相當於 15 倍的本益比，乘以 1.5 倍的帳面價值。另一方面，這個數字也可以是 9 倍的本益比，乘以 2.5 倍的資產價值等等。）

總結：這些條件主要是針對防禦型投資者的需求和特質而設置的。此處採用了兩種不同的方式，將絕大多數普通股排除在投資組合之外。首先，無法滿足前四項標準的公司，全都會先被排除掉：（1）規模太小，（2）財務實力相對較弱，（3）過去 10 年中有虧損紀錄，（4）沒有長期連續發放股息的記錄。在當前的金融環境下，這些判斷財務實力的指標，全都成了最嚴格的檢測標準。最近幾年，許多大企業和一些過去實力雄厚的企業，都出現流動比率弱化或債務過度膨脹的現象。

另一方面，在前面所列的 7 項標準中，最後兩個則是從相反方向來排除掉一些普通股。此處要求的是每一美元股價，必須擁有更高的利潤和更多的資產。這絕不是金融分析師標準的看法；事實上，大多數分析堅持認為，即使是穩健型投資者，也應該有以較高價格來購買優秀企業股票的心理準備。不過在上文中，我們已闡述了相反的觀點；我們認為這種觀點主要是缺乏充分的安全性，換句話說，股價中有太多部分必須取決於未來盈餘的持續成長。針對這個重要的問題，讀者在權衡兩方面的觀點之後，終究必須做出自己的決定。

在我們的選擇中，要求企業在過去 10 年中，必須有適度的成長。如果沒有這一項要求，我們的投資組合就會出現許多成長衰退的公司（至少以每一美元投資資本的獲利來衡量是如此）。防禦型投資者沒有理由去投資這樣的公司，但如果股價夠低的話，還是可以把它們視為廉價買進的投資機會。

我們所建議的最大本益比 15 倍，很有可能導致投資組合中的平均本益比只有 12 ～ 13 倍左右。請注意，1972 年 2 月，美國電話電報公司（AT&T）的股價為其 3 年平均（和當期）盈餘的 11 倍，而加州標準石油公司的股價則還不到其最近盈餘的 10 倍。我們的基本建議是，所建立的股票投資組合整體的獲利與價格之比率（本益比的倒數），至少要與當期高等級債券的利率相當才行。這也就意味著，不到 13.3 倍的本益比，就相當於收益率為 7.5% 的 AA 級債券。[4]

將我們的標準應用於 1970 年底的道瓊工業指數

1970 年底，道瓊工業指數中的成份股全都達到了我們所提出的所有標準，但其中有兩個標準只是勉強達到。下面是根據 1970 年的收盤價和相關數據所做的調查（每家公司的基本數據列在表 14-1 和表 14-2 中）。

4. 2003 年初，AA 級 10 年期公司債的收益率大約為 4.6%，這也就表示（根據葛拉漢的公式）股票投資組合的獲利與價格之比率，至少要達到 4.6%。從這個數字的倒數（以 100 除以 4.6），我們可以得出「建議最大本益比」為 21.7 倍。在本段一開始葛拉漢曾建議，「平均」本益比應該比「最大」本益比低大約 20% 左右。這也就是說，在如今的利率和市場情況下，葛拉漢認為，股價要在 3 年平均盈餘的 17 倍之內，這種股票才具有吸引力。截至 2002 年 12 月 31 日為止，標準普爾 500 指數中，有 200 多支股票（占 40% 以上）的 3 年平均本益比都在 17 倍或 17 倍以下。最新 AAA 級債券的收益率，可以在下列網站中找到：www.bondtalk.com。

表 14-1 道瓊工業指數 30 支成份股於 1971 年 9 月 30 日的基本資料

		每股盈餘[a]					
	股價 1971 年 9 月 30 日	1971 年 9 月 30 日	1968～1970 年均值	1958～1960 年均值	首次支付股息年份	淨資產價值	當期股息
Allied Chemical	32½	1.40	1.82	2.14	1887	26.02	1.20
Aluminum Co. of Am.	45½	4.25	5.18	2.08	1939	55.01	1.80
Amer. Brands	43½	4.32	3.69	2.24	1905	13.46	2.10
Amer. Can	33¼	2.68	3.76	2.42	1923	40.01	2.20
Amer. Tel. & Tel.	43	4.03	3.91	2.52	1881	45.47	2.60
Anaconda	15	2.06	3.90	2.17	1936	54.28	無
Bethlehem Steel	25½	2.64	3.05	2.62	1939	44.62	1.20
Chrysler	28½	1.05	2.72	(0.13)	1926	42.40	0.60
DuPont	154	6.31	7.32	8.09	1904	55.22	5.00
Eastman Kodak	87	2.45	2.44	0.72	1902	13.70	1.32
General Electric	61¼	2.63	1.78	1.37	1899	14.92	1.40
General Foods	34	2.34	2.23	1.13	1922	14.13	1.40
General Motors	83	3.33	4.69	2.94	1915	33.39	3.40
Goodyear	33½	2.11	2.01	1.04	1937	18.49	0.85
Inter. Harvester	28½	1.16	2.30	1.87	1910	42.06	1.40
Inter. Nickel	31	2.27	2.10	0.94	1934	14.53	1.00
Inter. Paper	33	1.46	2.22	1.76	1946	23.68	1.50
Johns-Manville	39	2.02	2.33	1.62	1935	24.51	1.20
Owens-Illinois	52	3.89	3.69	2.24	1907	43.75	1.35
Procter & Gamble	71	2.91	2.33	1.02	1891	15.41	1.50
Sears Roebuck	68½	3.19	2.87	1.17	1935	23.97	1.55
Std. Oil of Calif.	56	5.78	5.35	3.17	1912	54.79	2.80
Std. Oil of N.J.	72	6.51	5.88	2.90	1882	48.95	3.90
Swift & Co.	42	2.56	1.66	1.33	1934	26.74	0.70
Texaco	32	3.24	2.96	1.34	1903	23.06	1.60
Union Carbide	43½	2.59	2.76	2.52	1918	29.64	2.00
United Aircraft	30½	3.13	4.35	2.79	1936	47.00	1.80
U. S. Steel	29½	3.53	3.81	4.85	1940	65.54	1.60
Westinghouse	96½	3.26	3.44	2.26	1935	33.67	1.80
Woolworth	49	2.47	2.38	1.35	1912	25.47	1.20

a 已考慮股息及股票分割調整。

b 一般都是 1971 年 6 月 30 日之前的 12 個月。

表 14-2 1971 年 9 月 30 日道瓊工業指數成份股的重要比率

	本益比			盈餘成長			
	1971 年 9 月	1968 ～ 1970	當期股息收益率	1968 ～ 1970 vs. 1958 ～ 1960	流動資產／流動負債[a]	淨流動資產／債務[b]	股價／淨資產價值
Allied Chemical	18.3 倍	18.0 倍	3.7%	(–15.0%)	2.1 倍	74%	125%
Aluminum Co. of Am.	10.7	8.8	4.0	149.0%	2.7	51	84
Amer. Brands	10.1	11.8	5.1	64.7	2.1	138	282
Amer. Can	12.4	8.9	6.6	52.5	2.1	91	83
Amer. Tel. & Tel.	10.8	11.0	6.0	55.2	1.1	—[c]	94
Anaconda	5.7	3.9	—	80.0	2.9	80	28
Bethlehem Steel	12.4	8.1	4.7	16.4	1.7	68	58
Chrysler	27.0	10.5	2.1	—[d]	1.4	78	67
DuPont	24.5	21.0	3.2	(–9.0)	3.6	609	280
Eastman Kodak	35.5	35.6	1.5	238.9	2.4	1764	635
General Electric	23.4	34.4	2.3	29.9	1.3	89	410
General Foods	14.5	15.2	4.1	97.3	1.6	254	240
General Motors	24.4	17.6	4.1	59.5	1.9	1071	247
Goodyear	15.8	16.7	2.5	93.3	2.1	129	80
Inter. Harvester	24.5	12.4	4.9	23.0	2.2	191	66
Inter. Nickel	13.6	16.2	3.2	123.4	2.5	131	213
Inter. Paper	22.5	14.0	4.6	26.1	2.2	62	139
Johns-Manville	19.3	16.8	3.0	43.8	2.6	—	158
Owens-Illinois	13.2	14.0	2.6	64.7	1.6	51	118
Procter & Gamble	24.2	31.6	2.1	128.4	2.4	400	460
Sears Roebuck	21.4	23.8	1.7	145.3	1.6	322	285
Std. Oil of Calif.	9.7	10.5	5.0	68.8	1.5	79	102
Std. Oil of N.J.	11.0	12.2	5.4	102.8	1.5	94	115
Swift & Co.	16.4	25.5	1.7	24.8	2.4	138	158
Texaco	9.9	10.8	5.0	120.9	1.7	128	138
Union Carbide	16.6	15.8	4.6	9.5	2.2	86	146
United Aircraft	9.7	7.0	5.9	55.9	1.5	155	65
U. S. Steel	8.3	6.7	5.4	(–21.5)	1.7	51	63
Westinghouse El.	29.5	28.0	1.9	52.2	1.8	145	2.86
Woolworth	19.7	20.5	2.4	76.3	1.8	185	1.90

a 數據來自於 1970 年底的公司財務報告。

b 數據來自於《穆迪產業手冊》（1971 年）。

c 淨流動資產餘額為負數。

d 1958 ～ 1960 年虧損。

1. 其中每家公司的規模都遠超過了標準。

2. 整體財務狀況大致符合標準，但並非每家公司都是如此。[5]

3. 至少從 1940 年開始，每家公司每年都在發放股息。其中 5 家公司的股息發放記錄甚至可以追溯到上一個世紀。

4. 過去 10 年的整體獲利都相當穩定。在 1961 ～ 1969 年繁榮時期，沒有任何公司的財報出現赤字；不過，克萊斯勒（Chrysler）在 1970 年出現了小額赤字。

5. 整體的總成長率（比較相隔 10 年的 3 年平均數）為 77%，相當於每年大約成長 6%。但是，其中有 5 家企業的成長不到三分之一。

6. 整體的年底收盤價與3年平均盈餘之比率為839比55.5，即15:1，這正好是我們所建議的上限。

7. 整體的股價與淨資產價值之比率為 839 比 562，這也正好在我們所建議的 1.5：1 的限制範圍內。

雖然整體而言大致符合我們的 7 項標準，但如果將同樣的標準應用於每一家公司，就會發現只有 5 家公司能滿足我們所有的標準。它們分別為：American Can、AT&T、Anaconda、Swift 和 Woolworth。這 5 家公司的相關數據列於表 14-3。顯然，除了過去的成長率之外，它們的統計數據比整體道瓊工業指數的情況更好。[6]

---

5. 【原註】1960 年，29 家企業中，有兩家企業沒有達到流動資產大於流動負債兩倍這一標準，而且也只有這兩家企業的淨流動資產沒有超過其負債。1970 年 12 月，這兩類企業的數量從 2 家增加到了 12 家。

6. 【原註】但需要指出的是，從 1970 年 12 月到 1972 年初，這幾家公司整體的市場表現劣於道瓊工業指數。這再一次證明：任何系統或方法都無法保證能獲得優異的市場結果。我們所要求的標準，只能「保證」證券組合購買者的錢花得物有所值。

如果將我們的標準應用於道瓊指數中工業公司的股票，我們可以看到，滿足所有標準的股票只占所有上市工業公司很小的一部分。我們大體上推測，在 1970 年底，從標準普爾的《股票指南》中可以找到大約 100 支這樣的股票，而這些應該已足以讓投資者選擇到自己想要的股票了。[7]

表 14-3 1970 年底，達到特定投資標準的 5 支道瓊工業指數成份股

	American Can	American Tel. & Tel	Anaconda	Swift	Woolworth	5 家平均
股價（1970 年 12 月 31 日）	39¾	48⅞	21	30⅛	36½	
股價／盈餘（1970 年）	11.0 倍	12.3 倍	6.7 倍	13.5 倍	14.4 倍	11.6 倍
股價／盈餘（3 年期）	10.5 倍	12.5 倍	5.4 倍	18.1 倍[b]	15.1 倍	12.3 倍
股價／帳面價值	99%	108%	38%	113%	148%	112%
流動資產／流動負債	2.2 倍	n.a.	2.9 倍	2.3 倍	1.8 倍[c]	2.3 倍
淨流動資產／債務	110%	n.a.	120%	141%	190%	140%
穩定性指數[a]	85	100	72	77	99	86
成長率[a]	55%	53%	78%	25%	73%	57%

a 參見之前的定義。

b 考慮到 Swift 在不景氣的 1970 年表現優異，我們在此忽略了 1968 ～ 1970 年的赤字。

c 因額外發行債券而低於 2 的標準。

n.a. ＝不適用。AT&T 的債務低於其股本。

7. 有一種便利的網路篩選工具，可以挑選出標準普爾 500 指數中滿足大多數葛拉漢所提出之標準的股票。這一工具可以在下列網站中找到：www.quiken.com/investments/stocks/search/full。

公用事業股的「解決辦法」

如果我們現在轉向公用事業股這一領域，就會發現該領域讓投資者更有安全感、更有吸引力。[8] 在此，從業績記錄和價格比率來看，絕大多數的股票似乎都正好適合我們所定義的防禦型投資者的需要。對於公用事業股的檢視，我們排除了一項標準，即流動資產相對流動負債之比率。這一行業的營運資本因素無需人們去關注，因為它可以透過出售債券和股票來獲得成長所需的資金。然而，我們會要求股本與債務之間必須維持一個適當的比率。[9]

在表 14-4 中，我們簡要列出了道瓊公用事業指數中 15 支成份股的相關數據。為了便於比較，我們也在紐約證券交易所上市的股票中，隨機挑選出 15 支其他公用事業的股票，並將其相關數據列於表 14-5 中。

---

8. 葛拉漢在寫本書時，只有一家專門從事公用事業股交易的主要共同基金（富蘭克林公用事業基金）。如今，這樣的基金超過了 30 支。葛拉漢無法預料到，核能電廠建設的取消和退役所導致的金融災難；他也無法預料到，加州拙劣的管理法規所導致的後果。如今，公用事業股的波動性比葛拉漢那個時代更大，因此大多數的投資者應該透過充分多元化的低成本基金——如道瓊美國公用事業類股指數基金（交易代碼：IDU）或 SPDR 公用事業指數基金（交易代碼：XLU）——來持有公用事業股。更多的相關訊息，請參見：www.ishares.com 和 www.spdrindex.com/spdr/。（務必確定你的經紀人對於你的股息再投資不會再收取佣金。）

9. 【原註】因此，我們不得不把大多數的天然氣管線公司的股票排除在外，因為這些企業的債券發行規模太大。這樣做的理由是，購買合約基本上已「保證」了債券本息的償付；然而，這裡所考慮的可能太複雜，因此不適合於防禦型投資者的需要。

表 14-4 道瓊公用事業指數中 15 支成份股的數據（1971 年 1 月 30 日）

	股價（1971 年 9 月 30 日）	盈餘[a]	股息	帳面價值	本益比	股價／帳面價值	股息收益率	每股盈餘成長（1970 年 vs. 1960 年）
Am. Elec. Power	26	2.40	1.70	18.86	11 倍	138%	6.5%	+87%
Cleveland El. Ill.	34¾	3.10	2.24	22.94	11	150	6.4	86
Columbia Gas System	33	2.95	1.76	25.58	11	129	5.3	85
Commonwealth Edison	35½	3.05	2.20	27.28	12	130	6.2	56
Consolidated Edison	24½	2.40	1.80	30.63	10	80	7.4	19
Consd. Nat. Gas	27¾	3.00	1.88	32.11	9	86	6.8	53
Detroit Edison	19¼	1.80	1.40	22.66	11	84	7.3	40
Houston Ltg. & Power	42¾	2.88	1.32	19.02	15	222	3.1	135
Niagara-Mohawk Pwr.	15½	1.45	1.10	16.46	11	93	7.2	32
Pacific Gas & Electric	29	2.65	1.64	25.45	11	114	5.6	79
Panhandle E. Pipe L.	32½	2.90	1.80	19.95	11	166	5.5	79
Peoples Gas Co.	31½	2.70	2.08	30.28	8	104	6.6	23
Philadelphia El.	20½	2.00	1.64	19.74	10	103	8.0	29
Public Svs. El. & Gas	25½	2.80	1.64	21.81	9	116	6.4	80
Sou. Calif. Edison	29¼	2.80	1.50	27.28	10	107	5.1	85
平均	28½	2.66	1.71	23.83	10.7 倍	121%	6.2%	+65%

a.1971 年估計值。

表 14-5 另一組公用事業股票的數據（1970 年 9 月 30 日）

	股價（1971 年 9 月 30 日）	盈餘[a]	股息	帳面價值	本益比	股價／帳面價值	股息收益率	每股盈餘成長（1970 年 vs. 1960 年）
Alabama Gas	15½	1.50	1.10	17.80	10 倍	87%	7.1%	+34%
Allegheny Power	22½	2.15	1.32	16.88	10	134	6.0	71
Am. Tel. & Tel.	43	4.05	2.60	45.47	11	95	6.0	47
Am. Water Works	14	1.46	.60	16.80	10	84	4.3	187
Atlantic City Elec.	20½	1.85	1.36	14.81	11	138	6.6	74
Baltimore Gas & Elec.	30¼	2.85	1.82	23.03	11	132	6.0	86
Brooklyn Union Gas	23½	2.00	1.12	20.91	12	112	7.3	29
Carolina Pwr. & Lt.	22½	1.65	1.46	20.49	14	110	6.5	39
Cen. Hudson G. & E.	22¼	2.00	1.48	20.29	11	110	6.5	13
Cen. Ill. Lt.	25¼	2.50	1.56	22.16	10	114	6.5	55
Cen. Maine Pwr.	17¾	1.48	1.20	16.35	12	113	6.8	62
Cincinnati Gas & Elec.	23¼	2.20	1.56	16.13	11	145	6.7	102
Consumers Power	29½	2.80	2.00	32.59	11	90	6.8	89
Dayton Pwr. & Lt.	23	2.25	1.66	16.79	10	137	7.2	94
Delmarva Pwr. & Lt.	16½	1.55	1.12	14.04	11	117	6.7	78
平均	23½	2.15	1.50	21.00	11 倍	112%	6.5%	+71%

1972 年初，由於防禦型投資者在公用事業普通股方面有廣泛的選擇，而且每一種公用事業股都能符合我們對業績和價格的標準要求，因此投資者只要選擇這些普通股，就能滿足其需求。與道瓊工業指數中的成份股相比，公用事業公司過去的成長記錄同樣出色，而且其年度數據的波動更小——無論是股價與盈餘之比率，還是股價與資產之比率，其波動都相對較低，而股息收益率也顯著較高。對於穩健型投資者而言，受監管的公用事業獨具壟斷的地位，的確擁有比較大的優勢和比較少的劣勢。公用事業依法訂定的費率所帶來的報酬，足以吸引持續擴張所需要的資本，

而且這還意味著，其收益足以抵消通貨膨脹所造成的影響。儘管監管程序經常十分繁瑣而且有可能滯後，但這並沒有妨礙到公用事業，數十年來總是能從更多投資資本中獲得合理的報酬。

對防禦型投資者而言，公用事業股此時最主要的吸引力在於，其股價與帳面價值之比率更為恰當。這意味著，投資者（如果他願意的話）可以忽視股市的情況，把自己視為一家地位穩固、獲利豐厚企業的部分擁有者。投資者可以在適當的時機隨時進出股市——可在非常具有吸引力的低價時買進，或在確定價格非常高時賣出。

從公用事業類股指數的記錄（與其他類股指數匯集在表 14-6 中）顯示，此類的投資在過去提供了很好的獲利機會。儘管其漲幅沒有工業類股指數那麼大，但公用事業類股的價格在大多數時間都比其他類股更具有穩定性。[10] 在此表中，人們可以明顯看到，工業類股與公用事業類股的相對本益比，在過去 20 年裡發生了改變。這些變化對積極型投資者來說，比防禦型投資者來得更重要。但是，這些變化表明了，即使是防禦型的投資組合，也應該時不時地加以調整，尤其是當所購買的證券明顯超漲，而且可以改用其它價格更為合理的證券替代之時。是的，這麼做就必須支付資本利得稅——對於一般投資者而言，這是極大的負擔。不過，我們的老朋友（歷史經驗）告訴我們，最好還是賣出後繳稅，而不要留在手中後悔。

10. 截至 2002 年 12 月 31 日為止的 30 年間，默默無聞的標準普爾公用事業類股指數，表現超越了光芒四射的那斯達克綜合指數。這正是對葛拉漢觀點極好的證明。

表 14-6 標準普爾指數中各類股指數的股價和本益比的變化趨勢（1948～1970 年）

	工業		鐵路		公用事業	
年份	股價[a]	本益比	股價[a]	本益比	股價[a]	本益比
1948	15.34	6.56	15.27	4.55	16.77	10.03
1953	24.84	9.56	22.60	5.42	24.03	14.00
1958	58.65	19.88	34.23	12.45	43.13	18.59
1963	79.25	18.18	40.65	12.78	66.42	20.44
1968	113.02	17.80	54.15	14.21	69.69	15.87
1970	100.00	17.84	34.40	12.83	61.75	13.16

a 股價為年底收盤價。

金融股的投資

許多不同的企業都可歸類在「金融企業」這一領域，其中包括銀行、保險公司、儲蓄與貸款協會、信貸與小額貸款公司、抵押貸款公司以及「投資公司」（如共同基金）。[11] 這些企業的主要特徵在於，它們擁有相對較少的實質資產（如固定資產和存貨），但另一方面，大多數的短期債務都遠超過了其股本。因此，與一般的製造企業或從事商業活動的企業相比，財務的穩健對金融企業更為重要。反過來說，這也造成了各種形式的管制與監督，其目的在於防範不當的財務運作。

總而言之，金融類股的投資結果與其他類別的普通股十分相似。表 14-7 所顯示的是，標準普爾股價指數中 6 類金融企業在 1948 ～ 1970 年間的股價變化。如果把 1941 ～ 1943 年的平均數 10 做為基期水準，那麼 1970 年底的數據將從最低的 44.3 美元（9 家紐約的銀行），到最高的 218 美元（11 家人壽保險公司）。各類金融企業在各個時間區間的價格

11. 如今的金融服務業是由更多的類別所構成，其中包括商業銀行、儲蓄與貸款以及抵押融資公司、消費金融公司（如信用卡發卡機構）、基金經理和信託公司、投資銀行和經紀公司、保險公司，以及從事開發或持有不動產貸款的公司（其中包括不動產投資信託）。儘管這一行業如今更加多元化了，但葛拉漢對財務穩健的警告，顯然比以往任何時候都來得重要。

走勢有相當大的變化。例如，紐約市的銀行股在 1958 ～ 1968 年間的表現相當不錯；而表現優異的人壽保險公司在 1963 ～ 1968 年間反而處於劣勢。在標準普爾指數中的眾多行業，許多（或者說大多數）都存在著這種相反的變化。

表 14-7 各類金融企業相對的股價變化趨勢（1948 ～ 1970 年）

	1948	1953	1958	1963	1968	1970
人壽保險	17.1	59.5	156.6	318.1	282.2	218.0
產物保險	13.7	23.9	41.0	64.7	99.2	84.3
紐約市的銀行	11.2	15.0	24.3	36.8	49.6	44.3
紐約之外的銀行	16.9	33.3	48.7	75.9	96.9	83.3
金融公司	15.6	27.1	55.4	64.3	92.8	78.3
小額貸款公司	18.4	36.4	68.5	118.2	142.8	126.8
標準普爾綜合指數	13.2	24.8	55.2	75.0	103.9	92.2

a 年底數據來自於標準普爾股價指數。1941 ～ 1943 年的平均數 =10。

針對這一廣泛的投資領域，我們建議沿用之前在工業企業和公用事業的投資選擇中，所提出過的本益比及價格與帳面價值之比率等標準。除此之外，我們沒有其它更好的建議。

鐵路股

鐵路股的情況與公用事業股大不相同。由於激烈的競爭和嚴格的管制，鐵路運輸公司遭遇到嚴重的打擊（它們的勞動力成本問題當然也很難解決，但這問題並不只侷限於鐵路企業）。汽車、巴士和航空公司奪走了大量的客運業務，從而使得其他客運公司很難賺錢；卡車奪走了大量的貨運業務。在過去 50 年的不同期間，美國有一半的鐵路運輸都處於破產（或「託管」）的狀態。

但是，鐵路運輸業在這半個世紀並非一直在走下坡，它們也曾經歷過繁榮期，尤其是在戰爭年代。儘管經營非常困難，但有些鐵路公司還是努力維持自己的獲利能力與股息的發放。

標準普爾指數從1942年的最低點到1968年的最高點，上漲了7倍，只略低於公用事業類股指數的漲幅。1970年，賓州中央運輸公司（Penn Central Transportation Co.）這家最重要的鐵路公司宣佈破產，震驚了整個金融界。僅在1～2年之前，該公司的股價還接近歷史高位，而且持續發放股息的記錄已長達120多年！（在第17章中，我們將簡要分析該鐵路公司的情況，以說明一位有能力的學生如何發現該公司的實力不斷地下降，並建議人們不要持有該公司的股票。）這次的金融災難，嚴重影響了鐵路股的整個市場行情。

建議人們只購買某一類股的做法，通常都是不穩妥的；同樣地，我們也不贊成完全排除某一類股的做法。表14-6中鐵路股的價格記錄顯示，總體上這一類股票經常有巨大的獲利機會（但是，在我們看來，這種大幅上漲是不太合理的）。我們只能提出如下的建議：投資者並沒有充分的理由去持有鐵路股；在購買鐵路股之前，他應該要先確保自己的錢花得非常值得，而且很確定自己沒必要去尋找其他的股票。[12]

防禦型投資者的選擇

每一位投資者都希望自己所挑選的股票，表現比一般股票更好或前景更佳。因此，讀者會問，如果能找到一個有能力的顧問或證券分析師，是否就能獲得真正有優勢的投資組合呢？「畢竟，」他可能會說：「你所指出的這些規則都非常簡單和容易。一個受過嚴格訓練的分析師，應該就能夠使用這些技巧和方法，來大幅改善如道瓊這樣平淡無奇的組合。如果不行的話，那分析師所做的統計、計算和權威判斷又有什麼用呢？」

做為一個實際檢驗，假設我們要求100位證券分析師，在道瓊工業

12. 現在，只有少數幾支主要的鐵路股依然存在，其中包括Burlington Northern、CSX、Norfolk Southern和Union Pacific。本節的建議至少也適用於目前的航空股，因為現在的航空公司就像葛拉漢時代的鐵路公司一樣，都承擔著巨額虧損，以及半個世紀來幾乎不曾間斷的不利結果。

指數中挑選出「最好的」5 支股票，以供 1970 年底時買進。實際上，很少有人會做出一樣的選擇，而且所選出的股票組合，很可能完全不同。

這樣的結果並不意外。其根本原因在於，每支挑選出來的股票，其當期價格都很好地反映了其財務記錄中的重要因素，以及人們對其未來前景的總體看法。因此，任何分析師的觀點（認為某支股票優於其他股票），都必定在很大程度上取決於其個人的偏好和預期，或是來自於這樣一個事實：在分析的過程中，他強調某一組因素，而不太重視另外的因素。如果所有的分析師都認為某一支股票優於其他所有的股票，那麼該股票的價格一定會迅速上漲，從而抵消該公司以前所具有的各種優勢。[13]

我們稱當期價格已反映已知事實和未來預期，是為了強調市場評價的雙重基礎，而證券分析基本上有兩種不同的方法來對應這兩種價值因素。的確，每一位有能力的分析師都會關注未來，而不是過去的記錄；而且，他可以意識到，自己的工作做得好或不好，將取決於未來發生的結果，而不是已經發生的事實。儘管如此，未來本身仍然可以透過兩種不同的方法來處理——即所謂的預測法（prediction，或推測法，projection）和保護法（protection）。[14]

---

13. 葛拉漢是在概述「效率市場假說」（efficient markets hypothesis, EMH）。這一學術理論認為，股票的價格已充分反映了該公司有關的所有公開訊息。由於每天都有上百萬的投資者在市場上發掘優質股，因此嚴重扭曲的價格不可能長期持續下去。有一則古老的笑話說，有兩位金融學教授走在人行道上，其中一位教授看到地上有一張 20 美元的鈔票。當他俯身想去撿起來的時候，另一位教授抓住了他的手臂，並且說：「不要撿。如果這真是一張 20 美元的鈔票，早就被人撿走了。」儘管市場並不是完全有效率，但大部分時候都是非常接近有效率的。因此，智慧型投資者只有經過深入的研究，並使交易成本和稅賦最小化之後，才會去俯身拾起股市上的「20 美元鈔票」。

14. 這是葛拉漢這本書的核心概念之一。所有投資者都要面對一個殘酷而矛盾的事實：我們的投資是現在進行式，但我們的投資期待是未來式。而且，遺憾的是，未來幾乎是完全不確定的。通貨膨脹和利率水準是不可靠的；經濟衰退的發生和結束是隨機的；政治動亂如戰爭、商品短缺和恐怖主義會突然發生；個別企業及其整個產業的命運，往往與大多數投資者的預期相反。因此，以預測為基礎的投資行為，其實是在做傻事；即使所謂專家的預測，也不會比擲硬幣來得更可靠。對大多數人而言，以保護為基礎的投資（即不要購買價格被高估的股票，以及對股票品質的判斷不要過於自信）是最佳的解決辦法。葛拉漢將在第 20 章中闡述這一概念。

那些著重在預測的人，會努力去準確預測公司在未來幾年的成就，尤其是獲利是否會顯著和持續地成長。這些結論可能來自於對該產業的供給與需求因素等（數量、價格和成本）的研究；也可能是根據過去的業務成長來推測未來的簡單方法。如果這些專家們認為該公司的長期前景十分看好，他們就會建議人們購買該股票，而不必在乎股票價格的高低。例如，在航空運輸股方面的普遍態度就是如此──這種態度已持續了好多年，儘管 1946 年後航空股的表現經常令人失望。在本書的引言中，我們已經討論過這產業的強勁股價走勢，與其較差獲利記錄之間不一致的關係。

相反地，那些著重在保護的人，總是特別關注研究時的股票價格。他們努力的方向主要在於，確保股票的現值與市場價格之間存在足夠大的安全邊際──這個安全邊際可以吸納未來不利因素所造成的影響。因此，一般而言，他們不必熱衷於關注公司的長期前景，只需要有理由相信該公司將會持續經營下去即可。

第一種方法（即預測法）也可被稱為定性法，因為它強調的是未來前景、管理狀況，以及其他一些不可計量但卻很重要的定性因素。第二種方法（即保護法）可以被稱為定量法或統計法，因為它強調的是股價與盈餘、資產和股息等因素之間可計量衡量的關係。事實上，定量法就是人們把證券分析中選擇債券與優先股投資的方法，進一步擴展到普通股領域的做法。

就我們自身的態度和專業工作而言，我們始終致力於定量法。從一開始，我們就要確保我們的投資，能夠以具體且可靠的形式獲得豐厚的價值。我們不願意以未來的前景與承諾，來補償手中股票價值的不足。這絕不是投資權威們普遍持有的觀點；事實上，大多數人可能會這樣認為：未來前景、管理品質、其他無形資產以及「人性因素」，會比過去的記錄、資產負債表和所有其他枯燥無味的數據來得更加重要。

因此，挑選「最優」的股票基本上是一個極具爭議性的問題。我們建議防禦型投資者不用去煩惱這種事。防禦型投資者應該著重在多元化投資，而不是個股的選擇。事實上，人們普遍接受的多元化的觀點，至少已經在某種程度上否定了選擇個股的宏大抱負。如果能夠正確地挑選出最佳的股票，那麼多元化只會造成獲利的減少而已。我們建議防禦型投資者，可採用我們所建議的普通股選擇四大原則（第 5 章第 2 節），而在這個範圍之內，個人偏好還是有相當大的自由空間。這麼一來，從最不利的角度來看，即使縱容這樣的偏好，應該也不至於會造成什麼樣的傷害；非但如此，它還有可能會提升投資績效。而隨著科技的發展對企業長期結果的影響越來越大，投資者實在不能不考慮這方面的因素。關於這點，與其他方面一樣，投資者也必須在忽視與過分重視之間找到一個平衡點。

第十四章 評釋

尋求固定收益的人，很難成就巨大財富；冒險投機的人，則往往因為失敗而陷入貧窮。因此，在從事投機時，最好多注意防範可能發生的虧損。

——法郎西斯 · 培根爵士（Sir Francis Bacon）

開始行動

「選股」這個根本問題，該怎麼解決呢？葛拉漢認為，防禦型投資者可以「直截了當」購買道瓊工業指數中的每一支股票。如今，防禦型投資者的做法更簡單，他只要購買整體股票市場指數型基金，就等於持有了每一支值得擁有的股票。對一個真正的防禦型投資者來說，低成本的指數基金不需費盡心思去維護，可說是一種最好的投資工具，而任何想獲得更好結果的人，都必須投入更多的精力與研究，而且還會招致更大的風險與更高的成本。

對大多數人來說，自己研究和挑選股票是沒有必要的，甚至可能是不明智的。然而，有一些防禦型投資者確實樂於接受智力挑戰，喜歡自己挑選股票——如果你成功經歷過熊市，而且還是樂於自己選股，葛拉漢或我都不會勸阻你這麼做。在這種情況下，你就不是以整體股票市場指數型基金做為你的全部投資組合，而是把它當成你投資組合的基礎。一旦有了這個基礎，你就可以嘗試自行選股了。你可以拿 90% 的資金用來購買指數基金，剩下 10% 用來自行挑選股票。唯有在這樣穩固的核心之下，你才能進一步去做些探索。（想了解廣泛多元化為何如此重要，請參見隨後的專欄內容。）

為何要多元化？

在 1990 年代牛市期間，對多元化最常見的一個批評是，它會降低你可能獲得的高報酬。畢竟，如果你能找到下一個微軟，難道不應該將所有的雞蛋都放在一個籃子裡嗎？

沒錯，確實如此。正如幽默作家威爾 ・ 羅傑斯（Will Rogers）曾經說過的：「不要賭博。把你所有的積蓄拿來買進並持有一些好股票，直到價格上漲後再將其賣掉。如果它不會上漲，就不要去買它。」

然而，正如羅傑斯所了解的，大多數的投資者並沒有先見之明。無論我們多麼有自信，在購買股票之前，還是無法知道它是否一定會上漲。因此，你所認為的「下一個微軟」很有可能最終成為「下一個 MicroStrategy」（MicroStrategy 這家公司曾經是市場上的超級巨星，其每股價格從 2000 年的 3,130 美元，下跌到 2002 年底的 15.1 美元，跌幅高達 99.5%）。[1] 把你的資金分散投資於多種股票和產業，是防範錯誤風險唯一的可靠保險。

但是，多元化並不只是減少你失誤的機率，它還會增加更多正確選擇的機會。在過去很長一段時間，有好幾支股票成為了「超級巨星」，它們上漲了 10,000%，或甚至更多。2002 年底，《錢雜誌》（Money Magazine）選出 30 年來表現最佳的 30 支股票，即使從事後來看，這些名單也是極其難以預測的。這份名單中的股票，並沒有大量的科技股或醫療保健股，但它包含了西南航空、沃辛頓鋼鐵（Worthington Steel）、達樂零售商店（Dollar General discount stores）和鼻菸草製造商 UST 等

1. 已考慮股票分割的調整。對許多人來說，2000 年初的 MicroStrategy 的確像是下一個微軟；1999 年，它的股價上漲了 566.7%，而且該公司總裁麥可 ・ 沙勒（Michael Saylor）宣稱：「如今，我們對未來前景的看法比一年半之前還要更樂觀。」後來，美國證券交易委員會指控該公司有會計舞弊情事，而沙勒支付了 830 萬美元的罰款以了結該項指控。

公司的股票。[2] 退回到1972年，如果你認為你願意在這些股票中的任何一支下一筆大賭注的話，你就是在跟自己開玩笑。

讓我們換另一種方式來思考：在巨大的市場草堆之中，只有少數的幾片針葉會帶來真正的巨額收益。你擁有的草堆越大，你就越有機會發現其中的某一片針葉。如果你擁有整個草堆（理想的做法是，購買追蹤整個美國股市的指數基金），你就必然會發現每一片針葉，從而獲得所有超級股帶來的回報。尤其是，如果你是一個防禦型投資者的話，當你能擁有整個草堆時，為何還要去尋找那些針葉呢？

檢驗再檢驗

讓我們簡要地更新一下葛拉漢的選股標準。

足夠大的規模。如今，如果想要「排除小規模的企業」，大多數防禦型投資者應該避開總市值不到20億美元的股票。2003年初，在標準普爾500指數中，還有437家規模超過20億的公司可供你選擇。

不過，與葛拉漢時代的情況不同的是，如今防禦型投資者可以很方便地透過專門從事小企業股票交易的共同基金，來擁有小企業的股份。我們再次指出，先鋒小企業指數基金（Vanguard Small-Cap Index）是人們的首選，而像Ariel、T. Rowe Price、Royce和Third Avenue這種主動型基金，也能以合理的成本購買到。

穩健的財務狀況。根據市場策略師史帝夫・加布雷思（Steve Galbraith）和摩根史坦利的杰・拉瑟斯（Jay Lasus）提供的資料顯示，在2003年年初，標準普爾500指數中，大約有120家企業能夠滿足葛拉

2. 參見：Jon Birger, "The 30 Best Stocks," Money, Fall 2002, pp. 88-95。

漢所提出的 2:1 流動比率標準。由於這些公司的流動資產至少為流動負債的兩倍，因此其相當大的營運資本（平均來說）可以幫助它們度過難關。

圖 14-1 一切又回到了從前

公司	流動資產	流動負債	流動資產與流動負債之比率	長期債務	長期債務與營運資本之比率
Applied Micro Circuits	1091.2	61.9	17.6	0	無
Linear Technology	1736.4	148.1	11.7	0	無
QLogic Corp.	713.1	69.6	10.2	0	無
Analog Devices	3711.1	467.3	7.9	1274.5	0.39
Qualcomm Inc.	4368.5	654.9	6.7	156.9	0.04
Maxim Integrated Products	1390.5	212.3	6.5	0	無
Applied Materials	7878.7	1298.4	6.1	573.9	0.09
Tellabs Inc.	1533.6	257.3	6.0	0.5	0.0004
Scientific-Atlanta	1259.8	252.4	5.0	8.8	0.01
Altera Corp.	1176.2	240.5	4.9	0	無
Xilinx Inc.	1108.8	228.1	4.9	0	無
American Power Conversion	1276.3	277.4	4.6	0	無
Chiron Corp.	1393.8	306.7	4.5	414.9	0.38
Biogen Inc.	1194.7	265.4	4.5	39	0.04
Novellus Systems	1633.9	381.6	4.3	0	無
Amgen Inc.	6403.5	1529.2	4.2	3039.7	0.62
LSI Logic Corp.	1626.1	397.8	4.1	1287.1	1.05
Rowan Cos.	469.9	116.0	4.1	494.8	1.40
Biomet Inc.	1000.0	248.6	4.0	0	無
Siebel Systems	2588.4	646.5	4.0	315.6	0.16

所有的數據都以百萬美元為單位，數據都來自於 2002 年 12 月 31 日的財務報表。

營運資本 = 流動資產 - 流動負債。

長期債務包括優先股，不包括遞延稅款。

資料來源：Morgan Stanley，Baseline，www.sec.gov EDGAR 資料庫。

1999 年，這些公司大多是市場上最熱門的寵兒，它們有相當高的成長潛力。2003 年初，它們的實際價值得到了強有力的證實。

華爾街總是充斥著黑色幽默，而成長股泡沫的破滅就是一個很好的例子。1999年和2000年，高科技、生物科技和電信類股被人們視為是能夠「積極成長」的股票，而它們大多數最終都使得投資者的資產嚴重縮水。但是，到了2003年年初，一切又回復到原狀，許多積極成長股在財務上都變得更加穩健，它們有充足的營運資本、大量的現金，而且沒有債務。圖14-1提供了其中的一些實例。

這裡的教訓並不是告訴我們這些股票是「穩當的」，或者說你應該趕快去購買其中的每一支（或某幾支）股票。[3] 相反地，你應該意識到的是，防禦型投資者透過耐心觀察，平安度過熊市災難之後，總是能夠再度興旺。葛拉漢提出的財務實力標準仍然是有效的：如果你建立一個多元化的投資組合，流動資產至少應該是流動負債的兩倍，而且長期債務不超過營運資本，那麼你的投資組合就會是一組財務穩健且具有巨大續航力的企業股票。如今最有價值的股票，通常是那些曾經過熱但已經冷下來的個股。縱觀歷史，此類股票往往能夠提供防禦型投資者所要求的安全邊際。

獲利的穩定性。根據摩根史坦利提供的數據顯示，從1993年到2002年，標準普爾500指數中有86%的企業每年獲利都是正數。因此，葛拉漢所堅持的「過去10年間普通股每年都有一定的獲利」是一個合理的標準——這足以排除經常虧損的企業，但卻又不會使你的選擇被侷限於少數不切實際的小企業。

股息記錄。根據標準普爾提供的數據顯示，截至2003年年初，標準普爾500指數中有354家公司（占總數的71%）支付了股息。有225家以上的公司連續發放股息至少長達20年，而且有57家公司至少連續25年提升了股息，儘管這種情況並不能保證將來會永遠如此，但它卻是一個令人欣慰的跡象。

3 當你讀到這部分內容時，許多情況到了2002年底之後又不同了。

盈餘的成長。截至 2002 年底的 10 年間，標準普爾 500 指數中究竟有多少家公司的每股盈餘成長，達到了葛拉漢所要求的「至少三分之一」？（我們先計算出每家企業在 1991 ~ 1993 年的平均盈餘，然後再看 2000 ~ 2002 的平均盈餘是否至少增加了 33%。）根據摩根史坦利提供的數據顯示，標準普爾 500 指數中有 264 家公司達到了這一標準。在此，葛拉漢似乎設定了一個非常低的門檻；10 年內 33% 的累積成長，意味著年均成長率還不到 3%。如果稍微調高這個保守門檻，要求每股盈餘至少累積成長 50%（或年均成長 4%），那麼 2003 年年初，標準普爾 500 指數中滿足這一標準的公司至少也有 245 家，防禦型投資者還是有大量的股票可供選擇。（如果將累積成長門檻調高一倍而達到 100%，即相當於 7% 的年均成長率，那麼滿足標準的公司也有 198 家。）

適度的本益比。葛拉漢建議，只應該購買當期價格不超過過去 3 年平均盈餘 15 倍的股票。但令人難以置信的是，如今華爾街計算本益比的普遍做法，是以當期股價除以所謂「下一年的盈餘」，這就是人們所稱的「未來本益比」。但是，用已知的當期價格除以未知的未來盈餘，所得出的本益比是沒有意義的。基金經理人大衛 · 德曼（David Dreman）告訴我們，從長遠來看，華爾街「共識」的盈餘預測中，有 59% 出現很大的偏差——比財報上的實際盈餘低估或高估了至少 15%。[4] 根據這些短視的預言家對下一年的預測結果來進行投資，這種行為就好比在射箭錦標賽上，自願為有資格參賽的盲人舉靶子一樣危險。相反地，投資者應該使用葛拉漢的方法（以當期股價除以過去 3 年的平均盈餘）來計算股票的本益比。[5]

截至 2003 年年初，標準普爾 500 指數中有多少支股票的價格沒有超過其 2000 ~ 2002 年平均盈餘的 15 倍？根據摩根史坦利提供的數據顯示，通過葛拉漢檢驗標準的公司有 185 家。

---

4. 參見：David Dreman, "Bubbles and the Role of Analysts' Forecasts," The Journal of Psychology and Financial Markets, vol. 3, no. 1（2002）, pp. 4-14。

5. 你可以根據公司的年度報告來計算這一比率，或者根據下列網站獲得的數據來計算這一比率：www.morningstar.com 或 http://finance.yahoo.com。

圖 14-2 穩定的趨勢（這些公司也不例外地每年都支付了高額股息）

公司	產業	自何年開始每年支付現金股息	過去 40 年提高年度股息的次數
3M Co	工業	1916	40
Abbott Laboratories	醫療保健	1926	35
ALLTEL Corp	電信服務	1961	37
Altria Group（前身是 Philip Morris）	必需消費品	1928	36
AmSouth Bancorp	金融	1943	34
Anheuser-Busch Cos	必需消費品	1932	39
Archer-Daniels-Midland	必需消費品	1927	32
Automatic Data Proc	工業	1974	29
Avery Dennison Corp	工業	1964	36
Bank of America	金融	1903	36
Bard (C. R.)	醫療保健	1960	36
Becton, Dickinson	醫療保健	1926	38
CenturyTel Inc	電信服務	1974	29
Chubb Corp	金融	1902	28
Clorox Co	必需消費品	1968	30
Coca-Cola Co	必需消費品	1893	40
Comerica Inc	金融	1936	39
ConAgra Foods	必需消費品	1976	32
Consolidated Edison	公用事業	1885	31
Donnelley(R. R.) & Sons	工業	1911	36
Dover Corp	工業	1947	37
Emerson Electric	工業	1947	40
Family Dollar Stores	非必需消費品	1976	27
First Tenn Natl	金融	1895	31
Gannett Co	非必需消費品	1929	35
General Electric	工業	1899	35
Grainger (W. W.)	工業	1965	33
Heinz (H. J.)	必需消費品	1911	38

Household Intl.	金融	1926	40
Jefferson-Pilot	金融	1913	36
Johnson & Johnson	醫療保健	1944	40
Johnson Controls	非必需消費品	1887	29
KeyCorp	金融	1963	36
Kimberly-Clark	必需消費品	1935	34
Leggett & Platt	非必需消費品	1939	33
Lilly (Eli)	醫療保健	1885	38
Lowe's Cos.	非必需消費品	1961	40
May Dept Stores	非必需消費品	1911	31
McDonald's Corp.	非必需消費品	1976	27
McGraw-Hill Cos.	非必需消費品	1937	35
Merck & Co	醫療保健	1935	38
Nucor Corp.	原料	1973	30
PepsiCo Inc.	必需消費品	1952	35
Pfizer, Inc.	醫療保健	1901	39
PPG Indus.	原料	1899	37
Procter & Gamble	必需消費品	1891	40
Regions Financial	金融	1968	32
Rohm & Haas	原料	1927	38
Sigma-Aldrich	原料	1970	28
Stanley Works	非必需消費品	1877	37
Supervalu Inc.	必需消費品	1936	36
Target Corp.	非必需消費品	1965	34
TECO Energy	公用事業	1900	40
U.S. Bancorp	金融	1999	35
VF Corp.	非必需消費品	1941	35
Wal-Mart Stores	非必需消費品	1973	29
Walgreen Co.	必需消費品	1933	31

資料來源：標準普爾公司

截至 2002 年 12 月 31 日。

適度的價格與帳面價值之比率。葛拉漢建議，「股價與資產之比率」（價格與帳面價值之比率）不得超過 1.5 倍。近年來，公司價值中有越來越多部分來自於特許權、品牌、專利和商標等無形資產。由於帳面價值的標準定義不包含這些因素（以及來自於併購的商譽），如今大多數公司的股價與帳面價值之比率是葛拉漢時代的好幾倍。根據摩根史坦利提供的數據，標準普爾 500 指數中有 123 家公司（或四分之一）的價格與帳面價值之比率低於 1.5 倍，總共有 273 家公司（或該指數的 55%）的價格與帳面價值之比率小於 2.5 倍。

至於葛拉漢建議，將本益比乘以價格與帳面價值之比率後，觀察其結果是否小於 22.5 的情況如何呢？根據摩根史坦利提供的數據，2003 年年初，標準普爾 500 指數中，至少有 142 支股票符合這一標準，其中包括 Dana Corp.、Electronic Data Systems、Sun Microsystems 和 Washington Mutual。所以，葛拉漢的「混合乘數」仍然可以做為確定合理股價的初始篩選工具。

- **注意事項**

無論你是怎樣的一位防禦型投資者（葛拉漢的想法是，希望在選股方面儘量少做一些工作），你都不能跳過下列兩項步驟：

做好你的功課。從 www.sec.gov 的 EDGAR 資料庫中，你就可以立即獲得公司的年度和季度報告，以及揭露管理階層薪酬、股權和潛在利益衝突的公開說明書。記得至少要查閱 5 年的報告。[6]

---

6. 關於還要查看什麼資料，請參見第 11 章、第 12 章和第 19 章的評釋。如果你不願意花費一點時間去閱讀公開說明書，並對 5 年財務狀況做基本的比較，那麼你根本就不適合去購買個股。請放棄選股，直接去購買適合你的指數基金。

查看其他股東的情況。透過下列網站：http://quicktake.morningstar.com，http://finance.yahoo.com 和 www.quicken.com，你就可以很容易查看到，該公司股票有多大的比例是由機構法人所持有。任何超過 60% 的比例，都表示該股票很少有人知道，而且可能被少數人「過量持有」。（當大機構賣出股票時，它們往往會步調一致地行動，從而造成災難性的後果。你只要想一想，所有無線電城表演的火箭女郎全都從舞台前沿跌落下去的情景，你就能理解這一點了。）這些網站還會告訴你，誰是該股票的最大股東。如果他們是投資風格與你類似的基金管理公司，這就是一個好兆頭。

第15章

積極型投資者如何選股

在前面的章節中，我們已討論如何選股，並透過各種標準篩選出一整組股票，而防禦型投資者可以根據自身或投資顧問的偏好，從這些股票中自由建構充分多元化的投資組合。我們在選股方面，主要強調的是如何進行排除——一方面，我們建議人們不要去購買品質明顯不佳的股票；另一方面，則建議人們不要去購買價格太高而且投機風險太大的高價股票。本章針對的是積極型投資者，因此我們必須考慮如何選出個股，才有可能帶來高於整體平均水準的獲利。

要成功做到這一點的可能性有多大？委婉地說，如果我們一開始沒有表達一些重要的保留意見，我們就顯得太不直率了。乍看之下，成功選擇個股似乎相當容易。要獲得平均程度的結果（例如，相當於道瓊工業指數的表現），並不需要任何特殊能力，所需要做的只不過就是建立一個等同於或類似於道瓊指數中 30 支成份股的投資組合而已。然後，只要再運用一些技巧（從學習、經驗和天賦得來的技巧），應該就有機會獲得比道瓊工業指數更好的結果才對。

然而，有相當多的明確證據顯示，要做到這一點其實是十分困難的（即便那些試圖這樣做的人水準都很高）。許多運作多年的投資公司或「基金」，他們的表現就是最好的證明。這些基金大多數都具有相當大的規模，擁有最優秀的金融和證券分析師，同時還擁有其他應有的研究部門。它們的營運費用占其龐大資本的比重，平均每年大約為 0.5% 或更低。這些費用並不是一個小數目，但與 1951 ～ 1960 年這 10 年間整體普通股大約 15% 的年均報酬率相比，或甚至與 1961 ～ 1970 年大約 6% 的年均報酬率相比，這些費用都不算太高。少數具有超級選股能力的人，應該很容易克服這種費用障礙，並且為基金持有者帶來極其可觀的淨收益才對。

然而，就整體而言，所有的股票基金長期以來並沒有像標準普爾 500 指數或整個市場那樣獲得很好的報酬。有幾個綜合性研究已經證實了這

個結論。下面是針對 1960 ～ 1968 年期間的一項最新研究報告：[1]

> 結果顯示，紐約證券交易所上市股票的隨機組合（對每種股票進行等額的投資），其表現優於同一風險等級的共同基金。對於低風險和中等風險的組合而言，這種差異相當大（分別為每年 3.7% 和 2.5%），但對高風險組合而言，差異卻很小（每年 0.2%）。[2]

正如我們在第 9 章所指出的，這些數據的比較並不是否定投資基金的效用，因為它們的確使所有的投資大眾都有可能藉此獲得近似於平均水準的普通股投資收益。由於各式各樣的原因，大多數投資大眾在自己所選擇的普通股方面的投資，績效都沒有基金投資來得好。但是，從客觀的角度來看，基金績效未能超過一般水準的事實正好證明，要獲得超出一般水準的績效並不容易，而且實際上是非常困難的。

為什麼會這樣呢？我們認為有兩種不同的解釋，而且每一種解釋都能部份說明問題。第一種可能的解釋是，股市的當期價格不僅已反映企業過去和現在業績的所有重要事實，同時也反映了未來所有的合理預期。如果是這樣的話，那麼市場隨後發生的各種變化（這些變化往往非常劇烈），一定是無法準確預見的新發展和可能性所導致的結果。這將使得股價的變動，變成完全是偶然而隨機的。如果以上的說法確實成立，那麼證券分析師的工作（無論他多麼聰明、研究多麼深入）基本上是無效的，因為他其實是在試圖預測不可預知的東西。

---

1. Friend-Blume-Crocket 的研究是，用隨機建構的股票組合（來自於紐約證券交易所上市的 500 多家大公司的股票），與 100 多家大型共同基金之間進行比較，看看他們在 1960 年 1 月至 1968 年 6 月這段期間的績效表現。在此項研究中，基金在 1965 ～ 1968 年間的表現優於前半期間，這與葛拉漢自己的研究結果大致相同（參見第 7 章和第 9 章相關內容）。但是，這樣的進展並沒有持續下去，而這些研究的重點（即在一般情況下，共同基金的績效表現不如市場平均水準，而兩者之間的差異，大致等於基金的營運費用和交易成本）已經多次得到了證實。因此，任何對此結論感到懷疑的人，或許可以考慮去寫一篇金融版的「地平說」（The Flat Earth Society）。

2. 【原註】參見：Mutual Funds and Other Institutional Investors: A New Perspective，I. Friend, M. Blume, and J. Crockett, McGraw-Hill，1970 年。需要指出的是，在我們所研究的基金中，有許多在 1966 ～ 1970 年的結果略優於標準普爾 500 綜合指數，而且顯著優於道瓊工業指數。

證券分析師人數眾多，可能也是導致這一結果的重要因素。由於數百甚至上千位的專家，同時在研究影響某支重要股票價值的各種因素，因此人們自然會認為，股票的當期價格將充分反映專家們對其價值的共識。那些偏愛某支股票的人，有可能是出自於個人的偏好或樂觀看法，而這種偏好和樂觀看法有可能是正確的，也有可能是錯誤的。

我們經常認為，華爾街證券分析師的工作，與複式橋牌賽上橋牌大師們的表現非常相似。前者試圖挑選出「最有可能成功」的股票；後者則力求每一手牌都能獲得最高分。兩者都只有極少數人能夠達成目標。由於所有橋牌選手都具有大致相同的專業水準，因此獲勝者很有可能取決於各種「機會」，而不是取決於高超的技巧。在華爾街，業內聚會可以提供經驗的交流，而業內人士可以在各種聚會中，分享他的一些想法與發現。這就好比在橋牌賽上，各路專家都在相互觀察對方的姿態，並且議論每一手打出的牌一樣。

第二種可能的解釋，是一種完全不同的類型。或許，許多證券分析師的能力受到了阻礙，是因為選股的基本方法有缺陷。他們尋求的是成長前景最好的產業，而且是該產業中擁有最佳管理階層和其他優勢的企業。這也就意味著，無論其股價有多高，他們都會購買這些產業和企業的股票；同樣地，他們也會避開前景不太看好的產業和企業的股票，無論其股價有多低。這種做法只有在下列條件下，才會是正確的：這些優秀企業的獲利，在未來將持續以高速無限期地成長。因為只有這樣，企業的價值在理論上才是無限的。同樣地，如果前景不看好的企業在無助中趨於滅亡，那麼分析師認為其股價再低也沒有吸引力的觀點，才會是正確的。

然而，企業的實際情況往往是完全相反的。只有極少數企業能夠維持長時間持續高速成長，而且少數大企業也有可能最終不幸滅亡。大多數的企業都是歷經滄桑、起伏跌宕。有些企業不斷經歷「從貧窮到富有再到貧窮」這樣的周期性變化（這是過去曾經用在鋼鐵業的一致說法）；

另一些企業則會隨著管理水準的惡化或改善，而發生重大的變化。[3]

上述的研究結果，有多大程度適合積極投資者（他們願意透過個人的選擇，來獲得更好的結果）？首先，我們要表明，這是一項艱難、而且還有可能是不切實際的工作。本書的讀者無論有多麼聰明、知識多麼淵博，都不太可能在證券選擇方面，比本國的分析師做得更好。但是，如果從標準分析選擇的角度來看，股票市場確實有相當多股票經常受到歧視或完全被忽視，因此，智慧型投資者或許可以從價值被低估的股票中獲取利潤。

但是，如果要做到這一點，他就必須遵循一些與華爾街不一樣的特殊方法，因為那些已被人們接受的方法，似乎並不能帶來每個人都想要的結果。如果所有聰明的人都在股市裡從事專業投資，但還是存在既穩妥卻又相對不受歡迎的方法，那肯定是一件很奇怪的事。然而，我們自己的事業和聲譽，一直都是以這種不可能的事實做為基礎的。[4]

葛拉漢 · 紐曼投資法簡介

為了具體說明最後一個結論，我們將簡要介紹葛拉漢 · 紐曼公司在 1926 ～ 1956 年的 30 年間所從事的幾種交易。[5] 在我們的記錄中，包含了下列幾種做法：

---

3. 正如我們在第 9 章評釋中所討論的，還有一些其他的原因，使得共同基金的績效無法超越市場平均水準，其中包括基金的現金殖利率很低，以及股票的研究和交易成本很高等等。除此之外，一支共同基金通常持有 120 家公司的股票，如果要追蹤標準普爾 500 指數的話，最好還要持有其餘 380 家公司的股票。基金持有的股票種類越少，就越有可能錯過「下一個微軟」。

4. 本節中的內容與 14 章相關內容一樣，葛拉漢都是在簡要介紹效率市場假說。最近出現的情況正好相反，股票市場如今的問題並不在於愚蠢的分析師太多，而是許多分析師都太精明了。隨著越來越多精明人士在股市裡尋找便宜貨，這種搜尋行為就會使得便宜貨更為罕見，而且這種殘酷的矛盾，使得分析師看似缺乏應有的智慧，來證明自己的搜尋能力。股票的市場價格，是大量集體智慧不斷即時運算的結果。對大多數股票而言，在大多數時候這種集體智慧得出的估價大致是正確的，只有在非常罕見的情況下，葛拉漢的「市場先生」（參見第 8 章）才會使估算出的價格變得極不正常。

5. 1936 年 1 月，葛拉漢創辦了葛拉漢 · 紐曼公司（Graham-Newman Corp.），當他在 1956 年從主動資金管理退休後，這家公司就解散了；該公司的前身是一家名為班傑明 · 葛拉漢聯合帳戶（Benjamin Graham Joint Account）的合夥企業，而這家企業是從 1926 年 1 月開始至 1935 年 12 月結束。

套利：購買某種證券的同時，賣出一種或多種根據重整和併購等計劃進行交換的其他證券。

清算：購買將在公司資產清算過程中收到一筆或多筆現金支付的股票。

上述兩種交易必須基於下列兩個條件：（1）所計算出的年報酬率在20% 以上；（2）根據我們的判斷，成功的機率至少 80%。

相關的對沖：購買可轉換債券或可轉換優先股的同時，賣出做為轉換目標的普通股。部位要建立在平價水準附近——也就是說，如果可轉換證券確實轉換成普通股，那麼整個部位平倉時的虧損將會最小。但是，如果普通股價格下跌的幅度遠大於可轉換證券，那麼部位平倉時就會產生利潤。

淨流動資產（或「廉價」）證券：這種想法是，盡可能地買進價格低於淨流動資產帳面價值（即價格中不包含廠房和其他資產價值）的各種證券。我們購買的價格通常是淨資產價值的三分之二或更低。在大多數年份裡，我們建立的部位都廣泛地多元化，至少持有 100 支不同的證券。

我們要補充說明的是，我們經常從事一些與控制權有關的大規模收購業務，但這與目前討論的話題沒有什麼關係。

我們對每一種交易的結果進行了密切追蹤。根據這些追蹤結果，我們終止了其中兩種交易，因為我們發現整體結果並不能令人滿意。一是購買（根據我們的綜合分析）明顯具有吸引力的證券——因為以低於營運資本本身的價值，無法購買到這種證券。二是「非相關的」對沖交易——因為所購買的證券無法轉換成普通股。（這類的交易大致類似於最近投資公司推出的新品種「對沖基金」。）[6] 根據長達 10 年以上時間的研究，我們得出了這樣的結論：這兩種交易的獲利並不可靠，而且會惹來很多的麻煩，因此決定不再繼續做下去。

於是，從 1939 年開始，我們的交易只限於「能迅速獲利」的相關對沖、購買低於營運資本的廉價股以及一些控制權的收購業務。從此之後，每一種交易都能夠持續給我們帶來相當滿意的結果，特別是在熊市中，當我們「價格被低估的股票」表現不佳時，相關的對沖會帶來豐厚的利潤。

我們無意向大多數的智慧型投資者賣弄我們自己的投資方法，但我們所使用的專業技巧顯然不適合於防禦型投資者，因為他們只是業餘的投資者。至於積極型投資者，或許只有少數人出自於本身的個性，而將自己侷限於一個相對狹小的證券領域；而大多數思維靈活的投資者，則寧願冒險進入更廣泛的投資管道。他們涉獵的範圍是整個證券領域，而且必須符合下列條件：（a）以保守的標準來看，價格確定沒有被高估；（b）從未來前景和過去的記錄來看，似乎肯定比一般的普通股具有更大的吸引力。在這樣的選擇中，利用我們對防禦型投資者提出的各種品質和合理價格標準，他們就可以做得很好。但是，他們還是應該保留一些靈活性，允許大量有利因素中出現一個微小的不利因素。例如，他也許不應該排除在 1970 年出現赤字的某一家公司——如果大量平均盈餘和其他重要因素使該公司的股價看起來很便宜的話。積極型投資者可能會將自己的選擇，侷限於他認為比較樂觀的產業和公司，但我們強烈建議，不要因為這種樂觀情緒而去購買價格過高的股票（相對其盈餘和資產而言）。如果他認同我們在這方面的理念，他也許就會購買重要的景氣循環股（如鋼鐵股）——尤其是目前的情況不利，近期前景不佳，而且低廉的價格已經充分反

6. 「非相關的」對沖指的是，購買某家公司發行的股票或債券的同時，放空另一家公司發行的證券（打賭其價格會下跌）。「相關的」對沖指的是，同時買進和賣出同一家公司所發行的各種不同的股票或債券。葛拉漢所指的「新品種」對沖基金，在 1968 年前後還廣泛流行，但後來美國證券交易委員會規定，一般大眾不得購買這種對沖基金。

映了當前的悲觀情緒。[7]

二類企業

接下來，我們要檢視和選擇的是二類企業。這類企業的情況相當不錯，過去的記錄也令人滿意，但對一般大眾而言，似乎沒有什麼吸引力。這些企業類似於以 1970 年的收盤價來比較的 ELTRA 和 Emhart 公司（參見前面第 13 章）。我們可以透過各種不同的方式找到這樣的企業。在此，我們將嘗試一種新的方法，並且詳細說明如何使用這種方法來選股。我們這麼做有兩個目的。許多讀者可能會發現，我們將使用的方法具有很重要的實用價值，或者說，它還能夠提供另一種可以使用的方法。除此之外，我們所做的將有助於讀者瞭解普通股的真實世界，而且我們還要介紹讀者一本目前最吸引人、最有價值的小冊子，它就是標準普爾公司出版的《股票指南》月刊，一般大眾可以按年度訂閱。此外，許多經紀公司也會應客戶的要求，提供這本《股票指南》。

《股票指南》中的大部分版面（大約 230 頁）登載的是關於 4,500 多家公司股票的簡要統計數據，裡頭包括在各個交易所上市的 3,000 多支股票，以及大約 1,500 支的未上市股票。在這個精簡的小冊子中，可以查到關於特定企業的許多資料，包括一手訊息以及深入的分析。（從我們的觀點來看，其中遺漏了一項重要數據，那就是每股的淨資產價值或帳面價值，但這一數據可以從標準普爾提供的手冊或其他地方找到。）

對公司數據感興趣的投資者會發現，《股票指南》提供了很大的方便。只要翻開這本刊物，他就可以看到股市的榮枯情景，以及從 1936 年以來的歷史最高點和最低點。他可以看到某些企業的股價，從極低的價格

7. 2003 年，追隨葛拉漢理念的智慧型投資者，將可以在科技、電信通訊和電力公用事業等行業中尋找投資機會。歷史已經證明，昨日的輸家往往會成為明日的贏家。

上漲到令人瞠目結舌的高價，漲幅高達 2,000 倍（以聲望極佳的 IBM 而言，同期的漲幅「只有」333 倍）。他還會發現（這並不奇怪），某企業的股價像煙火一樣，從 0.375 美元上漲到 68 美元，然後又跌落到 3 美元。[8] 在股息記錄這一欄，他可以看到一項 1791 年的記錄——羅德島工業國民銀行（最近它認為應該改變這個古老的名稱）所支付的股息。[9] 如果他查看《股票指南》中 1969 年年底的數據，就會發現賓州中央鐵路公司（其前身為賓州鐵路公司）從 1848 年以來持續在發放股息；天哪！它竟然在幾個月之後宣佈破產了。投資者可能還會發現，某企業的股價只是其最新每股盈餘的兩倍，而另一家企業的股價則是其盈餘的 99 倍。[10] 大多數情況下，投資者會發現，從公司的名稱很難看出其業務範圍；如美國鋼鐵公司（U.S. Steel）的旗下，就有三家公司名叫 ITI Corp.（烘焙材料）和 Santa Fe Industries（主要是大型鐵路）。投資者可以盡情查閱各公司的歷史價格、過去的股息和盈餘、財務狀況、資本結構和其他訊息。傾向保守的企業、沒有特色的一般企業、各種奇特「主要業務」組合的公司，以及華爾街所提供的各種訊息，都在《股票指南》中等待投資者去查閱，或認真加以研究。

《股票指南》中有一個專欄登載的是，以最近 12 個月相關數據計算出的當期股息收益率和本益比。我們進行普通股的選擇時，利用的正是最後這一項數據。

---

8. 【原註】個人說明：多年以前，這家公司的股票還沒有發光發亮之前，作者是該公司的「財務副總裁」，每年的薪水只有區區 3,000 美元。當時，這家公司真的是在做煙火的生意。1929 年年初，葛拉漢成為 Unexcelled 製造公司（美國最大的煙火生產商）的財務副總裁。後來，這家公司變成了一家綜合性化學公司，從而不再只生產煙火了。

9. 接替羅德島工業國民銀行（Industrial National Bank of Rhode Island）的是艦隊波士頓金融公司（FleetBoston Financial Corp.）。艦隊波士頓金融公司的祖先是 1791 年成立的 Providence 銀行。

10. 【原註】《股票指南》中的本益比都不會超過 99 倍。像這樣的本益比，大多是因為一些奇怪數字運算的結果，因為其每股盈餘幾乎接近於 0。

根據《股票指南》進行篩選

假設我們要尋找一支便宜的股票，首先我們會想到的是低本益比的股票。我們可以先把 1970 年底本益比在 9 倍或以下的股票挑選出來。本益比的數據在《股票指南》偶數頁碼中的最後一欄就可以找到。為了便於說明，我們先選出前 20 支低本益比的股票；首先是排列在第 6 位的 Aberdeen Mfg. 公司股票，其 1970 年底的收盤價為 10.25 美元，大約是其每股盈餘 1.25 美元（截止於 1970 年 9 月的年度盈餘）的 9 倍。第 20 支符合條件的股票是美國玉米產品公司（American Maize Products），該股票的收盤價為 9.5 美元，本益比也是 9 倍。

這些股票的價格似乎都不高，其中有 10 支的每股售價低於 10 美元。（股價偏低這件事並沒有那麼重要；這些股票或許——但未必——不適合防禦型投資者，但對積極型投資者而言，總體上還是有利的。）[11] 在進一步分析之前，我們先計算一些數據。我們大概從前 200 支股票中，選出了十分之一的股票。按此推算的話，整本《股票指南》中大概會有 450 支股票的本益比在 10 倍以下，因此可供選擇的股票應該是很足夠才對。

接著我們再將其他的一些標準，應用到我們所挑選出來的這些股票上。這裡打算採用的標準，非常類似於我們對防禦型投資者所提出的建議，只不過沒有那麼嚴格。我們的建議如下：

1. **財務狀況：**（a）流動資產至少是流動負債的 1.5 倍；（b）債務不得超過淨流動資產的 110%（對工業企業而言）。

11. 對如今的投資者而言，這一價格的最低底限應該是大約每股 1 美元——低於這一價格水準，許多股票都將被「摘牌」，即沒有資格在主要交易所上市交易了。光是要追蹤這些公司的股價，就需要投入相當多的精力，這對防禦型投資者而言是不切實際的，而且低價股的交易成本可能非常高。最後一點是，股價非常低的公司往往會讓人擔心它即將倒閉。不過，由這些股價便宜的公司所組成的多元化證券組合，對如今一些積極型投資者來說，可能還是具有一定的吸引力。

2. **獲利穩定**：在《股票指南》中，近 5 年的數據沒有出現過赤字。

3. **股息記錄**：目前有發放股息。

4. **盈餘成長**：去年的獲利高於 1966 年。

5. **股價**：低於有形資產淨值的 120%。

《股票指南》中的盈餘數據一般都截止於 1970 年 9 月 30 日，因此該年年底較差的一季並沒有包括在內。但是，智慧型投資者不要妄加猜測，至少在開始時不要這樣。同時要指出的是，我們並沒有對企業的規模設限。如果仔細挑選並按類別買進，小企業的股票也能提供足夠的安全性。

將新增的 5 個標準應用於我們所挑選的 20 支股票之後，合格的股票就只剩下 5 支了。我們在《股票指南》的前 450 支股票中繼續尋找，得到符合我們 6 項要求的 15 支股票「組合」（這些股票的相關數據列在表 15-1 中）。當然，這些股票只是為了方便我們的說明，投資者未必會選中它們。

表 15-1 低本益比工業股的樣本組合
（1971 年 12 月 31 日《股票指南》中符合六項標準的前 15 支股票）

	股價（1970 年 12 月）	過去 12 個月的每股盈餘	帳面價值	標準普爾的評等	股價（1972 年 2 月）
Aberdeen Mfg.	$10\frac{1}{4}$	1.25	9.33	B	$13\frac{3}{4}$
Alba-Waldensian	$6\frac{3}{8}$	0.68	9.06	B+	$6\frac{3}{8}$
Albert's Inc.	$8\frac{1}{2}$	1.00	8.48	n.r.[a]	14
Allied Mills	$24\frac{1}{2}$	2.68	24.38	B+	$18\frac{1}{4}$
Am. Maize Prod.	$9\frac{1}{4}$	1.03	10.68	A	$16\frac{1}{2}$
Am. Rubber & Plastics	$13\frac{3}{4}$	1.58	15.06	B	15
Am. Smelt. & Ref.	$27\frac{1}{2}$	3.69	25.30	B+	$23\frac{1}{4}$
Anaconda	21	4.19	54.28	B+	19
Anderson Clayton	$37\frac{3}{4}$	4.52	65.74	B+	$52\frac{1}{2}$
Archer-Daniels-Mid.	$32\frac{1}{2}$	3.51	31.35	B+	$32\frac{1}{2}$
Bagdad Copper	22	2.69	18.54	n.r.[a]	32
D. H. Baldwin	28	3.21	28.60	B+	50
Big Bear Stores	$18\frac{1}{2}$	2.71	20.57	B+	$39\frac{1}{2}$
Binks Mfg.	$15\frac{1}{4}$	1.83	14.41	B+	$21\frac{1}{2}$
Bluefield Supply	$22\frac{1}{4}$	2.59	28.66	n.r.[a]	$39\frac{1}{2}$[b]

a n.r.= 無評等。

b 已考慮股票分割。

事實上，對於使用我們這種方法的人來說，可供選擇的股票肯定比這裡所列的還多得多。如果我們將此篩選法應用於《股票指南》中所有的 4,500 家公司，按照前 450 家公司中能達到標準的比率來推算，最終應該大約會有 150 家公司滿足我們所有的 6 項選擇標準。然後，積極型投資者就可以根據自己的判斷（或偏好與傾向）進行第三階段的選擇，例如從這個範圍較大的名單中，選出其中的 20%。

《股票指南》的內容包括了「盈餘和股息的排名」——其結果取決於過去 8 年中這些因素的穩定性和成長率（因此並沒有考慮到價格的吸引力）。我們在表 15-1 中列出了標準普爾所給予的評等。在 15 支股票中，有 10 支股票的評等為 B+（相當於平均水準），一支股票（American Maize）的評等為「高」等級的 A。如果積極型投資者想在自己的選擇中增加第 7 個標準（考慮標準普爾評等在平均水準或水準以上的股票），那麼他還是會有大約 100 支股票可供選擇。因此，如果一組股票的品質至少在平均水準以上，財務狀況符合標準，具有低本益比，而且能以低於資產價值的價格購買到，那麼它應該就可以帶來一個令人滿意的投資結果才對。

選擇普通股的單一標準

喜歡探究的讀者可能會問，在挑選優於平均水準的證券組合時，除了剛才所提到的方法之外，是否還有更簡單的方法？可不可以利用一個單一的合理標準，譬如較低的本益比、較高的股息收益率，或較大的資產價值？我們發現，有兩種方法在過去很長一段時間都持續有不錯的結果：（a）購買低本益比的重要企業（如道瓊工業指數中的成份股）；（b）挑選價格低於淨流動資產價值（或營運資本價值）的各類股票。我們曾經指出，在 1968 年底購買低本益比的道瓊工業指數成份股，到了 1971 年中的結果不甚理想。但從過去的記錄來看，如果購買股價低於其營運資本價值的普通股，卻沒有這種不利的情況；不過，這種方法的缺點在於，近 10 年來這種機會已經逐漸消失了。

那麼，其他的選擇標準如何呢？在撰寫本書的同時，我們已經進行過一系列「試驗」，每一次試驗都只採用一個相當明確的單一標準。我們所使用的數據都可以很容易在《股票指南》中找到。各種情況下的股票組合（其中包括 30 支股票），都是假設以 1968 年的收盤價購買的，然後在 1971 年 6 月 30 日再重新觀察其價格。我們除了採用隨機選擇的方式之外，另外其他各組分別採用標準如下：（1）低本益比（以近期盈餘衡量，不限於道瓊指數成份股）；（2）高股息收益率；（3）具有長期的股息記錄；（4）具有相當大的規模（以流通在外的股數衡量）；（5）具有穩健的財務狀況；（6）股價低廉；（7）與前高相比，目前股價相對較低；（8）標準普爾給予較高的評等。

需要指出的是，在《股票指南》中，至少都有一欄的數據與上述每一項標準是相關的，這表明發行該刊物的人認為，每一項數據在分析和挑選普通股時都是很重要的。（不過，正如我們在前文所提到的，我們希望看到另一項數據能被新增進去：每股淨資產價值。）

我們針對隨機購買的股票，進行了各種檢驗，結果呈現出一個極為重要的事實。我們檢驗了三個組合（每個組合都是 30 支股票所構成）的表現，所有這些組合中的股票，都是從 1968 年 12 月 31 日《股票指南》裡第一行資料隨機挑選出來的，而且這些股票在 1971 年 8 月 31 日的《股票指南》中也全都可以找得到。在這兩個日期之間，標準普爾綜合指數幾乎沒有變動，而道瓊工業指數則大約下跌了 5%。但是，我們隨機挑選的 90 支股票平均下跌了 22%，這還不包括可能因虧損太大而退出《股票指南》的 19 支股票。這些比較結果無疑反映了這樣的一種趨勢：品質較差的小型股在牛市期間價格會被高估，而在隨後的崩跌中，跌幅不僅會比大型股來得嚴重，而且還會耽誤到它們的全面復甦——許多個股甚至永遠無法復甦。顯然，對智慧型投資者而言，這裡的教訓就是要避免把二類股票納入投資組合之中，除非（對積極型投資者而言）它們的價格確實非常低廉。

我們研究所有投資組合之後，得到的其他結果歸納如下：

所研究的投資組合中，只有三組的表現優於標準普爾綜合指數（因此也優於道瓊工業指數），它們是：（1）評等最高（A+）的工業股。這些股票在此期間上漲了 9.5%，而標準普爾工業指數則下跌了 2.4%，道瓊工業指數更下跌了 5.6%（但 A+ 級的 10 支公用事業股下跌了 18%，由 55 支股票組成的標準普爾公用事業指數則下跌了 14%）。值得指出的是，在這一組檢驗的股票中，標準普爾給予的評等都非常好，而且不管在什麼情況下，評等較高的組合表現的確都優於評等較低的組合表現。（2）流通股份在 5,000 萬股以上的公司，總體上沒有發生什麼變化，而指數則小幅下跌。（3）奇怪的是，股價很高的股票（超過 100 美元）表現稍優於（1%）標準普爾綜合指數。

我們也針對帳面價值（《股票指南》並未提供這一數據）做了相關的檢驗。在此，我們發現（與我們的投資理念正好相反），規模較大而且市場價格中商譽成份很高的企業，在這兩年半的持股期間，整體表現全都非常優異。（這裡的「商譽成份」，指的是股價超出帳面價值的部分。）[12] 我們的「商譽巨頭」是由 30 家公司的股票所構成，其中每一家公司的商譽成份都超過 10 億美元，而且超過其市場價格的一半。1968 年年底，這些商譽的總市值超過了 1,200 億美元！儘管市場估值已算是非常樂觀，但從 1968 年 12 月至 1971 年 8 月這段期間，這一組合的每股價格又上漲了 15%，而且其中有 20 多支股票的表現特別優異。

像這樣的事實，在擬定投資策略時是不能忽略的。至少，我們可以清楚地看到，同時具備下列優點的公司，具有相當大的上漲動能：規模很大、過去的獲利記錄良好、大眾預期未來的盈餘將持續成長、過去許多年的市場表現非常強勁。即使以我們的量化標準來看價格很高，但其基本的市場動能還是可以持續推動股價上漲。（當然，這樣的假設並不適用於這類股票中的每一支股票。例如，IBM 公司的商譽無庸置疑是非常巨大的，但它的股價在 30 個月內從 315 美元跌到了 304 美元。）人們實在很難判斷，優異的市場表現有多大程度來自於「真正的」或客觀的投資優勢，有多大程度來自於人們長久以來的追捧。毫無疑問的是，這兩種因素都很重要。顯然，這些商譽巨頭長期和近期的市場表現，證明它們可以被納入多元化的普通股組合之中。不過，我們還是比較偏好具有多種有利投資因素（譬如資產價值至少占市場價格的三分之二以上）的其他類型股票。

---

12. 根據葛拉漢的說法，商譽主要來自於：某公司併購其他公司的價格遠大於被併購公司的資產價值；或某公司股票的交易價格遠大於其帳面價值。

從其他標準所做的檢驗中，我們也觀察到，根據單一有利因素隨機挑選的股票，表現都優於我們根據相反因素隨機挑選的股票——舉例來說，在這段期間，低本益比股票的跌幅都小於高本益比股票；長期分派股息的股票，其跌幅也都小於那些在 1968 年年底沒有發放股息的股票。從這點來看，檢驗的結果支持我們的主張，也就是我們所挑選的股票，必須同時滿足多個定量或實際的標準。

最後，我們要分析的是，為何我們選出的股票組合表現不如標準普爾綜合指數。標準普爾指數是根據每家企業規模計算出的加權平均數，而我們的檢驗則是平等對待每一家企業的股票。顯然，標準普爾給予大企業更大權重的做法，會使結果出現巨大的差異，而這也同時再次說明了，大型企業價格的穩定性優於「一般的」企業。

廉價股：股價低於淨流動資產的股票

在上面的討論中，我們並沒有檢驗下列組合：價格低於淨流動資產價值的 30 支股票。原因在於，在 1968 年年底出版的《股票指南》中，只能找到少數幾支這樣的股票。不過，1970 年的股市下跌使情況發生了變化，那一年的股價普遍低迷，因此有許多普通股可以用低於其營運資本的價格購買到。如果有人能以低於其相應淨流動資產（扣除所有優先求償權，並將固定資產和其他資產的價值視為零）的價格，獲得一個多元化的普通股組合，應該就能得到相當滿意的結果——這種做法似乎簡單得有些離譜，但根據我們的經驗，在 1923 年到 1957 年這三十幾年期間，情況確實是如此（除了 1930 ～ 1932 年間那段的真正考驗之外）。

這種方法是否能適用於 1971 年初的情況？我們只能給出一個並非絕對「肯定」的答案。迅速瀏覽《股票指南》就會發現，目前大約有 50 支股票能夠以不高於其淨流動資產的價格購買到。正如所預料的，這些股票在 1970 年的困難環境下大多表現得很差。如果我們把過去 12 個月內出現淨虧損的企業淘汰掉，還是有足夠的股票可以建立一個多元化的投資組合。

在表 15-2 中，我們列出了其中 5 支股票的相關數據，它們在 1970 年價格低迷時股價都低於其營運資本價值。[13] 這些數據在某種程度上可以讓我們對股價波動的本質進行一些反思，為什麼會出現這樣的情況呢？這些全都是歷史悠久的公司，其品牌在全美國可說是家喻戶曉，但股價卻如此之低；而同時間其他的企業，盈餘成長情況雖然比較好，但其股價竟然可以比資產負債表中所顯示的價值高出數十億美元？以「過去」的觀點來說，商譽這種無形資產的價值，通常與「品牌」息息相關。例如像 Lady Pepperell 床單、Jantzen 泳裝和派克筆（Parker Pen）這些品牌，都曾被認為是具有巨大價值的資產。但如今，如果「市場不青睞某家企業」，不僅品牌失去價值，甚至連其土地、建築物和機器設備等，竟然也全都變得不值錢了。帕斯卡（Pascal）曾說：「感性自有其理由，理性永遠搞不懂。」[14] 如果把「感性」換成「華爾街」，也完全說得通呀。

表 15-2 1970 年的股價低於淨流動資產價值的優質股票

公司	股價（1970 年）	每股淨流動資產價值	每股帳面價值	每股盈餘（1970 年）	當期股息	最高股價（1970 年之前）
Cone Mills	13	18	39.3	1.51	1.00	41½
Jantzen Inc.	11⅛	12	16.3	1.27	.60	37
National Presto	21½	27	31.7	6.15	1.00	45
Parker Pen	9¼	9½	16.6	1.62	0.60	31¼ West Point
Pepperell	16¼	20½	39.4	1.82	1.50	64

13. 嚴格來說，股票的每股營運資本價值為流動資產減去流動負債後的差額，再除以流通在外的股數。然而，葛拉漢在此指的是「淨營運資本價值」（net working-capital value），也就是流動資產減去所有負債後的每股價值。

14. Le coeur a ses raisons que la raison ne connait point。這句富有詩意的話是偉大的法國神學家帕斯卡沉思後得出的一個結論，即人們熟知的「帕斯卡的賭注」（參見第 20 章評釋）。

人們可能還會想到另一種相反的情況。當市場行情很好而且新股很容易銷售時，一些毫無品質可言的股票就會紛紛出現在發行市場上。它們很快就能找到買家；它們的價格往往在發行後就急劇上漲，從資產和盈餘的角度來看，其價格上漲的幅度，即使是 IBM、全錄和拍立得等公司也相形見絀。華爾街會泰然自若地接受這種瘋狂，在最終價格必然崩盤之前，沒有任何人會對其公開叫停。（證券交易委員會只不過是堅持要求揭露訊息，投機大眾對此根本不關心；如果公司明顯違背法規，也會被宣布要進行調查，但通常也只是不太嚴厲的懲罰。）當這些並不重要但卻被嚴重誇大的企業從人們的視線中消失或幾乎消失時，人們總能足夠鎮定地認為，這只是「遊戲的一部分」。每個人都信誓旦旦地說，保證不會再有這種無法原諒的放縱行為──直到下一次事件重演。

文雅的讀者也許會說，謝謝您的教誨，但您的「廉價股」情況如何呢？人們真的能夠在不冒重大風險的情況下從中獲利嗎？事實的確如此。如果你能夠找到足夠多的廉價股來建立一個多元化的投資組合，而且你在購買後它們沒有迅速上漲時你仍然具有耐心的話，確實能夠獲利。有些時候，耐心必須相當堅強。在本書的前一版中，我們曾經提到一個案例，而這個案例在目前撰寫本書時仍然十分具有說服力。它就是 Burton-Dixie 公司，當時的股價為 20 美元，每股淨流動資產價值為 30 美元，每股帳面價值大約為 50 美元。當時購買該公司的股票並不會馬上獲利，但是在 1967 年 8 月，股票價格上漲到了 53.75 美元，大約相當於其帳面價值。一位有耐心的投資者在 1964 年 3 月以 20 美元的價格買進該股後，在隨後的三年半就獲得 165% 的利潤，這相當於 47% 的年報酬率（非複利計算）。根據我們的經驗，大多數的廉價股並不需要等待這麼長的時間才能獲利，然而它們也不會有如此高的報酬率。關於目前大致類似的情況，請參見第 7 章（「購買廉價證券」一節）對 National Presto Industries 公司的討論。

一些特殊情況

讓我們簡要地探討一些特殊情況的問題，因為理論上它屬於積極型投資者的操作範圍。上面已經討論過這一內容，在此我們將舉出一些案例，並提供思維開闊和敏捷的投資者進一步的分析。

1971 年年初發生了好幾種情況，我們將其中三種情況歸納如下：

情況一：Borden 公司併購 Kayser-Roth 公司。1971 年 1 月，Borden 公司宣布了一項計劃：以自己的 1 又 1 ／ 3 股換取 Kayser-Roth（多元化服飾公司）的 1 股來獲得對該公司的控制權。第二天，交易十分熱絡，Borden 和 Kayser-Roth 的收盤價分別為 26 美元和 28 美元。如果某位「操作者」以上述價格買進 300 股的 Kayser-Roth，並放空 400 股的 Borden，而且隨後併購交易按所公佈的條件完成，那麼扣除佣金和其他一些費用之後，他的獲利大約是 24%。假如併購交易在 6 個月內完成，他最終獲得的年報酬率大約為 40%。

情況二：1970 年 11 月，National Biscuit 公司準備以每股 11 美元的價格用現金收購 Aurora Plastics 公司。該股票當時的價格大約為 8.5 美元；月底的收盤價為 9 美元，而且這一價格一直持續到年底。在此所反映的初始毛利大約是 25%，但要考慮交易失敗以及時間因素可能帶來的風險。

情況三：已停業的 Universal-Marion 公司要求其股東批准公司解散。該公司財務主管認為，普通股的每股帳面價值約為 28.5 美元，其中絕大部分是流動資產，而該公司股票在 1970 年底的收盤價為 21.5 美元，表示在此可能有獲得超過 30% 的毛利——如果資產能以帳面價值清算的話。

如果以分散風險為基礎來從事此類操作，可以獲得（比如）20% 或更高的年報酬，那麼這些操作無疑將是非常有價值的交易。由於本書並不是以介紹「特殊情況」為主題的書籍，因此我們不準備詳細分析此類的操作，但它的確是一門可以賺錢的生意。我們要指出的是，最近幾年在這方面出現了兩種相反的發展。一方面，與 10 年前相比，可供選擇的交易激增了很多，因為有許多企業透過各種形式的併購，進行所謂的多角化經營。1970 年的「併購宣告」大約有 5,000 件，低於 1969 年的 6,000 多件。與這些併購交易相關的金額高達好幾十億美元。或許，在這 5,000 件併購案中，只有很少一部分能給從事此類特殊情況操作的人帶來明確的投資機會，但這小部分的案件，還是夠他們整天忙於研究、分析和挑選的了。

另一方面，已公布的併購交易中，有越來越多案件最終沒能達成。當然，在這樣的情況下，所追逐的利潤也就無法實現，而且有可能出現較為嚴重的虧損。併購失敗的原因有很多，其中包括反托拉斯法的干預、股東的反對、「市場情況」的改變、進一步研究後得出不利的結論、兩方無法在細節上取得共識等等。顯然，這裡的竅門在於，投資者可以依靠經驗，來挑選出那些最有可能成功的交易，以及萬一失敗時能使損失降至最低的交易。[15]

對上述案例進一步的分析

Kayser-Roth。在撰寫本章的過程中，該公司的董事已經（於 1971 年 1 月）拒絕了 Borden 公司的提議。如果這筆交易立即「平倉」，那麼整體虧損（包括佣金）大約為買進 Kayser-Roth 公司股票總金額的 12%。

Aurora Plastics。由於該公司在 1970 年的表現較差，併購條款重新談判，收購價格降到了每股 10.5 美元。這些股票價款於 5 月底收到。在此所實現的年均報酬率大約為 25%。

15. 正如第 7 章評釋所討論的，併購套利完全不適合於大多數的個人投資者。

Universal Marion。該公司立即進行了初始分配，每股獲得大約 7 美元的現金和股票，使得投資價值降到了 14.5 美元。然而，市場價格隨後跌到了 13 美元，從而使得人們對資產清算的結果產生質疑。

如果上述的三個案例可以代表 1971 年所有的「特殊或套利」機會，那麼事實顯然是這樣的：如果隨機從事此類的交易，結果有賺有賠，所以也就沒有什麼特別的吸引力了。這類的交易，如今已日益成為具備必要經驗和判斷力的專業人士所從事操作的領域。

在 Kayser-Roth 公司的例子中，還有一個有趣花絮。1971 年下半年，該公司的股價跌到了 20 美元以下，而 Borden 公司的股價則為 25 美元；若根據當初的交換條件，Kayser-Roth 公司的股價應該相當於 33 美元。情況看來似乎是這樣的：公司董事拒絕了這個機會，有可能是個很大的錯誤，要不然就是 Kayser-Roth 公司現在的市場價格被嚴重低估了。這是個證券分析師有待分析的問題。

第十五章 評釋

依照世人的觀念在這世界上生活很容易；依照自己的想法離群索居也不難；但若置身於眾人之間，依然要能堅持個人的獨立性，卻只有偉人才能做到。

——拉爾夫 · 瓦爾多 · 愛默生
（Ralph Waldo Emerson）

練習，練習，再練習

Mutual Series Funds 的創始者馬克斯 · 海涅（Max Heine）喜歡說的一句話：「通往耶路撒冷的路不只一條。」這位股票大師的意思是，他自己以價值為核心的選股方法，並不是成為成功投資者的唯一途徑。在本章中，我們將介紹當今一些優秀的基金經理人在選股時所使用的一些技巧。

然而，首先要再次指出的是，對大多數投資者而言，選股是不必要的——雖然並不是不可以。大多數專業人士在選股方面做得不好，並不意味著大多數業餘人士就可以做得更好。絕大多數試圖自己挑選股票的人都會發現，他們做得並沒有想像中的那麼好；最幸運的人很早就會發現這一點，而那些不太幸運的人，則需要花幾年時間才能懂得這一點。有少數投資者擅長挑選自己的股票，但其他人則需要透過別人的幫助（最好透過指數基金）才能做得比較好。

葛拉漢建議投資者要先練習，正如優秀的運動員和音樂家在每次實際演出之前，都需要練習和排練一樣。他建議，投資者先花一年的時間，去追蹤和挑選股票（但不能真的拿錢去購買）。[1] 在葛拉漢那個時代，你必須紙上作業，記錄你假想的買進和賣出來做練習；現在，你可以利用一些網站上的「證券組合追蹤系統」來練習，如 www.morningstar.com，http://finance.yahoo.com，http://money.cnn.com/services/portfolio/ 或 www.marketocracy.com 等網站（在最後一個網站中，不要去理會其基金和其他服務說可以「超越市場」的大話）。

在實際進場買賣之前，你必須先測試你的技巧，這樣你犯錯也不致於造成任何的實際損失。你還必須遵守紀律避免頻繁交易，並且拿自己的方法與那些優秀的基金經理人做比較，以了解哪些方法適合於你。更重要的是，追蹤你所挑選股票的後續發展，就會讓你永遠記得，你的一些預感最後終將證明是錯誤的。這將迫使你從你的成功與失敗中學習。一年之後，將你的結果與標準普爾 500 指數進行比較，看看情況如何。如果你不喜歡這項試驗，或者你選的股票表現很差，至少不會有什麼損害——這只是意味著選股的做法不適合於你而已。如果是這樣的話，建議你去購買指數基金，別再浪費時間去選股了。

如果你喜歡這項試驗，並獲得足夠好的收益，那麼你就可以逐步建構一籃子股票了。但是，這一籃子股票在你的整體投資組合中的比重，不能超過 10%（其餘的資金，還是應該投入指數基金）。請記住，如果你對選股不再感興趣，或者你的收益變差，你隨時都可以停下來。

正確地尋找

你該如何尋找有可能帶來回報的股票呢？你可以採用第 14 章所建議的一些標準，然後利用一些網站（如 http://finance.yahoo.com 和 www.

---

1. 參見：Patricia Dreyfus, "Investment Analysis in Two Easy Lessons"（interview with Graham）, Money, July, 1976, p. 36。

morningstar.com）的過濾系統來篩選股票。或者，你可以採取更有耐心的做法，自己動手慢慢地挑選。與大多數人不同的是，一些最優秀的專業投資者最感興趣的是股價下跌而不是上漲的公司股票。Tweedy Browne Global 價值型基金的克里斯多夫・布朗（Christopher Browne）、Oakmark 基金的威廉・尼格倫（William Nygren）、FPA Capital 基金的羅伯特・羅德里格茲（Robert Rodriguez）以及 Torray 基金的羅伯特・托雷（Robert Torray），他們都建議人們查看《華爾街日報》每日列出的一年以來價格最低的股票，或者從 Barron 這本財經刊物的「Market Week」這一欄中查看類似的表格。這些資料所列出的都是一些不流行或不受歡迎的股票和產業，一旦市場情況改變，就很有可能帶來很高的報酬。

Davis 基金的克里斯多夫・戴維斯（Christopher Davis）以及 Legg Mason 價值型基金的威廉・米勒（William Miller）喜歡看到投資資本報酬率（returns on invested capital, ROIC）的上升——這一指標反映的是，公司在獲取巴菲特所謂的「股東權益」方面有多大的效率。[2]（詳情參見隨後的專欄內容。）

透過「可比較的數據」，或類似企業多年來的價格，Oakmark 的經理人尼格倫和 Longleaf Partners 的經理人梅森・霍金斯（O. Mason Hawkins），就可以更好地掌握某公司各部門的價值。對個人投資者而言，這是一項艱苦而困難的工作：首先要做的是查看公司年度報告中「業務部門」的附註說明，這裡通常會列出各部門的產業類別、營業額和獲利（「管理層討論與分析」這一欄也可能會有所幫助）。然後，從 Factiva、ProQuest 或 LexisNexis 等新聞資料庫中，尋找相同產業而近期被併購的其他公司。利用 www.sec.gov 中的 EDGAR 數據庫，找到這些公司過去的

2. 參見第 11 章評釋。

年度報告之後，你就可以確定這些被併購公司的收購價與其利潤的比率。然後，你可以根據這一比率，估計併購公司會支付多少價格來收購你正在調查公司的類似部門。

透過這種方式去分析某家公司的每一個部門，你就能弄清楚它們當期的股價是否合理。Longleaf 基金的霍金斯喜歡尋找他所謂的「60 分目標」，即股價在評估價值的 60% 或以下的公司，因為這樣的股票可以提供葛拉漢所堅持的安全邊際。

從每股盈餘到投資資本報酬

由於員工認股權以及收益與費用的認列等因素的影響，近年來的每股淨收入或每股盈餘（EPS）已經被扭曲了。如果想要瞭解公司營業活動中的資本所產生的真實收益，就必須透過投資資本報酬率（ROIC）而不是每股盈餘。Davis 基金的克里斯多夫 · 戴維斯對 ROIC 的定義如下：

ROIC= 股東權益 ÷ 投資資本

其中股東權益等於：

營業收益

加上　折舊

加上　商譽的攤銷

減去　聯邦所得稅（以公司的平均所得計算）

減去　認股權的成本

減去　「維持其經濟狀況」（或實際）的資本支出

減去　養老基金的不可持續報酬率（截至 2003 年，任何高於 6.5% 的報酬都是不可持續的）所帶來的任何收益其中投資資本等於：

資產總額

減去　現金（以及短期投資和不付息的流動負債）

加上　過去降低投資資本的費用認列

ROIC 的優點在於，它在扣除所有合理費用之後，反映出公司在其營業活動中所得到的利潤，以及公司在利用股東資金方面有多大的效率。ROIC 在 10% 以上是很有吸引力的；如果該公司有著名的品牌、良好的管理，或只是短時間遇到了困難，那麼即使是 6% 或 7% 的 ROIC 也是有吸引力的。

誰是老闆？

最後，大多數優秀的專業投資者，都希望看到公司是由這樣的人經營管理的：如 Oakmark 的威廉．尼格倫所說的，「不只是個經理人，而且是個像企業擁有者一樣思考的人。」關於這方面有兩個簡單的測試：該公司的財務報表是否容易理解，還是充斥著模糊不清的東西？「非經常性」、「異常」和「特殊」的費用是否屬實，還是他們經常有這種壞習慣？

Longleaf 的梅森．霍金斯尋找的是這樣的公司經理人：他們是「很好的合作夥伴」——這意味著，他們會開誠佈公地討論問題、對當期和未來現金流的分配有明確的計劃，而且擁有該公司大量的股份（最好是用現金購買，而不是透過員工認股權取得的）。但是，「如果管理階層大談股價而少談業務，」Torray 的羅伯特．托雷告誡說：「我們是不感興趣的。」Davis 基金公司的戴維斯喜歡這樣的公司：發行認股權的股數控制在流通在外股數大約 3% 之內的企業。

Vanguard Primecap 基金的霍華德．施高（Howard Schow）追踪的是，「公司在第一年說了些什麼，而在第二年發生了什麼。我們希望看到管理階層不僅要對股東誠實，而且還要說到做到。」（如果某公司的老闆在業績不好時堅持一切都很好，請提高警覺！）如今，即使只擁有少數幾股，人們也可以參加公司定期召開的股東大會；想知道股東大會的時間表，可以電話聯繫公司總部的投資者關係部門，或者查訪該公司的網站。

FPA Capital 基金的羅伯特 · 羅德里格斯（Robert Rodriguez）會查看公司年度報告的最後一頁——這裡列有各營運部門的負責人名單。如果這些人名在新的 CEO 頭一年或兩年的任期中不斷地更換，這可能是一個好兆頭；因為這說明他正在淘汰不稱職的人。但是，如果此後還是不斷地更換，這種更換就有可能變成一團混亂。

看清道路

通往耶路撒冷的路還不只這些。一些優秀的基金經理人，如 Dreman Value Management 的大衛 · 德雷曼（David Dreman）和 Third Avenue 基金的馬丁 · 惠特曼（Martin Whitman），他們專門投資於價格與資產、盈餘或現金流之比率非常低的公司股票。其他一些經理人，如 Royce 基金的查爾斯 · 羅伊斯（Charles Royce）和 Fidelity 低價股基金的喬爾 · 蒂林哈斯特（Joel Tillinghast），他們追逐的是價值被低估的小公司。如果想要概略了解當今最受尊敬的投資者華倫 · 巴菲特是如何選擇公司的，請參見隨後的專欄內容。

有一種方法可能對你有所幫助：看看哪些專業基金經理人與你持有相同的股票。如果經常出現一兩個這樣的人，請到訪這些基金公司的網站，並下載其最新的報告。查看這些投資者還擁有其他哪些股票，你可以藉此了解更多關於他們選股的共同點；閱讀這些經理人的評論，你也可以知道如何去改進自己的方法。[3]

---

3. 還有許多分析專業基金經理人的時事通訊，但它們大多數都只是在浪費人們的時間和金錢而已——即使是最積極的投資者也是如此。唯一能夠使人們省錢的好方法，就是去閱讀《傑出投資者文摘》（Outstanding Investor Digest，www.oid.com）。

無論使用什麼樣的技巧來選股，成功的投資專家都有兩個共同點：首先，他們會遵守紀律，並一貫堅持自己的方法，即使這種方法已不再流行，也不會輕易改變。其次，他們會大量思考該做些什麼以及如何去做，而且很少去關注市場情況如何。

巴菲特的做法

葛拉漢的最大弟子華倫・巴菲特，以全新的詮釋將葛拉漢的想法發揚光大，而成為了世界上最成功的投資者。巴菲特及其合夥人查爾斯・曼格（Charles Munger）結合了葛拉漢的「安全邊際」與遠離市場的觀點，提出了強調未來成長的創新做法。下面是巴菲特做法的簡要介紹：

他尋求的是「特許經營」的企業，這種企業具有強勢的消費品牌、容易理解的營業活動、穩健的財務狀況以及近乎於壟斷的市場，如 H & R Block、吉列和華盛頓郵報等公司。巴菲特喜歡在公司醜聞、巨額虧損和其他壞消息像暴風雨突然來襲時，迅速下手購買其股票——如 1987 年可口可樂公司推出「新可樂」遭到嚴重挫敗而股價崩跌時，他迅速買進了該公司的股票。他還希望看到公司的經理人能建立並實現合理的目標；從內部而不是透過併購來拓展業務；明智地進行資本分配；以及不給自己配發上億美元的股權薪酬。巴菲特堅持認為，穩定和持續成長的獲利，才能使公司未來比今天更值錢。

在他自己的年度報告中（參見 www.berkshirehathaway.com），巴菲特毫無保留地公開自己的想法。或許，沒有其他的投資者（包括葛拉漢在內）願意公開透露自己的投資方法，或發表如此淺顯易懂的文章。（巴菲特有一句經典名言：「讓一位聲譽卓越的經理人，去管理一家經營不善的企業，最後不變的往往是這家企業的名聲。」）每一位智慧型投資者都可以（和應該）透過閱讀這位大師的名言，來獲得更多的知識。

第16章 可轉換證券與認股權證

近年來，可轉換債券和優先股已逐漸成為了優先債權融資的主流。與此同時，認股權證（可按約定價格購買普通股的一種長期權證）也越來越流行了。現在，標準普爾《股票指南》中的優先股有一半以上都附有轉換權，而且 1968 ～ 1970 年大部分的公司債券中也都附有轉換權。在美國證券交易所，至少有 60 種不同系列的認股權證。1970 年，紐約證券交易所首次出現了長期認股權證——可以按每股 52 美元的價格購買 3,140 萬股美國電話電報公司的股票。由於「母公司貝爾」（Mother Bell）的帶頭，未來勢必出現更多新的認股權證。（正如我們將在稍後指出的，它們具有多重的意義。）[1]

整體而言，可轉換證券比認股權證更為重要，因此我們會先討論可轉換證券。從投資者的角度來看，有兩個主要面向需要考慮。首先，如何認定它們是投資機會還是風險？其次，它們的存在將如何影響相關普通股的價值？

人們認為，可轉換證券對投資者和發行公司都具有特殊的優勢。投資者可以獲得債券或優先股享有的優先保障，同時還有機會參與普通股大幅上揚所帶來的好處。發行公司能夠以適當的利息或優先股股息來籌集資本，而且，如果預期的發展得以實現，發行公司還可以將可轉換證券轉換成普通股來去除這部分優先債務。因此，雙方都有相當多的好處。

顯然，上面的陳述一定有所誇大，因為你不可能僅僅透過一種巧妙的手段，就使交易雙方都獲得好處。在獲取轉換權的同時，投資者通常要在證券的品質或收益（或同時兩方面）做出一些必要的讓步。[2] 相反地，如果公司由於轉換權的關係而獲得低成本資金，那麼它也必須同時放棄

1. 正如葛拉漢在本章後文中明確表示的，他非常討厭認股權證。

2. 【原註】關於這一點，我們可以藉由福特汽車金融公司在 1971 年 11 月同時發行的兩種債券來加以說明。一種是 20 年期的不可轉換債券，殖利率為 7.5%。另一種是次順位求償權的 25 年期債券，殖利率只有 4.5%，但它可按每股 68.5 美元的價格轉換成福特汽車公司的股票。為了獲得轉換權，債券購買者放棄了 40% 的收益，並接受了次級債權人的地位。

普通股股東未來收益成長的一部分。關於這一問題，還有待贊成與反對雙方進一步的討論。最穩妥的結論是：與其他任何形式的證券一樣，可轉換證券本身並不能保證是否具有吸引力──這個問題將取決於與個別證券相關的所有事實。[3]

然而，我們的確知道，就整體而言，牛市後期發行的可轉換證券，將無法產生令人滿意的收益（遺憾的是，過去大多數的可轉換債券正是在這種樂觀期間發行）。從發行的時間點來看，可憐的後果將不可避免，因為股市的大幅下跌必然使這種轉換權利失去吸引力，而且人們對這種證券的安全性往往會產生質疑。[4] 為了說明此類證券的價格表現，我們將保留本書第一版中有關可轉換優先股和一般（不可轉換）優先股的案例──這些證券是在牛市即將結束的 1946 年發行的，接下來的牛市始於 1949 年。

表 16-1 1946 年新發行優先股的價格紀錄

從發行價到 1947 年 7 月最低點的價格變動	「一般的」優先股	可轉換和有參與權的優先股
	（股票數量）	
持平	7	0
下跌 0–10%	16	2
10–20%	11	6
20–40%	3	22
40% 以上	0	12
平均跌幅	約 9%	約 30%

3. 葛拉漢所指出的是，儘管投資者經常聽到一些誇大的促銷宣傳，但可轉換債券並不能自動提供「兩全其美」的好處。高收益與低風險並不總是如影隨形。華爾街在某方面給予好處的同時，通常也會在另一方面索取。一項投資可能會在某方面有最大的好處，而在另一方面則有最大的不利之處；但在單一筆交易中，兩全其美的好處幾乎是不可能存在的。

4. 根據高盛和 Ibbotson Associates 提供的訊息，從 1998 年到 2002 年，可轉換證券的年均報酬率為 4.8%。這比美國股市年虧損 0.6% 的結果要好許多，但它遠低於中期公司債（年收益 7.5%）和長期公司債（年收益 8.3%）的報酬率。根據美林證券提供的訊息，在 1990 年代中期，可轉換證券的發行量每年大約 150 億美元；到了 1999 年，發行量增加了一倍達到了 390 億美元。2000 年，可轉換證券的發行量為 580 億美元；2001 年，又增加了 1,050 億美元。正如葛拉漢所告誡的，可轉換證券總是在牛市即將結束時出現──主要原因在於，此時即使是低等級的公司股票也有很高的報酬率，從而使得可轉換證券似乎也具有吸引力。

對於 1967 ～ 1970 年的情況，我們很難做出比較，因為這幾年幾乎沒有發行過新的不可轉換證券。但是，我們可以清楚地看到，從 1967 年 12 月到 1970 年 12 月，可轉換優先股的平均跌幅大於整體普通股（普通股只下跌了 5%）。此外，從 1968 年 12 月到 1970 年 12 月，可轉換優先股的表現似乎比以前發行的不可轉換優先股更差，如表 16-2 所顯示的，其中每一種證券包含了 20 支樣本。從這些比較中可以看出，整體可轉換優先股的品質相對較差，而且與其連結的普通股表現也比一般市場的表現更差（除了投機狂熱期間之外）。當然，這些觀點並不適用於所有的可轉換證券，尤其是 1968 年和 1969 年，許多有實力的企業為應對過高的利率（即便最優質債券的利率也很高）也發行了可轉換證券。然而，值得注意的是，在我們隨機挑選的 20 支可轉換優先股中，只有一支是上漲的，而有 14 支出現了嚴重下跌。[5]

表 16-2 優先股、普通股和認股權證的價格紀錄（1968 年 12 月至 1970 年 12 月）
（每一種證券包含了 20 支隨機挑選的樣本）

	一般的優先股		可轉換優先股	上市普通股	上市認股權證
	A 級及以上	A 級以下			
上漲	2	0	1	2	1
下跌：					
0–10%	3	3	3	4	0
10–20%	14	10	2	1	0
20–40%	1	5	5	6	1
40% 以上	0	0	9	7	18
平均跌幅	10%	17%	29%	33%	65%

（標準普爾 500 綜合指數下跌了 11.3%。）

5. 可轉換證券市場近期的結構性改變，消弭了其中的一些批評。在葛拉漢那個時代，可轉換優先股大約占整個可轉換證券市場的一半，而現在只占市場的八分之一。由於存續期間的縮短，使得可轉換債券的不穩定性下降了，而且現在許多可轉換債券都附有「贖回保護」條款，可以防止債券被提前贖回。除此之外，現在的可轉換證券有一半以上都屬於投資級證券，信用品質比葛拉漢那個時代已有顯著的改善。因此，在 2002 年，美林的全美可轉換證券指數下跌了 8.6%，相對地標準普爾 500 指數下跌了 22.1%，那斯達克綜合指數下跌了 31.3%。

從這些數據所得出的結論並不表示，可轉換證券一定比不可轉換或一般證券來得差。在其他條件相同之下，情況正好相反。然而，我們可以清楚地看到，其他條件實際上並不可能完全相同，而且附加的轉換權往往（或許在一般的情況下）反而暴露出該證券本身缺乏真正的投資品質。

的確，可轉換優先股會比同一企業的普通股更安全——也就是說，其本金最終虧損的風險較小。因此，購買新發行的可轉換優先股，而不去購買相應普通股的做法是合乎邏輯的。然而，在大多數情況下，如果以當前的市價購買普通股是不明智的行為，那麼就算以可轉換優先股來取代普通股，也不會使情況得到改善。此外，可轉換優先股大多是那些對普通股沒有特別興趣或信心的人去購買的——也就是說，他們當時並沒有想到要去購買普通股，而是被可轉換優先股的優先求償權與接近於當前市價的轉換權這種完美結合給吸引住了。在某些情況下，這種結合確實能發揮作用，但統計數據似乎表明，它更有可能是一種陷阱。

關於持有可轉換證券方面，大多數投資者都沒有意識到一個特殊問題。即使出現獲利，也會帶來左右為難的問題。持有者應該在價格小幅上漲時賣掉呢？還是應該繼續持有以等待更大的上漲？如果該證券有可能被贖回（通常是普通股大幅上漲時），那麼持有者究竟應該將其賣掉，還是應該將其轉換成普通股而繼續保留呢？[6]

讓我們來看一個具體的例子。假設你以面額 100% 的價格買進票息 6% 的可轉換債券，轉換價格為 25 美元——即每 1,000 美元的債券可以轉換成 40 股普通股。現在，普通股的價格來到 30 美元，從而使得債券的價值至少為面額的 120%，而且其售價為面額的 125%。你可以選擇賣出或繼續持有。如果你繼續持有債券，希望價格能上漲得更高，那麼你面

6. 債券「被贖回」是指，發行公司在債券到期日或最後利息支付日之前強制進行償付。關於可轉換債券原理的簡要介紹，請參見本章評釋中的註解 1。

臨的狀況就十分類似於普通股股東，因為如果股價下跌，你的債券也將下跌。一個穩健的投資者可能會說，價格超過 125% 的投機性會太大，因此他會將其賣出，並賺取令人滿意的 25% 利潤。

到目前為止，情況還算不錯，但讓我們來進一步探討這個問題。許多情況下，當持有者以 125% 的價格賣出債券後，如果普通股還繼續上漲，可轉換債券的價格就會跟著繼續上漲，於是過早賣出的投資者就會感到心痛。接下來，他決定下一次一定要等到 150% 或 200% 才會賣出。當價格上漲到 140% 時，他並沒有將其賣出。隨後，市場崩盤，債券價格滑落到 80%。這樣，他又犯了一次錯誤。

除了這些錯誤判斷所帶來的精神痛苦（這似乎是不可避免的）之外，可轉換證券的操作還存在著一個實際的計算缺陷。人們也許認為，如果採用嚴格一致的策略而在獲利達到 25% 或 30% 時將其賣出，就會獲得很好的結果。但這只是獲利的上限，而且只有表現良好的債券才能實現這一目標。實際上由於這些債券經常缺乏適當的標的證券，而且發行與交易的時間往往是在牛市後期，因此大部分債券不但無法達到 125% 的價格，而且在市場反轉向下時，更無可避免地會出現崩盤。因此，可轉換債券誘人的投資機會實際上只是一種幻覺，而且所有的經驗都表明，這種交易雖然存在著巨大的利潤，但也完全有可能出現巨大的虧損（至少是暫時性的虧損）。

由於 1950 ～ 1968 年期間是一個相當長的牛市，因此可轉換債券在這大約 18 年期間的整體表現還算不錯。但這也只是意味著，絕大多數的普通股都大幅上漲，因此大多數的可轉換債券也一同分享了這一價格上漲的好處。可轉換債券投資的穩健性，只能透過它們在股市下跌時的表現來判斷，但事實證明，它們的整體結果總是令人失望。[7]

在本書第一版（1949 年）中，我們曾經舉例說明一個特殊問題：當可轉換債券價格上漲時，應該「如何處理」？我們認為，在此仍然有必要來討論這個問題。正如我們所引用的幾個案例，這個例子同樣也來自於我們自身的投資操作經歷。當初 Eversharp 公司按面額發行票息為 4.5% 的可轉換公司債，可以用每股 40 美元的價格轉換成普通股，這個私募活動的對象主要是投資基金，而我們正好也是「特殊團體」中的成員。該公司的股票迅速上漲到 65.5 美元，隨後經過分割調整（3 比 2），股價相當於每股 88 美元，從而使得可轉換公司債的價值至少達到了 220% 的程度。在此期間，有兩種債券都以些微的溢價被贖回；因此最初購買公司債的基金投資者，其手中的債券實際上都被轉換成了普通股。但是此時，股價立即開始嚴重下跌，到了 1948 年 3 月，股價跌到了 7.375 美元。這意味著公司債的價值只剩 27%，比最初的價格下跌了 75%，而不是獲利超過 100%。

這個故事的重點在於，最初購買可轉換債券的這些人，將債券轉換成了股票，並且在股價大跌期間持續抱牢股票。他們的做法違背了華爾街的一句古老格言：「永遠不要把可轉換債券轉換成股票。」為什麼會有這樣的忠告呢？因為一旦轉換成股票，你就會喪失先前所擁有的戰略組合：在獲取利息的同時，還有可能獲得可觀的利潤。這種做法有可能使你從投資者轉變為投機者，而且在不利的情況下進行轉換（因為股價早已大幅上漲）。如果「永遠不要把可轉換債券轉換成股票」是一個很好的法則，那麼那些有經驗的基金經理人為什麼會把 Evesharp 公司的債券轉換成股票，並在隨後遭遇令人難堪的損失呢？答案毫無疑問地就是，他們被該公司的前景以及股票「有利的市場表現」沖昏了頭。華爾街裡確實有一些審

7. 最近幾年，當股市下跌的時候，可轉換債券的表現往往優於標準普爾 500 指數，但它們的表現通常比其他債券差——這點削弱了（但並沒有完全否定）葛拉漢在此提出的批評。

慎的原則，但問題在於，每當最需要這些原則時，它們總是被人們遺忘。[8] 因此，還有另一句古老的格言是這麼說的：「照我說的做，別跟著我做。」

故此，我們對新發行的可轉換債券一般都抱持著懷疑的看法。與其他類似的觀點一樣，我們認為，投資者在購買可轉換債券之前要三思而後行。經過嚴格的審查後，投資者可能會發現一些條件優厚而無法抗拒的特殊債券。當然，最理想的情況是同時具備下列條件：一種有強力保障的可轉換債券，可以略高於當期市場的價格轉換成本身具有吸引力的普通股。我們時不時地可以發現，一些新發行的債券符合這些條件，但就證券市場情況來看，符合這些條件的證券大多是老的債券，而不是新發行的債券（如果新發行的債券真的實力很強，那它就不太可能提供很好條件的轉換權）。

美國電話電報公司大量使用可轉換債券融資的做法，可以很好地說明這種證券所具有的優缺點。從 1913 年到 1957 年，該公司至少發行了 9 批可轉換債券，其中大多數都是由股東按相應持股比例認購的。對公司而言，這種可轉換債券的重要優勢在於，能夠帶來更廣泛的買家，因為債券受到很多金融機構的歡迎——這些金融機構擁有大量資金，但其中一些機構卻不允許購買股票。這些債券的利息收益通常低於相應股票股息收益的一半——這樣設計的目的，是為了抵消債券持有者所擁有的優先求償權。由於該公司 40 年來（從 1919 年到 1959 年的股票分割）一直維持 9 美元的股息，因而幾乎所有的可轉換債券最終都轉換成普通股。所以，這些可轉換債券的購買者在這些年都獲得了很好的報酬——但還是沒有最初就購買發行股票的報酬那麼好。這個例子證明了美國電話電報公司的穩健性，但卻不能證明可轉換債券具有內在的吸引力。為了實際證明可轉換債券的穩健性，我們需要幾個這樣的案例：即使普通股的表現令人失望，

8. 這句話可以做為 1990 年代牛市的墓誌銘。投資者忘記的「審慎原則」還包括一些老掉牙的市場諺語，如「樹高不過天」以及「牛市能賺錢，熊市能賺錢，但豬市永遠賺不到錢」。

可轉換債券卻能表現良好。但是，這樣的案例實在很難找到。[9]

可轉換證券對普通股的影響

許多情況下，可轉換證券的發行都與兼併或收購有關。這種金融操作最顯著的一個例子，或許就是 NVF 公司發行將近 1 億美元、票息為 5% 的可轉換債券（附認股權證），以換取 Sharon 鋼鐵公司大多數的普通股。我們將在第 17 章中討論這一不尋常的交易。通常，這種交易會導致普通股每股預計盈餘的增加；股價會隨著所謂的更大盈餘而上漲，而且由於管理階層有能力為股東賺更多的錢，股價也會隨之上漲。[10] 但是，這種交易存在著兩種抵消因素，其中一個因素幾乎被人們忽略了，而另一個因素在樂觀的市場中也會完全被忽略。第一個因素是，隨著新的轉換權不斷地增加，普通股當期和未來的盈餘實際上會被稀釋。這種稀釋作用可以被量化：首先假設所有的可轉換股票或債券都轉換成普通股，然後根據近期的盈餘或其他一些預估數據計算出調整後的每股盈餘。對大多數企業而言，調整後的每股盈餘下降的幅度並不明顯，但在這方面有許多的例外，而且其危險在於未來的成長速度令人堪憂。快速擴張的「綜合性大企業」一直在玩弄可轉換證券的花招。在表 16-3 中，我們列出了大量發行可轉換證券或認股權證的 7 家公司。[11]

---

9. 美國電話電報公司已不再是可轉換債券發行的主要企業了。如今，發行量最大的幾家公司是，通用汽車、美林證券、泰科國際（Tyco International）以及羅氏（Roche）。

10. 關於「預計」盈餘進一步的討論，請參見第 12 章評釋。

11. 最近幾年，大量的可轉換債券大多是金融、醫療保健和科技業的公司發行的。

表 16-3 1969 年底大量發行可轉換債券及認股權證的公司（單位：千股）

		可轉換為普通股的證券			
	流通在外普通股	債券	優先股	認股權證	轉換為普通股的總數
Avco Corp.	11,470	1,750	10.436	3,085	15,271
Gulf & Western Inc.	14,964	9,671	5,632	6,951	22,260
International Tel. & Tel.	67,393	190	48,115		48,305
Ling-Temco-Vought	4,410[a]	1,180	685	7,564	9,429
National General	4,910	4,530		12,170	16,700
Northwest Industriesb	7,433		11,467	1,513	12,980
Rapid American	3,591	426	1,503	8,000	9,929

a 包括「特別股票」

b 1970 年底

優勢從普通股轉向優先股

數十年之前（如 1956 年），普通股的收益優於同一家公司的優先股；如果優先股的轉換價格接近於市價，情況尤其如此。現在的情況正好相反，大量的可轉換優先股明顯比相關的普通股更具有吸引力。普通股的持有者若將次級股份轉換成優先股，不僅沒有什麼損失，而且還具有重大的獲利優勢。

例如：1970 年底，Studebaker-Worthington 公司的情況就是一個典型的例子。該公司普通股的價格為 57 美元，而股息 5 美元的可轉換優先股在年底的收盤價則為 87.5 美元。每 1 股優先股可以轉換成 1.5 股的普通股，相當於價值 85.5 美元。這表示，購買優先股與購買普通股的差價很小。然而，普通股每年支付的股息為 1.20 美元（1.5 股的股息為 1.80 美元），優先股每年的股息則為 5 美元。因此，最初不利的價差可能在不到 1 年的時間裡就得到彌補，而此後優先股的股息收益將明顯高於普通股。但最重要的，當然是普通股股東可以從這種轉變中獲取優先地位。在價格較低的 1968 年以及 1970 年，優先股的價格比 1.5 股的普通股高出 15 美元，這正是因為可轉換權保證了優先股的價格不可能低於普通股。[12]

認股權證

讓我們一開始就坦言直說吧。我們認為，最近興起的認股權證近似於一種詐欺行為，它是一種威脅，而且還有可能引發災難。它們憑空捏造出大量的「價值」。除了誤導投機者和投資者之外，它們的存在沒有任何理由。它們應該受到法律的禁止，或者至少應該被嚴格限制在公司資本總額的很小一部分範圍。[13]

為了與一般的歷史和文學進行類比，我們建議讀閱讀《浮士德》（Faust）的第 2 篇內容，歌德（Goethe）在其中描述了紙幣的發明。做為華爾街史上的一個惡兆先例，我們可能會想到 American & Foreign Power 公司所發行的認股權證，這些認股權證在 1929 年的市值超過了 10 億美元，卻只在公司資產負債表的附註中說明。1932 年，這 10 億美元的價值已縮水成了 800 萬美元，而在 1952 年，這些認股權證就從公司的資本結構調整中消失了——儘管該公司尚未宣佈破產。

最初，認股權證經常附屬於債券，而且通常相當於部分的轉換權。它們的數量相當有限，因此不致於造成傷害。1920 年代後期，隨著其他許多的金融舞弊行為，它們的使用開始擴張，但經過多年之後它們又從市場上消聲匿跡了。它們勢必會重新抬頭，就像討厭的人會一再出現一樣，

12. 【原註】請注意，在 1971 年底，Studebaker-Worthington 的普通股價格下跌到 38 美元，而股息 5 美元的優先股價格則接近於 77 美元。因此，這一年的價差從 2 美元擴大為 20 美元。這再一次證明這種轉換是有利的，同時也證明股市往往疏於計算。（順便一提的是，優先股在 1970 年 12 月相對於普通股的少許溢價，已被普通股更高的股息彌補了。）

13. 在十九世紀，認股權證是企業融資的一種非常普遍的工具，甚至在葛拉漢時代也相當流行。此後，它們的重要性和受歡迎程度都減弱了——這無疑是葛拉漢感到高興的少數幾個新發展之一。截至 2002 年底，紐約證券交易所只剩下 7 支認股權證——市場的一絲殘餘。由於大企業已不再普遍使用認股權證，因此現在的投資者在閱讀本章其餘內容時，只能看到葛拉漢的邏輯思維了。

而且從1967年以來，它們已成為了人們熟知的「金融工具」。事實上，新的不動產企業和大銀行的附屬機構已設計出一種標準的籌資方法：賣出相同數量的普通股與認股權證單位，然後以相同的價格買進額外的普通股。例如：1971年，CleveTrust Realty Investors公司以每單位20美元的價格賣出了250萬個單位由普通股（或「受益股份」）和認股權證所構成的組合。

現在，讓我們來看這種融資方案真正涉及到的權利。通常情況下，當公司董事會認為有必要以普通股來籌集資本時，普通股的股東有權優先認購額外發行的股份。這種所謂的「優先購買權」是擁有普通股的一種附加價值——其中還包括獲取股息、分享公司成長，以及投票選舉董事的權利。為了獲得額外的資本而單獨發行認股權證時，普通股固有的一部分價值將轉移到獨立的認股權證。以此類推，企業還可以單獨發行獲取股息的認股權證（有限或無限期的）、分享企業銷售收入或資產清算收益的認股權證，或擁有投票權的認股權證。那麼，為什麼這些認股權證會成為初始資本結構的一部分呢？很簡單，因為人們在金融操作方面不太熟悉。人們沒有意識到，認股權證的存在會使得普通股的價值下降。因此，與只有股票相比，股票與認股權證的組合通常會有更好的市場價格。請注意，在一般公司的財務報表中，每股盈餘的計算通常沒有（或一直沒有）適當考慮認股權證的影響。當然，結果就是，誇大了盈餘與公司資本市值之間的實際關係。[14]

把認股權證考慮在內的最簡單和最好的方法，就是將其約當的市場價值加入普通股資本中，從而增加每股的「實際」市場價格。如果銷售的優先證券附有大量的認股權證，那麼通常的做法是，假設賣出該證券

---

14. 如今，認股權證交易的最後一絲痕跡隱藏在那斯達克「行情板」中的一個小角落，或在小公司交易的場外市場之中，其中普通股往往與認股權證綁成一個「單位」出售（相當於葛拉漢所說的一個「組合」）。如果某位股票經紀人向你推銷某家公司的「單位」股票，那麼有95%的把握，肯定其中一定有認股權證，而且至少有90%的把握，該經紀人不是小偷就是白痴，因為合法的經紀人和企業沒有這方面的業務。

的收入都用於償還相關的債券或優先股。這種方法通常不會考慮高於執行價格的「溢價」。在表 16-4 中，我們以 National General 公司在 1970 年的情況為例，比較說明兩種不同方法的計算結果。

表 16-4 附有大量認股權證之普通股的「真實市場價格」以及調整本益比的計算（以 National General 公司 1971 年 6 月的情況為例）

1.「真實市場價格」的計算	
三種認股權證的市值（1971 年 6 月 30 日）	94,000,000
附在普通股之認股權證的每股價值	18.80
普通股價格	24.50
考慮認股權證後的普通股價格	43.30

2. 考慮認股權證稀釋後的本益比			
（1970 年盈餘）	稀釋前	稀釋後	
		公司計算的結果	我們計算的結果
A. 扣除特別項目之前			
每股盈餘	2.33	1.60	2.33
普通股價格	24.50	24.50	43.30（調整後）
本益比	10.5 倍	15.3 倍	18.5 倍
B. 扣除特別項目之後			
每股盈餘 $ .90	1.33	0.90	
普通股價格	24.50	24.50	43.30（調整後）
本益比	27.2 倍	18.4 倍	48.1 倍

請注意，在扣除特別項目後，公司計算的結果是每股盈餘增加及本益比下降。這顯然是不合理的。根據我們所建議的方法，稀釋後的本益比應該是大幅上升的。

企業發行這些認股權證能獲得好處嗎？這些認股權證能確保企業在必要情況下獲得額外的資金嗎？根本不可能。一般情況下，公司根本不可能在認股權證到期之前要求持有者執行其認購權。同時，如果公司想要籌集額外的資金，就必須按照通常的方式向股東發行股票——也就是說，以稍低於市場的價格發行股票。在這樣的過程中，認股權證並不能提供任何的幫助，它們只會使情況更加複雜，而且經常會使認購價格往下調整。我們再次聲明，除了製造出虛幻的市場價值之外，大量發行認股權證根本沒有什麼作用。

歌德在撰寫《浮士德》時，他所熟悉的紙幣是惡名昭彰的法國指券（assignats），人們曾經把這種紙幣稱為一個了不起的發明，但它們最終卻失去了所有的價值—— American & Foreign Power 公司發行的 10 億美元的認股權證也是如此。[15] 這位詩人的某些言語，也同樣適用於上述的發明——如下列的對話（來自於 Bayard Taylor 的譯文）：

浮士德：人們用上最高的想像力，傾其所能也無法完全理解。

梅菲斯特（發明者）：如果人們需要錢幣的話，掮客們可以隨時提供。

傻瓜（最後說道）：神奇的紙幣……！

幾個實際案例

認股權證的罪惡在於它「已經誕生了」。[16] 一旦誕生於世，它們就可以做為其他形式的證券，並提供人們獲利和虧損的機會。幾乎所有新的認股權證都有到期日——一般為 5 ～ 10 年。較早發行的認股權證通常沒有到期日，而且隨著時間的推移，價格將出現有趣的變化。

15. 「惡名昭彰的法國指券」是在 1789 年法國大革命期間發行的。最初它們是革命政府發行的債務，據稱有不動產做為擔保，而這些不動產是激進分子從天主教會和貴族手中奪來的。然而，這些革命份子卻不善於財務管理。1790 年，指券的利率被削減了；不久之後他們完全停止了支付利息，並將指券重新歸類為紙幣。但是，法國政府不僅拒絕以金或銀贖回這些紙幣，而且又發行了大量的新指券，而這些指券在 1797 年正式被宣布作廢。

16. 做為一個熱衷西班牙文學的讀者，葛拉漢引述了 Pedro Calderon de la Barca（1600 ～ 1681）戲劇《人生如夢》（Life Is a Dream）中的一句話：「人類最大的罪惡在於他已經誕生了。」

例如：歷史記錄顯示，Tri-Continental 公司於 1929 年發行的認股權證，在經濟大蕭條期間的價格只有微不足道的 1 ／ 32 美元。1969 年，它們從非常低的價格大幅上漲到了 75.75 美元，大約成長了 242,000%。（隨後，這些認股權證的價格遠高於股票本身；這是華爾街透過一些技巧，如股票分割，所帶來的結果。）近期的一個例子是 Ling-Temco-Vought 公司發行的認股權證，它在 1971 年上半年從 2.5 美元上漲到 12.5 美元，隨後又跌到了 4 美元。

毫無疑問地，一些精明的手法將不斷被應用於認股權證，但這些技巧過於專業而不宜在此討論。我們可以說，認股權證的價格往往高於債券和優先股的轉換權。從這一點來看，人們有充分的理由去賣出附認股權證的債券，而不是賣出有相同稀釋作用的可轉換證券。如果認股權證的數量相對較少，就沒有必要過於認真地考慮其理論影響；如果認股權證的數量相對於流通在外的股票顯得過大，這可能表明該公司擁有過多的優先資本。這樣的話，該公司就應該賣出更多的普通股。因此，我們批評認股權證這種金融機制的主要目的，並不是譴責它們在適度債券規模上的應用，而是反對這種巨大的「紙幣」怪物被肆意濫用。

第十六章 評釋

你所種的，若不死就不能生。

——《哥林多前書》，XV:36

可轉換債券的熱潮

儘管可轉換債券被稱為「債券」，但它們具有股票的特性，也具有選擇權的功能，而且兩者之間顯得有些模糊。

如果你擁有一張可轉換債券，那麼你同時也會擁有一個選擇權：你可以繼續持有該債券並獲取利息，或者你也可以按預先約定的價格將債券轉換成發行公司的普通股。（選擇權的持有者可以在特定期限內，按約定的價格買進或賣出另一種證券。）由於它們可以轉換成股票，因此可轉換債券的利率通常低於大多數不可轉換的同類債券。另一方面，如果公司的股價飆漲，可以轉換成股票的債券表現將大大優於傳統的債券。（反之，當債券市場下跌時，一般低利率的可轉換債券的表現將會更糟。）[1]

根據 Ibbotson Associates 提供的訊息，從 1957 年到 2002 年，可轉換

1. 關於可轉換債券實際操作的一個例子，我們來看 DoubleGlick 公司在 1999 年發行、票息為 4.75% 的次級可轉換債券。該債券每年支付的利息為 47.5 美元，每張債券可以轉換成 24.24 股的普通股，即「轉換比率」為 24.24。截至 2002 年年底，DoubleGlick 的每股價格為 5.66 美元，從而使得每張債券的「轉換價值」變為 137.2 美元（5.66 美元 ×24.24）。然而，該債券的交易價格大約上漲了 6 倍，為 881.3 美元——因而產生了 542% 的「轉換溢價」（高於轉換價值的部分）。如果你以 881.3 美元的價格買進該債券，你的「損益兩平時間」或「還本期」將會很長（你購買的價格比該債券的轉換價值大約多出 750 美元，因此，在每年獲得 47.5 美元利息的情況下，需要將近 16 年才能「賺回」那筆轉換溢價）。由於每張債券可以轉換成 24.24 股的普通股，因此債券在 2006 年到期之前，DoubleGlick 公司的股價必須從 5.66 美元上漲到 36 美元以上，執行轉換權才有意義。這麼高的股票收益並非不可能，但這幾乎是一種奇蹟。考慮到如此低的轉換比率，這種債券的現金收益似乎太低了。

債券的年均報酬率為8.3%——只低於股市報酬率2個百分點，但可轉換債券的價格較為平穩且虧損較小。[2]與股票相比，可轉換債券的收益較高，風險較低：難怪華爾街的銷售人員經常把可轉換債券說成是一種「兩全其美」的投資。但是，智慧型投資者很快就會意識到，可轉換債券比其他大多數債券的收益更低，風險更大。因此，出於同樣的邏輯以及相同的理由，可轉換債券也可以被稱為「兩頭吃虧」的投資。至於你支持哪一方的觀點，取決於你如何去使用它們。

事實上，可轉換債券的性質更像股票，而不像債券。可轉換債券的收益有83%與標準普爾500指數有關，但只有30%與美國公債的表現有關聯。因此，可轉換債券的表現與大多數債券不太一樣。對於大部分或所有投資都是債券的防禦型投資者而言，加入一個多元化的可轉換債券組合是一種明智的做法：由此既可以獲得股票一樣的報酬，又無需直接承擔股票投資的可怕風險。你可以將可轉換債券稱之為「膽小雞的股票」。

正如Advent資本管理公司的可轉債專家巴里・尼爾森（F. Barry Nelson）所指出的，從葛拉漢那個時代以來，可轉債市場的規模已蓬勃發展到將近2,000億美元。現在，大多數可轉換債券都是7～10年期的中期債券；大約一半屬於投資級的債券；而且許多債券都附有一些贖回保護條款（以防止債券被提前贖回）。所有這些因素使得它們的風險降低了。[3]

少量可轉換債券的交易是十分昂貴的，而且除非你在這方面的投資超過10萬美元，否則要做到多元化也是不可行的。幸運的是，如今的智

2. 與華爾街通常引用的許多數據記錄一樣，這一報酬率也是假定的。它所顯示的是，包含所有主要可轉換債券的假想指數基金有可能獲得的報酬率。它並沒有包括任何管理費或交易成本（對可轉換證券而言，這種費用是很高的）。在現實世界中，你的報酬率大概會少2個百分點。

3. 然而，大多數可轉換債券的求償權仍落在其他長期債務和銀行貸款之後，因此，當公司破產時，可轉換債券的持有者對公司資產沒有優先求償權。而且，儘管可轉換債券的風險沒有高收益「垃圾」債券那麼大，但它們大多是由次級信用評等的企業發行的。最後要指出的是，市場上很大一部分的可轉換債券都是對沖基金持有的，而其快速的交易會加大價格的波動性。

慧型投資者可以方便地購買到低成本的可轉換債券基金。富達和先鋒等共同基金的年費還不到1%，而一些封閉式基金也可以用合理的成本購買到（有時還可以用低於淨資產價值的價格購買到）。[4]

在華爾街，可愛與複雜總是形影不離——而且，可轉換債券也不例外。在各種新的可轉換債券中，許多證券的暱稱是由首字母構成的縮略字，如LYONS、ELKS、EYES、PERCS、MIPS、CHIPS和YEELDS等。這些複雜的證券為你的潛在虧損設立了一個「下限」，但同時也為你的潛在收益設立了一個上限，而且往往迫使你在固定的日期將其轉換成普通股。與聲稱保證不會有虧損的大多數投資一樣（參見隨後的專欄內容），這些東西通常會帶來大麻煩而不值得投資。為了避免遭受損失，最好不要購買這些設計複雜的證券，而是明智地透過現金、債券、美國和外國股票來配置你多元化的投資組合。

解析賣出掩護性買權策略

隨著2003年熊市的到來，一種過去流行的操作策略又開始流行：賣出掩護性買權策略。（最近在谷歌搜尋「賣出掩護性買權」，會顯示出2,600多條訊息。）什麼是掩護性買權？它們是如何運作的？假設你以每股95美元的價格購買了100股的Ixnay公司股票，然後賣出這些股票的買權，由此你可以收到一筆所謂的「買權權利金」（讓我們假設它為每股10美元）。與此同時，根據合約規定，選擇權的買方有權按雙方事先議定的價格（比如說100美元）購買你的Ixnay公司股票。只要股票價格低於100美元，你就可以持續持有該股票，並獲得豐厚的1,000美元權利金收入——如果Ixnay的股價大幅下跌，這筆收入可以做為緩衝。

4. 更多的詳細資訊，請參見：www.fidelity.com、 www.vanguard.com和www.morningstar.com等網站。智慧型投資者絕不會購買年管理費超過1%的可轉換債券基金。

低風險，高收益。這有什麼不好的？

現在，假設 Ixnay 的股價突然上漲到 110 美元，那麼你的選擇權買方將執行自己的權利，以每股 100 美元的價格購買你手中的股票。你仍然有 1,000 美元的權利金收入，但對方獲得了你的 Ixnay 公司股票——而且隨著股價的漲幅越大，你的心肯定會越難受。[5]

由於股票的潛在收益是無限的，而虧損不可能超過 100%，因此這種交易策略唯一保證賺到錢的就是你的經紀人。你為自己的虧損設立了下限，但你也為自己的收益設立了上限。對個人投資者而言，為了掩護下跌的風險而放棄大幅上漲的機會是不值得的。

5. 或者，你可以買回該買權，但你必須承擔虧損——而且，選擇權的交易成本比股票更高。

第17章

四個極具啟發性的案例

標題中的「極」字有雙關之意，因為這些案例代表了華爾街最近幾年明顯存在的各種極端事件。與股票和債券方面有切身關係的任何人（不僅包括一般的投資者和投機者，而且還包括專業投資者、證券分析師、基金經理人、信託帳戶管理者，甚至還包括提供貸款給企業的銀行家），都可以從中獲得一些啟發和警惕。我們所要分析四家不同公司的極端案例如下：

Penn Central（Railroad） Co。在這個極端案例中，所有手中握有該公司債券或股票的人，都忽視了一個最基本的預警信號：該公司的財務實力欠佳。這家搖搖欲墜的大企業，股票竟被市場追捧到了難以置信的高價。

Ling-Temco-Vought Inc。這個極端案例顯示的是，一個迅速建立起來但不穩固的「帝國大廈」，最終必將倒塌；但是，它卻從一家粗心的銀行那裡取得貸款而得到了幫助。

NVF Corp。這是企業併購的一個極端案例。在這起併購案中，一家小公司併吞了另一家規模為其 7 倍的公司，因而承擔了巨額債務，同時也使用了一些令人吃驚的會計伎倆。

AAA Enterprises。這是 小公司利用公開發行股票融資的一個極端案例;該公司的價值主要是以「特許經營權」這一迷惑人的說法為基礎，除此之外並沒有其他的價值，而其股票的發行，是透過重要的股票承銷商完成的。股票發行後兩年，粗心大意的股市又將其最初被高估的價格再提升了一倍，但隨後就宣布破產了。

Penn Central 的案例

以資產和總營業額來看，Penn Central（賓州中央鐵路公司）是美國最大的一家鐵路公司。該公司在 1970 年宣布破產，震驚了整個金融界。

它所發行的大多數債券都違約了，而且面臨著終止所有營運的風險。該公司證券的價格急劇下跌，普通股從 1968 年的 86.5 美元跌到了 1970 年的 5.5 美元（毫無疑問，這些股票在重整過程中全都會消失殆盡）。[1]

我們的基本觀點是，只要利用最簡單的證券分析規則和穩健的投資標準，人們早就應該在該公司破產之前，發現其根本的弱點——尤其是在 1968年時，當時股價創下1929年以來的新高點，而該公司大多數的債券，在當時其實全都可以等價轉換成票面利率相同但更加安全穩固的公用事業債券。下面我們就來逐一進行分析：

1. 在標準普爾的《債券指南》中，該公司 1967 年的利息保障倍數為1.91倍，1968年為1.98倍。在《證券分析》一書中我們曾指出，鐵路債券的最低保障倍數一般為稅前 5 倍，稅後則為 2.9 倍。據我們所知，這些標準的合理性從未遭受過任何投資權威的質疑。根據我們對稅後盈餘的要求，賓州中央鐵路公司顯然達不到我們的安全性標準。但是，我們的稅後要求是以稅前的 5 倍保障為基礎的，同時在支付債券利息之前，要先扣除所得稅。就賓州中央鐵路公司的情況而言，它在過去的 11 年中都不曾繳納所得稅！因此，它的稅前利息保障倍數還不到 2 倍——完全達不到我們提出的 5 倍穩妥要求。

2. 該公司在這麼長的時間都沒有繳納所得稅，這一事實就足以反映其盈餘報告的有效性出了嚴重問題。

3. 1968 和 1969 年，賓州中央鐵路公司的債券，可以在不犧牲價格或收益的情況下兌換成更有安全保障的證券。例如，在 1969 年，

1. 1970 年 6 月 20 ～ 21 日這個週末，賓州中央鐵路公司提出的破產申請，給金融界帶來了多大的「衝擊」呢？該公司股票在 6 月 19 日星期五的收盤價為每股 11.25 美元——根本不像是一家即將破產的企業。從最近的例子來看，像安隆（Enron）和世界通信（WorldCom）這樣的公司，在提出破產申請之前的股價也是相對較高。

1994年到期、票息為4.5%的賓州RR債券（賓州中央鐵路公司的債券），其價格區間為面值的61%～74.5%；而1994年到期、票息為4.375%的賓州電力公司債券，其價格區間則為面值的64.25%～72.25%。1968年，賓州電力這家公用事業的稅前利息保障倍數為4.2倍，而賓州中央鐵路公司只有1.98倍；從1969年的數據比較中，就可以看出賓州中央鐵路公司的情況持續在惡化。顯然，進行此類的債券交換有其必要，而且這種交易顯然可以挽救賓州中央鐵路的債券持有者（1970年底，票息為4.25%的鐵路公司債違約了，最後其售價只剩面值的18.5%，而票息為4.375%的公用事業債券收盤價，則為面值的66.5%）。

4. 1968年，賓州中央鐵路公司公佈的每股盈餘為3.8美元；當年的最高價86.5美元為其每股盈餘的24倍。但是，任何一位稱職的分析師應該都會懷疑，在不必支付任何所得稅的情況下，這種盈餘報告有多大的「真實性」？

5. 1966年，這家合併的新公司[2]公佈其每股盈餘為6.8美元——由於這一數據的影響，隨後該公司的普通股上漲到了86.5美元的最高點。這意味著股東權益超過了20億美元。當時，許多的買家並不知道，如此漂亮的盈餘數據是在沒有扣除一筆2.75億美元（相當於每股12美元）特殊費用的情況下得出的，而這筆費用來自於併購產生的「成本和損失」，它將於1971年扣除。華爾街是個多麼奇妙的世界：公司竟然可以在一個地方宣布每股「盈餘」為6.8美元，同時在另一個地方宣布，還有每股12美元的特殊「成本和損失」，而且股東和投機者竟然還能拍手叫好。[3]

---

2. 賓州中央鐵路公司，是賓州鐵路和紐約中央鐵路於1966年宣布合併之後組成的新公司。

3. 在依賴「預估」財務報表（這種報表在1990年代末開始盛行）之前，會計作帳往往採用一些障眼伎倆——公佈的盈餘未考慮「特殊的」、「異常的」或「非經常性的」費用（參見第12章評釋）。

6. 鐵路股分析師應該早就知道，與其他更賺錢的鐵路公司相比，賓州中央鐵路的營運狀況很不好。例如，它在 1968 年的運輸比率為 47.5%，而與其相鄰的 Norfolk & Western 公司，運輸比率只有 35.2%。[4]

7. 與此同時，該公司還有一些導致特殊會計結果的奇怪交易。[5] 由於細節過於複雜，因此不適合在此討論。

結論：更好的管理是否就能使賓州中央鐵路免於破產，這是一個有爭議的問題。但是，有一點是可以肯定的，對於稱職的證券分析師、基金經理人、信託管理者和投資顧問而言，他們所看管的證券帳戶，最遲在 1968 年就應該把所有賓州中央鐵路公司的債券和股票全部出脫。

教訓：證券分析師在研究股票走勢、預測未來、進行複雜的數學計算或免費的實地調查之前，都應該做好一些基本的工作。[6]

Ling-Temco-Vought 公司

這是一個關於瘋狂擴張和瘋狂舉債的案例，其最終結果是導致了巨額虧損和大量的財務問題。在這種案例中，通常會有一個神奇小子或「年輕天才」，他創造了一個龐大帝國，然後卻又不光彩地滅亡；但是，這

4. 鐵路的「運輸比率」（現在一般稱為營運比率）是指，營運開支與營運收入之間的比率，用於衡量鐵路公司的管理營運效率。該比率越高，鐵路公司的效率越低。如今，即便是 70% 的比率，也已經算是非常不錯的了。

5. 【原註】請參見：” Six Flags at Half Mast,” by Dr. A. J. Briloff, in Barron's, January 11，1970。

6. 如今，賓州中央鐵路已逐漸被人們淡忘了。1976 年，它被併入了聯合鐵路公司（Consolidated Rail Corp.）——聯合鐵路公司是一家聯邦資金控股公司，曾經拯救過幾家倒閉的鐵路公司。聯合鐵路公司於 1987 年公開發行股票，而在 1997 年被 CSX 公司和 Norfolk Southern 公司聯合接管。

樣的結果絕不是一個人所能造成的。[7]

Ling-Temco-Vought 的興衰，可以從該公司 1958 ～ 1970 年的損益表和資產負債表大致反映出來。表 17-1 匯集了該公司在這段期間其中 5 個年度的簡要財務數據。從第一欄可以看到，該公司在 1958 年成立時的規模並不大，當年的銷售額只有 700 萬美元。下一欄列出的是 1960 年的數據；僅僅 2 年內，該公司的規模就擴大 20 倍，但規模仍然相對較小。隨後的 1967 年和 1968 年進入了鼎盛時期，銷售額又成長 20 倍，達到了 28 億美元，債務則從 4,400 萬美元擴大到令人畏懼的 16.53 億美元。1969 年進行了新的併購，從而使得債務進一步大幅上升（總額高達 18.65 億美元），並且開始出現嚴重的問題。這一年，在扣除特殊項目之後，出現了巨額虧損；股價從 1967 年的高點 169.5 美元跌到了 24 美元的低點；做為該公司負責人的年輕天才也在這年被換掉了。1970 年的結果更加可怕。公司報告的最終淨虧損接近 7,000 萬美元；股票一路下跌到 7.125 美元的最低點，而且它所發行的最大一批債券報價，還曾經一度跌到面值 15% 這個可憐的價位。於是，該公司急遽扭轉其擴張政策，把一些重要的權益放到市場上出售，並積極降低公司龐大的債務。

---

7. Ling-Temco-Vought 公司（LTV）是由一位電氣承包商詹姆斯 · 約瑟夫 · 林（James Joseph Ling）於 1955 年所設立的。他扮演自己的投資銀行家，利用德克薩斯州博覽會的一個攤位，兜售自己價值 100 萬美元的股份。這一次的成功銷售，使他得以收購了 10 多家不同的公司——幾乎總是拿 LTV 的股票來支付。LTV 收購的公司越多，其股價就漲得越高；股價漲得越高，它也就能收購更多的公司。到了 1969 年，LTV 在《財富 500 強》所列出的美國大公司中，名列第 14 位。隨後，正如葛拉漢所說的，整個公司突然就像紙牌一樣轟然倒塌了。（LTV 公司現在專門從事鋼鐵製造，2000 年年底，該公司最終提出了破產保護申請。）主要透過收購而成長茁壯的公司，稱為「連環併購者」——這類似於「連環殺手」的說法。正如 LTV 這個案例所顯示的，連環併購之後，隨之而來的幾乎總是財務危機和滅亡。理解葛拉漢這一教訓的投資者，就不會去購買像 Conseco、Tyco 和 WorldCom 這些 1990 年代的市場寵兒了。

表 17-1 Ling-Temco-Vought 公司 1958 ～ 1970 年的部分財務數據
（除每股盈餘之外的所有數據都是以百萬美元為單位）

A. 經營結果	1958	1960	1967	1969	1970
銷售額	6.9	143.0	1,833.0	3,750.0	374.0
息稅前淨收入	0.552	7.287	95.6	124.4	88.0
利息支出	0.1 (est.)	1.5（估計）	17.7	122.6	128.3
（利息保障倍數）	(5.5 倍)	(4.8 倍)	(54 倍)	(1.02 倍)	(0.68 倍)
所得稅	0.225	2.686	35.6	貸記 15.2	4.9
特別項目				借記 40.6	借記 18.8
扣除特別項目後的淨收入	0.227	3.051	34.0	借記 38.3	借記 69.6
普通股淨收入	0.202	3.051	30.7	借記 40.8	借記 71.3
每股盈餘	0.17	0.83	5.56	赤字 10.59	赤字 17.18
B. 財務狀況					
總資產	6.4	94.5	845.0	2,944.0	2,582.0
1 年內的應付帳款	1.5	29.3	165.0	389.3	301.3
長期債務	0.5	14.6	202.6	1,500.8	1,394.6
股東權益	2.7	28.5	245.0[b]	赤字 12.0[a]	赤字 69.0[a]
比率：					
流動資產／流動負債	1.27 倍	1.45 倍	1.80 倍	1.52 倍	1.45 倍
股東權益／長期債務	5.4 倍	2.0 倍	1.2 倍	0.17 倍	0.13 倍
股價波動範圍		28–20	169½–109	97¾–24⅛	29½–7⅛

[a] 資產中不包括債券折價；優先股按贖回價扣除。

[b] 所公布的數據。

表中的數據已反映出所有一切，因此我們不需要做太多的評論，但我們要談的幾點如下：

1. 該公司的擴張並非一直持續在進行。1961 年，它曾經出現過一筆不太大的虧損，但公司顯然決定將所有可能發生的費用和準備，都打入此一業績較差的年份中（這種做法在 1970 年的許多報告中都可以看到）。[8] 這一筆虧損大約為 1,300 萬美元，比公司前三年的淨利總和還要多。經過這樣處理之後，1962 年的「盈餘記錄」就創新高了。

2. 1966 年年底，普通股的每股有形資產淨值為 7.66 美元（股票 2 股分割為 3 股）。因此，其 1967 年的市場價格為其資產淨值的 22 倍！ 1968 年年底的資產負債表顯示，380 萬股的普通股與 AA 級股份所對應的資產為 2.86 億美元，即每股大約為 77 美元。但是，如果我們全額扣除優先股的價值，並將商譽項目和巨額的債券折價「資產」[9] 排除在外，那麼普通股的淨資產價值就僅剩下 1,300 萬美元，相當於每股 3 美元。隨後幾年的虧損，更使得這筆有形權益徹底消失了。

3. 1967 年年底，兩家最受人們尊敬的銀行以每股 111 美元的價格賣出了 60 萬股的 Ling-Temco-Vought 公司的股票。該股票的價格曾一度高達 169.5 美元，但不到 3 年，股價就跌到了 7.125 美元。[10]

4. 1967 年年底，該公司的銀行貸款已高達 1.61 億美元，一年後更

---

8. 如今，我們還是可以看到一種以重整費用來掩蓋公司真實獲利情況的骯髒做法。將每一筆可能發生的費用集中在某一年認列的做法，有時也被稱為「洗大澡」（big bath）或「洗碗槽」（kitchen sink）會計。這種作帳伎倆能使公司下一年的成長情況看似美好——但投資者千萬不要誤認為公司是真正的在成長。

9. 「債券折價資產」似乎指的是，公司以低於面值的價格購買了某些債券後，將折價部分認列為資產——其理由是，這些債券最終將按面值賣出。葛拉漢對這種做法嗤之以鼻，因為人們不可能知道未來某一天債券的市場價格會是多少。如果最後該債券只能以低於面值的價格出售，這筆「資產」實際上反而會變成一筆負債。

10. 如果葛拉漢看到 1998 年 12 月一些投資銀行購買 InfoSpace 公司公開發行的股票的話，不知道他會怎麼想。該股票的開盤價為 31.25 美元（已考慮後來的股票分割調整），於 2000 年 3 月來到最高點每股 1,305.32 美元，但到了 2002 年年底每股只剩下 8.45 美元。

上升到 4.14 億美元——這是一個很可怕的數字。除此之外，其長期債務也高達 12.37 億美元。到了 1969 年，債務總額更達到了 18.69 億美元。這金額可能是工業企業有史以來最大的債務，唯一例外是紐澤西州事業固若金湯的標準石油公司。

5. 1969 年和 1970 年的虧損，已遠超過公司自成立以來的獲利總額。

教訓：Ling-Temco-Vought 的案例，讓我們百思不解的是，商業銀行為什麼願意在該公司擴張時期提供如此巨額的資金？在 1966 年以及早些時候，該公司的利息保障倍數就達不到穩妥的標準，而且流動資產與流動負債之比率，以及股東權益與總債務之比率也同樣達不到標準。但在隨後的兩年，銀行竟然又提供了將近 4 億美元的貸款，以供該公司進一步「多元化」經營。這樣的做法不僅對銀行不利，同時也不利於公司的股東。如果因為 Ling-Temco-Vought 這一案例，能使商業銀行未來不再對不合理的擴張提供資金，那我們好歹也算是有了一些收穫。[11]

NVF 公司收購 Sharon 鋼鐵（一家優秀企業）

1968 年底，NVF 公司擁有 460 萬美元的長期債務，1,740 萬美元的股本，3,100 萬美元的營業額，以及 50.2 萬美元的淨收入（包括 37.4 萬美元的特殊信貸）。公司的業務據說是「硬化纖維和塑料」。公司管理層決定收購 Sharon 鋼鐵公司——這家公司有 4,300 萬美元的長期債務，1.01 億美元的股本，2.19 億美元的營業額，以及 292.9 萬美元的淨收入。因此，NVF 要收購的公司規模是自身的 7 倍。1969 年年初，NVF 提出要收購 Sharon 所有的股份。每股的交易條件是，NVF 公司 70 美元面值的次級債券（票息為 5%、1994 年到期），加上 NVF 的認股權證（可以用每股

---

11. 葛拉漢應該會很失望（但肯定不會感到驚訝），因為商業銀行還是一直對「不合理的擴張」提供資金。安隆和世界通訊這兩家公司，就從銀行獲得了數十億美元貸款的支持——這兩家公司是有史以來最大的兩起倒閉案件。

22 美元的價格購買 1.5 股的 NVF 公司股票）。Sharon 的管理層極力反對這一收購行動，但卻徒勞無功。根據收購條件，NVF 獲得了 Sharon 公司 88% 的股份，因而發行了 1.02 億美元的債券（票息 5%）和 219.7 萬股的認股權證。如果併購計劃完全實現，那麼合併後的企業在 1968 年將背負 1.63 億美元的債務，但有形股本將只有 220 萬美元，再加上 2.5 億美元的營業額。淨收入的問題有一點複雜，但該公司隨後表示，NVF 每股淨虧損 50 美分（包括特殊信貸在內），而扣除此種信貸後的每股淨收入則為 3 美分。[12]

第一項評論：在 1969 年發生的所有併購案中，這筆交易無疑是財務比例最不相稱的。併購公司承擔了巨額的新債務，然後把 1968 年的獲利計算成為虧損，以獲得一些好處。這種做法對公司財務狀況所造成的傷害，可以從下列的事實反映出來：票息 5% 的新發行債券，在這一年的售價從未超過面值的 42%。這表明人們對債券的安全性及公司的未來產生嚴重懷疑；然而，公司管理階層實際上是利用債券價格，來節省大約 100 萬美元的年所得稅。

在 1968 年併購 Sharon 後所公佈的報告中，簡要描述了 NVF 公司截至該年年底的結果，其中包括了兩個非常特殊的項目：

1. 資產項目下有一筆 5,860 萬美元的「遞延債務費用」。這一數額比整個「股東權益」4,020 萬美元還要大。

12. 1972 年 6 月（就在葛拉漢寫完本章之時），一位聯邦法官發現，NVF 的董事長維克多・波斯納（Victor Posner）不當地挪用了 Sharon 鋼鐵公司的退休金資產，「以協助其附屬公司與其他公司合併」。1977 年，美國證券交易委員會對波斯納、NVF 和 Sharon 鋼鐵公司發布了一道永久禁令，以防止他們在未來違反聯邦證券詐欺法。證券交易委員會聲稱，波斯納及其家人從 NVF 和 Sharon 獲得了 170 萬美元的不當利益，將 Sharon 的稅前盈餘高估了 1,390 萬美元，不恰當地記錄存貨，並且「將收入和費用從某一年移轉到另一年」。Sharon 鋼鐵（葛拉漢以冷靜和懷疑的眼光將其識別出來）被華爾街的一些人嘲笑為「共犯」（Share and Steal）。後來，波斯納成為了垃圾債券承銷商 Drexel Burnham Lambert 的主要客戶，而在 1980 年代槓桿收購和惡意收購的浪潮中成為了核心主力。

2. 然而，有一筆 2,070 萬美元的「超出 Sharon 投資成本的權益」卻沒有包含在股東權益中。

第二項評論：如果我們把債務費用從資產項目中移除（它不應該被視為資產），並納入上述第二項的股東權益（這才是正常的處理方式），我們就能得出 NVF 更為實際的有形權益，即 220 萬美元。因此，這筆併購交易的第一個影響是，NVF 的「實際權益」從 1,740 萬美元降到了 220 萬美元，或者是每股從 23.71 美元降到了 3 美元（以 73.1 萬股來計算）。此外，NVF 股東還賦予了其他人如下的權利：可以用比 1968 年底市價低 6 點的價格，額外購買 3. 5 倍的股份。認股權證一開始的市場價值為每單位 12 美元，因此這筆收購涉及到的金額總共大約 3,000 萬美元。實際上，認股權證的總市值已大大超過 NVF 流通在外普通股的總市值——這再一次證明了，這筆交易的性質根本就是本末倒置了。

會計伎倆

當我們從這一份預計資產負債表轉到下一年的財務報告時，就會發現幾個奇怪的項目。除了基本的利息費用（高達 750 萬美元）之外，還有一筆 179.5 萬美元的「遞延債務費用攤提」。但是，這項數據幾乎被下一行中一項非常特殊的收益項目——「子公司投資權益攤銷：貸 165 萬美元」——全部抵消了。在財務報告的附註中，我們發現了一項從未在我們所了解的其他任何報告中出現過的科目：部分的股票資本，變成了「併購過程中所發行認股權證的公允市值等，2,212.9 萬美元。」

這些會計科目的含義究竟是什麼呢？在 1969 年財務報告的說明註記中，並沒有特別提及。訓練有素的證券分析師必須自己（以近乎偵探的方式）去解開這些秘密。他會發現，公司這麼做的根本意圖在於，以低價發行票息 5% 的信用債券，可以獲得稅賦上的好處。對這種巧妙安排感興趣的讀者，可以查看我們在附錄 5 中提供的解答。

其他特殊項目

1. 就在 1969 年年底，該公司以每單位 9.38 美元的價格買進不下 65 萬個單位的認股權證。這是一筆很不尋常的交易，因為：（a）NVF 在該年年底只有 70 萬美元的現金，而且 1970 年還有 440 萬美元的債務到期（顯然購買認股權證的 600 萬美元是借來的）；（b）當公司購買這些「紙幣」權證時，其票息 5% 的債券價格還不到面值的 40% ——這通常是公司面臨財務困境的警訊。

2. 為了部分抵消上述項目，公司以等同金額的普通股，償還了 510 萬美元的債券，及其附屬的 25.3 萬個單位的認股權證。這種做法之所以可行，是因為證券市場變幻莫測，人們當時以低於面值 40% 的價格出售票息 5% 的債券，而無股息之普通股的平均價格則為 13.5 美元。

3. 該公司不僅計劃將股票賣給員工，而且還計劃賣給他們大量認股權證，以讓他們買進更多該公司的股票。與買股票一樣，員工購買認股權證時只需支付 5% 的頭期款，其餘則可以在未來幾年分期支付。這是我們目前所知唯一的一個員工購買認股權證計劃。將來是不是很快就會有人發明以分期付款方式賣出股票或認股權證的做法呢？

4. 1969 年，剛被併購的 Sharon 鋼鐵公司改變了退休金計算的方法，同時採用了較低的折舊率。這些會計方法的改變，使 NVF 的每股盈餘（稀釋前）增加了大約 1 美元。

5. 1970 年年底，標準普爾的《股票指南》中顯示，NVF 的本益比只有 2 倍，這是該手冊所列出的 4,500 多支股票中最低的。按照華爾街的古老說法，「如果真是如此，肯定非常重要」。這一本益比是根據該年年底的收盤價 8.75 美元，以及 12 個月（截至 1970 年 9 月）的每股「盈餘」5.38 美元計算出來的（根據這些數據，當時的股價只有其盈餘的 1.6 倍）。然而，這一本益比並沒有考慮到大量的稀釋因子[13]，也沒有考慮到 1970 年最後一季實際產生的不利結果。當全年的數據最終公佈時，稀釋前的每股盈餘只剩下 2.03 美元，而稀釋後的每股盈餘更只有 1.80 美元。同時要注意的是，當時股票和認股權證的總市值大約為 1,400 萬美元，而債券債務則為 1.35 億美元──股權比例實在太低了。

AAA 公司

公司的歷史

大約 15 年前，一位名叫威廉斯的大學生開始銷售活動房屋（當時稱為「拖車」）。[14]1965 年，他成立了自己的公司。這一年，他賣出了 580 萬美元的活動房屋，並獲得了 6.1 萬美元的（稅前）盈餘。1968 年，他加入了「特許經營」行列並且出售特許經營權，即允許別人以他的公司名稱來銷售活動房屋。他還想到一個好主意，利用自己的活動房屋做為辦公室，來為人們辦理所得稅申報。他成立了一家名為美國所得稅先生（Mr. Tax of America）的子公司，同時開始出售特許權允許他人使用這一想法和名稱。他將公司的股份增加到 271 萬股，並準備公開上市。他發現，有一家美國最大的承銷商及其他證券商都願意承辦這項業務。1969 年 3 月，他們就以每股 13 美元的價格銷售了 50 萬股 AAA 公司的股票，其中

13. 當 NVF 的員工執行認股權證而購買普通股時，「大量稀釋因子」就會被觸發。接著，該公司將不得不發行更多的股份，而公司的淨收入就會被分配到更多的現有股份之中。

14. 1958 年，傑奇 ‧ 威廉斯（Jackie G. Williams）成立了 AAA 公司。在上市交易的第一天，其股價飆升了 56%，收盤收在 20.25 美元。威廉斯隨後宣布，AAA 公司每一個月將推出一種全新特許經營權的想法（如果人們走進了活動房屋，「美國所得稅先生」就會幫他們辦好所得稅申報，那麼試想一下，在裡面還可以做些什麼業務）。然而，威廉斯的想法還沒有用罄，AAA 公司就倒閉了。AAA 公司的歷史使人們想起後來一家公司的經歷：ZZZZ Best 公司擁有超凡魅力的管理和少得可憐的資產。儘管該公司只是一個名叫巴里 ‧ 米可（Barry Minkow）的小伙子，透過一部電話和一間租來的辦公室做一些所謂的真空清潔業務，但該公司在 1980 年代末的股票市值竟達到了 2 億美元。最後，ZZZZ Best 公司破產了，米可也入獄了。就在讀者閱讀本文時，另一個類似的公司正在形成，而新一代的「投資者」又將吃虧上當。然而，讀過葛拉漢文章的人，應該不會再誤上賊船了。

30 萬股是從威廉斯的個人帳戶賣出的，其餘的 20 萬股則是從公司帳戶賣出的——這筆交易使其籌集到 240 萬美元的資金。股票上市之後，股價立即翻漲了一倍來到 28 美元，股票總市值達到了 8,400 萬美元，而其帳面價值大約為 420 萬美元，最大的報告盈餘為 69 萬美元。因此，該股票的價格整整達到了當期（也是歷年來最高）每股盈餘的 115 倍。威廉斯先生之所以選擇 AAA 公司這個名稱，顯然是為了讓公司在電話簿和黃頁中排在最前面的位置。同樣地，在標準普爾的《股票指南》中，該公司名稱也排在第一位，就像 Abu-Ben-Adhem 的名字排在天使名單的首位一樣。[15] 正是因為這個特殊原因，所以我們才會選擇到這家公司，以做為反映 1969 年新融資和「熱門股」一個令人痛心的例子。

評論：對威廉斯先生來說，這是一筆相當不錯的交易。他賣出的 30 萬股股票在 1968 年 12 月的帳面價值只有 18 萬美元，因此他獲得了 20 倍的淨收益，相當於 360 萬美元，而承銷商和分銷商在扣除費用之後，分享了其中 50 萬美元的利潤。

1. 對於承銷商的客戶而言，這並不是一筆好的交易。因為他們用自己的錢將每股權益從 59 美分推升到 1.35 美元，而他們所需要支付的價格，卻大約是帳面價值的 10 倍。[16] 在 1968 年這一最好的年份之前，該公司的最大每股盈餘只有可笑的 7 美分。當然，該公司對於未來有宏偉的計劃——但為了實現這些計劃，一般大眾必須事先支付沉重的代價。

---

15. 在英國浪漫詩人雷・亨特（Leigh Hunt, 1784 ～ 1859 年）的《阿布・本・阿德罕姆》（Abou Ben Adhem）這篇詩歌中，一個穆斯林聖人看到一位天使正在一本金色的冊子上記錄「熱愛上帝的人的名字」。天使告訴阿布，他的名字不在其中，阿布回答說：「那麼，我祈望您把我寫成一個愛護同胞的人。」隔天晚上，天使再度顯現，手持著另一本冊子，上面記錄了那些「上帝所愛的人的名字」，其中本・阿德罕姆的名字就排到了首位。

16. 投資大眾以高於帳面價值的價格購買更多的普通股，會使 AAA 公司的每股權益價值上升。然而，投資者只不過是以自己的力量在拉升自己，因為股東權益的上漲，大部分來自於一般大眾願意高價購買該股票。

2. 然而，發行後不久，股價就上漲了一倍，承銷商的每一位客戶實際上都獲得了一筆可觀的利潤。但這樣的事實，是否就能夠免除承銷商對此公開發行及其後果，承擔他們所應負的責任呢？這是一個很難回答的問題，但華爾街和政府監管部門都應該慎重思考這個問題。[17]

後來的情況

AAA 公司在資本擴充之後，又從事了兩項新的業務。1969 年，它開了一家地毯零售連鎖店，並且收購了一家生產活動房屋的工廠。前 9 個月的財務報告並不是非常好，但比前一年的情況好一些——現在的每股盈餘為 22 美分，而前一年則為 14 美分。然而，隨後幾個月的情況簡直令人難以置信：公司虧損了 436.5 萬美元，相當於每股虧損 1.49 美元。這使得籌資前的所有資本、出售股份所獲得的 240 萬美元資金，以及 1969 年前 9 個月盈餘的三分之二全都化成了泡影。留給股東大眾的資本只剩下可憐的 24.2 萬美元，相當於每股 8 美分，而他們在 7 個月之前購買新發行股票時，所支付的價格為每股 13 美元。儘管如此，該股票在 1969 年底收盤時，買價仍在 8.125 美元，即該公司的「估值」超過了 2,500 萬美元。

進一步的評論：

1. 人們實在無法相信，公司在 1969 年的 1 ～ 9 月實際獲利 68.6 萬美元，然後在接下來的 3 個月，卻虧損 436.5 萬美元。因此，9

---

17. 葛拉漢的觀點是，投資銀行不要認為熱門股首次公開發行後能帶來收益就是自己的功勞，它們還要為股票更長遠的表現承擔責任。1999 年和 2000 年年初，許多首次公開發行的網路股上漲了 1,000% 以上，但在隨後的 3 年內，它們的價格下跌超過了 95%。少數投資者早期獲得的利潤，如何用來解釋後來上百萬投資者所遭受的巨額財富損失呢？事實上，許多首次公開發行的股票都會被故意低估價格，「製造」出立竿見影的收益，以便能在下一次發行時，吸引到人們更多的關注。

月 30 日的財務報告，顯然存在著一些令人遺憾、處理不當和應受譴責的錯誤。

2. 與最初 13 美元的發行價，以及隨後成為「熱門股」而飆升至 28 美元的最高買價相比，1969 年年底收盤時 8.125 美元的買價，更足以說明股票的市場價格是完全缺乏理性的。每股 13 美元和 28 美元的報價，至少是基於人們的熱情和希望——雖然與現實和常識相去甚遠，但至少還是可以理解的。但對於一家資本所剩無幾、即將破產的公司而言，市場竟然還出現 2,500 萬美元的估值，這對於人們的「熱情」和「希望」，只不過是辛辣的嘲諷而已。（在這個時候，12 月 31 日的年底數據確實尚未公佈，但華爾街的經紀公司應該都已經擁有該公司每月的營業報表，而且已經可以準確了解事情的進展才對。）

最終結果

1970 年上半年，該公司公佈又虧損了 100 萬美元。此時，公司資本出現了相當大的赤字。後來由於威廉斯先生獲得了 250 萬美元的貸款，因此公司暫時免於破產，但該公司似乎不再提供財務報表，直到 1971 年 1 月，AAA 公司才終於提出破產申請。該股票在當月月底的報價仍有 50 美分，也就是所有股票的價值仍有 150 萬美元——但該股票顯然已成為一堆廢紙。我們的故事，也到此終結了。

教訓和疑問：投機大眾顯然怎麼教都教不會，只懂得一味盲目與衝動。如果市場有某一些「行情」似乎正在發動，他們就會不計代價去購買任何一種股票。任何企業只要標識「特許經營」、電腦、電子、科學、科技，他們就會趨之若鶩。我們的讀者做為一個明智的投資者，當然不至於這麼愚蠢。但問題是：如果負責任的投資銀行在道義上避開此類企業，這樣的公司其中 90% 是不是最終必將倒閉呢？（這正是作者在 1914 年進入華爾街時，實際上確實會發生的情況。但相較之下，在隨後的 57 年中，儘管進行了各種改革和管制，但華爾街的道德水準卻沒有進步，反而退化了。）證券交易委員除了要求新上市企業在公開說明書中公佈所有相關的重要訊息之外，是否應該使用其他權力來保護一般大眾的利益呢？各種公開發行的重要資訊是否應該放在最顯眼的地方呢？每一份公開說明書或每一份銷售確認書，是否都應該附有某種形式的擔保，以確保發行價與市場上同類證券的價格不會有太大差別呢？在我們撰寫這一版本時，華爾街正在進行弊端改革，但在新股發行方面很難有所突破，因為弊端大多是一般大眾自己的無知與貪婪所導致的結果。然而，這一問題值得人們長期而深入地進行探討。[18]

18. 葛拉漢在這一段中的前四句話，可以做為 2000 年年初網路股和電信股泡沫破裂的墓誌銘。正如香煙盒上的健康警告並不能嚇阻所有人吸煙一樣，任何一項監管改革也不可能阻止投資者沉溺於自己的貪婪之中（甚至共產主義也無法制止市場泡沫；中國股市在 1999 年上半年狂漲了 101.7%，隨後也崩盤了）。投資銀行有時也得被迫以市場價格賣出股票，而唯一能突破這個圈套的人，就是投資者和財務顧問自己。熟練掌握葛拉漢的原則（參見第 1 章、第 8 章和第 20 章），是一開始從事證券投資的最好方法。

第十七章 評釋

智慧之神沃登（Woden）走向群魔之首，反扭著他的胳膊，要他說出如何才能突破這種混沌狀態。「把你的左眼給我，」妖魔說：「這樣我就會告訴你。」沃登毫不猶豫就將自己的左眼除去，然後說：「現在可以告訴我了吧。」妖魔告訴他：「秘訣就是，『睜大你的雙眼！』」

——約翰 · 加德納（John Gardner）

有更多的事情發生了變化……

葛拉漢指出了四個極端例子：

- 一家股價被高估而「搖搖欲墜的大企業」
- 一家類似於帝國大廈的綜合大企業
- 一件小企業併購大企業的交易
- 一家基本上不值錢的公司首次公開發行股票

在過去幾年，葛拉漢介紹過的這些案例又多次出現，下面就是其中的幾個例子。

難以看透的朗訊公司

2000 年年中，朗訊科技公司（Lucent Technologies Inc.）是最多投資者所擁有的股票。該公司資本市值為 1,929 億美元，在美國最有價值的公司中名列第 12 位。

市場對這位巨頭的估值是否合理呢？讓我們來看看朗訊科技截至 2000 年 6 月 30 日的季度財務報告所反映出的一些基本訊息：[1]

圖 17-1 朗訊科技公司（單位：百萬美元）

	截止季度	
	2000 年 6 月 30 日	1999 年 6 月 30 日
收益		
營業額	8,713	7,403
持續經營的損益	(14)	622
停止經營的損益	(287)	141
淨收入	(301)	763
資產		
現金	710	1,495
應收帳款	10,101	9,486
商譽	8,736	3,340*
資本化的軟體開發成本	576	412
總資產	46,340	37,156

* 包括商譽在內的其他資產。

資料來源：朗訊公司的季度財務報告（表 10-Q）。

只要更加仔細閱讀朗訊公司的財務報告，就會感覺到警鈴之聲不絕於耳：

- 朗訊以 48 億美元剛剛收購了一家光纖設備供應商 Chromatis 網路公司——這 48 億美元中，有 42 億美元屬於「商譽」（高於帳面價值的成本）。Chromatis 有 150 名員工，沒有客戶，沒有任何營業額，因此「商譽」這一項記錄並不適當；或許說是「所懷有的希望」還比較準確些。如果 Chromatis 開發的產品並未成熟，朗訊就必須排除掉這個商譽的部分，然後把它從未來的收益中予以扣除。

1. 與本章所引用的其他財務報告一樣，這份文件可以隨時從 www.sec.gov 網站的 EDGAR 數據庫中取得。

- 有一則附註披露，朗訊提供了15億美元的貸款給購買其產品的廠商，還幫在別處借錢的客戶提供了3.5億美元的擔保。這些「客戶融資」的總額在一年之內增加了一倍——這表明買家已經拿不出現金來購買朗訊的產品了。如果這些客戶沒有錢償還朗訊的債務，情況會如何呢？

- 最後，朗訊將開發新軟體的成本視為「資本資產」。這其實應該是一項例行的營業費用，而不是資產，是不是應該從收益中扣除呢？

結論：2001年8月，朗訊關閉了Chromatis這一部門，原因據說是其產品只有兩個客戶感興趣。[2]2001年會計年度，朗訊虧損了162億美元；2002年會計年度，又虧損了119億美元。在這些虧損中包括了35億美元的「壞帳準備和客戶融資」，41億美元是「與商譽相關的減損」，還有3.62億美元是「與資本化軟體相關的」費用扣除。

朗訊的股價從2000年6月30日的51.062美元，跌到了2002年年底的1.26美元——在兩年半之內，其市值消失了近1,900億美元。

併購魔術師

如果要好好描述泰科國際有限公司（Tyco International Ltd.），我們只能引用溫斯頓・邱吉爾（Winston Churchill）的名言：從來沒有過這麼少的人，能夠做出這麼大的貢獻。從1997年到2001年，這家位於百慕達的綜合大企業總共花了370多億美元（其中大部分是泰科股票）去併購其他公司——它在收購公司時，簡直就像伊美黛・馬可士（Imelda Marcos）買鞋子一樣。根據其年度報告，泰科在2000年會計年度就併購

2. 關於併購Chromatis失敗的探討，請參見：The Financial Times, August 29, 2001, p. 1, and September 1 / September 2, 2001, p. XXIII。

了「大約200家公司」——平均每兩天就收購不止一家公司。

結果如何呢？泰科的規模急劇成長；在5年內，營業額從76億美元增加到340億美元，營業收益也從4.76億美元的虧損轉變成62億美元的獲利。難怪該公司在2001年底的總市值高達1,140億美元。

然而，泰科的財務報告也與其成長速度一樣令人難以置信。幾乎每一年都有數億美元是與併購相關的費用。這些費用主要包括三類：

1. 「合併」、「重整」或「其它非經常性」費用。
2. 「長期資產減損的費用」。
3. 「收購過程中研發費用的沖銷」。

為了簡便起見，我們將第一種費用簡稱為MORON（Merger Or Restructuring Or other Nonrecurring cost），第二種簡稱為CHILLA（Charges for the Impairment of Long-Lived Assets），第三種簡稱為WOOPIPRAD（Write-Offs Of Purchased In-Process Research And Development）。它們是在什麼時間出現的呢？

圖17-2 泰科國際有限公司

會計年度	MORON	CHILLA	WOOPIPRAD
1997	918	148	361
1998	0	0	0
1999	1,183	335	0
2000	4175	99	0
2001	234	120	184
合計	2,510	702	545

所有數據都來自於原始報告，單位是百萬美元。

「併購與收購」總額中不包括權益結合的交易。

資料來源：泰科國際的年度報告（表10-K）。

正如你所看到的，MORON 費用（原本應該是非經常性的）在 5 年中出現了 4 次，其總額高達 25 億美元。 CHILLA 也經常出現，而且總額超出了 7 億美元。 WOOPIPRAD 則大約有 5 億美元。[3]

智慧型投資者可能會問：

- 如果泰科公司透過併購使其規模成長的策略是一個不錯的主意，那它為什麼平均每年要花 7.5 億美元才能完成這項併購呢？
- 如果（正如人們明顯看到的）泰科並不從事生產活動，而只是收購從事生產活動的其他公司，MORON 這項費用為什麼是「非經常性的」？它難道不應該是泰科正常業務成本中的一部分嗎？
- 公司透過之前併購費用的一些處理方式，讓每一年的獲利都被看好，但有誰知道下一年的情況，將會出現什麼樣的發展呢？

事實上，投資者甚至不知道泰科公司過去的獲利有多少。1999 年，在美國證券交易委員會的會計審核後，泰科又在 1998 年的費用中追溯增加了 2.57 億美元的 MORON 費用——這意味著，那些「非經常性」的費用實際上在 1998 年又再次出現了。與此同時，泰科公司更改了 1999 年原先公佈的費用：MORON 降低為 9.29 億美元，而 CHILLA 上升到 5.07 億美元。

泰科公司的規模顯然不斷地成長，但其獲利也持續在成長嗎？外人根本無從得知。

結論：2002 年會計年度，泰科虧損了 94 億美元。其股價在 2001 年

3. 進行併購的會計處理時，大量增加 WOOPIPRAD 費用可以使泰科公司降低收購價中屬於商譽部分的價值。由於 WOOPIPRAD 可以做為先期費用，而商譽（根據現行的會計原則）必須在多年內沖銷，因此這樣的做法可以使泰科公司減少商譽費用對未來獲利的影響。

底收於 58.9 美元，而在 2002 年底只剩下 17.08 美元，相當於一年之內虧損了 71%。[4]

小魚吃大魚

2000 年 1 月 10 日，美國在線公司（AOL）和時代華納公司宣布，它們將進行一項初始價值高達 1,560 億美元的合併。

截至 1999 年 12 月 31 日為止，AOL 擁有 103 億美元的資產，公司前 12 個月的營業額為 57 億美元。另一方面，時代華納擁有 512 億美元的資產以及 273 億美元的營業額。除了股票估值之外，從其他各方面來看，時代華納的規模都比 AOL 大上許多。由於 AOL 僅憑其為網路行業就使得投資者瘋狂追逐，因此其股價令人瞠目地達到了其盈餘的 164 倍。時代華納經營的業務包括有線電視、電影、音樂和雜誌等，其股價大約是盈餘的 50 倍。

在宣布這項交易時，兩家公司都稱這是「平等的戰略合併」。時代華納的董事長吉拉德 · 萊文（Gerald M. Levin）聲稱：「對與 AOL 時代華納有關係的任何人而言，都將面臨著無數的機會。」——尤其是股東，他補充說。

時代華納的股東想到其股票終將貼上網路寵兒的標誌而欣喜若狂，他們以壓倒性的優勢批准了這筆交易。然而，他們卻忽視了下列幾點：

- 根據這次的「平等合併」，AOL 的股東將擁有公司合併後 55% 的股份——儘管時代華納的規模是 AOL 的 5 倍。

---

4. 2002 年，泰科的前執行長丹尼斯 · 科茲洛夫斯基（L. Dennis Kozlowski），被州和聯邦執法當局指控逃漏稅，以及不當挪用泰科公司資產為己用，其中包括一個價值 15,000 美元的傘架，以及一幅價值 6,000 美元的浴簾。科茲洛夫斯基否認了所有的指控。

- 美國證券交易委員會在 3 年內二度調查 AOL 的營銷成本是否有不恰當記錄的情況。
- AOL 的總資產中，有將近一半（49 億美元）是「可供出售的證券」。如果公開上市的科技股下跌，該公司大部分的資產價值很有可能徹底毀滅。

結論：2001 年 1 月 11 日，兩家企業完成了合併。合併後的 AOL 時代華納公司在 2001 年虧損了 49 億美元，而在 2002 年又虧損了 987 億美元（這是有史以來金額最為龐大的虧損）。大部分的虧損來自於 AOL 的價值減損。到了 2002 年底，萊文當初預言將有「無數」機會的股東，非但沒有任何的收穫，相反地，從該交易首次宣布以來，他們的股票價值大約虧損了 80%。[5]

投資幼兒玩具公司會失敗嗎？

1999 年 5 月 20 日，eToys 公司公開出售 8% 的股份。華爾街最有名氣的 4 家投資銀行── Goldman, Sachs & Co；BancBoston Robertson Stephens；Donaldson, Lufkin & Jenrette；以及 Merrill Lynch & Co. ──以每股 20 美元的價格承銷了 832 萬股，為公司帶來了 1.664 億美元的資金。該股票急速上漲，最終收於 76.5625 美元，在交易的第一天就上漲了 282.8%。按照這一價格，eToys（它擁有 1.02 億股）的市值高達 78 億美元。[6]

---

5. 附註說明：本書評釋者傑森 • 茲威格（Jason Zweig）是時代公司的一名員工。時代公司以前是時代華納的一個部門，現在是 AOL 時代華納公司旗下的一個單位。

6. eToys 的公開說明書中夾有一張折疊插頁，上面畫的是一個名叫亞瑟食蟻獸的卡通人物，eToys 以漫畫風格來顯示，在 eToys 購買兒童的怪獸玩具會比去傳統的玩具店更加方便。eToys 股票發行的當天，IPO Monitor 公司的分析師蓋爾 • 布朗遜（Gail Bronson）告訴美聯社：「eToys 去年對公司的發展有非常明智的安排，而且把自己的中心定位為兒童玩具網購業務。」布朗遜補充說：「成功的 IPO，尤其是網路公司的 IPO，關鍵在於良好的行銷和品牌。」布朗遜只對了一部分：所謂成功的 IPO，針對的是股票發行公司及銀行家而言。遺憾的是，就投資者而言，成功 IPO 的關鍵在於獲利，而 eToys 公司並沒有做到這一點。

相對這一價格，購買者得到了什麼呢？eToys 公司在前一年的銷售額成長了 4,261%，而且最後一個季度就增加了 7.5 萬個客戶。然而，經過 20 個月之後，eToys 的總銷售額為 3,060 萬美元，而且有 3,080 萬美元的淨虧損——這意味著，eToys 每賣出 1 美元的玩具就要花費 2 美元。

IPO 的公開說明書上還披露，eToys 打算利用賣出股票的部分收入，來收購另一家網路公司 BabyCenter —— BabyCenter 在前一年的銷售額為 480 萬美元，虧損則為 450 萬美元。（要收購這家公司，eToys 只需支付 2.05 億美元。）eToys 將「保留」4,060 萬股的普通股，以便將來出售給其管理層。因此，如果 eToys 能夠賺錢的話，其淨收入將分配給流通在外的 1.43 億股，而不是它所擁有的 1.02 億股——這將使未來的每股盈餘，下降近三分之一左右。

將 eToys 的財務報告與其最大的競爭對手玩具反斗城（Toys" R" Us）進行比較之後，令人感到非常驚訝。在前 3 個月，玩具反斗城獲得了 2,700 萬美元的淨收入，而且其銷售額是 eToys 全年的 70 多倍。然而，如圖 17-3 所示，eToys 的股票市值竟比玩具反斗城高出近 20 億美元。

圖 17-3 玩具公司的案例（單位：百萬美元。）

	eToys	玩具反斗城
	截至 1999 年 3 月 31 日的會計年度	截至 1999 年 5 月 1 日的會計年度
淨銷售額	30	2,166
淨收入	(29)	27
現金	20	289
總資產	31	8,067
普通股市值（1999 年 5 月 20 日）	7,780	5,650

資料來源：兩家公司向 SEC 提供的財務報告。

結論：eToys 在公開上市後不久，淨虧損超過了 3.98 億美元，於 2001 年 3 月 7 日提出了破產保護申請。該公司股票在 1999 年 10 月曾達到每股 86 美元的高價，但最後幾乎是一文不值了。

第18章

八組企業的比較

我們打算在本章嘗試一種新的說明方式。我們挑選了八組企業，每一組都有兩家公司，而且兩家公司在證券交易所的名單裡大體上是相鄰的。我們希望透過具體而生動的方式，讓人們認識到企業的各種特性、財務結構、政策、業績和興衰的情況，以及近幾年存在於金融領域的各種投資和投機態度。在每一組比較中，我們都將只針對那些具有特殊意義和重要性的部分，提出我們的看法。

第一組：不動產投資信託（店舖、辦公樓和工廠等）與紐約不動產公司（不動產投資和一般營建業）

在第一組比較中，我們並不是按照字母排序來挑選公司的。這兩家公司對我們來說具有特殊的意義，因為它包含了兩種情況：其中一家公司是以合理、穩定的傳統方式來管理他人的資金；另一家公司則是盲目地擴張、經常運用金融詐欺的手法，而且存在許多現今公司營運中經常看到的變化無常。兩家企業的名稱很類似，多年來它們一直都並列出現在美國證券交易所的名單上。它們的股票交易代碼（分別為 REI 和 REC）很容易讓人混淆。但是，其中一家企業是新英格蘭地區一家穩定的信託公司，它由三個受託人管理，其業務可以追溯到近一個世紀之前，而且自從 1889 年以來一直都有配發股息。它始終在從事謹慎的投資，並且將其業務的擴張控制在適度的範圍內，也將債務一直控制在易於管理的額度之內。[1]

另一家公司是設在紐約一家具有代表性的快速成長企業，它在 8 年內，資產從 620 萬美元急速成長到 1.54 億美元，債務也出現同等幅度的成長；其業務範圍從一般的不動產到各行各業的經營，其中包括兩家賽馬場、74 家電影院、3 個文化機構、1 家公關公司、飯店、超市，並擁有

1. 葛拉漢在此所描述的是不動產投資信託（Real Estate Investment Trust）這家公司。該公司於 1983 年被舊金山不動產投資公司（San Francisco Real Estate Investors）以每股 50 美元的價格收購。下一段描述的則是紐約不動產公司（Realty Equities Corp. of New York）。

一家大化妝品企業 26% 的股權（該企業於 1970 年破產）。[2] 這家綜合型大企業的資本結構相當複雜，其中包括：

1. 每年享有 7 美元股息的優先股，但其面值只有 1 美元，而且每股負債 1 美元。
2. 普通股的帳面價值為 250 萬美元（每股 1 美元），遠低於買回 20.9 萬股普通股的成本 550 萬美元。
3. 有 3 批認股權證，有權購買 157.8 萬股的普通股。
4. 至少有 6 種不同的債務，包括抵押貸款、公司債、一般大眾持有的票據、銀行的應付票據、「應付帳款、貸款和合約應付款」，以及小企業管理局的應付貸款等。在 1969 年 3 月，這些債務總共超過了 1 億美元。除此之外，該公司還有一般應付的稅款和帳款。

首先，我們列出了兩家企業在 1960 年的一些數據（參見表 18-1A）。我們可以看到，不動產投資信託公司的股票市值是紐約不動產公司的 9 倍。信託公司的債務較少，淨利在毛利中所佔的比率（ratio of net to gross）較高，但其普通股價格相對於每股盈餘的比率也比較高。

2. 1969 年，影星保羅・紐曼的電影製片公司 Kayos, Inc. 被紐約不動產公司收購之後，他也曾一度短暫成為紐約不動產公司的大股東。

表 18-1A 第一組企業（不動產投資信託與不動產公司）1960 年的數據

	不動產投資信託	紐約不動產公司
總營業額	3,585,000	1,484,000
淨收入	485,000	150,000
每股盈餘	0.66	0.47
每股股息	無	0.10
每股帳面價值	20	4
價格區間	20–12	5⅜–4¾
總資產	22,700,000	6,200,000
總負債	7,400,000	5,000,000
普通股帳面價值	15,300,000	1,200,000
普通股平均市值	12,200,000	1,360,000

表 18-1B 則是大約 8 年之後的情況。信託公司一直都在「默默耕耘」，營業額和每股盈餘都成長了大約四分之三左右。但是，紐約不動產公司卻變成了一個可怕而脆弱的龐然怪物。[3]

針對這些不同的發展，華爾街是如何反應的呢？他們對信託公司並沒有什麼特別的反應，但對紐約不動產公司的反應卻有些過了頭。1968 年，後者的股價從 10 美元急速上漲到 37.75 美元，上市交易的認股權證從 6 美元上漲到 36.5 美元——總共賣出了 242 萬股。而在同樣的背景下，信託公司的交易量並不大，股價從 20 美元穩步上漲到 30.25 美元。根據 1969 年 3 月的資產負債表，紐約不動產公司的每股帳面價值只有 3.41 美元，還不到當年最高價的十分之一，而信託公司的每股帳面價值則為 20.85 美元。

第二年，紐約不動產公司各方面的情況顯然都不太好，而且其股價也下跌到 9.5 美元。1970 年 3 月的財務報告出爐之後，股東肯定感到十

3. 做為一位酷愛詩歌的讀者，葛拉漢在此引用了湯瑪士・格雷（Thomas Grey）《墓園輓歌》（Elegy Written in a Country Churchyard）中的一句話。

分震驚：該企業淨虧損 1,320 萬美元，相當於每股虧損 5.17 美元——以前為數不多的股東權益幾乎全都化為了泡影（在這項災難性的數據中，包含有 880 萬美元的未來投資虧損準備。）儘管如此，在會計年度結束時，公司董事會竟然還大膽地（？）宣稱，要額外增加 5 美分的股息。但是，更多麻煩就在眼前。公司的審計師拒絕確認 1969 ～ 1970 年度的財務報告，因此該公司股票在美國證券交易所暫停交易，而場外市場交易的價格，也跌到了每股 2 美元以下。[4]

---

4. 紐約不動產公司的股票於 1973 年 9 月從美國證券交易所下市。1974 年，美國證券交易委員會對該公司的會計詐欺行為提出了訴訟。公司的創始人莫里斯 · 卡普（Moms Karp），後來承認犯了一項重大盜竊罪。1974 ～ 1975 年，公司的過多債務（葛拉漢曾對此提出批評），導致一些大銀行（其中包括曼哈頓大通銀行）出現財務危機——這些銀行提供大量貸款給這家積極擴張版圖的不動產信託公司。

表 18-1B 第一組企業的相關數據

	不動產投資信託	紐約不動產公司
股價（1968 年 12 月 31 日）	26½	32½
普通股股數	1,423,000	2,311,000（1969 年 3 月）
普通股市值	37,800,000	75,000,000
認股權證估計市值	—	30,000,000[a]
普通股和認股權證估計市值	—	105,000,000
債務	9,600,000	100,800,000
優先股	—	2,900,000
總資本	47,400,000	208,700,000
普通股每股市值（已考慮認股權證）	—	45（估值）
每股帳面價值	20.85（11 月）	3.41
	1968 年 11 月	1969 年 3 月
營業額	$6,281,000	$39,706,000
淨利息收入	2,696,000	11,182,000
利息支出	590,000	6,684,000
所得稅	58,000b	2,401,000
優先股股息		174,000
普通股淨收入	2,048,000	1,943,000
特別項目	245,000 借記	1,896,000 貸記
普通股最後的淨收入	2,293,000	47,000
扣除特別項目前的每股盈餘	1.28	1.00
扣除特別項目後的每股盈餘	1.45	0.20
普通股股息	1.20	0.30
利息保障倍數	4.6 倍	1.8 倍

a 這些認股權證可以不同的價格購買 160 萬股或更多的普通股。每單位認股權證的交易價格為 30.5 美元。
b 做為不動產信託，這家企業在 1968 年不必繳納聯邦所得稅。

1969 年之後，不動產投資信託公司的股價一直呈現正常的波動。1970 年的最低點為 16.5 美元，1971 年初回升到 26.9 美元。最新公佈的每股盈餘為 1.5 美元，股價略高於 1970 年的帳面價值 21.6 美元。1968 年的歷史高價或許是有點被高估，但信託公司一直是誠實地對待他們的股東。至於紐約不動產公司，則呈現出另一番令人難過的景象。

第 2 組：Air Products & Chemicals 公司（工業和醫療等氣體）與 Air Reduction 公司（工業氣體與設備；化學品）

與第一組相比，這裡的兩家公司在名稱和業務上更為相似。因此，我們只需採用傳統的證券分析來進行比較即可，而本章其他各組的比較，則大多需要採用到一些比較不尋常的（Heteroclite）方法。[5]Air Products 公司的歷史比 Air Reduction 公司更短，而且前者的規模在 1969 年還不到後者的一半。[6] 儘管如此，Air Products 公司的股價總體上還是比 Air Reduction 公司高出 25% 以上。如表 18-2 所示，導致這種結果的原因在於，Air Products 公司的獲利能力更強，成長速度更快。在此我們可以看到的是，「品質」比較好的企業通常會有更好的結果。Air Products 公司的本益比為 16.5 倍，而 Air Reduction 公司則只有 9.1 倍。同時，Air Products 的股價也遠高於其基礎資產價值，而 Air Reduction 的股價則只有其帳面價值的 75%。[7]Air Reduction 公司的股息比較多；但這或許反映出 Air Products 公司有更大的意願保留其盈餘。此外，Air Reduction 的營運資本比較充裕（就這點來說，我們必須說明的是，賺錢的公司總是比較容易透過某種形式的永久性融資取得資金。但以我們的標準來看，Air Products 公司的債務有些過大了）。

5. 「不尋常的」(heteroclite) 是古希臘語中一個專業術語，葛拉漢使用它來指「異常」或「不尋常」的事物。

6. 葛拉漢的「規模」（volume）指的是銷售額或營業額，也就是每家公司營業的總金額。

7. 「基礎資產」（Asset backing）與帳面價值是同義詞。在表 18-2 中，價格相對資產或帳面價值的關係，可以用第一行的數據（1969 年 12 月 31 日的股價）除以「每股帳面價值」來表示。

表 18-2 第二組企業的相關數據

	Air Products & Chemicals（1969 年）	Air Reduction Co.（1969 年）
股價（1969 年 12 月 31 日）	39½	16⅜
普通股股數	5,832,000[a]	11,279,000
普通股市值	231,000,000	185,000,000
債務	113,000,000	179,000,000
資本總市值	344,000,000	364,000,000
每股帳面價值	22.89	21.91
銷售額	221,500,000	487,600,000
淨收入	13,639,000	20,326,000
每股盈餘（1969 年）	2.40	1.80
每股盈餘（1964 年）	1.51	1.51
每股盈餘（1959 年）	.52	1.95
當期股息	.20	.80
首次發放股息的時間	1954 年	1917 年
比率：		
股價／盈餘	16.5 倍	9.1 倍
股價／帳面價值	165.0%	75.0%
股息率	0.5%	4.9%
淨收入／銷售額	6.2%	4.25%
盈餘／帳面價值	11.0%	8.2%
流動資產／流動負債	1.53 倍	3.77 倍
營運資本／債務	.32 倍	.85 倍
每股盈餘成長		
1969 年比 1964 年	+59%	+19%
1969 年比 1959 年	+362%	下降

a　已考慮優先股的轉換。

如果要求分析師在這兩家公司之間做出選擇，他應該很容易就可以得出結論：Air Products 公司的前景，比 Air Reduction 公司更為看好。但是，這足以讓 Air Products 公司在股價相對很高的情況下仍然具有吸引力嗎？我們並不知道這個問題是否有明確的答案。一般而言，華爾街的思維方式是，「質」比「量」更為重要，大多數的證券分析師或許會選擇「前景更好」但較為昂貴的 Air Products 公司，而不會去選擇「前景較差」但更為便宜的 Air Reduction 公司。這種偏好是否正確，將取決於不可預知的未來，而不是取決於任何可論證的投資原則。在本例中，Air Reduction 公司屬於低本益比的重要企業。正如先前的研究[8]所顯示的，如果低本益比的股票表現整體上優於高本益比的股票，我們就理應選擇 Air Reduction 公司——但只能做為多元化投資組合的一部分。（此外，如果對個別公司進行更深入的研究，分析師也有可能得出相反的結論；但前提是，在過去價格已反映過的原因之外，又出現了其他的原因。）

結果：在 1970 年的股市暴跌中，Air Products 公司的情況優於 Air Reduction 公司——前者下跌 16%，後者下跌 24%。不過，1971 年初，Air Reduction 公司出現了比較大的反彈，相對 1969 年的收盤價上漲了 50%，而 Air Products 公司只上漲了 30%。在這樣的情況下，低本益比的股票（至少暫時看起來）稍具優勢。[9]

第 3 組：美國家庭用品公司（藥品、化妝品、家庭日用品和糖果）與美國醫療用品公司（醫療用品和設備的製造與經銷）

1969 年底，美國家庭用品公司（American Home Products Co.）和美國醫療用品公司（American Hospital Supply Co.）這兩家企業都擁有「十億美元的商譽」，它們分別代表的是快速成長和利潤極高的「醫療產業」中兩個不同的部門。我們把這兩家公司分別簡稱為「Home」和

8. 葛拉漢在此引用的是，他在第 15 章討論過的價值型股票的研究。自從葛拉漢完成了他的研究之後，後來又有大量的學術成果可以證實：從長遠來看，價值型股票的表現優於成長型股票。（現代金融領域許多優秀的研究成果，只是再次證實葛拉漢在幾十年前的研究。）例如，參見：James L. Davis, Eugene F. Fama, and Kenneth R. French, "Characteristics, Covariances, and Average Returns: 1929-1997" at http://papers.ssrn.com。

9. Air Products & Chemicals 公司的股票目前仍在公開市場交易，並且被納入了標準普爾 500 指數中的成份股。Air Reduction 公司於 1978 年成為了 BOC 集團（當時稱為英國氧氣公司）獨資擁有的子公司。

「Hospital」。兩家公司的部分數據列在表 18-3。它們都具有下列共同優點：優異的成長，從 1958 年以來沒有出現過退步的情況（也就是獲利具有 100% 的穩定性）；以及強勁的財務狀況。截至 1969 年底，Hospital 的成長率明顯高於 Home。另一方面，Home 在銷售額和資本方面具有相當大的獲利能力。[10]（事實上，Hospital 在 1969 年的資本報酬率相對較低——只有 9.7%，這引起了一個有趣的問題：儘管 Hospital 過去的銷售額和盈餘都有相當大的成長，但它是否真的是一家高獲利的企業？）

表 18-3 第三組企業的相關數據

	美國家庭用品公司（1969 年）	美國醫療用品公司（1969 年）
股價（1969 年 12 月 31 日）	72	45⅛
普通股股數	52,300,000	33,600,000
普通股市值	3,800,000,000	1,516,000,000
債務	11,000,000	18,000,000
資本總市值	3,811,000,000	1,534,000,000
每股帳面價值	5.73	7.84
銷售額	1,193,000,000	446,000,000
淨收入	123,300,000	25,000,000
每股盈餘（1969 年）	2.32	0.77
每股盈餘（1964 年）	1.37	0.31
每股盈餘（1959 年）	0.92	0.15
當期股息	1.40	0.24
首次發放股息的時間	1919 年	1947 年
比率：		
股價／盈餘	31.0 倍	58.5 倍
股價／帳面價值	1250.0%	575.0%
股息率	1.9%	0.55%
淨收入／銷售額	10.7%	5.6%
盈餘／帳面價值	41.0%	9.5%
流動資產／流動負債	2.6 倍	4.5 倍
每股盈餘成長		
1969 年比 1964 年	+75%	+142%
1969 年比 1959 年	+161%	+405%

10. 你可以參照表 18-3 中「比率」這個部分的數據，觀察銷售額與資本的報酬率，以判斷企業的獲利能力。「淨收入／銷售額」計算的是銷售額的報酬率；「盈餘／帳面價值」計算的則是資本報酬率。

考慮了相對價格之後，我們可以發現，Home 當期（或過去）的盈餘和股息都相對較高。Home 的帳面價值非常低，這說明普通股分析基本上具有一定程度的模棱兩可或矛盾性。一方面，它意味著該公司的資本報酬率很高——這通常代表了該公司的實力和興旺。另一方面，它又意味著，投資者在目前的價位下，特別容易受到公司盈餘發生重大不利變化的影響。由於 1969 年 Home 的股價只是其帳面價值的 4 倍多，因此這樣的告誡對兩家公司來說全都同樣適用。

結論：我們可以清楚看到，兩家公司當期的股價都顯得太「高」，因此遵循我們穩健選股原則的投資者將不會去選擇它們。但這並不意味著兩家公司沒有好的前景，問題在於它們的股價中包含了太多的「承諾」，卻沒有足夠的實際業績。如果將兩家企業合併來看，1969 年的股價中大約包含了 50 億美元的商譽。因此，未來究竟需要有多少年的豐厚盈餘，才能使商譽得以用股息或有形資產的形式「實現」呢？

短期結果：1969 年底，市場顯然認為 Hospital 的獲利前景優於 Home，因為前者的本益比幾乎是後者的兩倍。以結果來看，比較受歡迎的 Hospital 股票在 1970 年的盈餘出現了微幅的下降，而 Home 則獲得了 8% 的可觀收益。Hospital 的股價對這一年令人失望的結果做出了強烈的反應，1971 年 2 月的股價跌到了 32 美元（比 1969 年的收盤價大約下跌了 30%），而 Home 的股價則是略高於 1969 年的收盤價。[11]

11. 美國家庭用品公司現在的名稱是惠氏（Wyeth）；該股票已被納入標準普爾 500 指數的成份股之中。美國醫療用品公司於 1985 年已被 Baxter 醫療產品公司收購。

第 4 組：H & R Block 公司（稅務服務）與 Blue Bell 公司（工作服和制服等產品製造商）

這兩家都是新公司，並列出現在紐約證券交易所的上市公司名單上，它們分別代表了兩種截然不同的成功故事。Blue Bell 在一個高度競爭的行業中艱辛地成長，最終成為了該行業最大的一家公司。該公司的收益在一定程度上會隨著產業狀況的變化而波動，但從 1965 年以來其成長一直令人印象深刻。該公司的營運起始於 1916 年，從 1923 年以來一直連續發放股息。1969 年底，該公司的股票在市場上似乎不大受歡迎，因此其本益比只有 11 倍，而當時標準普爾綜合指數的本益比大約為 17 倍。

相較之下，H & R Block 公司的崛起極為快速。直到 1961 年，它才首次公佈自己的財報；它在這一年的營業額為 61 萬美元，盈餘為 8.3 萬美元。然而，在 8 年之後，同期的營業額激增到 5,360 萬美元，淨收入上升到 630 萬美元。當時，股市對這支優秀股票的追捧近乎瘋狂。該股票在 1969 年的收盤價為 55 美元，相當於過去 12 個月盈餘（這自然也是迄今為止的最高盈餘）的 100 多倍。普通股的總市值為 3 億美元，幾乎是其有形資產價值的 30 倍。[12] 這種現象在股市估價史上幾乎可說是前所未聞的（當時 IBM 的股價大約為其帳面價值的 9 倍，而 Xerox 的股價則為其帳面價值的 11 倍）。

在表 18-4 中，我們列出了兩家公司的相關數據，以說明它們在相應估價方面存在著巨大的差別。的確，Block 公司的資本報酬率是 Blue Bell 公司的兩倍，其過去 5 年的盈餘成長率（幾乎從無生有）也遠高於 Blue Bell。然而，做為一家股票上市的公司，Blue Bell 的股票總市值還

---

12. 「幾乎 30 倍」指的是表 18-4 中「股價／帳面價值」的部分，該比率為 29.2 倍。如果葛拉漢看到 1999 年底和 2000 年初的情況，當時許多高科技公司的股價都達到了其資產價值的幾百倍（參見本章評釋），他一定會驚訝地猛搖頭說：「這種現象在股市估價史上幾乎可說是前所未聞的！」H & R Block 至今仍然是一家公開上市交易的公司，而 Blue Bell 則於 1984 年以每股 47.5 美元的價格從公開市場下市。

不到Block的三分之一，但與Block相比，Blue Bell的營業額是它的4倍，每股獲利是它的2.5倍，有形資產投資是它的5.5倍，股息率是它的9倍。

表 18-4 第四組企業的相關數據

	H & R Block 公司（1969 年）	Blue Bell 公司（1969 年）
股價（1969 年 12 月 31 日）	55	49¾
普通股股數	5,426,000	1,802,000[a]
普通股市值	298,000,000	89,500,000
債務	—	17,500,000
資本總市值	298,000,000	107,000,000
每股帳面價值	1.89	34.54
銷售額	53,600,000	202,700,000
淨收入	6,380,000	7,920,000
每股盈餘（1969 年）	0.51（10 月）	4.47
每股盈餘（1964 年）	0.07	2.64
每股盈餘（1959 年）	—	1.80
當期股息	0.24	1.80
首次發放股息的時間	1962 年	1923 年
比率：		
股價／盈餘	108.0 倍	11.2 倍
股價／帳面價值	2920%	142%
股息率	0.4%	3.6%
淨收入／銷售額	11.9%	3.9%
盈餘／帳面價值	27%	12.8%
流動資產／流動負債	3.2 倍	2.4 倍
營運資本／債務	無債務	3.75 倍
每股盈餘成長		
1969 年比 1964 年	+630%	+68%
1969 年比 1959 年	—	+148%

a 已考慮優先股的轉換。

結論：經驗豐富的分析師應該會承認 Block 公司具有巨大的成長動能，這意味著該公司的未來前景十分看好。他或許會擔憂所得稅服務領域可能出現激烈競爭的威脅，因為 Block 公司豐厚的資本報酬，將吸引更多的競爭者加入。[13] 但是，考慮到許多優秀的企業在高度競爭的領域也能持續獲得成功（如美國雅芳公司），因此他並不會直接預測 Block 公司的成長曲線，很快就會趨於平坦。他主要關注的問題是，該公司 3 億美元的市值，是否已充分反映其優質服務所應得的價值，還是價值已被高估了。相較之下，分析師應該會毫不猶豫地推薦 Blue Bell 這家股價相對較低的優秀公司。

至 1971 年 3 月的結果：在 1970 年近乎恐慌的市場中，Blue Bell 的股價下跌了四分之一，Block 也下跌了近三分之一。隨後，兩家公司都隨著整個市場出現了強勁反彈。1971 年 2 月，Block 的股價上漲到 75 美元，但 Blue Bell 的漲幅更大——相當於 109 美元（經 2 股分割為 3 股之後）。顯然，在 1969 年底購買 Blue Bell 的股票會比購買 Block 的股票更好。然而，Block 的股價在明顯高估的情況下還能繼續上漲 35%，這一事實說明了，分析師和投資者在放空（無論是建議還是實際行動）優秀企業的股票時，必須格外謹慎——無論該股票的報價有多高。[14]

第 5 組：國際香料公司（香料等其他業務）與國際收割機公司（卡車製造、農業機械和建築機械）

這一組企業的比較，會帶來更多意外的結果。每個人都知道國際收割機公司（International Harvester Co.），因為它是道瓊工業指數中 30 家

---

13. 【原註】讀者可能還記得前面第 17 章中的內容：AAA 公司試圖進入這一業務領域，但很快就失敗了。【新註】在此，葛拉漢是在表達一種深刻又看似矛盾的觀點：公司賺的錢越多，就越有可能面臨新的競爭者，因為它的高報酬清楚地表明，賺錢很容易。反過來，新的競爭者將導致價格的下降和利潤的減少。瘋狂追逐網路股的買家，就忽視了這一重要觀點；他們認為，凡是越早的獲勝者，就越能永遠保持自己的優勢。

14. 葛拉漢是在提醒讀者注意一種「賭徒謬誤」（gambler's fallacy），即投資者認為，價格被高估的股票會下跌是因為其價格被高估。正如擲硬幣連續出現 9 次反面之後，也不會使出現正面的機率上升一樣，價格被高估的股票（或股市！）也有可能持續很長一段時間被高估，這將會使得一般人在放空（打賭股價將下跌）時，面臨很大的風險。

大企業之一。[15] 在紐約證券交易所的上市名單中，與國際收割機公司緊鄰的是國際香料公司（International Flavors & Fragrances, IFF），這家公司有多少讀者知道呢？不過難以置信的是，IFF 在 1969 年底的股票總市值，比 Harvester 還大——前者為 7.47 億美元，後者則為 7.1 億美元。更令人驚訝的是，Harvester 的股本為 IFF 的 17 倍，年銷售額為 IFF 的 27 倍。事實上，就在 3 年之前，Harvester 的淨收入甚至比 IFF 公司 1969 年的銷售額還要多！這種極為懸殊的差異，究竟是如何產生的？答案在於兩個神奇的術語：獲利能力和成長速度。IFF 公司在這兩方面都有卓越的表現，而 Harvester 各方面的表現都不盡人意。

從表 18-5 中我們可以看到兩家公司的整體情況。在此我們可以發現，IFF 公司的淨利率高達 14.3%（稅前的淨利率為 23%），而 Harvester 公司只有 2.6%。同樣地，IFF 公司的資本報酬率為 19.7%，而 Harvester 公司只有 5.5%。IFF 公司的每股盈餘在 5 年內幾乎成長了一倍，而 Harvester 公司幾乎停滯不前。以 1969 年與 1959 年進行比較，結果大致相同。這些業績上的差異，導致股票市場給予了相當懸殊的評價。1969 年，IFF 公司的本益比為 55 倍，而 Harvester 公司只有 10.7 倍。同時，IFF 公司的價格為其帳面價值的 10.4 倍，而 Harvester 公司的價格則比其淨值少了 41%。

---

15. 國際收割機公司的前身是一家生產 McCormick 收割機的公司——由於 McCormick 收割機的發明，從而使得美國中西部的幾個州成了「世界糧倉」。然而，國際收割機公司在 1970 年代遇到了困難，並在 1985 年將生產農用設備的部門賣給了 Tenneco 公司。在更名為 Navistar 後，餘存的公司於 1991 年被踢出道瓊指數成份股（不過它仍然是標準普爾 500 指數的成份股）。2003 年年初，國際香料公司（同樣是標準普爾 500 指數的成份股）的股票總市值為 30 億美元，而 Navistar 公司的總市值則為 16 億美元。

表 18-5 第五組企業的相關數據

	國際香料公司（1969 年）	國際收割機公司（1969 年）
股價（1969 年 12 月 31 日）	65½	24¾
普通股股數	11,400,000	27,329,000
普通股市值	747,000,000	710,000,000
債務	4,000,000	313,000,000
資本總市值	751,000,000	1,023,000,000
每股帳面價值	6.29	41.70
銷售額	94,200,000	2,652,000,000
淨收入	13,540,000	63,800,000
每股盈餘（1969 年）	1.19	2.30
每股盈餘（1964 年）	0.62	3.39
每股盈餘（1959 年）	0.28	2.83
當期股息	0.500	1.80
	1956 年	1910 年
比率：		
股價／盈餘	55.0 倍	10.7 倍
股價／帳面價值	1050.0%	59.0%
股息率	0.9%	7.3%
淨收入／銷售額	14.3%	2.6%
盈餘／帳面價值	19.7%	5.5%
流動資產／流動負債	3.7 倍	2.0 倍
營運資本／債務	較大	1.7 倍
利息保障倍數	—	（稅前）3.9 倍
每股盈餘成長		
1969 年比 1964 年	+93%	+9%
1969 年比 1959 年	+326%	+39%

評論與總結：首先要注意的是，IFF 公司在市場上獲得成功，完全取決於其核心業務的發展，而未曾涉入任何關於公司管理、併購、債務過重的資本結構等等這些華爾街近年來慣用的其他伎倆。該公司始終堅持最賺錢的業務，這就是它獲得成功的最重要關鍵。至於 Harvester 公司的記錄，則顯示出一些完全不同的問題，但這些問題與「高額融資」也沒

有什麼關係。在整體經濟繁榮的年份中，為什麼許多大公司的利潤會變得相對較低呢？如果企業不能夠為股東賺取合理的利潤，那麼其營業額高達 25 億美元以上又有何意義呢？我們無法為這個問題提供解決方案。但我們堅持認為，不光是企業的管理階層，即使是一般的股東，也應該意識到這個問題的存在，它需要最優秀的人才和最大的努力去解決。[16] 從普通股選擇的角度來看，這兩支股票都不符合我們穩健、具有足夠吸引力及價格適中的投資標準。IFF 公司是一家輝煌成功但股價過高的企業；Harvester 公司的表現不好不壞，即使折價出售也沒有真正的吸引力。（毫無疑問的是，在合理定價的股票中，還有另一些更值得購買的股票。）

至 1971 年的結果： 由於 1969 年底的超低股價，從而使得 Harvester 公司在 1970 年市場崩跌期間沒有進一步大幅下跌，它只下跌了 10%。IFF 公司的股價則顯然承受較大的衝擊，跌到了 45 美元，跌幅為 30%。在隨後的反彈中，兩者都上漲了，而且股價還遠高於 1969 年底的收盤價，但 Harvester 公司很快就又跌到了 25 美元。

第 6 組：麥格羅愛迪生公司（公用事業和設備；家用器皿）與麥格羅希爾公司（圖書、電影、教學系統；雜誌和報刊出版；資訊服務）

麥格羅愛迪生（McGraw Edison）和麥格羅 - 希爾（McGraw-Hill）這一組公司的名稱非常相似（我們將分別稱之為 Edison 和 Hill 公司），它們是兩家截然不同領域的大型成功企業。我們選取 1968 年 12 月 31 日的數據來做比較（參見表 18-6）。兩者的股價大致相同，但由於 Hill 公司的股本較大，因此其股票總市值大約是 Edison 公司的兩倍。這種差異

16. 欲了解更多葛拉漢對股東維權行動（shareholder activism）的想法，請參見第 19 章的評釋。在批評 Harvester 公司拒絕為股東創造最大價值時，葛拉漢不可思議地預料到該公司未來管理階層的行為。2001 年，大多數股東投票贊成取消 Navistar 對外部併購競標的限制，但董事會直接否決了股東的期盼。非常奇怪的是，有些企業文化中的反民主傾向竟然可以持續幾十年的時間。

似乎令人感到有些意外，因為 Edison 的營業額比 Hill 多出大約 50%，淨收入則多出四分之一。我們發現，Hill 的關鍵比率（本益比）為 Edison 的兩倍多，而導致這種現象的主要原因在於，圖書出版公司的股票一直受到市場的熱情追捧，而其中有幾家出版公司，也是在 1960 年代末才公開上市的。[17]

事實上，到了 1968 年底，這種熱情已經明顯過了頭。Hill 公司在 1967 年的股價（56 美元）是 1966 年每股盈餘的 40 多倍。不過，該公司股價在 1967 年出現了小幅下滑，1968 年又進一步下跌。因此，目前 35 倍的高本益比代表的是，這家公司的盈餘已經連續兩年出現了下滑。儘管如此，其股價仍然為公司有形資產價值的 8 倍多，這表明其中所含的商譽成分大約為 10 億美元！因此，這樣的價格似乎應驗了詹森博士（Dr. Johnson）的那句名言，「希望戰勝了現實」。

相較之下，McGraw Edison 的股價似乎是合理的——如果從整體（較高的）市場水準與該公司的整體表現及財務狀況來看的話。

17. 麥格羅・希爾公司目前仍是一家公開上市的企業，它擁有《商業周刊》和標準普爾公司等其他業務。麥格羅・愛迪生公司現在則是 Cooper 工業公司的一個部門。

表 18-6 第六組企業的相關數據

	McGraw Edison 公司 （1968 年）	McGraw-Hill 公司 （1968 年）
股價（1968 年 12 月 31 日）	37⅝	39¾
普通股股數	13,717,000	24,200,000a
普通股市值	527,000,000	962,000,000
債務	6,000,000	53,000,000
資本總市值	533,000,000	1,015,000,000
每股帳面價值	20.53	5.00
銷售額	568,600,000	398,300,000
淨收入	33,400,000	26,200,000
每股盈餘（1968 年）	2.44	1.13
每股盈餘（1963 年）	1.20	0.66
每股盈餘（1958 年）	1.02	0.46
當期股息	1.40	0.70
首次發放股息的時間	1934 年	1937 年
比率：		
股價／盈餘	15.5 倍	35.0 倍
股價／帳面價值	183.0%	795.0%
股息率	3.7%	1.8%
淨收入／銷售額	5.8%	6.6%
盈餘／帳面價值	11.8%	22.6%
流動資產／流動負債	3.95 倍	1.75 倍
營運資本／債務	較大	1.75 倍
每股盈餘成長		
1968 年比 1963 年	+104%	+71%
1968 年比 1958 年	+139%	+146%

a 已考慮優先股的轉換。

至 1971 年初的結果：1969 年和 1970 年，McGraw-Hill 的盈餘一直在下降，降到每股 1.02 美元後，又降到了每股 0.82 美元。在 1970 年 5 月股市崩盤期間，其股價急劇下跌到每股 10 美元——這一價格還不到兩年前的五分之一。後來，股價出現了強勁反彈，但即使是 1971 年 5 月的最高價 24 美元，也只不過是 1968 年收盤價的 60%。McGraw Edison 的表現則比較好：1970 年下跌到每股 22 美元，但 1971 年 5 月完全回升到了 41.5 美元。[18]

McGraw-Hill 仍然是一家實力強大、事業興旺的公司。但是，該股票的價格記錄（與許多其他情況一樣）充分反映了此類股票所存在的投機風險，而這種風險來自於華爾街過度的樂觀與悲觀情緒。

第 7 組：National General 公司（大型綜合企業）與 National Presto 工業公司（各種電器，軍用品）

選取 National General 公司和 National Presto 工業公司進行比較的主要原因，主要是它們有很大的不同。我們分別將它們簡稱為「General」和「Presto」。我們之所以選擇 1968 年年底的數據做研究，是因為 General 公司在 1969 年所做的一些沖銷動作，使該公司當年的財報變得有些曖昧不明。1968 年時，人們可能還不知道 General 正在廣泛推展業務範圍，但其綜合業務實際上已經開始往各方面開展了。《股票指南》對其業務內容的概要描述是：「全國性的連鎖劇院；電影和電視劇製作，儲蓄與放款協會，圖書出版。」在此基礎上，還有（包括後來出現的）其他一些業務：「保險，投資銀行，唱片，音樂出版，電子化服務和不動產，以及（最近從 Minnie Pearl's Chicken System 公司更名過來的）Performance System 公司 35% 的股權。」Presto 也有多元化的業務，但與 General 相比，顯然少多了。最初，Presto 主要是從事壓力鍋的生產，後來擴大業務範圍到其他各種家電用品。此外，非常特別的是，Presto 還從美國政府那裡獲得了許多軍用品生產合約。

---

18. 在葛拉漢所說的「1970 年 5 月股市崩盤期間」，美國股市下跌了 5.5%。從 1970 年 3 月底到 6 月底，標準普爾 500 指數下跌了 19%，是有史以來績效最差的 3 個月。

表 18-7 概括了兩家公司在 1968 年底的情況。Presto 的資本結構非常簡單——只有 147.8 萬股的普通股，股票總市值為 5,800 萬美元。相較之下，General 的普通股股數為 Presto 的兩倍多，此外還包括：可轉換優先股，三個系列可認購大量普通股的認股權證，金額龐大的可轉換債券（為了交換某保險公司的股份而剛剛發行的），以及大量不可轉換債券。所有這些全部的總市值達 5.34 億美元（不包括即將發行的可轉換債券），或 7.5 億美元（包括即將發行的可轉換債券）。儘管 General 的資本規模相對龐大，但與 Presto 相比，General 會計年度的營業額實際上少得多，而且其淨收入只有 Presto 的 75%。

對於證券分析師而言，要判斷 General 普通股實際的市場價值，可說是一個有趣的問題，但對於那些對該股票感興趣而又不願直接打賭的人而言，這個問題具有重大意義。在表 18-7 中，我們假設價格較低（4.5 美元）的可轉換優先股，可以用適當的價格轉換成普通股，但認股權證需要用不同的方式處理。在計算「完全稀釋」的結果時，我們必須先假設所有的認股權證都將會被執行，而且把所得的收入用於償還債務，並將餘額用於購買市場上的普通股。在這樣的假設下，實際上對 1968 年的每股盈餘幾乎沒有影響——考慮或不考慮稀釋因素的每股盈餘都是 1.51 美元。我們認為，這樣的處理方式既不合理，也不切實際。正如我們所了解的，認股權證代表了一部分的「普通股」，其市場價值是所有普通股「實際市場價值」的一部分（參見前面第 16 章的內容）。將認股權證市值加入普通股市值的簡單做法，會對 General 公司 1968 年底的結果產生巨大影響，如表 18-7 所顯示的計算結果。事實上，普通股的「實際市場價值」是所公佈價值的兩倍以上。因此，1968 年的本益比會增加一倍以上——達到 69 倍這一非常荒謬的數字。而且這麼一來，「約當普通股」的總市值就會變成 4.13 億美元，是有形資產的 3 倍多。

表 18-7 第七組企業的相關數據

	National General 公司（1968 年）	National Presto 工業公司（1968 年）
股價（1968 年 12 月 31 日）	44 1/4	38 5/8
普通股股數	4,330,000[a]	1,478,000
普通股市值	192,000,000	58,000,000
三個系列的認股權證市值	221,000,000	—
普通股和認股權證的總市值	413,000,000	—
優先股	121,000,000	—
資本總市值	534,000,000	58,000,000
考慮認股權證後的普通股市值	98	—
普通股帳面價值	31.50	26.30
銷售額與營業額	117,600,000	152,200,000
淨收入	6,121,000	8,206,000
每股盈餘（1968 年）	1.42（12 月）	5.61
每股盈餘（1963 年）	0.96（9 月）	1.03
每股盈餘（1958 年）	0.48（9 月）	0.77
當期股息	0.20	0.80
首次發放股息的時間	1964 年	1945 年
比率：		
股價／盈餘	69.0 倍[b]	6.9 倍
股價／帳面價值	310.0%	142.0%
股息率	.5%	2.4%
淨收入／銷售額	5.5%	5.4%
盈餘／帳面價值	4.5%	21.4%
流動資產／流動負債	1.63 倍	3.40 倍
營運資本／債務	.21 倍	無債務
每股盈餘成長		
1968 年比 1963 年	+48%	+450%
1968 年比 1958 年	+195%	+630%

a 已考慮優先股的轉換。

b 已考慮認股權證的市價價格。

與 Presto 公司的數據比較之後，這些數據就顯得更加異常。有人會問，Presto 的股價怎麼可能只有當期盈餘的 6.9 倍，而 General 的本益比卻幾乎是 Presto 的 10 倍。Presto 的所有比率都相當令人滿意——事實上，其成長率的數字還是令人感到有些疑慮的。我們的意思是，該公司顯然從戰爭中獲得了極大的好處，股東還是應該對和平時期的盈餘下降做好心理準備。然而，整體而言，Presto 符合穩健和價格合理的所有投資條件，至於 General 則具有 1960 年代後期典型的「綜合大企業」的各種特徵：涵蓋各種業務、具有宏偉的規模，但其市場價格卻沒有實質的價值基礎。

結果：1969 年，General 繼續執行業務多元化的政策，債務又增加了一些。然而，它大刀闊斧地沖銷了數百萬美元，主要是 Minnie Pearl Chicken 的投資。最終的數據顯示，虧損了 7,200 萬美元（不考慮投資賦稅優惠）或 4,640 萬美元（考慮賦稅優惠）。1969 年，其股價跌到了 16.5 美元，1970 年的最低價為 9 美元（只有 1968 年最高價 60 美元的 15%）。1970 年財報的稀釋後每股盈餘為 2.33 美元，1971 年股價反彈到 28.5 美元。National Presto 的每股盈餘在 1969 年和 1970 年都有所成長，從而創下了連續 10 年盈餘持續成長的記錄。然而，在 1970 年股市崩盤期間，其股價跌到了 21.5 美元。這是一個引人注目的價位，因為它還不到最近公佈盈餘的 4 倍，而且還低於當時的流動資產淨值。後來，我們發現 Presto 的股價在 1971 年上漲 60%，達到每股 34 美元，但有一些比率還是令人感到驚訝。擴張後的營運資本仍然約等於普通股市值，相當於當期股價只有最近公佈盈餘的 5.5 倍。如果投資者能找到 10 支這樣的股票來建構多元化的投資組合，那麼他必定會獲得令人滿意的結果。[19]

---

19. National Presto 目前仍是一家公開上市的公司，而 National General 則於 1974 年被另一家備受爭議的綜合大企業——美國金融集團（American Financial Group）收購了。美國金融集團在不同時期所經營過的業務包括：有線電視、銀行、不動產、共同基金、保險和香蕉。它還收購了賓州中央鐵路公司的部分資產（參見第 17 章）。

第 8 組：Whiting 公司（物料搬運設備）與 Willcox & Gibbs 公司（小型綜合企業）

在美國證券交易所的名單中，這兩家公司排列的位置十分接近，但並不相鄰。兩家公司的比較結果（參見表 18-8A）會使人們對華爾街的理性產生懷疑。營業額和利潤較少、普通股的有形資產水準只有一半的公司，其總市值大約為另一家公司的 4 倍。市值較高的公司，在扣除特別費用後的結果是巨額虧損；該公司已有 13 年沒有發放股息了。另一家公司長期擁有令人滿意的盈餘記錄，從 1936 年以來持續在發放股息，而且目前的股息率在所有的普通股中名列前茅。為了更生動地反映出兩家公司在業績上的差異，我們在表 18-8B 中列出了 1961 ～ 1970 年兩家公司的盈餘和股價記錄。

與出現在本章中大多數規模較大的公司相比，這兩家公司的經歷有助於人們了解美國中型企業有趣的發展過程。Whiting 成立於 1896 年，因此其歷史至少有 75 年。它似乎一直專注於從事物料搬運業務，並在過去幾十年都做得相當不錯。Willcox & Gibbs 的歷史更久遠（始於 1866 年），而且很早就在工業縫紉機製造業享有盛名。在過去 10 年中，它採用一種相當奇異的方式從事多角化經營。一方面，它擁有極多的附屬公司（至少有 24 家），所生產的產品種類令人眼花繚亂；另一方面，這家綜合型企業完全是由眾多的小企業（以華爾街一般的標準而言）組合而成的。

Whiting 公司的盈餘發展是這個時期的企業特徵，其盈餘以相當驚人的速度持續增長，從 1960 年的每股 41 美分成長到 1968 年的每股 3.63 美元。但是，這種成長並不能保證會一直持續下去。隨後，在截至 1971 年 1 月的 12 個月中，每股盈餘就下降到只有 1.77 美元——這只是反映了整體經濟的下滑。然而，股價的反應十分激烈，從 1968 年的最高點 43.5 美元到 1969 年的收盤下跌了 60%。根據我們的分析，該公司股票可說是次級市場中相當穩健而有吸引力的投資標的——適合積極型投資者將其納入到投資組合之中。

表 18-8A 第八組企業的相關數據

	Whiting 公司（1969 年）	Willcox & Gibbs 公司（1969 年）
股價（1969 年 12 月 31 日）	17¾	15½
普通股股數	570,000	2,381,000
普通股市值	10,200,000	36,900,000
債務	1,000,000	5,900,000
優先股	—	1,800,000
資本總市值	11,200,000	44,600,000
每股帳面價值	25.39	3.29
銷售額	42,200,000	$29,000,000
	（10 月）	（12 月）
扣除特別項目前的淨收入	1,091,000	347,000
扣除特別項目後的淨收入	1,091,000	赤字 1,639,000
每股盈餘（1969 年）	$1.91（10 月）	0.08[a]
每股盈餘（1964 年）	1.90（4 月）	0.13
每股盈餘（1959 年）	0.42（4 月）	0.13
當期股息	1.50	—
首次發放股息的時間	1954 年	（1957 年起沒有股息）
股價／盈餘	9.3 倍	非常大
股價／帳面價值	70.0%	470.0%
股息率	8.4%	—
淨收入／銷售額	3.2%	0.1%[a]
盈餘／帳面價值	7.5%	2.4%[a]
流動資產／流動負債	3.0 倍	1.55 倍
營運資本／債務	9.0 倍	3.6 倍
每股盈餘成長		
1969 年比 1964 年	持平	下降
1969 年比 1959 年	+354%	下降

a 未扣除特別項目。

表 18-8B Whiting 和 Willcox & Gibbs 兩家公司 10 年間的股價及盈餘紀錄

年份	Whiting 公司		Willcox & Gibbs 公司	
	每股盈餘 [a]	股價區間	每股盈餘	股價區間
1970	1.81	22½–16¼	0.34	18½–4½
1969	2.63	37–17¾	0.05	20⅝–8¾
1968	3.63	43⅛–28¼	0.35	20⅛–8⅓
1967	3.01	36½–25	0.47	11–4¾
1966	2.49	30¼–19¼	0.41	8–3¾
1965	1.90	20–18	0.32	10⅜–6⅛
1964	1.53	14–8	0.20	9½–4½
1963	0.88	15–9	0.13	14–4¾
1962	0.46	10–6½	0.04	19¾–8¼
1961	0.42	12½–7¾	0.03	19½–10½

a 截至 4 月 30 日的會計年度。

結果：1970 年，Willcox & Gibbs 出現小額虧損，其股價急劇下跌到最低點 4.5 美元，1971 年 2 月，隨著市場的回升反彈到 9.5 美元。以統計數據來看，很難證明這是合理的價位。Whiting 的股價跌幅相對較小，1970 年跌到 16.75 美元（此價格相當於每股的流動資產價值）。1971 年 7 月，其每股盈餘為 1.85 美元。1971 年初，股價上漲到 24.5 美元，此價格看似合理，但根據我們的標準，它已經不再是一支「廉價股」了。[20]

總結

之所以選擇這些用來比較的股票，多少有些刻意的安排，因此它們並不能代表所有隨機選擇的普通股。此外，這些股票僅限於工業類股，並沒有涉及到公用事業、運輸和金融等重要領域。但是，它們在規模、業務

20. Whiting 公司最終成為了 Wheelabrator-Frye 的附屬機構，但在 1983 年成為了私營公司。Willcox & Gibbs 現在由 Rexel 集團所擁有 —— Rexel 集團是一家電氣設備製造企業，附屬於法國的 Pinault-Printemps-Redoute 集團。Rexel 的股票在巴黎證券交易所上市交易。

種類以及質與量方面的比較，可以提供投資者做為普通股選擇上的參考。

在不同案例中，價格與價值之間的關係也有很大的差別。大多數情況下，成長記錄較好、獲利能力較強的公司，其本益比也比較高——這符合一般的邏輯。

然而，事實或未來的發展是否能證明本益比的具體差異是「合理的」，我們卻無法確定。另一方面，我們的確可以在相當多的情況下做出有價值的判斷，其中包括幾乎所有基礎不穩健且股價大幅波動的企業股票。這樣的股票不僅非常投機（這意味著具有風險），而且在大多數時間裡，股價通常明顯被高估。其他一些股票則因為受到了負面的市場情緒——我們不妨稱之為「投機傾向」——或是盈餘萎縮而造成過度悲觀情緒的影響，因此股價往往低於其價值。

在表 18-9 中，我們列出了本章所討論的幾支股票價格波動的情況。在 1961 ～ 1962 年以及 1969 ～ 1970 年，大多數的股票都呈現大幅下跌。顯然，投資者對未來這種不利的市場走勢必須做好準備。在表 18-10 中，我們還列出了 McGraw-Hill 公司普通股在 1958 ～ 1970 年間價格波動的情況。從中可以發現，最近 13 年來，其股價每年上漲或下跌的幅度至少達到 2 倍，多則達到 3 倍（就 National General 公司而言，每年上漲和下跌的幅度至少也是如此）。

在研究本章所列出的個股資料時，我們再一次感受到，一般證券分析的目標與我們認為可靠且有價值的目標之間，存在著明顯的差別。大多數證券分析師都想要挑選出未來表現最好的股票——主要是根據市場走勢來衡量，同時還要考慮其未來的盈餘發展。坦白說，我們十分懷疑這種做法能否達到令人滿意的結果。我們對於分析師的期待，是希望他們能完成這樣的工作：找出幾支特殊或少數的股票，然後很有信心地合理判斷其價格遠低於其價值。我相信只要憑藉著分析師的專業知識，應該就能夠完成這項工作，而且獲得令人滿意的整體結果。

表 18-9 16 支普通股的部分價格波動情況（已考慮 1970 年之前的股票分割）

	價格區間（1936～1970 年）	下跌（1961～1962 年）	下跌（1968 和 1969 年～1970 年）
Air Products & Chemicals 公司	1 3/8–49	43 1/4–21 5/8	49–31 3/8
Air Reduction 公司	9 3/8–45 3/4	22 1/2–12	37–16
美國家庭用品公司	7/8–72	44 3/4–22	72–51 1/8
美國醫療用品公司	3/4–47 1/2	11 5/8–5 3/4	47 1/2–26 3/4[a]
H & R Block 公司	1/4–68 1/2	–	68 1/2–37 1/8[a]
Blue Bell 公司	8 3/4–55	25–16	44 3/4–26 1/2
國際香料公司	4 3/4–67 1/2	8–4 1/2	66 3/8–44 7/8
國際收割機公司	6 1/4–53	28 3/4–19 1/4	38 3/4–22
麥格羅愛迪生公司	1 1/4–46 1/4	24 3/8–14[b]	44 3/4–21 5/8
麥格羅希爾公司	1/8–56 1/2	21 1/2–9 1/8	54 5/8–10 1/4
National General 公司	3 5/8–60 1/2	14 7/8–4 3/4[b]	60 1/2–9
National Presto 工業公司	1/2–45	20 5/8–8 1/4	45–21 1/2
不動產投資信託	10 1/2–30 1/4	25 1/8–15 1/4	30 1/4–16 3/8
紐約不動產公司	3 3/4–47 3/4	6 7/8–4 1/2	37 3/4–2
Whiting 公司	2 7/8–43 3/8	12 1/2–6 1/2	43 3/8–16 3/4
Willcox & Gibbs 公司	4–20 5/8	19 1/2–8 1/4	20 3/8–4 1/2

a 1970 年的最高價和最低價。

b 1959 年～ 1960 年。

表 18-10 1958 ～ 1971 年 McGraw-Hill 每年大幅的價格波動[a]

從	到	上漲	下跌
1958	1959	39–72	
1959	1960	54–109 3/4	
1960	1961	21 3/4–43 1/8	
1961	1962	18 1/4–32 1/4	43 1/8–18 1/4
1963	1964	23 3/8–38 7/8	
1964	1965	28 3/8–61	
1965	1966	37 1/2–79 1/2	
1966	1967	54 1/2–112	
1967	1968		56 1/4–37 1/2
1968	1969		54 5/8–24
1969	1970		39 1/2–10
1970	1971	10–24 1/8	

a 價格未考慮股票分割

第十八章 評釋

已有之事，日後必將再有；已行之事，日後必將再行；人世間並無新鮮事。哪有什麼事物能說是新的？殊不知，在我們以前的世代早已有了。

——《傳道書》I：9-10

我們將使用葛拉漢比較八組企業時所使用的經典方法（這是他在哥倫比亞商學院和紐約金融學院教學時首創的比較分析方法），對近年來幾家上市公司進行比較。請記住，這裡的結論只是在特定時間對這些股票所做的分析。廉價的股票日後還是有可能會被高估；昂貴的股票日後也有可能會變為廉價。幾乎所有的股票，在某個時刻都是廉價的交易，而在另一個時刻變得昂貴。儘管公司有好有壞，但沒有好股票這回事；只有好的股價，不過它們是會變化的。

第 1 組：CISCO 與 SYSCO

2000 年 3 月 27 日，思科公司（Cisco Systems, Inc.）成了全世界最有價值的公司，其股票總市值達到了 5,480 億美元。思科公司從事生產網際網路傳輸設備，在 10 年前首次公開上市交易。如果你在初始發行時購買了思科的股票，那麼你的收益將會是一個讓人誤以為是瘋子誤植的訊息：高達 103,697%，或年報酬率 217%。在前 4 季，思科的營業額為 149 億美元，盈餘為 25 億美元。思科的股價為其淨收入的 219 倍，這是大公司有史以來最高的本益比。

接下來是 Sysco 公司，它是大餐廳廚房的食品供應商，而且公開上市交易已 30 年了。在前 4 季，Sysco 的營業額高達 177 億美元（幾乎比思科多 20%），但其淨收入「只有」4.57 億美元。由於 Sysco 的總市值為

117 億美元，因此其本益比為 26 倍，這個數字遠低於市場平均本益比 31 倍。

一般投資者可能會有這樣的聯想：

問：當我提到思科公司時，你的腦海中首先浮現的是什麼？

答：網際網路……未來的產業……極棒的股票……熱門股……在其上漲之前我能購買一些嗎？

問：Sysco 公司如何？

答：送貨車……豆煮玉米……碎牛肉漢堡……肉餡洋芋派……學校午餐……醫院伙食……不用了，謝謝，我已經飽了。

人們對某公司股票的價值判斷，往往基於情感的意象，[1] 但智慧型投資者總是會更深入地思考。下面是抱持著懷疑態度看上述兩家公司財務報表所得到的結果：

- 思科在營業額和盈餘方面的成長大多來自於併購交易。僅僅 9 月這個月份，思科就以 102 億美元收購了 11 家其他的公司。這麼多的公司如何迅速地被收購呢？[2] 此外，思科前 6 個月的收入中，大約有三分之一來自於其高層和員工執行認股權證產生的稅賦優惠，而不是來自於其營業活動。而且，思科賣出 58 億美元的「投

1. 問問你自己，哪一家公司的股票可能會上漲更多：一家發現一種治療罕見癌症藥方的公司，還是另一家發現一種處理垃圾新方法的公司。對大多數投資者而言，治療癌症聽起來更激動人心，但處理垃圾的新方法將有可能賺到更多的錢。請參見：Paul Sovic, Melissa Finucane, Ellen Peters, and Donald G. MacGregor, "The Affect Heuristic," in Thomas Gilovich, Dale Griffin, and Daniel Kahneman, eds., Heuristics and Bases: The Psychology of Intuitive Judgment（Cambridge University Press, New York, 2002）, pp. 397-420, and Donald G. MacGregor, "Imagery and Financial Judgment," The Journal of Psychology and Financial Markets, vol. 3, no. 1, 2002, pp. 15-22。

2. 這家公司是一個「連環併購者」，其成長主要是透過大量收購其他的公司，而這種公司在華爾街幾乎總是沒有好下場。關於更多的討論，請參見第 17 章評釋。

資」後，又購買了 60 億美元的投資。它究竟是一家網際網路公司，還是一家共同基金公司呢？如果這些「投資」不再上漲，結果會如何？

- Sysco 在同一時期也併購了幾家公司——但只支付了大約 1.3 億美元。Sysco 公司授予內部人員的認股權證總數額，只有其流通在外普通股的 1.5%，而思科為 6.9%。如果內部人員執行其認股權證，Sysco 每股盈餘的稀釋程度將遠小於思科。而且，Sysco 將其季度股息從每股 9 美分提高到 10 美分，但思科沒有發放任何股息。

最後，正如華頓商學院金融學教授傑里米 · 西格爾（Jeremy Siegel）指出的，像思科這樣的大公司，不可能透過快速成長而使其本益比高於 60 倍——更不用說超過 200 倍的本益比了。[3] 一旦某公司成為了巨頭，其成長率必然會下降——否則它最終將吞噬整個世界。美國最偉大的諷刺作家安布羅斯 · 比爾斯（Ambrose Bierce）創造了一個詞彙「incomposbibile」（相互不可能的），用來形容兩件事情可以分別想像，但它們不可能同時存在。一家公司可以是巨頭，也可以有很高的本益比，但兩者不可能同時存在。

思科這巨頭很快就失去了成長動能。首先，在 2001 年，它花了 12 億美元對其中的一些併購進行了「重整」。在隨後的兩年，有消息說那些「投資」虧損了 13 億美元。從 2000 年到 2002 年，思科的股價下跌了四分之三。與此同時，Sysco 仍持續在發放股息，而且其股價在同一時期上漲了 56%（參見圖 18-1）。

3. 參見：Jeremy Siegel, "Big-Cap Tech Stocks are a Sucker's Bet," Wall Street Journal, March 14, 2000（可在下列網站獲得：www.jeremysiegel.com）。

圖 18-1 Cisco 與 Sysco

	2000 年	2001 年	2002 年
Cisco			
總報酬率（%）	–28.6	–52.7	–27.7
淨收入（百萬美元）	2,668	–1,014	1,893
Sysco			
總報酬率（%）	53.5	–11.7	15.5
淨收入（百萬美元）	446	597	680

註：總報酬以自然年度計算；淨收入以會計年度計算。

資料來源：www.morningstar.com。

第 2 組：Yahoo！與 Yum！

1999 年 11 月 30 日，雅虎（Yahoo! Inc.）的收盤價為 212.75 美元，比年初上漲了 79.6%。12 月 7 日，其股價為 348 美元——在 5 個交易日之內上漲了 63.6%。隨後，雅虎的股價一路瘋狂上漲，到了年底 12 月 31 日的收盤價為 432.687 美元。該股票在一個月內上漲了一倍多，大約增值了 580 億美元，從而使得總市值達到了 1,140 億美元。[4]

在前 4 季，雅虎的營業額為 4.33 億美元，淨收入為 3,490 萬美元。因此，雅虎現在的股價為其營業額的 263 倍，本益比為 3,264 倍。（請記住，葛拉漢對於本益比遠高於 25 倍的公司有諸多的批評！）[5]

為什麼雅虎的股價一路狂漲？原因在於，11 月 30 日股市收盤後，標準普爾宣布，它將在 12 月 7 日把雅虎納入標準普爾 500 指數之中。這將迫使指數基金和其他大型投資機構買進雅虎的股票——隨著需求的突然增

4. 2000 年 2 月，雅虎進行了 2 比 1 的股票分割；這裡的股價並沒有考慮到股票分割，其目的是為了反映股票的實際交易水準。但是，這裡所提到的報酬率與市值確實已反映股票分割的影響。

5. 已考慮併購的影響，雅虎的營業額為 4.64 億美元。葛拉漢在第 7 章和第 11 章中對高本益比的公司有諸多的批評。

加，肯定會將雅虎的股價推得更高（至少暫時如此）。由於雅虎 90% 的股票都留在員工、創投公司和其他限制性持股人的手中，只有一小部分在市場上交易，因此，成千上萬的人們瘋狂購買雅虎的股票，只是因為他們知道，會有其他人不得不購買這支股票，而且根本不考慮價格。

與此同時，Yum! 卻很可憐。做為百事可樂（它擁有肯德基、必勝客和 Taco Bell 等上千家連鎖餐館）以前的一個部門，Yum! 在前 4 季的營業額為 80 億美元，盈餘為 6.33 億美元——其規模為雅虎的 17 倍。然而，1999 年底，Yum! 的股票市值卻只有 59 億美元，相當於雅虎股本的 1／19。Yum! 的股價為其每股盈餘的 9 倍多一點，相當於其每股營業額的 73%。[6]

正如葛拉漢喜歡說的，「從短期來看，市場是一個投票機，但從長遠來看，它是一個磅秤機」，雅虎贏得了短期的人氣競賽。然而，最終的結果取決於獲利——雅虎在這一方面幾乎是一無所獲。一旦市場停止投票並開始秤重時，天秤就倒向了 Yum!。從 2000 年到 2002 年，Yum! 的股價上漲了 25.4%，而雅虎的股價累計下跌了 92.4%：

圖 18-2 Yahoo ！與 Yum ！

	2000 年	2001 年	2002 年
Yahoo!			
總報酬率（%）	–86.1	–41.0	–7.8
淨收入（百萬美元）	71	–93	43
Yum !			
總報酬率（%）	–14.6	49.1	–1.5
淨收入（百萬美元）	413	492	583

註：總報酬以自然年度計算；淨收入以會計年度計算。Yahoo ！ 2002 年的淨收入已考慮會計原則改變的影響。

資料來源：www.morningstar.com。

6. 當時，Yum! 的名稱為百勝全球餐飲公司（Tricon Global Restaurants, Inc.），不過其股票交易代碼為 YUM。2002 年 5 月，該公司正式更名為 Yum! 公司。

第 3 組：COMMERCE ONE 與 CAPITAL ONE

2000 年 5 月，第一商務公司（Commerce One, Inc.）自前一年 7 月公開上市交易以來，第一次提供年度報告顯示，該公司（其業務是為企業的採購部門設計網路「交易平台」）的資產只有 3.85 億美元；而且，儘管總營業額只有 3,400 萬美元，但淨虧損高達 6,300 萬美元。自從首次公開發行以來，這家小公司的股票幾乎上漲了 900%，總市值達到了 150 億美元。股價被高估了嗎？「是的，我們有很大的市值，」Commerce One 的執行長馬克 ‧ 霍夫曼（Mark Hoffman）在接受採訪時不以為然地說：「但我們有一個很大的市場。我們看到了極大的需求……分析師預期，我們今年的營業額將達到 1.4 億美元，而且過去我們一直都超出預期。」

霍夫曼的回答暴露出兩個問題：

- 由於 Commerce One 公司每 1 美元的銷售會帶來 2 美元的虧損，如果其營業額（如「分析師的預期」）增加到 4 倍，那虧損豈不是更大？
- Commerce One 公司在「過去」是如何超出預期的？過去指的是什麼時候？

當被問及該公司是否能轉虧為盈時，霍夫曼胸有成竹地說：「無庸置疑地我們將會轉虧為盈。我們將在 2001 年第 4 季開始獲利，分析師認為，我們的年營業額將超過 2.5 億美元。」

分析師們也開始發表評論了！「我看好 Commerce One 公司，因為它的成長速度比 Ariba 公司（一個激烈的競爭對手，其股價也大約為其每股銷售額的 400 倍）更快，」Wasserstein Perella 投資銀行的分析師珍妮特 ‧ 辛（Jeanette Sing）說：「如果以此速度繼續成長下去，2001 年，Commerce One 公司的股價將會是其每股銷售額的 60 ~ 70 倍。」（換句話說，我只要指出另一支比 Commerce One 公司股價更嚴重被高估的股票，就可以說 Commerce One 公司的股票還算是便宜的？）[7]

第一資本金融公司（Capital One Financial Corp.）則是另一個極端——它是萬事達卡和 Visa 信用卡的發行商。從 1999 年 7 月到 2000 年 5 月，該公司的股價下跌了 21.5%。然而，Capital One 公司在 1999 年的總資產為 120 億美元，獲利為 3.63 億美元（比上一年成長了 32%）。由於其市值大約為 73 億美元，因此股價為其每股盈餘的 20 倍。Capital One 公司的狀況並不是在各方面都很順遂（經濟衰退期間違約率大幅上升，但該公司還沒籌集到貸款呆帳準備金），但其股價至少已經反映了部分潛在的風險。

接下來的情況如何呢？2001 年，Commerce One 公司獲得了 4.09 億美元的營業額。遺憾的是，這些營業額所帶來的淨虧損高達 26 億美元，相當於每股虧損 10.30 美元。另一方面，從 2000 年到 2002 年，Capital One 公司獲得了將近 20 億美元的淨收入，而其股票在這 3 年則下跌了 38% ——比市場總體下跌的情況稍好一些。在同一段期間，Commerce One 公司的股價則下跌了 99.7%。[8]

投資者不該聽信霍夫曼及其哈巴狗分析師的言論，他真正應該關注的是 Commerce One 公司在 1999 年年度報告中坦誠的警告：「我們從未獲利，而且我們預期在可預見的未來還會繼續虧損，甚至有可能永遠無法實現獲利。」

7. 參見："CEO Speaks" and "The Bottom Line," Money, May 2000, pp. 42-44。

8. 2003 年初，Commerce One 公司的首席財務長辭職了，因為證券監管機構指控他涉嫌內線交易。

第4組：Palm與3Com

2000年3月2日，數據網路公司3Com將其子公司Palm 5%的股票公開發售，其餘95%的股份將在未來幾個月內分配給3Com公司的股東；每一股3Com公司的股票，可獲得1.525股Palm公司的股票。

因此，你可以透過兩種方式得到100股的Palm公司股票：一是從IPO市場中取得股票；二是購買66股的3Com公司股票，並等待母公司分配Palm其餘的股份。由於1股3Com可以獲得1.5股Palm，因此最終你將擁有100股Palm公司的股票——而且你還能擁有66股的3Com。

但是，有誰願意等待幾個月呢？儘管3Com正與思科這樣的強勁對手纏鬥，但Palm可是掌上型電腦這一熱門產品的領導者。因此，Palm的股價從38美元的發行價飆升到收盤時的95.06美元，第一天就有150%的回報。這使得Palm的股價達到了前12個月每股盈餘的1,350多倍。

就在同一天，3Com的股價則從104.13美元下跌到81.81美元。如果考慮到Palm的股價，3Com當天的收盤價應該是多少呢？這很容易就可以計算出來：

- 1股的3Com可以獲得1.525股的Palm
- Palm的收盤價為95.06美元
- 1.525×95.06美元=144.97美元

這就是根據Palm的股價計算出來的3Com每股價值。因此，若以81.81美元的收盤價來看，交易者可能認為，3Com公司所有其他業務所帶來的每股價值為負的63.16美元，或者說總共為負的220億美元！歷史上大概沒有任何股票的價格，會比這更愚蠢的了。[9]

但這裡頭有個問題：正如3Com的價值不可能負220億美元一樣，Palm的價格實際上也不可能為其每股盈餘的1,350多倍。到了2002年底，兩家公司股票都在高科技股全面下跌的局面下受到了傷害，但真正受到打擊的是Palm的股東（參見圖18-3）——因為他們當初購買該股票時，根本就把所有的基本原則全都給忘了。

圖 18-3 Palm 股價的下跌

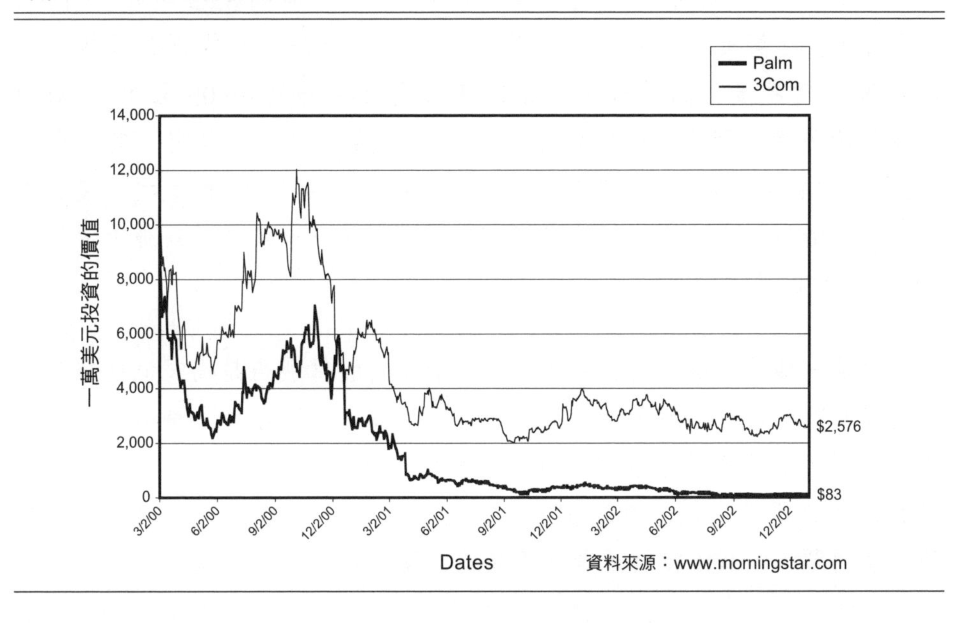

9. 對於這種離譜事件更進一步的分析，請參見：Owen A. Lament and Richard H. Thaler, "Can the Market Add and Subtract?" National Bureau of Economic Research working paper no. 8302, at www.nber.org/papers/w8302。

第 5 組：CMGI 與 CGI

從 2000 年一開始，CMGI 的股票就成為了一隻黑馬，因為該股票的價格在 1 月 3 日達到了 163.22 美元——與一年之前的價格相比，上漲了 1,126%。CMGI 公司做為一家「網路孵化者」，它所從事的是對各種新設立的網路企業提供融資和併購（其中包括 theglobe.com 和 Lycos 等較早成立的明星企業）。[10]

在 1998 年會計年度，隨著股價從 98 美分上漲到 8.52 美元，CMGI 花費了 5,380 萬美元，收購了一些網際網路公司的全部或部分股權。在 1999 年會計年度，隨著股價從 8.52 美元急速上漲到 46.09 美元，CMGI 又在併購方面花費了 1.047 億美元。在 1999 年的最後 5 個月，其股價竄升到 138.44 美元時，CMGI 在併購交易上總共花費了 41 億美元。幾乎所有的「資金」，全都來自於自己所印製的貨幣——也就是目前總市值超過 400 億美元的普通股。

這是一種神奇賺錢的旋轉木馬。CMGI 的股價漲得越高，它就越有能力收購其他公司。CMGI 收購的其他公司越多，其股價就上漲得越高。被併購公司的股票首先會因為即將被 CMGI 收購的傳聞而上漲；隨後，一旦 CMGI 收購了它們，其股價又會因此而上漲。當時沒有人關注到這樣的一個問題：CMGI 在最近會計年度的業務虧損了 1.27 億美元。

在 CMGI 公司總部（設在 Andover）西南方不到 70 英里的 Webster（屬於麻薩諸塞州），就是 CGI 公司（Commerce Group, Inc.）總部的所在地。CGI 的情況與 CMGI 完全不同：其主要業務是提供麻薩諸塞州駕駛員的汽車保險，而這種古老行業的股票並不太受到人們的歡迎。1999

---

10. CMGI 公司一開始是大學行銷社團（College Marketing Group），其主要業務是銷售大學教授的論文和課程訊息給學術著作出版商——它令人感到模糊不安的地方在於，其業務與全美學生行銷公司（National Student Marketing）的業務非常相似，葛拉漢在本書的第 9 章中曾有所討論。

年，CGI 的股價下跌了 23% ——儘管其 8,900 萬美元的淨收入，只是比 1998 年的水準下降了 7%。CGI 甚至還發放了 4% 以上的股息（CMGI 則沒有任何股息）。CGI 的股票總市值為 8.7 億美元，其交易價格還不到公司 1999 年每股盈餘的 10 倍。

隨後，所有情況突然之間就出現了逆轉。CMGI 神奇賺錢的旋轉木馬嘎然而止：網際網路相關股票停止了上漲，接著直奔而下。由於無法透過出售這些股票來獲利，CMGI 不得不以其利潤來填補虧損。2000 年，公司虧損了 14 億美元，2001 年虧損了 55 億美元，2002 年又虧損將近 5 億美元。其股價從 2000 年初的 163.22 美元，下跌到 2002 年底的 98 美分——總共下跌了 99.4%。然而，不受歡迎的古老行業 CGI 公司，獲利則持續穩定成長，其股價在 2000 年上漲了 8.5%，2001 年上漲了 43.6%，2002 年又上漲了 2.7% ——累計上漲達 60%。

第 6 組：Ball 與 Stryker

2002 年 7 月 9 日至 7 月 23 日，Ball 公司的股價從 43.69 美元跌到 33.48 美元——下跌了 24%，公司的股票市值為 19 億美元。在同樣的這兩週內，Stryker 公司的股價從 49.55 美元跌到 45.6 美元——下跌了 8%，其股票總市值為 90 億美元。

究竟是什麼原因，使這兩家公司的市值在如此短的時間內大幅縮水？Stryker 公司（主要生產骨科移植和醫療設備）在這兩週期間，發布了一則消息；它在 7 月 16 日宣布其第二季的營業額成長了 15%，達到 7.34 億美元，而盈餘更激增了 31%，達到 8,600 萬美元。第二天股價就上漲了 7%，但隨後就跌下來了。

Ball 公司最初是著名的「Ball 密封罐」的生產商（該密封罐用於裝水果和蔬菜），現在則是為工業客戶生產金屬和塑料包裝產品。在前述的兩週期間，Ball 公司並未發布任何消息。然而，它在 7 月 25 日公佈，其第二季10億美元的營業額帶來了5,000萬美元的利潤——與上一年同期相比，淨收入成長了61%。這使得最近4季的盈餘達到1.52億美元，從而使股票的交易價格，變成僅為其每股盈餘的12.5倍。而且，由於帳面價值達11億美元，因此股票的交易價格只達到了公司有形資產價值的1.7倍。（不過，Ball公司還有9億多美元的債務。）

Stryker的情況完全不同。在最近的4季，該公司的淨收入為3.01億美元。Stryker的帳面價值為5.7億美元。因此，該股票的交易價格為其過去12個月每股盈餘的30倍，而且為其帳面價值的16倍。另一方面，從1992年到2001年底，Stryker的盈餘年成長率為18.6%；其股息每年成長近21%。2001年，為了奠定未來成長的基礎，Stryker在研發方面花費了1.42億美元。

那麼，究竟是什麼原因，使得這兩支股票下跌呢？在2002年7月9日到7月23日之間，隨著世界通訊公司陷入破產，道瓊工業指數從9,096.09點下跌到7,702.34點，跌幅達15.3%。這兩家公司的好消息全被負面的頭條新聞淹沒了，而且下跌的股市也把這兩支股票全拖下水了。

雖然Ball的股價最終還是比Stryker的股價便宜許多，但這裡的教訓並不是說，Ball就是一個便宜貨，而Stryker的價格就難以接受。相反地，智慧型投資者應該認識到的是，市場恐慌有可能會使好公司的股價變得更合理（如Ball公司），也有可能會使優秀公司的股價變得更昂貴（如Stryker公司）。Ball公司2002年的收盤價為每股51.19美元，從7月的最低價上漲了53%；Stryker公司2002年的收盤價為67.12美元，也上漲了47%。每隔一段時間，市場中的價值股和成長股都有可能會被廉價出售。至於你喜歡哪一種股票，主要取決於你自己的個性，但是魚和熊掌不可兼得。

第7組：NORTEL 與 NORTEX

光纖設備公司北電網路（Nortel Networks）在1999年年度報告中宣稱，這是「最賺錢的一個年份」。2000年2月，北電的市值超過了1,500億美元，其股票的交易價格是華爾街分析師預估其2000年每股盈餘的87倍。

這種預估有多大的可信度？北電的應收帳款（客戶尚未付清的貨款）在一年之中激增了10億美元。該公司表示，應收帳款的上升是「由於1999年第4季的銷售增加所造成的」。然而，存貨也激增了12億美元——這意味著，北電生產設備的速度比「銷售增加」的速度還要快。

同時，北電的「長期應收帳款」（長期合約尚未收到的款項）也從5.19億美元激增到14億美元。而且，北電在控制成本方面處境艱難；其銷售費用、一般費用和管理費用（或經常性開支）占營業額的比例，從1997年的17.6%上升到1999年的18.7%。總而言之，北電在1999年虧損了3.51億美元。

接下來是Nortek公司。該公司生產一些最不起眼的產品：聚乙烯壁板、門鈴、排氣扇、抽油煙機和廢物壓縮機等。1999年，Nortek公司從20億美元的淨銷售額中賺取了4,900萬美元的利潤，而1997年的銷售額和利潤則分別為11億美元和2,100萬美元。Nortek的淨利潤率（淨收入在淨銷售額中所占的比例）從1.9%上升到2.5%，幾乎上升了三分之一。而且，Nortek公司已經削減了經常性開支，從營業額的19.3%降到了18.1%。

公平地說，Nortek公司的擴張大多來自於收購其他公司，而不是來自於內部成長。此外，Nortek還有10億美元的債務，這對一家小企業來說並不是一個小數目。但是，2000年2月，Nortek的股價（大約為其1999年每股盈餘的5倍）只有小幅下跌。

另一方面，北電的股價（為其2000年預估每股盈餘的87倍）則包含了過多的樂觀情緒。當一切都塵埃落定之後，北電在2000年並沒有像分析師預測的那樣，獲得每股1.3美元的盈餘，而是每股虧損了1.7美元。截至2002年底，北電的虧損已超過了360億美元。

另一方面，Nortek公司2000年的盈餘為4,160萬美元，2001年為800萬美元，2002年1～9月則為5,500萬美元。其股價從每股28美元上漲到2002年的每股45.75美元——上漲了63%。2003年1月，Nortek公司決定下市——以每股46美元的價格，從大眾投資者手中買回所有的股票。與此同時，北電的股價則從2000年2月的56.81美元，下跌到2002年底的1.61美元——總共下跌了97%。

第8組：RED HAT與BROWN SHOE

1999年8月11日，專門從事Linux軟體開發的紅帽公司（Red Hat）首次公開發行股票。紅帽公司的股票十分搶手：最初發行價為7美元，交易開盤價為23美元，而當天的收盤價則為26.031美元——上漲了272%。[11] 僅在一天之內，紅帽公司股票上漲的幅度就超過了布朗鞋業（Brown Shoe）過去18年的漲幅。到了12月9日，紅帽的股價已達到143.13美元——在4個月內上漲了1,944%。

與此同時，布朗鞋業是靠著本業逐步成長的。這家成立於1878年的公司，主要的業務是巴斯特布朗鞋（Buster Brown）的批發，並且在美國和加拿大經營近1,300家的鞋店。布朗鞋業的股價在1999年8月11日為17.50美元，12月9日則跌到14.31美元。1999年一整年，布朗鞋業的股

---

11. 紅帽公司所有的股價，都已考慮2000年1月進行的2比1股票分割。

價下跌了17.6%。[12]

除了有一個很酷的名字和熱門股之外，紅帽公司的投資者得到了什麼？在截至11月30日的9個月，該公司實現了1,300萬美元的銷售額，同時帶來了900萬美元的淨虧損。[13]紅帽公司的業務量比街頭的熟食店大一些，而其利潤卻遠低於熟食店。但是，在「軟體」和「網際網路」等詞彙的煽動之下，股票交易者將紅帽公司的股票總市值推升到12月9日的213億美元。

那麼，布朗鞋業的情況如何呢？該公司前3季的淨銷售額為12億美元，盈餘則為3,200萬美元。布朗鞋業的股價中，包含了近5美元的現金和不動產；而且，孩子們還是在購買巴斯特布朗鞋。然而，儘管布朗鞋業的營業額為紅帽公司的100倍，布朗鞋業在1999年12月9日的股票總市值卻只有2.61億美元——還不到紅帽公司的1／80。按照這一股價來計算，布朗鞋業的價值僅為其年盈餘的7.6倍，而且還不到其年營業額的四分之一。另一方面，紅帽公司根本沒有利潤，但股票總市值卻超過了其年營業額的1,000倍。

後來紅帽公司仍持續虧損。很快地，其股票也大幅下跌。然而，布朗鞋業仍努力耕耘，也獲得了更多的利潤——其股東因此獲得了豐厚的報酬（參見圖18-4）。

---

12. 諷刺的是，65年前，葛拉漢認為布朗鞋業是紐約證券交易所最穩定的公司之一。請參見1934年出版的《證券分析》一書的第159頁。

13. 我們之所以使用9個月的數據，純粹只是因為紅帽公司12個月的財務報告中包括了併購交易。

圖 18-4 Red Hat 與 Brown Shoe

	2000 年	2001 年	2002 年
Red Hat			
總報酬率（%）	–94.1	13.6	–16.8
淨收入（百萬美元）	–43	-87	–140
Brown Shoe			
總報酬率（%）	–4.6	28.2	49.5
淨收入（百萬美元）	36	36	–4

註：總報酬以自然年度計算；淨收入以會計年度計算。

資料來源：www.morningstar.com。

從這些案例的比較中，我們學到了什麼？短期內，市場可能會對葛拉漢的原則嗤之以鼻，但這些原則最後總會再次得到印證。如果你只因為某支股票一直上漲就去買進，而不是因為該公司的價值上升，那麼你遲早會感到十分後悔。這種事並不是有可能發生而已，它是必然會發生的。

股東與管理階層：股息政策

從 1934 年以來，我們一直在我們的文章中表明，股東對公司的管理階層應該抱持著更明智而積極的態度。我們要求股東慷慨地對待那些明顯做得不錯的管理階層。同時，我們也要求股東在營運績效不如理想時，力求得到清楚而令人滿意的解釋，並要求改善或撤換不稱職的管理層。如果發生下列的情況，股東就應該對管理階層的能力提出質疑：（1）經營績效無法令人滿意；（2）相較於其他類似企業，表現較差；（3）績效結果導致股票價格長期無法令人滿意。

過去 36 年來，大多數股東並未能靠著明智的行動，獲得任何實際的結果。任何一位明智的鬥士（如果真有這樣的人的話）面對此種局面，恐怕只會覺得自己是在浪費時間，最好還是放棄這場戰鬥好了。所幸的是，我們的主張並未就此隕落，因為市場出現了一項新的發展（即所謂併購或競價收購），從而挽救了這樣的局面。[1] 我們在第 8 章曾經說過，較差的管理層會導致較差的股價。反過來說，較低的股價也會吸引那些對多元化經營感興趣的企業——現在就有很多這樣的企業。此類的併購，大多是透過下列方式完成的：與現有的管理層達成協議；收購市場上的股份；由併購公司提出併購要約。併購的價格通常相當於在妥善管理下的企業價值。因此，在許多情況下，對公司事務不太積極的股東大眾，會因為「外部人」的行動而得到拯救——這些外部人有可能是特別有企圖心的個人或團體。

在絕大多數的情況下，較差的管理層並不會因為「股東大眾」的行為而有所改變，但卻會因為某一個人或少數幾個人獲得了控制權而改變。

---

1. 出人意料的是，就在葛拉漢這本書的最後一版出版之後，併購交易就逐漸消失了；而且，1970 年代和 1980 年代初，美國現代工業的效率呈現了極低的水準。生產的汽車有瑕疵，生產的電視機和收音機也經常出問題；許多上市公司的經理人，不僅忽視其外部股東當前的利益，也忽視自己企業未來的發展前景。後來所有的這一切，都在 1984 年開始發生改變：當時，獨立石油商 T.Boone Pickens 對海灣石油公司發動了惡意收購。很快地，藉由 Drexel Burnham Lambert 推動的垃圾債券融資業務，「蓄意收購者」開始在美國的企業中尋找獵物，從而迫使那些長期僵化的公司不得不採用新的有效方法。儘管許多與併購交易相關的公司遭到了毀滅，但其餘的美國企業全都因此進行了精簡（這是有利的方面），但同時也變得更加吝嗇了（這不一定是有利的）。

近幾年來，這種情況經常發生，因此引起一般上市公司管理階層（包括董事會）的注意：如果其經營績效及相應的股票價格都極不理想，那麼它就有可能會成為被他人成功併購的目標。因此，董事會可能就必須在履行其基本職責上比以前更為積極，以顯示其公司具有一個良好的管理高層。與以前相比，最近幾年更經常能看到公司在更換總裁。

不過，並非所有不盡人意的公司，都能受益於這種發展。這種改變經常發生在公司業績長期不佳而又無力採取補救措施的情況下，而且還有賴於大量失望的股東低價拋售股票，使積極的外部投資者得以獲得控股地位。股東大眾的確可以透過改進管理階層和管理政策的行動來幫助自己，但是這一想法實際上有點不切實際，因此本書沒有必要再做進一步的討論。那些態度積極、有足夠精力出席股東年會的個人股東（一般情況下，這種行動是完全沒有用的），並不需要我們去告訴他們，應該提出哪些管理上的問題。至於其他的股東，即使我們提出任何建議，也只是白費口舌而已。儘管如此，在這一節的最後，我們還是要呼籲股東，要以開放的心態仔細閱讀其他想改善公司在管理上明顯缺失的股東所發出的委託書（proxy material）。

股東與股息政策

過去，股息政策是股東大眾（或「少數派」股東）與管理階層經常爭論的問題。一般情況下，股東總希望能分得更多的股息，而管理階層則傾向於保留盈餘，以「增強公司的實力」。他們會要求股東犧牲眼前的利益，以追求企業的整體利益（以及他們自己的長遠利益）。但是，近年來投資者對股息的態度已逐漸出現了重大改變。現在，贊成發放少量而不是更多股息的基本理由，已不再是公司「需要」資金，而是公司可利用這些資金從事更有利的擴張，可以為股東帶來直接和間接的好處。多年以前，實力較弱的公司一般都不得不保留盈餘，而不會按照一般的做法，釋出 60% ～ 75% 的盈餘做為股息。過去這種做法，幾乎總是會對股票價格產生不利的影響。如今比較有可能發生的情況，反倒是一些實力強勁和快速成長的企業，在投資者和投機者的許可下，保留其本應配發的股息。[2]

有一種強而有力的理論，認為企業保留盈餘再投資，可以創造出更大的盈餘。但是，也有一些強烈反對的意見，例如有人認為，公司的盈餘是「屬於」股東的，因此他們有權要求管理階層在審慎管理的範圍內配發股息；許多股東需要依靠股息來維持生活；他們收到的股息才是「實實在在的錢」，而保留在公司的盈餘，並不一定會成為股東日後的有形資產。事實上，這些相反的觀點具有很強的說服力，因此長期以來股市一直偏愛配息比較大方的企業，而不看好沒有股息或股息相對較少的企業。[3]

最近 20 年來，「保留盈餘再投資」的理論越來越受到人們的重視。過去的成長記錄越好，投資者和投機者就越能接受較低股息的政策。這種觀點的影響十分強大，因此在許多情況下，成長股即使沒有股息，也不會對其股票價格產生任何實際的影響。[4]

德州儀器公司就是最明顯的一個例子。其普通股的價格從 1953 年的 5 美元上漲到 1960 年的 256 美元；同時，每股盈餘也從 43 美分上升到 3.91 美元。然而，該公司並沒有配發任何股息。（它在 1962 年才開始發放現金股息，但是當年的每股盈餘降到了 2.14 美元，股價也大幅下跌到 49 美元的最低點。）

---

2. 葛拉漢所說的這種反常現象，到了 1990 年代變得更加強烈：我們幾乎總是可以看到，企業越強大，發放股息的可能性就越小——或股東要求配發股息的願望就變得越小。「股息率」（配發給股東的股息占公司盈餘的百分比）從葛拉漢時代的「60% ～ 75%」，下降到 1990 年代末期的 35% ～ 40%。

3. 【原註】研究分析的資料顯示：在一般情況下，分派 1 美元的股息與保留 1 美元的盈餘做比較，前者對股價的正面影響為後者的 4 倍。這一點可以從 1950 年之前公用事業類股的表現得到證實。股息分派率較低的股票，其本益比也較低；而且這些股票之所以被證明特別具有吸引力，是因為它們的股息後來都大幅增加了。從 1950 年以來，公用事業類股的配息率大體上是一致的。

4. 1990 年代後期，許多科技公司強烈主張，應該將其所有的盈餘，全部都「再投入該企業」，因為公司所賺取的回報，將遠高於股東自己將股息再投資而可能獲得的回報。令人難以置信的是，投資者從來沒有對這種「老子我最內行」（Daddy-Knows-Best）的主張提出過質疑——或者說，他們根本就沒有意識到，公司的現金是屬於股東的，而不是屬於管理者的。請參見本章的評釋。

另一個極端案例是 Superior 石油公司。1948 年，該公司公布的每股盈餘為 35.26 美元，股息為 3 美元，而股價則高達 235 美元。1953 年，股息降到了每股 1 美元，但最高股價卻達到了 660 美元。1957 年，該公司沒有任何股息，股價竟高達 2,000 美元！這支非同尋常的股票，後來在 1962 年跌到了每股 795 美元，而當時的每股盈餘為 49.5 美元，股息則為 7.5 美元。[5]

投資者對成長型企業之股息政策的情緒反應並不很明確。從美國最大的兩家企業── AT&T 和 IBM ──就可以看出市場完全不同的情緒反應。AT&T 一直被視為是一支具有很好成長潛力的股票，這點可以從下列的事實中看得出來：1961 年，其股價為當年每股盈餘的 25 倍。然而，該公司的現金股息政策一直是投資者和投機者首先考量的因素，甚至只要有一些即將提高股息率的傳言，都會使其股價做出積極的反應。另一方面，人們似乎很少關注 IBM 的現金股息──該公司在價格較高的 1960 年，只有 0.5% 的股息；而在 1970 年底，也只有 1.5% 的股息。（但是，股票分割對這兩家公司的股價都有強烈的影響。）

市場對現金股息政策的評斷，似乎正朝著下列方向發展：如果公司的主要重點不在於企業成長，該股票就會被視為是「收益型股票」，而其股息率也就會成為長期決定此類股票價格的主要因素。另一方面，如果是可以明顯看出正在快速成長的股票，其價值就會主要取決於（例如，未來 10 年的）預期成長率，而其現金股息也就不在人們的考慮之內了。

儘管上述的觀點可以反映目前的趨勢，但這絕不是所有普通股的實際情況，而且對於絕大多數普通股來說，或許根本就不適用。首先，許多企業的屬性都介於成長型和非成長型之間。在這種情況下，很難說成

---

5. Superior 石油公司的股價在 1959 年達到了最高峰每股 2,165 美元，當時的股息為 4 美元。多年以來，Superior 石油公司一直都是紐約證券交易所中股價最高的股票。這家由休斯頓 Keck 家族所控制的公司，於 1984 年被美孚公司收購了。

長率這一因素有多麼重要，而且市場的觀點基本上也會逐年不同。其次，要求成長較慢的企業配發更多的現金股息，這本身似乎就有些矛盾。因為這樣的公司一般都是不太興旺的企業，而且根據過去的經驗，企業越興旺，預期將來配發的股息和成長率都會更大一些才對。

我們認為，股東應該要求管理階層按照一般的做法來配發股息（例如，提出盈餘的三分之二），或者要求他們提出明確的證明，保留盈餘再投資可以使每股盈餘獲得令人滿意的成長。這樣的證明，通常可以在成長型企業中看到。但是，在其他許多案例中，較低的股息顯然是造成該股票平均市場價格低於其合理價值的理由，因此在這樣的情況下，股東就有充分的理由，去質詢和說出自己的不滿。

許多情況下，企業在配發股息方面往往會採取吝嗇的政策，因為其財務狀況相對較弱，需要以全部或大部分的盈餘（加上折舊費用）來償付債務和增加自己的營運資本。在這樣的情況下，股東也就沒有什麼好說的了──或許只能批評管理階層，把公司的財務狀況弄得如此難以令人滿意。不過，有一些不太興旺的企業，往往會以擴展業務為由而不配發股息。我們認為，這樣的政策根本不合邏輯，因此股東在接受這樣的政策之前，應該要求公司做出完整的解釋，並給出令人信服的理由。從過去的記錄來看，如果一家企業的業績平平，而且管理階層還是原班人馬，人們也就沒有理由相信，這些管理階層有能力善用股東的資金從事擴張，並從中獲得好處。

股票股利和股票分割

投資者必須瞭解，股票股利（stock dividends）與股票分割（stock splits）之間實質上的差異。股票分割（通常是從 1 股分割為 2 股或 3 股）代表的是普通股結構的改變。分割之後的新股，與盈餘再投資沒有什麼關係。股票分割的目的，主要是降低股票的市場價格，因為比較低的價格，可以讓新舊股東更容易接受。執行股票分割時，可以採用配發股息的方式（這種做法必須把盈餘公積轉入資本帳戶中），也可以採用改變股票面值的做法（這樣就不會影響到盈餘帳戶）。[6]

而所謂的股票股利，指的是一種配發給股東的股息。這種股息是以有形的憑證或書面證明，來代表特定的盈餘，而這些特定的盈餘，則會在最近一段較短的期間內（比如在近兩年之內），以股東的名義對企業進行再投資。目前普遍的做法是，以宣布配發股息當時股票的市場價格估算其價值，並將等值的金額從盈餘公積轉入資本帳戶。股票股利的金額通常都相對較小——大多數情況下都不會超過總股本的 5%。基本上，這種股票股利的整體效果，相當於從盈餘中分派現金股息，股東再用這筆股息認購新股。這種直接配發股票股利的做法，具有重要的稅賦優勢，但公用事業公司幾乎都是採用現金股息和認股權證相結合的做法。

紐約證券交易所目前採用 25% 這個數字，來做為股票分割和股票股利之間實際的分界線。如果股息分配達到或超過總股本的 25% 以上，就屬於股票分割，不需要按市值將部分盈餘公積轉入資本帳戶中。[7] 有些公司（尤其是一些銀行）還是採用老做法而隨意宣布股票股利（例如，未參考近期盈餘，即宣布發放 10% 的股息），這種情況將造成金融領域的混亂。

長久以來，我們一直強烈主張，在現金股息和股票股利方面應該採用明確而有系統的政策。根據這種政策，定期配發的股票股利應該全部或依一定比例從盈餘公積轉入資本帳戶。像這樣的政策（包括 100% 的盈

6. 如今幾乎所有的股票分割，都採用直接改變股票價值的做法。在 2 比 1 的分割中，1 股會變為 2 股，因此每股的交易價格就會變成原本價格的一半；在 3 比 1 的分割中，1 股會變為 3 股，所以每股的價格就會變成先前的三分之一；其餘以此類推。只有在極少數情況下，才會出現葛拉漢時代的做法，「將盈餘公積轉入資本帳戶中」。

7. 紐約證券交易所第 703 條規定，就是針對股票分割和股票股利之間的界定。目前紐約證券交易所將高於 25% 且低於 100% 的股票股利規定為「部分股票分割」。與葛拉漢時代的情況不同的是，這些股票股利現在必須符合紐約證券交易所提出的會計要求：必須將股息從保留盈餘轉入資本帳戶中。

餘再投資）已有Purex公司、政府雇員保險公司以及其他幾家公司採用。[8]

研究股息的大多數學者，似乎都對各種股票股利抱持否定態度。他們堅持認為，股票股利說穿了也只不過是一些紙而已，實際上並沒有為股東帶來額外的好處，而且它還涉及到一些不必要的費用和麻煩。[9] 我們認為，這完全是一種脫離現實的觀點，因為並沒有考慮到投資的實際情況與投資心理。沒錯，定期配發的股票股利（例如5%）只是改變了股票持有者的投資「形式」。因為這麼一來，他就擁有了105股，而不是100股；但最初100股所代表的股東權益，與現在的105股是一樣的。儘管如此，這種形式的改變對股票持有者來說，還是有實際意義和價值的。如果他想把盈餘再投資的股份轉為現金，只要賣掉所獲得的新股票就可以了，而不必去拆分自己原有的股票。這麼一來，他就可以獲得原本預期的現金股息了。但100股配發5%現金股息的可能性，比起100股配發5%股票股利的可能性要小得多。[10]

公用事業公司通常會先發放大量的現金股息，然後再發行新股，並透過認股權證的方式將大部分的現金收回；與此種做法相較之下，我們

---

8. 這種做法在葛拉漢的時代已算是很不尋常，如今則更是罕見。1936年及後來的1950年，紐約證券交易所中大約還有半數股票配發所謂的特別股息。但到了1970年，比例已降到10%以下，1990年代更降到遠低於5%。（請參見：Harry DeAngelo, Linda DeAngelo, and Douglas J. Skinner, "Special Dividends and the Evolution of Dividend Signaling," Journal of Financial Economics, vol. 57, no. 3, September, 2000, pp. 309-354。）這種下降趨勢最合理的解釋是，企業管理者擔憂，股東有可能會把這種特別股息理解為未來盈餘有可能下降的一個信號，因此也就越來越少公司這麼做了。

9. 針對股息的學術批評，主要是由默頓・米勒（Merton Miller）和佛朗哥・莫迪利亞尼（Franco Modigliani）發起的。他們有一篇具重大影響力的論文《股息政策、成長與股票價值》（1961年）使他們獲得了諾貝爾經濟學獎。米勒和莫迪利亞尼認為，股息其實是無關緊要的，因為不管投資回報是來自於股息和股價的上漲，還是僅僅來自於股價的上漲，只要總回報是一樣的，投資者根本就不會去在意其中的差別。

10. 葛拉漢的這種觀點如今已不再有用，投資者可以跳過這一段，因為現在股東再也不必擔心「必須拆分」股票了。現在幾乎所有的股票，都是以電子形式而不是實體存在的。至於葛拉漢所說的，100股配發5%現金股息的「可能性」小於100股配發5%股票股利，不知道他是如何計算出這一可能性的。

就可以明顯看出定期股票股利政策的好處。[11] 正如我們前面所提到的，股東不管是獲得股票股利，還是獲得現金股息加上認股權證，在股東權益上都是不變的——不同之處只在於，股票股利可以節省所得稅。而對於那些想獲得最大現金收益的人來說，他們只需要把股票股利賣掉就可以了，這與賣出認股權證的效果其實是一樣的。

如果能以股票股利的做法，取代目前公用事業公司所採用的現金股息結合認股權證的做法，就可以省下大量的所得稅。我們強烈要求公用事業公司改變其做法（雖然這對美國財政收入會造成不利的影響），因為我們認為，對一筆利潤（股東實際上並沒有得到這筆利潤，因為公司透過新股認購又將這筆錢收回去了）課徵雙重（個人）所得稅，這種做法是極不公平的。[12]

只要是有效率的企業，一定會設法改進自己的設備、產品、會計方法、管理階層培訓計劃以及勞資關係。如今，他們也應該考慮如何改進財務上的做法，而其中最重要的，就是股息政策。

---

11. 與葛拉漢時代相比，如今認股權證（常被簡稱為「權證」）的使用已經不常見了。認股權證是指，公司現有股東以低於市場價格認購該公司新發行股票的權利。不參與認購的股東，其擁有該公司股份的比重最終將會下降。因此，與其他許多涉及「權證」的情況一樣，認股權證多少有一些強迫性。如今，使用認股權證最常見的是封閉式基金、保險公司或其他控股公司。

12. 2003 年初，布希政府在降低公司股息雙重課稅方面取得了一些進展，不過最終通過的法案究竟會有多大幫助，目前還言之過早。其實更簡單的做法，就是讓公司配發的股息可用於抵稅，但這並不在所提出的法案之內。

第十九章 評釋

只要稍加扭曲，真理就可以成為最危險的謊言。

—— G.C. 李希登堡（G. C. Lichtenberg）

葛拉漢為何放棄？

在《智慧型股票投資人》這本書的最新修訂版中，葛拉漢對這一章節的修訂或許是最大的。在第一版中，本章的內容接近34頁。原本這章（「身為企業擁有者的投資者」）包含了股東的投票權、如何判斷企業管理的品質，以及如何檢驗公司內部人士與外部投資者之間的利益衝突等等內容。然而，在最後修訂的這一版中，葛拉漢卻將整個內容刪減成8頁有關股息的討論。

葛拉漢為什麼將原來的論述砍掉四分之三呢？經過幾十年的倡導之後，葛拉漢顯然放棄了希望，因為在監督公司管理層的行為方面，投資者似乎根本就不感興趣。

然而，近期廣泛出現的醜聞（例如AOL、Enron、Global Crossing、Sprint、Tyco和WorldCom等大公司，都分別在管理行為不當、會計不透明和涉嫌逃漏稅等方面受到了指控）明確地告訴了我們，葛拉漢先前的告誡比以往任何時候都顯得更加重要。現在，就讓我們以如今發生的事件為例，重新探討這一話題。

理論與實踐

本書第一版（1949年）中，在探討「身為企業擁有者的投資者」這一章時，葛拉漢一開始就指出，從理論上來說，「股東的位階就像是國王。身為絕大多數的股東，他們可以僱用和解聘公司管理層，而且能使公司管理層完全順從自己的意志。」但是，從實際面來看，葛拉漢說：

「股東根本是無能的。他們既沒有表現出智慧，也沒有警覺性。他們對管理層的任何建議，都像綿羊般投票贊成，而不管管理層的經營績效有多麼糟糕……唯一能激發一般股東採取獨立明智行動的辦法，只有對其當頭一棒……我們不得不指出這樣一個矛盾的事實：耶穌似乎比美國股東更像是一個現實的商人。[1]」

葛拉漢希望你認識到一些基本但卻十分微妙的事實：當你購買了某家公司的股票，你就成為了該公司的擁有者。公司所有的管理者（包括CEO在內）其實都是在為你工作;公司的董事會必須對你的問題做出回答;公司的現金屬於你；公司的業務是你的財產。如果你不喜歡公司的管理方式，你有權要求解僱管理者、更換董事，或者要求出售公司的財產。「股東們，」葛拉漢說：「應該清醒了。」[2]

明智的股東

如今，投資者似乎已經忘記葛拉漢的忠告。他們在購買股票時費盡大部分的精力，在賣出股票時則只花費很少的精力，而在擁有股票時，他們根本就不花費任何的精力。「毫無疑問地」，葛拉漢提醒我們，「無

---

1. 參見本書1949版。關於引用耶穌的話，葛拉漢是這樣解釋的：「在《福音書》中，至少有4個寓言提及富人與其財產管理者之間十分重要的關係。其中最貼切的一個寓言是，『某位富人』對其管家或管理者說（富人指責他浪費了自己的財物）：『把你所經管的交代明白，因為你不再是管家了。』（《路加福音》16：2）。」葛拉漢所記得的其他寓言，似乎來自於《馬太福音》25：15-28。

2. 參見：Benjamin Graham, "A Questionnaire on Stockholder-Management Relationship," The Analysts Journal, Fourth Quarter, 1947, p. 62。葛拉漢說，他對將近600名專業證券分析師進行調查後發現，超過95%的人認為，股東有權對無法提升股票價值的管理者進行正式調查。葛拉漢苦笑著說：「實際上，這樣的行動幾乎是從未聽說過的。」關於這一點，他說：「這反映出股東與管理層之間存在著一道鴻溝。」

論是即將成為股東，還是已經成為股東，都需要謹慎和判斷。」[3]

然而，做為一個智慧型投資者，應該如何成為一個明智的股東呢？葛拉漢首先告訴我們，「股東只需要關注兩個基本問題：

1. 企業的管理是否有效率？

2. 企業管理層是否適當考慮到一般外部股東的權益？」[4]

只要將該企業的獲利能力、規模和競爭力與同產業中類似的企業相比，就可以判斷出該企業管理層的效率。如果你得出的結論是管理層缺乏效率，那麼該怎麼辦？這時，葛拉漢認為：

「首先，公司大股東要相信改革是必要的，而且願意朝著這一方向努力。其次，一般股東應該以開放的心態閱讀委託書，並對雙方的觀點進行權衡。他們至少應該知道公司何時開始出現問題，而且不能只聽信現任的管理層，以虛偽的陳腔濫調所做的辯護。第三，如果數據清楚顯示公司的經營結果遠低於平均水準，那麼最好依照慣例，請公司外部的業務工程師來對管理層的政策和能力做出評判。[5]」

什麼是「委託書」？為什麼葛拉漢堅持認為你應該閱讀這份資料？在發送給每位股東的委託書中，公司會宣布股東大會的日期，並詳細揭露其管理者與董事的薪酬和擁有的股份，以及內部人員與公司之間的交易訊息。股東可以投票表決，選出審核財報的會計師和公司董事會成員。如

---

3. 參見《證券分析》（1934 年版）第 508 頁。

4. 參見本書 1949 年版，第 218 頁。

5. 請參見本書 1949 年版的第 223 頁。葛拉漢補充說，公司必須透過代理投票授權給外部股東所組成的獨立委員會來挑選出「業務工程公司」，而該業務工程公司會將其報告提交給股東而不是董事會。但是，公司將承擔這一評估項目的成本。葛拉漢所認為的業務工程公司包括基金公司、信用評級機構和證券分析師的組織等。如今，投資者可以從成百上千的諮詢公司、企業改制顧問公司和風險管理協會的成員中挑選業務工程公司。

果你能理智地閱讀委託書，那麼這份資料就類似於礦坑中的金絲雀——它可以做為一個早期的預警信號。（參見隨後有關安隆公司的專欄內容。）

安隆事件

1999年，安隆公司（Enron Corp.）在《財富》500強中名列美國大公司的第7位。這家能源巨頭的營業額、資產和獲利就像火箭一樣直線上升。

然而，如果撇開這些華麗的數字，仔細查看安隆公司1999年的委託書就會發現，在「特定交易」（Certain Transactions）這一欄目下透露出這樣的訊息：安隆的財務長安德魯・法斯托（Andrew Fastow）是LJM1和LJM2這兩家合夥企業的「管理層成員」——這兩家企業購買了「與能源和通訊相關的投資」。LJM1和LJM2是從何處購買的？為什麼是安隆而不是別家公司！根據委託書所提供的訊息，這兩家合夥企業已經從安隆公司購買了1.7億美元的資產——有些是向安隆借錢購買的。

明智的投資者馬上會問：

- 安隆的董事會同意這樣的交易嗎？（是的，委託書上是這麼說的。）
- 法斯托會從LJM公司獲得利潤嗎？（是的，委託書上是這麼說的。）
- 做為安隆的財務長，法斯托是否應該維護安隆公司股東的權益？（當然。）
- 所以，法斯托有義務為安隆公司出售的任何資產爭取最大的價格？（當然。）

- 但是，如果LJM高價購買安隆公司的資產，這不是有可能降低LJM的利潤，從而使法斯托個人的收入減少了嗎？（顯然如此。）
- 另一方面，如果LJM低價購買，這將使法斯托及其合夥人的獲利增加，但它不會損害到安隆公司的收入嗎？（顯然如此。）
- 安隆公司應該借錢給法斯托的合夥企業以購買安隆公司的資產，從而給法斯托帶來個人利益嗎？（你在說什麼？！）
- 所有這一切不就是反映了令人擔憂的利益衝突嗎？（情況顯然如此。）
- 你對安隆公司的董事同意這樣的安排有什麼看法？（這說明你應該把錢拿到別處去投資。）

從這一災難中我們得到兩個明確的教訓：在深入研究數據之前，一定要具備相當的常識；而在購買股票之前（以及之後），一定要閱讀委託書。

然而，一般情況下，有三分之一到二分之一的個人投資者不會針對委託書中的問題去投票。[6] 他們甚至不會去閱讀委託書。

瞭解委託書內容和投票，是智慧型投資者追蹤訊息最根本的做法，而憑著自己的良心去投票，更是一個好公民應有的作為。無論你擁有公司股份的10%，還是僅僅擁有100股（只有公司股份的百萬分之一），這並不重要。如果你從未閱讀過自己股票公司的委託書而遇上公司破產，那麼你也只能怪自己了。如果你閱讀了委託書，並發現了一些讓你覺得

6. 2002年，根據徵求委託代理權的兩家主要公司Georgeson Shareholder和ADP's Investor Communication Services的統計結果顯示，投資者的回覆率大約為80%-88%（其中包括股票經紀人代替客戶寄回的委託書。除非客戶特別表明，否則這些委託書將自動對管理階層投下贊同票）。因此，有12%-20%的股票持有者沒有投票。由於個人所擁有的股票市值只占美國股市的40%，而且像養老基金和保險公司這樣的機構投資者都必須依法投票，因此這也就意味著，大約有三分之一的個人投資者沒有投票。

不妥的東西，那麼：

- 請對每位董事投反對票，讓他們知道你不同意他們的行為。
- 出席股東年會，並闡述自己的權利。
- 找一個專門討論股票的線上留言板（如 http://finance.yahoo.com），號召其他投資者加入你的行動行列。

葛拉漢還有另外一種方法，可能對如今的投資者有所幫助：

「……最好挑選出一位或多位專業的獨立董事。這些人必須有廣泛的業務經驗，能夠從不同的專業角度觀察企業的問題……他們必須提供一份獨立的年度報告，直接向股東報告，而且其中的內容必須包含他們對一些重大問題的看法——這些問題是企業擁有者所關注的：企業為外部股東帶來的結果，是否符合適當管理條件下的預期呢？如果不是，原因是什麼呢？還有，應該怎麼辦呢？[7]」

人們可以想像葛拉漢的建議，會在公司的親朋好友與高爾夫夥伴（現在有許多「獨立」董事都是由這樣的人擔任的）之間，造成多大的恐慌。（我們並不認為這會使他們的背脊發涼，因為大多數的獨立董事，似乎根本就沒有脊樑。）

到底是誰的錢

現在讓我們來看葛拉漢的第二個標準：管理層是否能為外部投資者謀取最大的利益。管理者總是告訴股東，他們最了解公司的資金應該如何運用，但葛拉漢看穿了這些管理者的胡謅大話：

---

7. 參見本書 1949 年版，第 224 頁。

「公司的管理層有可能把公司經營得很好，但卻無法給外部股東帶來理想的結果，因為公司的效率取決於營業活動，而不是資本的有效利用。高效率的經營目標是以最低的成本生產，並且出售最賺錢的物品。高效率的融資則要求股東資金的使用最符合他們的利益，而這個問題正是管理層不感興趣的。事實上，公司管理階層幾乎總是會盡可能地從企業擁有者那裡獲取更多的資金，以解決其自身的財務問題。因此，一般管理層將擁有過多不必要的資本──只要股東允許的話，而且情況經常如此。[8]」

1990 年代末和 2000 年代初，一些主要科技公司的管理層將「老子我最內行」（Daddy-Knows-Best）這種態度發揮到了極致。其理由是這樣的：既然我們能夠替你進行投資，並將你的現金轉變成股價的上漲，為什麼還要求我們配發股息呢？看看我們的股票一直在上漲──難道這還不能證明我們比你更能使資金增值嗎？

令人難以置信的是，投資者完全接受了這樣的觀點。「老子我最內行」因此成為了真理：到了 1999 年，首次公開發行股票的公司中，只有 3.7% 在當年配發了股息，而在 1960 年代，則有 72.1% 的 IPO 公司配發股息。[9] 從圖 19-1 中可以看到，美國股市中配發股息的公司比例已下降了（圖中黑影的部分）。

---

8. 參見本書 1949 年版，第 233 頁。

9. 參見：Eugene F. Fama and Kenneth R. French, “Disappearing Dividends: Changing Firm Characteristics or Lower Propensity to Pay?” Journal of Financial Economics, vol. 60, no. 1, April, 2001, pp. 3-43, especially Table 1; see also Elroy Dimson, Paul Marsh, and Mike Staunton, Triumph of the Optimists（Princeton Univ. Press, Princeton, 2002）, pp. 158-161。有趣的是，自 1970 年代以來，美國股票配發股息的總金額一直在上升（即使已考慮通貨膨脹因素），但配發股息的股票家數已經縮減了近三分之二。參見：Harry DeAngelo, Linda DeAngelo, and Douglas J. Skinner, “Are Dividends Disappearing? Dividend Concentration and the Consolidation of Earnings: available at: http://papers.ssrn.com。

圖 19-1 誰在配發股息？

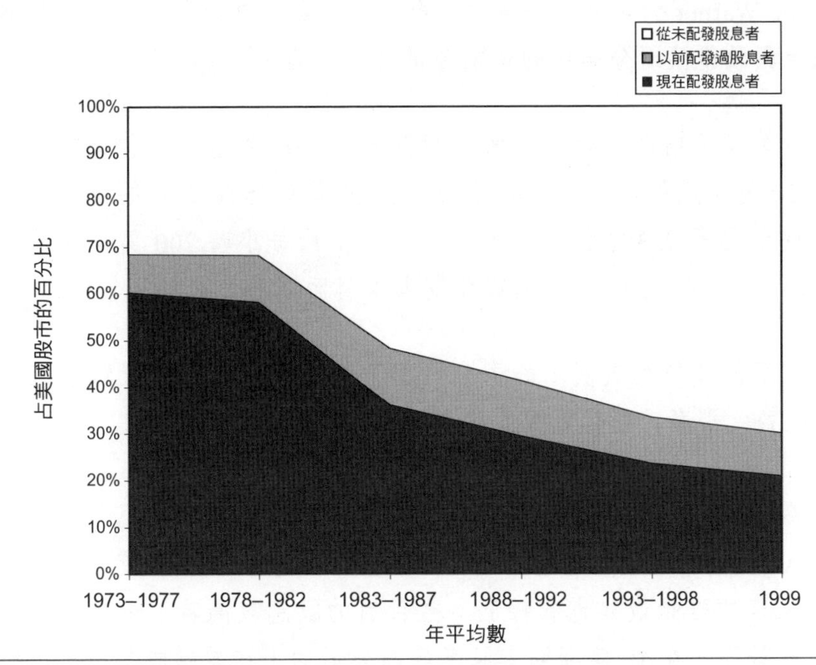

資料來源：Eugene Fama and Kenneth French, "Disappearing Dividends," Journal of Financial Economics, April 2001.

然而，「老子我最內行」這句話只不過是騙人的謊言。儘管有些公司能使自己的資金發揮很好的作用，但有更多的公司陷入了其他兩種情況：不是把資金浪費了，就是資金成長過快超出了應有的需求。

關於第一種情況，請看下面幾個例子。Priceline.com 公司魯莽地進入食品雜貨業和汽油業之後，在 2000 年虧損了 6,700 萬美元；Amazon.com 公司由於「投資」Webvan 和 Ashford.com 等網路公司遭逢巨大失敗後，其股東的財富至少縮水了 2.33 億美元。[10] 除此之外，迄今為止最大的兩筆

10. 或許，班傑明・富蘭克林（Benjamin Franklin）擔任 CEO 可以避免這種問題。據說，他會把硬幣放在石棉做的錢包中，以防止這些錢把自己的口袋燒出一個洞來。

虧損記錄（2001 年 JDS Uniphase 公司 560 億美元的虧損，以及 2002 年 AOL Time Warner 公司 990 億美元的虧損），就是在這些公司不願配發股息而決定與股價被過分高估的企業合併時發生的。[11]

至於第二種情況，請看下面幾個例子。2001 年底，甲骨文公司已經累積了 50 億美元的現金；思科公司至少囤積了 75 億美元的現金；微軟積累的現金更高達 382 億美元，而且還以平均每小時 200 萬美元的速度持續增加。[12] 不知道比爾 · 蓋茲預期未來將面臨多大的困境？

這些案例清楚地表明，許多公司都不知道如何利用閒置現金來賺取額外的收益。那麼，統計數據能夠告訴我們什麼呢？

- 羅伯特 · 阿諾特（Robert Arnott）和克里福德 · 阿斯尼斯（Clifford Asness）等基金經理人的研究發現，當目前的股息較低時，公司未來的盈餘最終也會較低；當目前的股息較高時，未來的盈餘也會較高。在 10 年期間，股息較高公司的平均盈餘成長率，比股息較低的公司高出 3.9 個百分點。[13]

---

11. 《商業周刊》的一項研究顯示，從 1995 年到 2001 年，在 300 多件大型的合併案中。有 61% 最終都給併購公司股東的財富帶來了損失——這種情況被稱為「贏家的詛咒」或「買家的悲哀」。此外，交易中使用股票而不是現金收購的併購方，其業績往往比競爭對手的公司差 8%。（參見：David Henry, "Mergers: Why Most Big Deals Don't Pay Off: BusinessWeek, October 14, 2002, pp. 60-70。）類似的學術研究發現，併購非上市公司和上市公司的子公司會對股價產生有利影響；但是，併購整個上市公司，會給併購方的股東帶來虧損。（參見：Kathleen Fuller, Jeffry Netter, and MikeStegemoller, "What Do Returns to Acquiring Firms Tell Us?" The Journal of Finance, vol. 57, no. 4, August, 2002, pp. 1763-1793。）

12. 由於利率處在歷史最低水準，因此堆積如山的閒置現金只會帶來少得可憐的報酬。正如葛拉漢所說的：「只要公司有閒置現金，外部股東就不可能從中受益。」（參見本書 1949 年版，第 232 頁。）事實上，2002 年底，微軟的現金餘額已激增到 434 億美元——這清楚地表明，公司無法為所獲得的現金找到很好的用途。正如葛拉漢所說的，微軟的營業活動是有效率的，但其融資活動則並非如此。為了解決這一問題，微軟在 2003 年初宣布，它將開始按季度定期配發股息。

13. 參見：Robert D. Arnott and Clifford S. Asness, "Surprise! Higher Dividends =Higher Earnings Growth, " Financial Analysts Journal, January/February, 2003,pp.70-87。

- 哥倫比亞大學會計學教授多倫・尼辛（Doron Nissim）和阿米爾・齊夫（Amir Ziv）的研究發現，增加股息的公司不僅有較好的股票報酬，而且「其股息的增加還會使得未來至少 4 年的股票報酬『更高』」。[14]

總而言之，當管理者說自己能夠比你更好地發揮你現金的作用時，他們大多數都是錯的。配發股息並不能保證是最好的結果，但它確實增加了一般股票的報酬，而且它至少從管理者手中，擠壓出一些可能會被浪費或儲存起來的現金。

貴買賤賣

公司用閒置現金買回自家股票，是一種不錯的做法——這一觀點如何？當公司買回部分的自家股票時，其流通在外的股票數量就會下降。即使公司的淨收入保持不變，但其每股盈餘將會上升，因為其總收益將分攤到較少的股數之中。反過來，這將使得股價上升。更有利的是，對不出售其股份的投資者來說，股息需要課稅，而回購股票則是免稅的。[15] 因此，回購股票可以增加他們的股票價值，又不會加重其稅賦負擔。因此，如果股價便宜，將閒置資金用於回購股票，是妥善利用公司資本的一種很好的做法。[16]

---

14. 參見：Doron Nissim and Amir Ziv, "Dividend Changes and Future Profitability, "The Journal of Finance, vol. 56, no. 6, December, 2001, pp. 2111-2133。即使對阿諾特、阿斯尼斯、尼辛與齊夫關於未來獲利的觀點持不同意見的研究者也認為，股息的增加會導致未來更高的股票報酬。（參見：Shiomo Benartzi, Roni Michaely, and Richard Thaler, "Do Changes in Dividends Signal the Future or the Past?" The Journal of Finance, vol. 52, no. 3, July, 1997, pp. 1007-1034。）

15. 喬治・布希總統在 2003 年初提出的稅制改革，將改變股息應納所得稅，但本書出版時，該法案尚未通過。

16. 從歷史上看，公司都是根據常理進行股票回購——股價較高時減少回購，股價較低時增加回購。例如，1987 年 10 月 19 日股市大跌之後，有 400 家公司宣布將在隨後的 12 天之內進行股票回購，而在此之前的股價較高期間，只有 107 家公司宣布過回購計劃。請參見：Murali Jagannathan, Clifford P. Stephens, and Michael S. Weisbach, "Financial Flexibility and the Choice Between Dividends and Stock Repurchases: Journal of Financial Economics, vol. 57, no. 3, September, 2000, p. 362。

所有這一切在理論上都是正確的。遺憾的是，在現實世界中，股票回購的目的經常只是為了解決問題。如今，由於認股權證已成為公司主管薪酬中的最大部分，因此許多公司（尤其是高科技公司）必須為那些執行認股權證的管理者，發行數百萬股的股票。[17] 但是，這將使得流通在外的股數增加，從而降低了每股盈餘。為了抵消這種稀釋作用，公司必須回過頭來在公開市場回購數百萬股的股票。2000 年，所有公司用於回購自家股票的金額竟然高達全部淨收入的 41.8%，而在 1980 年時，這一比例只有 4.8%。[18]

現在，讓我們來看軟體巨頭甲骨文公司的情況。從 1999 年 1 月 1 日到 2000 年 5 月 31 日，甲骨文分別發行 1.01 億股和 2,600 萬股的普通股給予其主管和員工，並且籌集到 4.84 億美元的資金。與此同時，為了防止認股權證的執行稀釋了每股盈餘，甲骨文花費了 53 億美元（或當年總營業額的 52%）回購了 2.907 億股的股票。甲骨文發行給內部員工的股票平均價格為每股 3.53 美元，而回購股票的平均價格則為每股 18.26 美元。貴買賤賣：這是「提升」股東價值的方法嗎？[19]

2002 年，甲骨文的股價還不到其 2000 年最高價的一半。現在，其

---

17. 所謂的認股權證是指，公司給予其管理層和員工在未來按某一既定價格購買公司股票的權利（但沒有義務一定要購買）。將認股權證轉換成股票的行為被稱為「執行」權利。員工在執行認股權證之後，可以按當期的市價賣出股票，並獲得差價利潤。由於數百萬單位的認股權證有可能在某一年被執行，因此該公司必須增加其股份的供給。但是，隨後公司的淨收入將被更多的股份所分攤，而使其每股盈餘下降。因此，公司通常會被迫回購其股票，以抵消發行給認股權證持有者的股票。1998 年，63.5% 的公司財務長承認，回購股票的主要原因在於抵消認股權證所帶來的稀釋作用（參見：CFO Forum, "The Buyback Track," Institutional Investor, July, 1998）。

18. 導致這種變化的其中一個主要因素是，美國證券交易委員會在 1982 年決定放寬先前對股票回購的限制。請參見：Gustavo Grullon and Roni Michaely, "Dividends, Share Repurchases, and the Substitution Hypothesis, " The Journal of Finance, vol. 57, no. 4, August, 2002, pp. 1649-1684。

19. 在葛拉漢所有的文章中，他一直堅持認為，公司管理層不僅有責任確保其股價不被低估，而且還要確保其股價永遠不會被高估。正如他在《證券分析》中所說的（1934 年版，第 515 頁），「為了股東的權益，公司管理層有責任（在其能力範圍內）防止自家的股票價格被荒謬地高估或過分地低估。」因此，提升股東價值並不僅僅意味著確保股價不能太低，它也意味著股價不能夠上漲到不合理的水準。1999 年，網際網路公司的高層要是能注意到葛拉漢的這一觀點就好了！

股價更便宜了，甲骨文會趕緊買回更多的股票嗎？從2001年6月1日到2002年5月31日，甲骨文用於回購股票的金額縮減為28億美元，其原因顯然在於這一年其主管和員工執行認股權證的數量較少。像這樣貴買賤賣的現象，也明顯存在於許多其他科技公司。

這是為什麼呢？因為有兩個出人意料的因素在起作用：

- 公司主管和員工執行認股權證，會給公司帶來稅賦優惠（美國國稅局將認股權證視為公司的「薪酬費用」）。[20] 例如，在2000～2002年會計年度，由於公司內部人員執行認股權證，甲骨文因而獲得了16.9億美元的稅賦優惠。1999年和2000年，由於公司主管和員工獲取了19億美元的認股權證利潤，Sprint公司也獲得了6.78億美元的稅賦優惠。
- 薪酬中認股權證占很大比重的高層，若從自身利益著想，必然會支持股票回購而不是發放股息。為什麼呢？由於技術上的緣故，認股權證的價值會隨著股價波動更加劇烈而上升，但股息會減弱股價的波動性。所以，如果管理者增加股息，就會降低自己所擁有認股權證的價值。[21]

難怪公司的CEO們寧願回購股票，也不願意發放股息——他們不管股價如何被高估，也不管這會浪費外部股東多少資金，就是要回購股票。

---

20. 奇怪的是，儘管認股權證被視為是一種薪酬費用，但在公司的損益表中並沒有列入這項費用。投資者只能寄望會計改革，能改變這種荒謬的做法。

21. 參見：George W. Fenn and Nellie Liang, "Corporate Payout Policy and Managerial Stock Incentives," Journal of Financial Economics, vol. 60, no. 1, April, 2001, pp. 45-72。股息能使股價波動性較小的原因在於，它提供了穩定的當期收益，使得股東在面對市場價格波動時可以得到緩衝。一些研究人員發現，有股票回購計劃（但無現金股息）的公司，其平均獲利的波動幅度至少是發放股息公司的兩倍。在一般情況下，這種不穩定獲利會使股價的波動性更大，從而使得管理者所擁有的認股權證更有價值，即股價暫時地高漲會帶來更多的機會。如今，大約有三分之二的高層，其薪酬是以認股權證和其他非現金形式給予的；而在30年前，其薪酬中至少有三分之二是現金。

公開公司高層的認股權證薪酬

最終，懵懂的投資者只能放任公司發給公司高層不合情理的高額薪酬。1997 年，蘋果電腦公司的共同創始人史蒂夫．賈伯斯（Steve Jobs）以「臨時」執行長的身份重返公司。由於已經很富有，賈伯斯堅持每年只要 1 美元的現金薪酬。1999 年底，為了感謝這位「在過去兩年半沒有薪酬」的 CEO，公司董事會送給了賈伯斯一架灣流噴射機——這就花費了公司 9,000 萬美元。隔月，賈伯斯同意將他頭銜中的「臨時」兩個字卸下，而董事會則賞給他 2,000 萬股的認股權證（在此之前，賈伯斯總共持有 2 股的蘋果股票）。

授予管理者認股權證的原則是，必須與外部投資者的利益一致。如果你是蘋果公司的外部股東，那麼只有當蘋果的股票獲得很好的回報時，你才會允許公司的管理者得到獎勵。對於你和公司其他的擁有者而言，任何其他的做法都是不公平的。然而，正如先鋒基金的前任主席約翰．伯格（John Bogle）所指出的，幾乎所有的管理者都會在執行認股權證後，立即將所獲得的股票出售。他們一下子就出售上百萬張的股票，以獲取眼前的利益，這種行為怎麼可能與忠誠於公司的長期股東的利益是一致的呢？

以賈伯斯的情況為例，如果蘋果的股價以每年 5% 的速度上漲到 2010 年初，他的認股權證就能兌現 5.483 億美元。換句話說，即使蘋果的股票回報還不到整體市場長期平均回報的一半，賈伯斯也會有 5 億美元的意外之財。[22] 賈伯斯的利益與蘋果公司股東的利益一致嗎？或者說，蘋果公司的董事會是否濫用了公司股東對自己的信任？

---

22. 參見蘋果電腦公司 2001 年 4 月股東大會委託書的第 8 頁（可以從 ww.sec.gov 找到）。賈伯斯獲得的認股權證和股票，都已考慮 2 比 1 的股票分割。

仔細閱讀委託書之後，明智的企業擁有者就應該投票否決下列高層的薪酬計劃：利用認股權證將公司 3% 以上的股份轉給管理者。對於沒有卓越績效（例如，至少 5 年的表現優於同業平均水準）而授予認股權證的任何計劃，你都應該否決。如果管理者經營的結果不好，那麼這位 CEO 就不應該只顧著讓自己變得更富有。

最後一點思考

讓我們回頭來看看葛拉漢的建議：公司的每一位獨立董事，都應該以書面形式向股東提供報告，說明該企業是否能代表其真正的擁有者，進行妥善的經營。如果獨立董事必須評判公司的股息政策和股票回購政策的合理性，情況會如何發展？如果他們必須說明自己是如何判斷公司高層薪酬的合理性，情況又會如何？如果每一位投資者都成為了明智的企業擁有者，並且實際閱讀公司的財務報告，情況又會如何發展呢？

投資的核心概念：「安全邊際」

在古老的傳說中，有一些智者將人世間的種種，最後總結成一句話：「一切都將成為過去」。[1] 同樣地，我們也將穩健投資的秘訣，總結成一句座右銘：「安全邊際」（margin of safety）。這就是投資的核心概念，它貫穿了前面所有關於投資策略的論述——有時非常明確，有時不太明顯。現在，就讓我們以連貫的論述，簡要地探討這一概念。

每個有經驗的投資者應該都知道，在挑選適當的債券和優先股時，安全邊際這個概念是極為重要的。例如，以投資級債券來說，鐵路公司的（稅前）盈餘至少應該為公司總固定費用（利息支出等）的 5 倍以上，而且要連續幾年保持這樣的記錄。公司所賺取盈餘足以超出利息要求的能力，就構成了一種安全邊際——如果公司未來的淨收入下降，這種安全邊際就可以防止投資者遭受到損失。（超出費用的安全邊際，也可以用其他方式來表示，例如盈餘在扣除利息費用之後，所剩金額完全消失之前，公司的營業額或盈餘還能容許下降多大的百分比。不過，其基本概念是一樣的。）

債券投資者並不會指望未來的平均盈餘，會與過去的情況一樣；如果他有這樣的認知，他所需要的安全邊際就可以比較小一點了。但實際上他不可能有把握，知道未來盈餘是否會顯著優於或劣於過去；如果他事先就知道，那他就不需要根據過去的記錄，只需要根據未來收益的估計值，就可以衡量出他所需要的安全邊際了。基本上，安全邊際的作用，主要就是提供投資者對未來盈餘的一個大致估計。如果安全邊際很大，就比較能保證未來盈餘不會遠低於過去，從而使投資者不至於因為時間的變化而遭受損失。

1. 「據說，東方有一位國王，有一次要求手下的智者為他想出一句話，話的含義必須經常可以觀察到，而且適用於所有時間和情況。後來智者們告訴國王：『一切都將成為過去。』這是多麼令人感動的一句話啊！在驕傲的時刻，它可以給人們提醒；在極度痛苦的時刻，它也能給人們很好的安慰。『一切都將成為過去。』但是，我們還是希望這句話並不完全正確。」——參見：Abraham Lincoln, Address to the Wisconsin State Agricultural Society, Milwaukee, September 30, 1859, in Abraham Lincoln: Speeches and Writings, 1859-1865（Library of America, 1985）, vol. II, p. 101。

另一方面，債券的安全邊際也可以透過比較企業總價值與債務的規模來進行計算（優先股也可以採用類似的方法）。如果企業擁有 1,000 萬美元的債務，而其公允價值為 3,000 萬美元，那麼債券持有者在蒙受虧損之前，企業價值至少還有三分之二的下降空間（在理論上是如此）。這部分高於債務的價值或「緩衝」，只要利用次級證券長期的平均市場價格，就可以大致計算出來。由於平均股價通常與企業的平均獲利能力有關，因此「企業價值」超出債務的差額，以及盈餘超出費用的差額，在大多數情況下都可以帶來同樣的結果。

前述這些應用於「固定收益投資」的安全邊際計算方式，也可以應用於普通股領域嗎？是的，但必須做一些修改。

如果普通股也能夠像優質債券那樣擁有足夠的安全邊際，那我們就可以同樣把它視為穩健的投資。實際上這種情況確實有可能出現，例如某家企業只發行普通股，而這些普通股在不景氣情況下，市場價格如果低於該企業以財產和獲利能力為擔保而發行債券的價值，就屬於這樣的情況。[2] 1932 ～ 1933 年股價低迷時期，一些財力雄厚的工業公司就是處於這樣的情況。在這種情況下，投資者既能獲得與債券一樣的安全邊際，還能獲得普通股原本就有的本金增值和更大獲利機會（唯一的缺憾是，不能依法要求獲得股息或「其他的償付」。但與所獲得的好處相比，這只是一個小小的缺點）。在這種情況下購買的普通股，一般都能同時兼顧到安全邊際和獲利機會，只是這種情況並不常見。近期有一個較新的例子，就是 National Presto 工業公司的股票。1972 年，該公司股票的總市值為 4,300 萬美元。由於該公司近期的稅前盈餘為 1,600 萬美元，因此絕對可以輕易支持該公司發行超過上述市值的債券。

---

2. 葛拉漢所說的「獲利能力」是指公司的潛在獲利，或者如他所說的，「在營運狀況保持不變的情況下，預期公司在今後某段期間年復一年可以賺取的利潤」（參見 1934 年版的《證券分析》，第 354 頁）。從他的一些演講中可以清楚地知道，葛拉漢所指的期間在 5 年或 5 年以上。你大致上只要透過本益比的倒數，就可以方便地計算出公司的每股獲利能力；本益比為 11 倍的股票，其獲利能力就是 9%（1/11）。如今，「獲利能力」經常被稱為「收益率」（earnings yield）。

以一般的（正常情況下買來投資的）普通股而言，其安全邊際就是其預期獲利能力遠高於債券現行利率的部分。在本書的前幾版中，我們就曾以下列數據說明了這一點：

假設在一般情況下股票的獲利能力為9%，債券的利率為4%；那麼股票購買者平均每年就會多出5%的利潤。在這些多出的利潤中，有一部分是以股息的方式發放；雖然他有可能會將這部分花掉，但這確實是他總投資結果的一部分。至於未分配的餘額，則會以他的名義再投資於該企業。在許多情況下，這種再投資的盈餘，並不能使獲利能力與股票價值呈現出等比例的提升（這也就是為什麼市場寧願企業分配更多的股息，而不希望企業保留盈餘的理由）。[3] 但是，如果從總體上來看，保留盈餘再投資給企業帶來的盈餘成長與企業價值的成長，其中必然有著密切的關係。

經過了10年期間，股票獲利能力超過債券利息的部分，一般會達到股票購買價的50%。這一數字就足以提供一種非常可靠的安全邊際——在有利的條件下，這一安全邊際可以防止或減少虧損。如果多元化的投資組合中包含20支或更多的股票，而每一支股票都能達到這一安全邊際，那麼在「還算正常的情況下」，獲得有利結果的機率就會很大。這就是投資具代表性普通股的策略並不需要很強的洞察力和預測能力就能取得成功的原因。如果投資者以過去幾年的市場平均價格購買股票，那麼他所支付的價格應該就能夠確保獲得足夠的安全邊際。如果投資者集中購買價位很高的股票，或者購買不具有代表性的普通股（其獲利能力下降的風險大於一般水準），相對而言就會危險許多。

正如我們所見，在1972年的情況下，普通股投資所面臨的問題，就

3. 第19章的評釋對這個問題進行過廣泛的討論。

是股票的獲利能力遠低於股價的 9%。[4] 我們假設，一位防禦型投資者在某種程度上集中購買低本益比的大公司股票，其股價為近期每股盈餘的 12 倍，即股票收益率為 8.33%。他可以得到大約 4% 的股息，而其餘的 4.33% 則是以自己的名義再投資於該企業。按照這種做法，經過 10 年之後，股票獲利能力超出債券利息的部分還是太小，恐怕還是達不到應有的安全邊際。基於這個原因，我們認為，目前即使是多元化的普通股投資組合，恐怕還是得面臨實際的風險。當然，投資組合的獲利，或許有機會完全抵消風險；但事實上投資者可能也別無選擇，只能去承擔這種風險——因為在美元持續貶值的情況下，如果只持有固定收益的債權，很有可能還要面對更大的風險。因此，投資者最好盡可能調整自己的心態，對目前的狀況有所認知，因為過去那種低風險與高收益的組合，如今是不存在的。[5]

然而，支付過高價格購買優質股票，雖然存在著風險，但它並不是一般證券購買者所面對的主要風險。多年來的觀察結果告訴我們，投資者主要的虧損，還是來自於經濟繁榮期所購買的劣質證券。證券購買者常把當期較高的盈餘當成了「獲利能力」，並且認為業務興旺就等同於安全邊際。正是在在這樣的年代，品質較差的債券和優先股才能以接近面額的價格出售給一般大眾——因為這時它們看起來具有較高的收益率，或是具有看似誘人的轉換權。同時，也正是在這樣的情況下，一些不知名的企業才能憑藉著兩三年快速成長的實力，以遠高於其有形資產的價格公開發行股票。

---

4. 葛拉漢精闢地總結了他在 1972 年演說中的內容：「安全邊際是指股票的收益率與債券利率之間的差距，而這一安全邊際能夠緩解不利的發展結果。在 1965 年版的《智慧型股票投資人》完成時，當時的股票價格一般為其盈餘的 11 倍，股票收益率大約為 9%，而債券的利率為 4%。在這種情況下，股票的安全邊際超過了 100%。現在（1972 年），股票的收益率和債券利率之間沒有差別，因此，我認為已經沒有安全邊際了……股票的安全邊際甚至成為了負數……」請參見："Benjamin Graham: Thoughts on Security Analysis" [transcript of lecture at the Northeast Missouri State University business school, March, 1972], Financial History, no. 42, March, 1991, p. 9。

5. 這一段話（葛拉漢寫於 1972 年初）極其準確地描述了 2003 年初的市場情況（關於更多的細節，請參見第 3 章評釋）。

這些證券基本上都沒有足夠的安全邊際。利息費用和優先股股息的保障必須經過多年的檢驗，而且其中最好包含像 1970 ～ 1971 年這種景氣較差的時期。普通股的收益也必須經過同樣的檢驗，否則就無法真實反映出公司的獲利能力。因此，在有利條件下所做的的大多數投資，一旦市場出現逆轉，必然就會發生令人不安的價格下跌，而且這種情況，往往在市場出現逆轉之前就已經發生了。投資者也不能滿懷信心地指望最終一定會反彈（儘管有時確實會發生這種情況），因為如果沒有實際的安全邊際，實在很難保證能夠平安度過這樣的困境。

投資成長股的基本原則，在一定程度上與安全邊際原則相當類似，但在一定程度上又與該原則相抵觸。成長股的購買者依賴的是預期獲利能力，而不是過去的平均盈餘。因此，在計算安全邊際時，他會以預期收益取代過去的盈餘記錄。從投資理論來看，人們沒有理由認為，仔細估算出來的未來盈餘一定不會比過去的盈餘記錄來得可靠；事實上，證券分析已經越來越看重對未來情況所做的專業評估。因此，與一般的投資一樣，利用分析成長股的方法，所得出的安全邊際應該也是可靠的——只要對未來的計算是保守的，而且相對於購買價而言，存在著一個令人滿意的安全邊際。

成長股投資的風險正在於此。對於這種廣受歡迎的股票，市場往往會推升其股價，因此該成長股實際的價格，多半會比保守預測未來盈餘所得出的價格高出許多。（謹慎投資的基本原則是，如果所有估算出來的結果與過去的情況不同，就必須至少稍稍偏保守一些。）安全邊際總是取決於所支付的價格。假設某個價位的安全邊際很大，如果價格往上漲，就會使安全邊際變小，再漲上去可能就會讓安全邊際完全消失。如果按照我們的建議，發現大多數成長股的市場平均價格太高，無法提供購買者足夠的安全邊際，這時即使採用簡單的多元化的方式購買，也不會有什麼用處。此時投資者就需要有相當程度的預見能力和判斷力，才能透過明智的選股，來克服這種股票整體上的風險。

如果我們把安全邊際的概念，應用到價格被低估的證券或廉價證券，其效果就會變得更加明顯。在此，我們的定義是，證券的價格與價值之間存在著價差，這個價差就是安全邊際。這樣的安全邊際，可以緩衝因判斷失誤或情況較差時所造成的影響。廉價證券的購買者，尤其重視其投資能夠承受不利發展的能力，因為在大多數情況下，他對公司的未來前景並沒有實際的瞭解。當然，如果公司的前景確實不好，那麼無論證券價格多麼便宜，投資者最好還是不要去購買。然而，許多價格被低估的證券，都來自於這樣的企業（或者說這樣的企業佔了大多數）：該企業的未來或許沒有明顯的前景，但也沒有明顯不被看好。如果以低廉的價格購買這些證券，即使獲利能力出現一定程度的下降，還是有可能獲得令人滿意的結果；這種時候，很可能就是安全邊際發揮了一定的作用。

多元化理論

安全邊際的概念與多元化原則之間，在邏輯上存在著密切的關聯。投資者即使擁有一定的安全邊際，但個別證券還是有可能出現不好的結果。因為安全邊際只能保證獲利的機會大於虧損，並不能保證絕不會出現虧損。但如果投資組合中具有安全邊際的證券越多，總獲利超過總虧損的可能性就會越大。這就是保險業的基本原則。

多元化是穩健投資的基本原則。由於投資者普遍接受這一觀點，因此實際上也等於是接受了與多元化並行不悖的安全邊際原則。關於這一點，我們可以透過投注輪盤的算法來具體說明。如果某人針對某一個號碼押注 1 美元，當他獲勝時可以得到 35 美元（但輸贏的機率為 37：1），那麼他的「安全邊際」就是負數。在這種情況下，即使多元化押注也是愚蠢的行為，因為他押注的號碼越多，最終獲勝的機率就越小。如果他對所有的號碼（從 1 到 36，再加上 0 和 00 兩個數字）都押注 1 美元，那麼每轉一次輪盤，他必定會輸掉 2 美元。但是，假設獲勝者可以得到的是 39 美元（而不是 35 美元），那麼他就等於是擁有了一個雖然不大但卻很重要的安全邊際。在這樣的情況下，他押注的號碼越多，獲勝的機率就越大。如果他對所有的號碼都押注 1 美元，那麼每轉一次輪盤，他必定能贏得 2 美元（順便一提的是，上述兩個例子實際上正好說明了輪盤玩家與莊家兩方各自的立場）。[6]

區別投資與投機的標準

由於投資的定義並沒有一個公認的標準，因此權威人士經常都可以隨意對其下定義。他們之中有許多人都不認為，投資與投機之間的區別是有用或可靠的。我們認為這種懷疑態度是不必要的，而且也是有害的，因為它將導致許多人傾向於追求股市投機的刺激和冒險。我們建議可以用安全邊際的概念，來做為區分投資和投機的標準。

或許，大多數投機者都認為自己的操作有相當大的勝算，因此他們會認為自己的投機具有一定的安全邊際。每個投機者都認為自己購買的時機十分有利，或者是自己的技術優於一般大眾，或者是自己的顧問或交易系統特別可靠。然而，這些說法並沒有說服力，因為它們都是基於主觀判斷，沒有任何有利的證據或推論支持。我們十分懷疑，那些根據自己對市場走勢判斷而下注的人，是否能得到真正意義上的安全邊際的保護。

相形之下，投資者的安全邊際概念（如本章前面討論過的）則來自於對統計數據所進行的簡單而明確的數學推理。同時，我們認為它可以得到實際投資經驗的支持。我們並不能保證這種基本定量的方法，在未

---

6. 在「美式」輪盤中總共有 38 個號碼，其中包括 1～36 號以及 0 和 00 兩個號碼。賭場提供的最大賠率為 35：1。如果你對每一個號碼押注 1 美元，結果會如何呢？由於滾球只會進入其中的一個格子，因而你將贏得 35 美元，但其他 37 個格子各讓你輸掉 1 美元，所以你淨虧損 2 美元。這 2 美元的差額（占你總賭注 38 美元的 5.26%）就是賭場的「莊家優勢」──在一般情況下，它可以確保輪盤玩家輸錢的機率總是大於贏錢的機率。輪盤玩家想贏錢，就要盡可能少下注，而賭場想賺錢，就要盡可能讓輪盤保持轉動。同樣地，智慧型投資者應該盡可能多持有「獲利機會大於虧損」的證券。對於大多數投資者而言，多元化是擴大你的安全邊際最簡單和最便宜的方法。

來不確定的條件下，還能繼續展現有利的結果。不過，我們也同樣地沒有理由對此感到悲觀。

因此，總體而言我們認為，所謂真正的投資，必須有真正的安全邊際做為保障；而真正的安全邊際，可以透過數據、有說服力的推論以及一些實際的經歷而得到證明。

投資概念的擴展

在結束安全邊際原則的討論之前，我們現在必須進一步區分所謂傳統和非傳統的投資。傳統的投資適用於一般的投資組合，其投資標的包括美國政府債券以及高等級、有配息的普通股。我們加入州和市政債券，是因為購買者能享有免稅的好處。此外，還包括最高等級的公司債——如果它們能夠一直像現在這樣，殖利率始終高於美國儲蓄債券的話。

至於非傳統的投資，只適合於那些積極型的投資者。這類投資的範圍很廣，其中最多的就是價格被低估的次級企業股票，我們建議，當其股價等於或低於其評估價值的三分之二時，就可以買進。除此之外，還有許多中等級的公司債和優先股，也是可供選擇的對象；當它們的售價非常低廉，可以用遠低於其應有價值購買到時，一般投資者往往會認為它們是投機性的證券，因為在他們心目中，達不到最高等級就等同於沒有投資價值。

我們認為，只要是足夠低的價格，就可以讓品質一般的證券，變身成穩健的投資機會——前提是購買者必須有一定的瞭解和經驗，而且投資組合要能夠做到適當的多元化。因為，如果價格低到足以提供很大的安全邊際，這種證券就可以達到我們的投資標準。支持這一論點的最好例子，就是不動產債券。1920 年代，有數十億美元的不動產債券，全都是以面值出售，而且被廣泛地認為是穩健的投資。由於其中大部分債券的安全邊際（超出債券價值的部分）都很小，因此事實上它們本身具有高度的投機性。在 1930 年代大蕭條時期，有許多這種債券因為無法償付利息，因而價格崩潰，有時價格甚至跌到了面值的 10% 以下。在此階段，當初認為這是一種安全投資而建議投資者以平價購買的一些投資顧問，又把這些債券視為最具投機性、最沒有吸引力的投資而加以拒絕。然而，事實上，價格下跌了 90% 之後，反而使得許多這類債券都變得非常有吸引力，而且具有合理的安全邊際——因為這些債券的實際價值，已經達到了當時市場報價的 4 ～ 5 倍。[7]

購買這些債券的實際結果，通常被稱為「巨額投機獲利」，但這種說法事實上並不能代表它們在很低價格下所具有的實際投資價值。這部分的「投機」獲利，其實是購買者做出了異常精明的投資所獲得的報酬。這種情況可以適當地被稱為投資機會，因為經過仔細分析後可以發現，價值高於價格的部分提供了很大的安全邊際。因此，「有利條件下的投資」（我們在前面說過，這是導致證券投資新手出現嚴重虧損的主要原因），往往有可能會提供給精明的操作者（他們會在日後以自己認為的合理價格購買這些證券）許多良好的獲利機會。[8]

我們對投資操作的定義，也包含所有的「特殊情況」，因為購買證券始終取決於徹底的分析，然後認定所能實現的結果，會遠大於所支付的價格。同樣地，每一種情況都存在著風險因素，但這些因素在計算過程中都已考慮在內，而且可以被多元化投資的整體結果所吸收。

如果把這種邏輯關係的討論擴展到極端，我們還可以進一步建議，防禦型投資者可以在價格處於歷史最低水準時，購買「普通股認股權證」這

7. 葛拉漢在這裡要說的是，證券並沒有所謂的好壞之分，只有便宜和昂貴之分。即使是最好的公司，當其股價漲得太高時，也會被「拋售」；即使是最差的公司，當其股價跌到足夠低時，也值得去購買。

8. 1999 年底和 2000 年初，有些人認為科技股和電信股是相當「穩妥的」（當時這些股票已被嚴重高估），到了 2002 年，這些人又認為科技股和電信股的「風險太大」而避之唯恐不及——不過，葛拉漢說：「價格下跌大約 90%，將使得許多這些證券變得極具吸引力，而且相當安全。」同樣地。華爾街有許多分析師，總在股票價格很高時喊「強力買進」，並且在股價下跌後喊「賣出」——這正好與葛拉漢（和一般常識）所表明的情況相反。在整本書中，葛拉漢一直都在對投機（購買股票就是期望股價持續上漲）和投資（以企業的基本價值為基礎而購買股票）進行區分。

種代表無形資產價值的證券（我以此為例，主要是想達到震撼的效果）。[9] 這些認股權證的價值，取決於相關股票在將來某一天上漲到高於執行價的可能性，不過它們目前並沒有執行的價值。由於所有投資都取決於對未來的合理預期，因此這些認股權證的價值，可以根據未來牛市有可能推動公司價值和股價的數學機率來衡量。此類的研究很有可能得出如下的結論：此種操作獲利的可能性大於虧損，而且最終獲利的機會遠大於虧損。如果是這樣的話，那麼即使是這種沒有實質價值的證券，此時也具有了安全邊際。因此，積極型投資者或許就可以將認股權證，納入其各種非傳統的投資之中。[10]

總結

如果從企業經營角度來看投資，最務實的做法往往就是最明智的做法。許多有能力的企業家都是透過穩健的原則，而在自己的事業取得了成功，但令人驚訝的是，他們在華爾街的操作，卻完全違背所有的穩健原則。每一種公司的證券，都應該被視為是某特定企業的一部分擁有權或債權。如果某人打算透過證券買賣來獲利，他就等於是在從事自己的風險業務，如果他想要有成功的機會，就必須按照公認的經營原則來行事。

首先，最明顯的一項原則就是：「永遠要知道自己在做什麼——換句話說，就是要瞭解自己的生意。」對投資者而言，這也就表示：不要試圖透過證券買賣來獲得「商業利潤」（即超過正常利息和股息收益的報酬），除非你足夠瞭解證券的價值，就像你從事生產和經營時瞭解相關商品的價值一樣。

---

9. 葛拉漢所說的「普通股認股權證」就是所謂的「權證」（warrant），它是公司直接發行的一種證券，其持有者有權按預先約定的價格，購買該公司的股票。如今權證已幾乎完全被股票選擇權取代了。葛拉漢打趣地說，他以此為例子，主要是想達到「震撼的效果」，這是因為在他那個年代，權證仍普遍被視為一種極複雜且可能帶來大麻煩的投資。

10. 【原註】支持這一觀點的論述，請參見：Paul Hallingby, Jr., "Speculative Opportunities in Stock-Purchase Warrants," Analysts' Journal, third quarter 1947。

第二項經營原則是：「別讓其他任何人來管理你的事業，除非（1）你能鉅細靡遺地監控並理解他的行為，或是（2）你有強烈理由相信他的品格和能力。」對投資者而言，這一原則可決定在何種條件下，可以讓別人來為自己做出投資決策。

第三項經營原則是：「別貿然涉足某種生意（產品的製造或交易），除非有可靠的計算表明，獲得合理利潤的機會較大。尤其要遠離那些獲利有限但虧損甚大的生意。」對積極型投資者而言，這表示他的操作不應該建立在樂觀情緒上，而應該建立在計算的基礎上。對每一位投資者而言，這意味著，當他侷限於不大的報酬時（至少過去傳統債券或優先股投資就是如此），一定要有令人信服的證據證明，他的大部份本金沒有嚴重虧損的風險。

第四項經營原則更加明確：「有勇氣相信自己的知識和經驗。如果你根據事實得出了結論，而且知道自己的判斷是可靠的，那麼就依此行事——即使其他人會遲疑或反對。」（眾人不同意你的看法，並不能說明你是對的還是錯的。如果你的數據和推理是正確的，你的作為就是正確的。）同樣地，在證券投資領域中，一旦獲得了足夠的知識和經過驗證的判斷之後，勇氣就成為了至高無上的美德。

幸運的是，對一般投資者而言，投資計劃並不一定非要具備上述所有條件才能成功——他只要根據自己的能力行事，並將其操作範圍侷限於標準防禦型投資所應具備的嚴格安全範圍之內即可。想獲得令人滿意的投資結果，實際上比大多數人想像的更容易；但如果想獲得優異的結果，實際上還是比人們所想像的更加困難。

第二十章 評釋

在無限可能的宇宙中，如果沒有先見之明或預料意外事物的本領，我們就會發現，自己總被某些人或某種雜亂無章、難以明白的事物所控制。

——福克斯 · 摩德（Fox Mulder）探員，《X 檔案》

首先，不要陷入虧損

什麼是風險？

你在不同時間問不同的人，得到的答案都是不同的。1999 年時，風險並不意味著賠錢，而是指所賺的錢比別人少。當時許多人擔心的是在野餐烤肉時突然遇到某個人，他透過網路股短線交易賺的錢比自己更多甚至更快。隨後，到了 2003 年，風險則意味著股市有可能繼續下跌，直到你所剩下的一點財富完全殲滅為止。

儘管風險的含義看起來幾乎與金融市場一樣變幻無常，但它還是具有某種固定而持久的特徵。在牛市中投下最大賭注賺最多錢的人，在終將到來的熊市中，往往也傷得最嚴重（「做對」賺了大錢會使信心大增，接著投機者就會更急於冒更大的風險）。一旦你輸掉大筆資金，你就必須下更大的賭注才能把本錢追回來，這就好比賭徒們在每一次輸錢之後，不顧一切地加倍賭注一樣。除非你非常幸運，否則這樣的做法最後肯定會導致災難。難怪富有傳奇色彩的 Wertheim & Co. 金融家克林根斯坦（JK Klingenstein）被問到如何致富時，他只簡單說了一句：「不要陷入虧損。」[1] 這句話的含義，可以從圖 20-1 中反映出來：

---

1. 投資顧問查爾斯 · 艾利斯的陳述。參見：Jason Zweig, "Wall Street's Wisest Man: Money, June, 2001, pp. 49-52。

圖 20-1 虧損的代價

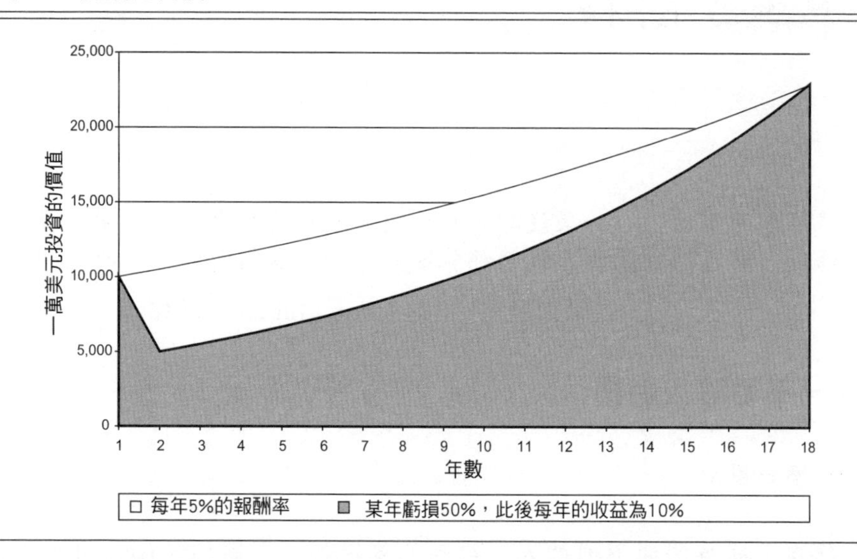

想像一下，你找到某支股票每年可以上漲 10%，而市場每年只上漲 5%。不幸的是，由於你太過熱情而支付了過高的價格，因此所購買的股票在頭一年就虧損了 50%。即使該股票後來的收益是市場的 2 倍，你也要花 16 年多的時間才能趕上市場——原因很簡單，你一開始支付的價格太高，而且虧損太大。

在投資過程中，虧損無可避免，也無法預防。但做為一個智慧型投資者，你必須確保自己永遠不會失去大部分或全部的資金。印度教的財富女神拉克希米（Lakshmi）在人們的描繪中，經常是踮著腳尖隨時準備疾馳而去的模樣。為了象徵性地留住她，一些信徒會用布條將其雕像捆住，或將其雕像的腳釘在地板上。對智慧型投資者而言，葛拉漢的「安全邊際」具有同樣的功能：只要拒絕購買價格過高的證券，就可以大大降低財富消失或突然毀滅的機率。

我們來看這樣的一個例子：截至 1999 年 12 月的 4 個季度，光纖設備製造商 JDS Uniphase 公司的淨銷售額為 6.73 億美元，並因此虧損了 3.13 億美元。公司的有形資產總額為 15 億美元。然而，2000 年 3 月 7 日，該公司的股價卻達到了每股 153 美元，從而使得總市值達到大約 1,430 億美元。[2] 隨後，與大多數「新時代」的股票一樣，該公司的股票也崩盤了。如果在 3 月 7 日那一天購買該股票，而且抱到 2002 年底，所面臨的就是如圖 20-2 所描述的景況：

圖 20-2 很難達到損益兩平

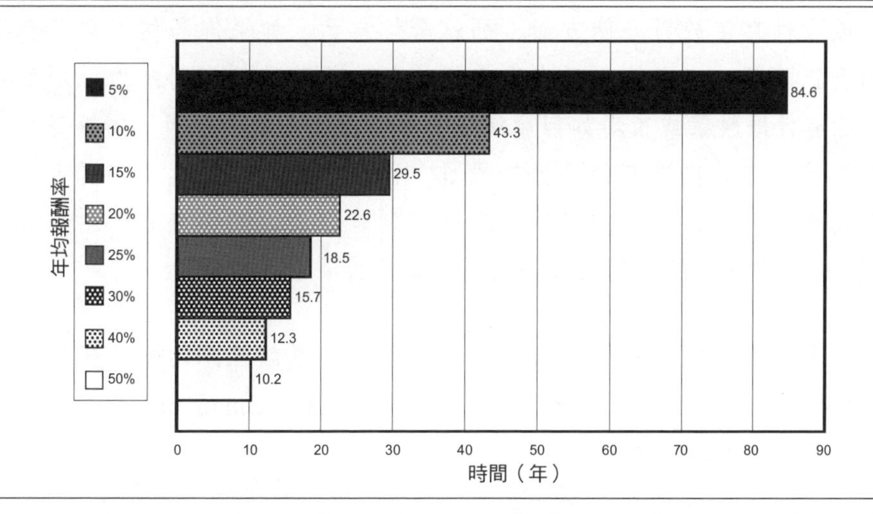

如果你在 2000 年 3 月 7 日以每股 153.421 美元的最高價購買了 JDS Uniphase 公司的股票，並且抱到 2002 年底（當時的收盤價為 2.47 美元），那麼在各種不同的年均報酬率下，你需要多少年才能回到你購買的本錢？

2. JDS Uniphase 的股價已考慮過後來的股票分割。

即使按照10%這個比較可能達到的年報酬率來計算，也需要超過43年的時間，才能讓當年高價購買的證券達到損益兩平！

風險不在於我們的股票，而在於我們自己

風險也存在於另一個方面：那就是你自己。如果你高估了自己對投資的真正瞭解，或者誇大了自己在價格暫時暴跌時的應對能力，那麼無論你擁有什麼股票或市場如何發展，其實都沒有多大的意義。歸根結底，金融風險不在於你擁有什麼樣的投資，而在於你是什麼樣的投資者。如果你想知道什麼是真正的風險，那麼請到離你最近的盥洗室，站到鏡子前面——你從鏡子裡看到的這個人，就是你投資最大的風險！

如果你想從鏡子中觀察自己，有什麼是你應該注意的呢？諾貝爾經濟學獎得主、心理學家丹尼爾．卡尼曼（Daniel Kahneman）認為，有兩個因素決定了好的決策：

- 「足夠明確的信心」（我對該投資的理解，是否與自己所想的一樣？）
- 「正確應對錯誤的後果」（如果我的分析最終證明是錯誤的，我會如何反應？）

為了瞭解你的信心是否足夠明確，請對著鏡子問問自己：「我的分析在多大程度上是正確的？」仔細思考下列這些問題：

- 我有多少經驗？過去類似決策方面的績效表現如何？
- 過去從事過這方面嘗試的其他人，其績效表現一般如何？[3]

3. 只要是認真研究這一問題並由衷地接受結果的人，就不會去從事短線交易或購買IPO了。

- 如果我買進，而其他人賣出，那麼有多大的可能性是我知道而其他人（或公司）不知道的？
- 如果我賣出，而其他人買進，那麼有多大的可能性是我知道而其他人（或公司）不知道的？
- 我是否已做了下列計算：這筆投資需要上漲多少，才能打平我的稅款和交易成本？

接下來，請對著鏡子思考，你是否能夠正確應對錯誤的後果。首先問自己：「如果我的分析最終證明是錯誤的，我能夠完全理解將會產生什麼樣的後果嗎？」請透過下列三點來回答這個問題：

- 如果我是正確的，我就會賺很多錢。但如果我錯了呢？從過去類似投資的結果來看，我可能會有多大的虧損？
- 如果這個決策最終證明是錯誤的，我還有其他投資能幫我度過難關嗎？如果我認為這種投資有可能下跌，我手中已上漲的股票、債券或基金是否應該賣出？我是否在這個新的投資上投入了太多的資金？
- 當我告訴自己，「你有很高的風險承受能力」時，我是怎麼知道的？我曾經在一筆投資上虧損很多錢嗎？虧損的感受如何？我會繼續買進更多，還是全部出脫？
- 做錯時，我會靠著自己的意志力去克服恐慌嗎？或者，我會透過多元化投資、簽訂投資合約和採用成本平均法事先控制好自己的行為？

用心理學家保羅 ・斯洛維克（Paul Slovic）的話來說，你永遠要記住，「風險來自於兩種等同的因素——可能性和後果。」[4] 在投資之前，你就必須切實評估自己判斷正確的可能性，並確定在錯誤發生時如何應對後果。

帕斯卡賭注

投資大師彼得・伯恩斯坦（Peter Bernstein）用另一種方式做了總結。他談到了偉大的法國數學家和神學家帕斯卡（1623 ~ 1662 年）所發明的一種思維實驗，其中無神論者必須賭上帝是否存在。打賭者必須以他的一生作為賭注；如果上帝不存在，那麼信徒並沒有任何損失，但如果上帝確實存在，無神論者就會在地獄受到永遠的懲罰。在這個打賭中，帕斯卡聲稱，「邏輯無法判斷」上帝是否存在，因為無論上帝是否存在，都只有信仰（而不是邏輯）才能回答這一問題。不過，帕斯卡賭注的可能性雖然就像擲硬幣一樣有其不確定性，但最後的結果卻是非常清楚而確定的。正如伯恩斯坦所解釋的：

「假設你相信上帝是存在的，而且（你）過著行為端正而有節制的生活，但實際上上帝並不存在。那麼，你將錯過人生中一些美好的東西，可是你也會獲得一些獎勵。現在，假設你認為上帝並不存在，並且一生都在罪惡、自私和情慾中度過。那麼，在你相對短暫的一生中，你可能會過著快樂而興奮的生活，但是，當最後審判的日子來臨時，你就會大難臨頭。[5]」

---

4. 參見：Paul Sovic, "Informing and Educating the Public about Risk, " Risk Analysis, vol. 6, no. 4（1986）, p. 412。

5. 參見："The Wager," inBlaise Pascal, Pensees（Penguin Books, London and New York, 1995）, pp. 122-125; Peter L. Bernst0n, Against the Gods（John Wiley & Sons, New York, 1996）, pp. 68-70; Peter L Bernstein, "Decision Theory in lambic Pentameter: Economics & Portf0io Strategy, January 1, 2003, p. 2。

伯恩斯坦得出的結論是：「在不確定條件下所做的決策，其後果比可能性更為重要。我們終究無法知道未來的情況。」因此，正如葛拉漢在本書的每一章都提醒過的，智慧型投資者絕不能只關注分析有多正確，還必須確定在分析出錯時，能承受得了損失——因為即使是最好的分析，最終也有可能出錯。在你一生的投資中，至少在某個時間點出現一次失誤的概率，幾乎是100%，而且這種情況是完全無法避免的。儘管如此，但你的確可以對錯誤造成的後果加以控制。1999年，許多「投資者」幾乎都把所有資金拿去購買網路股；根據《錢雜誌》在1999年對1,338名美國人所進行的網上調查顯示，大約有十分之一的人在網路股中投入了至少85%的資金。由於忽視了葛拉漢對安全邊際的要求，這些人在帕斯卡賭注中押錯了邊。可以肯定的是，他們雖然知道獲勝的可能性有多大，但他們卻沒有採取任何措施，來防範錯誤發生時的後果。

只要始終保持多元化的投資，並拒絕追逐市場上最新、最瘋狂的股票，你就能保證錯誤所帶來的影響，永遠不會是災難性的後果。不管市場先生如何引誘你，你永遠都可以冷靜而充滿信心地對它說：「一切都將成為過去。」

後記

我們非常熟悉的兩個合夥人，他們一生中大部分時間都在華爾街打理他們自己以及其他一些人的資金。一些痛苦的經驗告訴他們，操作最重要的是安全和謹慎，而不是試圖賺取全世界所有的錢。他們建立了一套相當獨特的證券投資法，把良好的獲利能力和穩固的價值也考慮進去。他們會避開所有價格似乎被高估的證券，並且在價格上漲到他們認為不再有吸引力時，就會迅速將這些證券賣掉。他們的投資組合總是非常多元化，其中包括 100 多支不同的證券。透過這種方法，他們做得相當成功（儘管市場經過多年的風風雨雨）；他們所管理的資金高達數佰萬美元，平均每年的報酬率為 20%，因此他們的客戶對這樣的結果非常滿意。[1]

在本書第一版出版的那一年，有一家成長型企業願意出讓一半的股權。出於某種原因，華爾街當時並不看好該產業，因此這筆交易被好幾家重要的機構拒絕了。但是，這兩個人卻非常看好該公司的潛力；後來他們決定購買的因素是，該公司的價格相對於其當期盈餘和資產價值而言並不算高。他們以自己手中大約五分之一的資金收購了該企業，因而成為了新企業的密切合作夥伴，而該企業後來也出現了蓬勃的發展。[2]

事實上，後來該企業做得非常成功，其股價上漲到他們當初購買時的 200 多倍。這種上漲的幅度，遠超過其盈餘的實際成長，而且幾乎是一開始的報價就顯得過高——如果根據兩個合夥人自己的投資標準來計算的話。但由於他們認為該公司是一種「家族企業」，因此，儘管價格大幅上漲，他們還是繼續持有大量的股份。他們基金中的許多參與者，也都採用了同樣的做法，而且透過持有該公司及其後來設立的附屬機構的股票，

1. 葛拉漢不願意說出的這兩個合夥人，分別是傑羅姆・紐曼（Jerome Newman）和班傑明・葛拉漢他本人。

2. 葛拉漢在此所說的是政府僱員保險公司（Government Employees Insurance Co.，GEICO）。1948 年，他和紐曼購買了該公司 50% 的股權，那也正是《智慧型股票投資人》這本書完稿之時。兩人投入 GEICO 的 712,500 美元資金，大約相當於他們當時資金的 25%。葛拉漢擔任 GEICO 的董事多年，由於命運的巧合，葛拉漢的最大弟子華倫・巴菲特在 1976 年也對 GEICO 投下了有生以來最大的一筆賭注，當時這家保險業巨頭已經陷入了破產邊緣，但後來的事實證明，它是巴菲特做得最好的一筆投資。

這些人都成為了百萬富翁。[3]

諷刺的是，這一筆投資決策所帶來的利潤，遠遠超過了20年來兩位合夥人在專業領域中透過大量的調查、無止境的思考和無數次的決策所獲得的利潤。

對智慧型投資者來說，從這個故事能得到什麼啟示？其中一個明顯的啟示就是，華爾街存在著各種不同的賺錢機會和保有財富的方法。另一個不太明顯的啟示是，一次幸運的機會，或者說一次極其英明的決策（我們真的能分辨兩者的不同嗎？），其所獲得的結果有可能超過一個小伙子一輩子努力的結果。[4] 但是，在幸運或關鍵決策的背後，通常都必然存在著有所準備和具備專業能力等條件。人們必須充分準備並獲得足夠的專業能力之後，這些機會才會上門；人們也必須具備一定的手段、判斷力和勇氣，才能夠掌握這些機會。

智慧型投資者始終會保持著謹慎和警覺的態度，但我們當然無法保證，所有智慧型投資者都能遇上同樣的絕佳機運。我們並不想以約翰・雷克伯（John J. Rascob）的口號「每個人都能成為富人」來結束本書（在本書一開始我們還曾嘲笑過這句話）。不過，金融領域確實存在著各式各樣有趣的可能性，因此明智而積極的投資者在這個多變的領域中，應該可以同時找到快樂和利潤才對。至於興奮，那更是肯定少不了的。

---

3. 根據法規，美國證券交易委員會要求葛拉漢和紐曼把他們公司所持有的GEICO股份「分拆」或分配給基金的股東。如果投資者在1948年初擁有葛拉漢・紐曼公司的股票100股（價值11,413美元），並持有至GEICO分配股票，那麼其價值將達到166萬美元。GEICO公司「後來設立的」附屬機構，包括政府僱員金融公司（Government Employees Financial Corp.）以及標準保險公司（Criterion Insurance Co.）。

4. 【原註】說實在的，當初這筆交易差點就泡湯了，因為當初合夥人針對購買的價格，要求一定要有100%的資產價值做擔保。誰都沒想到，一筆大約5萬美元的會計項目，竟然成為後來3億美元以上市場報酬的關鍵。還好最後他們的堅持，加上純粹的好運，還是讓大家最後得以實現獲利。

後記 評釋

成功的投資在於掌控風險，而不是迴避風險。當你發現葛拉漢將自己 25% 的資金投入一支股票時，乍看之下你可能會認為，他是在拿投資者的錢草率地打賭。但是，當你發現葛拉漢盡力做到即使 GEICO 遭到清算也至少不會虧損的程度，就可以明顯看出，葛拉漢其實只承擔了很小的金融風險。然而，對這樣一支不太為人所知的股票投下如此之大的賭注，他肯定必須有足夠的勇氣來承擔心理上的風險。[1]

如今頭條新聞經常充斥可怕的事實和無法解決的風險：1990 年代牛市的結束，經濟成長停滯不前，企業的舞弊事件，恐怖主義和戰爭的陰影等。有一位市場策略師，正好在電視財經節目和今天的報紙上發表了自己的觀點：「投資者不喜歡不確定性」。投資者從來就沒喜歡過不確定性。然而，不確定性是投資領域最基本、也是最無法擺脫的宿命。情況一直是如此，而且將來也永遠都是如此。基本上，「不確定性」和「投資」是相伴而生的。在現實世界中，沒有人有能力預知某個時間點就是買股票的最佳時機。如果對未來沒有一絲信心，根本就不會有人去投資。做為一個投資者，你就必須相信明天會更好。

身為一個最有文化修養的投資者，葛拉漢喜歡荷馬（Homer）、阿佛烈．丁尼生（Alfred Tennyson）和但丁（Dante）等人透過詩歌述說尤利西斯（Ulysses）的故事。在他的晚年，葛拉漢極其喜歡《但丁的地獄之旅》

---

1 葛拉漢的這個故事同時也強烈提醒我們，如果不像他那麼精明，一定要進行多元化投資，以避免將太多資金用於某一種投資。葛拉漢自己也承認，GEICO 是一個「幸運的機會」，這也就表示，我們大多數人或許根本不會遇上這樣一個絕佳的機會。為了防止投資變成賭博，你的投資必須多元化。

裡的一幕，其中尤利西斯激勵他的船員向西航行，進入海克力斯（Hercules）門後的未知水域：

「弟兄們，」我說，「你們歷經千辛萬苦到達了西方，

在這黑暗的時刻我們要保持清醒，

不要去迴避那太陽背後的無人世界。

想一想你們的身世：

你們並非天生要像野獸那般生活，

而是要去追求美德和真理的。」

說完這簡短的幾句話之後，

同伴們迫不及待地往前進，

不敢有片刻的遲疑。

我們迅速將船尾轉向晨光，

並且拚命地划動我們的船槳。[2]

投資也是一項冒險事業；金融領域的未來始終是一個未知的世界。只要以葛拉漢為嚮導，你畢生的投資航程就可以安全而有自信地度過驚濤駭浪。

2. 參見：Dante Alighieri, The Inferno, Ganto XXVI, lines 112-125。這裡的英文是傑森・茲威格翻譯的。

附錄 1：投資收益與證券交易所得稅重要規定（1972 年）

規則 1 ——利息和股息

利息和股息屬於應稅一般所得，但下列情況除外：（a）從州、市政當局和類似債務中獲得的收入，可免繳納聯邦稅，但必須繳納州所得稅；（b）代表資本報酬的股息；（c）投資公司（參見隨後說明）支付的某些股息；（d）一般國內公司股息未超過 100 美元的部分。

規則 2 ——資本利得和虧損

合併各種短期資本利得和虧損，得出淨短期資本損益。合併各種長期資本利得和虧損，得出淨長期資本損益。如果淨短期資本利得超過淨長期資本虧損，超出的部分必須計入一般所得。最高稅率為 25%（0 ～ 5 萬美元）和 35%（其餘超過 5 萬美元的部分）。

淨資本虧損（超出資本利得的部分）可從一般所得中扣除：從當年和隨後 5 年中扣除，每年的最大扣除額為 1,000 美元。未使用的虧損額，可用來沖銷未來任何時候的資本利得（1970 年之前虧損額的沖銷比後來的條件更加寬鬆）。

關於「受監管投資公司」的說明

大多數的投資基金（投資公司）都會利用稅法中的特殊條款來納稅——基本上它們可以用合夥人的身份來納稅。因此，如果它們有長期股票投資獲利，就可以將其做為「資本利得股息」來分配——其股東同樣會把這部分股息認列為長期所得。這部分所得的稅率低於一般的股息。另一方面，此類公司還可以選擇以股東的帳戶支付 25% 的稅，然後保留其餘的資本利得，而不是將其做為資本利得股息進行分配。

附錄 2：投資稅的基本內容（2003 年更新）

規則 1 ——利息和股息

利息和股息都依照一般所得的稅率納稅，但下列情況除外：（a）市政債券的利息可免繳納聯邦所得稅，但必須繳納州所得稅；（b）代表資本報酬的股息；（c）共同基金（參見隨後說明）所分配的長期資本利得。如果是私營性質的市政債券，即使包含在共同基金之中，還是要按照最低聯邦稅率來納稅。

規則 2 ——資本利得和虧損

合併各種短期資本利得和虧損，得出淨短期資本損益。合併各種長期資本利得和虧損，得出淨長期資本損益。如果淨短期資本利得超過淨長期資本虧損，超出的部分視為一般所得。如果有淨長期資本利得，就可以按照優惠的資本利得稅率來納稅——此一稅率一般為 20%（2000 年 12 月 31 日後購買的證券，如果持有超過 5 年，此一稅率可降到 18%）。

淨資本虧損可從當年的一般所得中扣除，最大扣除額為 3,000 美元。超出 3,000 美元的虧損，可用於抵消未來年份納稅時的資本利得。

共同基金

做為「受監管的投資公司」，幾乎所有共同基金都可以根據稅法中的特殊條款免繳公司所得稅。在出售長期持有的證券後，共同基金可以把獲利做為「資本利得股息」來分配——其股東可以把這部分視為長期收益。這部分所得的稅率（一般為 20%）通常會低於一般的股息（最高稅率為 39%）。一般情況下，不要在每年第 4 季從事大量的新投資（因為資本利得的分配通常在此時進行）；否則你在獲得基金收益之前就要先繳納所得稅。

額外說明

附錄 1「投資收益與證券交易所得稅重要規定」的內容，是 1972 年由班傑明 ‧ 葛拉漢所提供。在當時的時空背景下，所有規則都是正確的。但由於後來交易規則歷經一些重大改變，因此附錄 1 的內容只能適用於過去，如今已不再適用。為了因應這樣的改變，我們添加了附錄 2「投資稅基本內容」，提供一份修改過的最新規則，以供讀者作為參考之用。

附錄 3：普通股中的新投機性因素

編者註：本文是 1958 年 5 月班傑明・葛拉漢在全國金融分析師協會年度會議前的演講內容。

在此，我要分析華爾街多年來的投資情況，以及各種相關的投資經驗，其中包括一再出現的一些新狀況或新氣象，它們將對經驗本身的價值帶來全新的挑戰。經濟學、金融學和證券分析，事實上與其他實用學科有一個主要的區別，那就是過去的經驗未必能有效應用於現在和未來。但我們在真正仔細研究理解之前，也不該貿然拒絕過去的經驗與教訓。今天，我要講的就是我對某個有限領域的理解——其中特別要指出的是，如今人們對普通股投資和投機的態度，與過去明顯不同。

首先，讓我先來談談我自己的論點。在過去，普通股的投機性因素幾乎完全在於企業本身；它主要來自一些不確定性、各種因素的變化、產業景氣萎縮或企業自身的組織結構。當然，這些投機性因素如今依然存在，但其影響力卻因為一些長期的變化而明顯減弱了（稍後我就會談到這些變化）。另一方面，有一種來自於企業外部的主要投機性因素，如今已對普通股這一領域造成極大影響——它就是來自於股票投資大眾及其顧問（尤其是我們這些證券分析師）所持有的態度和看法。這些態度和看法，可以用一句話來描述：主要強調的是對未來的預期。

在這些人看來，普通股的估值和定價，就應該以該企業未來預期的業績為基礎；這種想法非常符合邏輯，而且再自然也不過了。然而，這種看似簡單的概念卻隱含著一些矛盾和陷阱。首先，它把過去人們在投資和投機之間所確立的區別徹底毀掉了。根據詞典中的定義，「投機」來自於拉丁文的「specula」，也就是瞭望的意思。因此，投機者指的是那些瞭望未來，並且比其它人早察覺到未來發展的人。但如今，如果投資者很精明或訊息很靈通，他也會瞭望未來；換句話說，他的做法也就與身邊的投機者沒有什麼不同了。

其次，我們發現在大多數情況下，具有最佳投資特徵（信用評等最高）的公司股票，很有可能吸引到大批投機者的興趣，因為每個人都認為，這些公司必定會有一個很好的未來。第三，未來前景的概念（尤其是未來的持續成長），現在都要求必須透過高等數學的方法，來確定證券的現值。然而，根據這些看起來很確定的數學方法，加上一些高度不確定的假設，實際上人們可以針對一些真正優質的證券，按照自己的希望得出任何值（要多高有多高）。但矛盾的是，仔細觀察後就會發現，對於成長型的企業來說，實際上並沒有哪個數值或合理範圍的數值區間是站得住腳的；因此，可以想像的是，有時候市場反而會把成長這一因素的價值看得很低。

現在我們回頭探討一下，在普通股領域中新舊投機性因素之間的區別。我們可以用兩個一般人較為生疏、但使用起來相當方便的詞語來形容它們：內生（endogenous）因素和外生（exogenous）因素。我將以 1911 ～ 1913 年美國製罐公司和和賓州鐵路公司的一些數據，簡要說明普通股領域中投資與投機的區別。（關於這個主題，詳見《證券分析》一書的內容。）

在 1911 ～ 1913 這 3 年期間，賓州鐵路公司的股價僅在 53 ～ 65 美元之間波動，本益比介於 12.2 倍和 15 倍之間。該公司的獲利很穩定，始終能配發 3 美元的股息，而且投資者確信，該公司有形資產價值遠高於該股票 50 美元的面值。另一方面，美國製罐公司的股價則在 9 ～ 47 美元之間波動；其每股盈餘在 7 美分至 8.86 美元之間；3 年平均的本益比在 1.9 ～ 10 倍之間；公司沒有配發過股息；而且精明的投資者能夠明顯意識到，普通股 100 美元的面值肯定有一些未公開的「灌水」成份，因為其優先股的價格已經超過了有形資產的價值。因此，美國製罐公司的普通股代表的是一種投機性證券，因為當時該公司可說是不穩定行業中一家具有投機性資本的企業。事實上，美國製罐公司的長期前景遠優於賓州鐵路公司；但是，這一事實不僅沒有被當時的投資者和投機者發現，而且即使有發現，也可能會被投資者所忽視，因為人們會認為，那基本上與 1911 ～ 1913 年期間的投資策略和計劃沒有什麼關係。

現在我要說明的是，投資長期展望的重要性，如何隨著時間而演變。我要以規模最大的工業企業 IBM 做為例子，它是去年營業額達到 10 億美元的少數幾家公司之一。在此，我要講一些與我自己切身相關的經歷，為這些枯燥的數據增添一點樂趣。1912 年，由於我負責美國快遞公司（U.S. Express Company）的一個研究項目，因此離開了大學一學期。我們想調查一個全新的計算快遞費率系統，會對公司的營業額帶來多大的效果。為此，我們向 C. T. R. 公司（Computing-Tabulating-Recording Company）租用了所謂的霍勒瑞斯（Hollerith）機器。它包括了打卡機、卡片分類機和印表機——在當時，商界人士幾乎都不知道這些工具，而使用它們的主要機構則是美國人口調查局（Census Bureau）。我在 1914 年進入了華爾街，隔年 C. T. R. 公司的債券和普通股在紐約證券交易所上市交易。那時，我對這家企業存有一種特殊的感情，而且除此之外，我還認為自己某種程度上算是該公司產品的技術專家，因為我是曾經使用過這些產品的少數金融從業者之一。因此，1916 年初，我告訴我的老闆 A.N. 先生，C. T. R. 公司的股票正以 45 美元左右的價格出售（有 105,000 股）；其 1915 年的每股盈餘為 6.50 美元；每股帳面價值（當然還包括一些難以界定的無形資產）為 130 美元；它首次配發的股息為 3 美元；而且我認為，該公司的產品和前景非常看好。A.N. 先生遺憾地看著我，說道：「班，不要再提這家公司了。我絕對不會去碰它的（這是他最喜歡說的話）。該公司票息 6% 的債券，現在的售價只有其面值的 80%，而且情況並不好。這樣的話，它的股票能好到哪裡去呢？每個人都知道，它的股價背後什麼也沒有，盡是一些灌水的東西。」（說明：「灌水」這個說法在當年是很嚴重的譴責。這意味著該公司的資產帳戶是虛構的。許多工業企業——尤其是美國鋼鐵公司，儘管其股票能以面值 100 美元出售，但其股價背後都是灌水來的，而且還隱藏在企業虛構的帳戶之中。由於這些企業除了獲利能力和未來前景之外，並沒有「任何東西」可做為支撐，因此明智的投資者絕不會去考慮它們。）

此時我就像一個受挫的孩子，沮喪地回到了自己的研究室。A. N. 先生不僅經驗豐富，事業有成，而且還十分精明。他對 C. T. R. 公司的全盤否定，給了我極為深刻的印象，以至於我一輩子都沒有購買過該公司的股票，甚至它於 1926 年更名為 IBM 之後也是如此。

現在，我們來看看更名後的這家公司在 1926 年的情況（這一年的股市處於相當高的水準）。當時，該公司首次在其資產負債表中公布它的商譽，總金額高達 1,360 萬美元。A. N. 先生的看法是正確的—— 1915 年時，其普通股背後的收益實際上全都是灌水的。但從那時開始，該公司在華森（T. L. Watson）的領導下，取得了非常不錯的業績，公司的盈餘從 69.1 萬美元上升到了 370 萬美元（超過 5 倍），這是隨後任何一段 11 年期間，都沒能再達到的成就。公司的普通股累積了十分可觀的有形權益，並且進行了 3.6 比 1 的股票分割。新股股息確定為 3 美元，而當時的每股盈餘為 6.39 美元。人們可能會認為，1926 年的股市照說應該會對這樣一家成長快速而且業績相當不錯的公司表現出極大的熱情。我們就來看看當時的情況。當年股價的波動區間為最低 31 美元，最高 59 美元。實際上的情況還是與 1915 年一樣，平均 45 美元的股價為其每股盈餘的 7 倍，股息支付率為 6.7%。其最低價 31 美元並沒有大大超過其有形資產的帳面價值，而且 1926 年的股價，甚至還比 11 年前更保守。

這些數據說明了，人們在 1920 年代牛市結束之前，一直以來所持有的投資觀點。而此後所發生的情況，則可以透過 IBM 公司 10 年期間的歷史記錄來加以說明。1936 年，公司的盈餘比 1926 年增加了 1 倍，平均本益比則從 7 倍上升到 17.5 倍。從 1936 年到 1946 年，公司盈餘成長了 2.5 倍，但 1946 年的平均本益比仍然為 17.5 倍。此後，成長速度加快了。1956 年的盈餘接近於 1946 年的 4 倍，平均本益比則上升到了 32.5 倍。

去年（1957年），隨著盈餘進一步成長，平均本益比又上升到了42倍（其中並不包含國外附屬機構的非合併權益）。

我們仔細分析這些最新的價格數據，就可以發現與40年前相比的一些相同點和不同點。在工業企業的資產負債表中，普遍存在的灌水狀況已經全都被擠掉了——首先是透過訊息揭露，接著是透過帳戶沖銷。但此時股市的估值，卻又被投資者和投機者灌了另一種水。當IBM現在的股價為其帳面價值的7倍（而不是盈餘的7倍）時，公司有沒有帳面價值其實已經無關緊要了。換句話說，如今帳面價值只佔股價的一小部分，可視之為類似少數優先股的價值，而其餘的部分，則代表過去投機者眼中的另一種價值——這就好比以前投機者在購買伍爾沃思公司（Woolworth）或美國鋼鐵公司的普通股時，完全以公司的獲利能力和未來前景為基礎一樣。

值得注意的是，IBM的本益比從7倍變為40倍的30年間，許多存在於大型工業企業中的「內生」投機性因素都已經消失了，或者說至少已大幅減弱了。公司的財務狀況變得穩固，資本結構也更穩健了——與以前相比，公司的管理者更加專業，也更加誠實了。此外，充分揭露訊息的要求還消除了多年前存在的一個重大投機性因素——訊息的不透明和不公開。

現在，我先來談另一個題外話。在我進入華爾街的頭幾年，最受歡迎的一支神秘股票就是紐約聯合天然氣公司（現為聯合愛迪生公司）。該公司擁有一家賺錢的子公司——紐約愛迪生公司，但它的財報僅公佈了從這家子公司所得到的股息，而沒有公佈其全部的盈餘。未公佈的愛迪生公司盈餘，成了不公開的資訊，而且變成了它的「隱含價值」。讓我感到驚訝的是，我發現這些機密的數據實際上可以從該州的公共服務委員會每年的文件檔案中找到。於是，我去查閱檔案記錄，並且把聯合天然氣公司的實際盈餘數字公佈在一本雜誌上。（順便一提的是，其子公司所帶來的盈餘增加並不明顯。）當時，我的一位老朋友對我說：「班，你可能認為自己提供這些數據很了不起，但華爾街不會感謝你的。與訊息公開相比，訊息不公開的話，聯合天然氣公司的股票反而有比較大的吸引力，而且有更大的價值。你們這些年輕人多管閒事，會毀了華爾街的。」

事實上，當時助燃投機之火的3M，現在已經全部消失了。這3M分別是神秘（Mystery）、操縱（Manipulation）和（少量的）保證金（Margins）。但是，如今我們這些證券分析師所創造出來的估價方法卻又如此地投機，從而取代了過去的投機性因素。難道我們現在沒有自己的「3M」嗎？明尼蘇達礦業製造公司（Minnesota Mining and Manufacturing Company，後文簡稱3M公司）正是這方面的一個例子。該公司的普通股，正好可以說明新舊投機性因素之間的差別。我們來看幾個數據。去年，3M公司101美元的股價為其1956年每股盈餘的44倍，1957年的盈餘則沒有任何成長。該公司的總市值為17億美元，其中2億美元為淨資產，而其中高達15億美元的市值，代表的是市場所給的「商譽」。我不知道商譽的價值是如何計算出來的；但我們知道，幾個月後市場就把此商譽價值向下調整了4.5億美元（相當於30%）。這種大公司的無形資產價值，顯然是不可能準確計算出來的。根據數學規律，商譽或未來獲利能力這一因素越重要，企業的實際價值就越不確定，因此其普通股也就越投機。

如果我們把過去的情況與現在進行比較，應該就可以認識到這些無形資產在估價方面所出現的重大變化。30多年前，如果想要確定一般的股價以及正式或合理的估價，一般標準的做法是，對無形資產的估價應該比有形資產更保守一些。一家優秀的工業企業，其有形資產（通常以債券和優先股來代表）的報酬率應該為6%～8%；但其超額報酬或無形資產報酬則應該以15%來估價。（伍爾沃思公司1911年優先股和普通股的首次發行，以及其他眾多的首次公開發行中，你都可以看到，其訂價大致上都是使用這樣的比率。）然而，1920年代後發生了什麼樣的變化呢？實際上，現在看到的情況正好相反。現在，一家企業的普通股權益報酬率必須達到 10%，平均股價才能達到帳面價值的程度。但是，如果有超額盈餘（超出 10% 的部分），計算則通常比較寬鬆，換言之，超額盈餘所對應的股價本益比，通常會高於 10% 基本盈餘所對應的股價本益比。舉例來說，資本報酬率達到 15% 的企業，其股價就有可能達到其每股盈餘的 13.5 倍，或是其淨資產價值的 2 倍。這也就是說，資本報酬率 10% 的部分（也就是「基本盈餘」），對應的市場價格只有 10 倍，而另外 5% 的部分（即所謂「超額報酬」），對應的市場價格則會達到 20 倍。

估價方法出現這種反轉的現象，有一個合理的解釋——它與市場近年來不斷強調預期成長有關。資本報酬率較高的企業，市場會給予較高的評價，不僅是因為企業本身的高獲利能力及其所帶來的相對穩定性，而且更有可能是因為較高的資本報酬率，通常表示企業具有很好的成長記錄和未來前景。因此，就一家高獲利的公司股票而言，人們之所以願意支付比較高的價格，並不是因為有品牌的獲利企業本身的商譽，而是這些企業未來具有良好的獲利成長預期。

這讓我想起普通股評價的新趨勢，其中所涉及到的一兩個計算問題——我打算在此簡要地說明一下。根據許多測試的結果，本益比似乎總是隨著獲利能力（資本報酬率）的增加而上升，這麼一來也就是說，價值將隨著盈餘的平方而增加，但帳面價值則呈現反向的關係。如此一來，有一個很重要而且非常現實的意義在於，有形資產將對一般的市場價值產生抑制作用，而不再是價值的來源。讓我們來看一個很一般的例子。如果 A 公司的每股盈餘為 4 美元，帳面價值為 20 美元，而 B 公司的每股盈餘也是 4 美元，帳面價值為 100 美元。那麼，A 公司的本益比幾乎可以肯定會比 B 公司高，其股價也會高於 B 公司——比如說，A 公司的股價為 60 美元，B 公司的股價為 35 美元。由於兩家公司的每股盈餘相同，因此下列說法並非完全沒有道理：B 公司每股高出 80 美元的資產，是導致 B 公司股價比 A 公司低 25 美元的原因。

然而，比上述結論更重要的是數學與股票評價新方法之間的關係。在具備下列三項條件下：（a）對盈餘成長率的樂觀估計，（b）預期這種成長將持續相當長的時間，（c）複利計算所產生的神奇效果，證券分析師就擁有了一種新的點石成金本領，他們可以給一支真正的「好股票」做出任何想要的估值。在最近發表於《證券分析師雜誌》的一篇文章中，我對牛市期間高等數學的盛行做了評論，並且引用了大衛・杜蘭德（David Durand）的論述來說明成長型股票價值的計算，與著名的聖彼得堡矛盾（Petersburg Paradox）極為相似，後者一直受到許多數學家的質疑，而且還讓他們困惑了兩百多年。在此我要指出的是，數學與普通股的投資態度之間，存在一種特殊的矛盾：通常，人們認為數學可以帶來精確而可靠的結果；但是，在股市中使用的數學越複雜深奧，所得出的結論就越不確定而具有投機性。在華爾街 44 年的經歷和研究中，我還從沒見過能可靠計算出普通股價值或相關投資策略的方法，需要用到簡單算術和初等代數之外的技巧。每當有人運用到微積分或高等代數時，你就應該提高警覺：計算者很可能正試圖以理論替代經驗，而且通常是以投資做為偽裝，掩飾他們從事投機的行為。

在經驗豐富的證券分析師看來，以前的普通股投資似乎非常簡單，主要強調的就是購買我們現在所謂的防禦型公司或防禦型證券——最重要的是確保不景氣時股息收益不會減少。因此，大型鐵路公司（50 年前，這種普通股就是標準投資標的）在人們心目中的地位，實際上非常類似於近幾年的公用事業。如果過去的記錄顯示公司是穩定的，那麼主要的需求就得到了滿足；人們並不會花太多的精力，去預測未來有可能發生什麼不利的變化。不過，相對來說，公司就算有特別有利的未來前景，也會被精明的投資者視為不需要付出代價就能獲得的好處。

實際上，這就表示投資者不必為良好的長期前景，支付高昂的代價。投資者幾乎無需支付額外費用，只要有高度的智慧和判斷力，挑選出最好的公司而不是表面上看似不錯的公司，就能獲得報酬。因為，財務實力、業績記錄和股息穩定性相同的普通股，其股息收益率大致都是相同的。

這的確是一種短視的觀點，但其最大的好處在於，它使得過去的普通股投資不僅簡單，而且基本上是穩當而高獲利的。現在，容我再次談談我個人的親身經歷。大約在 1920 年，我們公司發行了一系列名為《投資者的教訓》（Lessons for Investors）的小冊子。當然，只有像我們這種當時 20 多歲的魯莽分析師，才會想出如此自鳴得意而傲慢的標題。不過，在其中的一篇文章中，我提出了一種觀點：「如果某支普通股是一個極好的投資標的，它也會是一個極好的投機標的。」我的理由是，如果某支普通股如此穩當而只有極小的損失風險，它通常也會具有極好的未來獲利機會。這是一個完全真實而且甚至是一個有價值的發現，但它之所以有價值，只是因為當時沒有任何人關注到這件事。幾年之後，當一般大眾意識到普通股過去的績效表現可以做為長期投資時，這些股票很快就失去這種優勢，因為一般大眾的熱情追逐會推升股價，最後終究會使它們失去原有的安全邊際，從而使得它們被排除在投資級證券之外。當然，此時鐘擺又會偏向另一個極端，而且我們很快就看到了——有一位受人尊敬的權威人士（在 1931 年）宣稱，已經沒有任何一支普通股可做為投資標的了。

在觀察這種長期趨勢時，我們發現，投資者對於資本利得與收益態度上的轉變，似乎存在著一種矛盾。以往的普通股投資者，似乎都對資本利得不太感興趣。投資者購買普通股，完全是出自於安全和收益的考量，而投機者關注的則是股價的上漲。到了如今，我們可以這樣說，投資者越有經驗、越是精明，他就越少關注股息的收益，而更關注長期的股價上漲。不過，也有人可能會反過來說，正因為以往的投資者並不關注未來的資本增值，所以他們才能賺到後來資本增值的收入——至少在工業股領域是如此。相反地，如今的投資者如此關切未來的發展，以至於在預期未來方面，很早就付出高昂的代價。因此，他透過許多研究和努力所做出的預測，即使後來成為事實，也有可能無法為他帶來任何獲利。但如果實際結果不符合他的預期，他就有可能面臨嚴重的暫時性虧損，或甚至是永久性虧損。

如果從過去到現在的趨勢來看，如今身處於 1958 年的分析師，究竟能夠從中獲得什麼樣的教訓（再次引用 1920 年代我的小冊子裡自命不凡的標題）呢？有人可能會說，也沒有什麼太多有價值的教訓。我們只能夠思念以往美好的日子，那時我們只需要付出當前的代價，就能無償地獲得未來的收益——這真是一種「好康」的組合。現在，我們只能沮喪地搖著頭說，「那些日子已經一去不復返了。」難道投資者和證券分析師已經把能預知未來結果的智慧樹吃掉了嗎？果真如此，不就等於是把自己永久逐出（那個可以用合理價格獲得前景看好普通股的）伊甸園了嗎？難道我們注定要以不合理的高價購買前景看好的優質股，或者只能以似乎合理的價格購買品質前景較差的股票了嗎？

情況看起來確實如此。但人們是否只能就此處於這種悲觀的困境之中，這點我們也無法確定。最近，我對通用電氣這家巨型企業的長期歷史進行了一些研究——研究動機來自於該公司最近公佈的 1957 年報告，其中包含了一項引人注目的內容：一份反映公司 59 年來有關盈餘和股息分配的圖表。對於熟悉業務的分析師而言，這些數據確實有點意思，至少應該可以從中看出，1947 年之前，通用電氣公司的成長率並不高，而且非常不穩定。1946 年經調整後的每股盈餘只比 1902 年高出 30%（分別為 52 美分和 40 美分），而且在此期間，任何一年的盈餘都不曾達到 1902 年的 2 倍。然而，其本益比卻從 1910 年和 1916 年的 9 倍，上升到了 1936 年以及 1946 年的 29 倍。當然，人們可能會說，1946 年的本益比至少反映了精明投資者的先見之明。這些分析師當時似乎能夠預見，真正的快速成長期將在隨後的 10 年中出現。情況或許是這樣。但是，有些人應該還記得，隨後的 1947 年，通用電氣的每股盈餘創下新高，本益比卻大幅下降。以 32 美元的最低價來看（1 股分割為 3 股之前），通用電氣當期的本益比只剩 9 倍，即使是當年的平均價格，本益比也只有 10 倍。顯然，那些精明分析師的預測方法，在這短短的 12 個月又失靈了。

這種明顯的反常，就發生在 11 年前，這使得我對下列看法的可靠性產生了懷疑：分析師大多認為，傑出而前景看好的企業始終擁有較高的本益比——對投資者而言，這是一個基本事實，而他們既接受也喜歡這種觀點。我無意在這一點上固執己見。但我只能夠說，我還沒有想清楚這一個問題，而且你們每個人恐怕也必須好好去想想這個問題。

不過，在最後結束之前，我要從投資和投機的角度，就各種普通股的市場結構提出一些明確的看法。過去，普通股的投資或多或少與企業本身的情況（可以從企業的信用評等看得出來）有關。企業的債券和優先股的收益率越低，企業的普通股就越有可能滿足投資所要求的各項標準，而且購買這種股票所涉及的投機性因素也就越少。普通股的投機程度，與企業的投資信用評等之間，應該可以用一條從左上至右下的直線來表達。但現在我認為，它變成了一條 U 型的曲線。在 U 型左邊的企業，比較具有投機性和較低的信用評等，因此其普通股當然也就具有高度投機性——這個情況與過去相同。在最右邊的則是信用評等最高的企業，因為其過去的記錄和未來前景都是最好的，但我們發現，股市往往或多或少不斷在其普通股中，注入高度的投機性因素——方法很簡單，只要股價過高，它就具有一定程度的風險。

在此，我不禁聯想到最近在莎士比亞的十四行詩中，發現一個非常貼切的話題（儘管有些誇張）。它寫道：

難道你沒見過那些風雅的房客

因支付過高的租金而負債累累嗎？

現在，請回到我所說的 U 型圖形。在中間區域，普通股的投機性因素往往降到最低。在此區域，我們可以發現許多地位穩固和實力強勁的企業，它們以往的成長記錄與整個國家的經濟成長是一致的，而且它們的未來前景顯然和以前也是相同的。在大多數情況下，這樣的普通股都能以適當的價格（相對於其內含價值）購買到——除了牛市上漲期間之外。事實上，由於投資者與投機者目前都比較專注於更有誘惑力的股票，因此我敢斷言，這些居於中間位置的股票價格，整體上會低於其應有的價值。如此一來，同樣的市場偏好與偏見，將給這些股票帶來比較大的安全邊際，而最被看好的股票，反而會喪失其安全邊際。此外，在這些眾多的股票中，投資者同樣可以對其過去的記錄進行透徹的分析，並從中挑選出未來前景比較看好的股票，然後再透過多元化的投資方式，讓安全性得到進一步的提升。

當太陽神之子法厄同（Phaethon）堅持駕駛太陽戰車時，他的父親（一位有經驗的駕駛者）給了這位新手一些忠告，但法厄同不從，因而喪失了生命。羅馬詩人奧維德（Ovid）用三個字總結了太陽神阿波羅（Phoebus Apollo）的忠告：

Medius tutissimus ibis

（走中間的道路最安全）

我認為，這一原則同樣也適用於所有投資者以及從事證券分析的顧問。

附錄 4：Aetna Maintenance 公司的歷史

這家公司歷史的前一部分摘自於本書 1965 年的版本，書中的標題是「一個可怕的案例」。第二部分則總結了該公司後續的變化。

我們認為，如果在此詳細地介紹一個「可怕的案例」，對我們的讀者在未來面對新普通股發行的態度上，應該會產生有利的影響。這個案例取自於《標準普爾股票指南》的第一頁，它以極端的方式說明了 1960 ～ 1962 年股票發行的明顯缺陷：市場嚴重地高估了這些股票，並且在隨後出現崩盤。

1961 年 11 月，154,000 股的 Aetna Maintenance 公司股票以每股 9 美元的價格公開發售，股價立即上漲到 15 美元。公開上市之前的每股淨資產大約為 1.2 美元，但出售新股後的每股淨資產上升到了略高於 3 美元。

公開上市之前的銷售額和獲利情況如下：

截止時間	銷售額	普通股的淨收入	每股盈餘
1961 年 6 月	$3,615,000	$187,000	$0.69
（1960 年 6 月）*	(1,527,000)	（25,000）	（0.09）
1959 年 12 月	2,215,000	48,000	0.17
1958 年 12 月	1,389,000	16,000	0.06
1957 年 12 月	1,083,000	21,000	0.07
1956 年 12 月	1,003,000	2,000	0.01

*6 個月的數據

出售新股後的相關數據為：			
1963 年 6 月	4,681,000	42,000（赤字）	0.11（赤字）
1962 年 6 月	4,234,000	149,000	0.36

1962 年的股價下跌到 2.67 美元，而 1964 年的最低價則為 0.875 美元。在此期間沒有分配過股息。

評論：這是一個規模非常小的公開發行。股票的出售（或購買）只是根據一年的好光景；此前的經營結果都少得可憐。在這個高度競爭的行業中，公司根本無法確保未來的穩定性。那些在股票發行後立即以高價買進的人們，他們針對公司每股盈餘和資產所支付的價格，遠高於大多數實力強勁的大企業。誠然，這是一個極端的例子，但絕不是唯一的；一些程度稍輕但沒法辯解的高估例子還有許多。

1965 ～ 1970 年的後續結果

1965 年，公司有了新的發展。它把不賺錢的建築維修業務賣掉，開始進入完全不同的行業：製造電子設備。公司更名為 Haydon Switch and Instrument Co.。公司的獲利情況並不理想。在 1965 ～ 1969 年的 5 年間，公司「老股票」的每股盈餘平均只有 8 美分，其中最好的一年（1967 年）為 34 美分。然而，做為一家真正的現代化企業，公司於 1968 年進行了 2 比 1 的股票分割。股票的市場價格也以華爾街的模式開始飛速上漲，從 1964 年的 0.875 美元上漲到 1968 年（股票分割後）的 16.5 美元。此時的股價超過了 1961 年公開發行時的最高記錄。這一次股價高估的程度，比以前更加嚴重。此時的股價相當於唯一最好年份每股盈餘的 52 倍，大約是其平均每股盈餘的 200 倍。然而，就在股價創新高的這一年，公司的財報又出現了赤字。結果在隨後的 1969 年，股價又跌到了 1 美元。

問題：在 1968 年以 8 美元以上的價格買進該股票的傻瓜們，是否瞭解公司以前的歷史、其 5 年的盈餘記錄和公司的資產價值（很小）？他們知道自己所花的錢得到了多少（或者說，少得可憐的一點）價值嗎？他們在乎這些東西嗎？華爾街經常發生這種完全弱智、影響廣泛、無法避免的災難性投機，應該由誰來承擔責任呢？

附錄 5：NVF 公司收購 Sharon 鋼鐵股份的稅務會計

1. 1969 年，NVF 公司收購了 Sharon 公司 88% 的股份，其每股的交易條件是，NVF 公司 70 美元面值的債券（票息為 5%、1994 年到期），再加上 NVF 的認股權證（可以用每股 22 美元的價格購買 1.5 股的 NVF 公司股票）。債券最初的市場價值似乎只有其面值的 43%，而 NVF 認股權證的報價為 10 美元。這意味著 Sharon 的股東每股可以換得價值 30 美元的債券，以及價值 15 美元的認股權證，合計每股的價值為 45 美元（這大約相當於 Sharon 公司 1968 年的平均股價，也是公司當年的收盤價）。Sharon 公司的每股帳面價值為 60 美元。因此，就 Sharon 公司被收購的 1,415,000 股而言，其帳面價值與市場價值之間的差額大約為 2,100 萬美元。

2. 其會計處理方式是為了達成下列 3 個目的：（a）把債券的發行當作以 43% 的面值「出售」，從而使得公司可以用巨額債券折價攤銷（5,400 萬美元）來沖抵每年的收入。（事實上，該公司可以從 9,900 萬美元的信用債券發行「收入」中，扣除大約 15% 的年度利息。）（b）以大致相等的「收益」（Sharon 公司每股 60 美元的帳面價值與 45 美元的取得成本之間差價的十分之一）來沖抵債券折價費用。（這種做法與每年在收入中扣除收購價格超出被收購公司帳面價值其中某特定比率的做法正好相反。）（c）這種做法的好處在於，透過上述的會計處理，公司每年可節省大約 90 萬美元（相當於每股 1 美元）的所得稅，因為債券折價的攤銷可以從應稅所得中扣除，而且「權益超出成本」的攤銷不必列入應稅所得。

3. 這種會計處理方法的結果，同時反映在 NVF 公司 1969 年的合併損益表與合併資產負債表，以及 1968 年的預計財務報表。由於 Sharon 股票的取得成本中有很大一部分是以認股權證支付的，因此必須把認股權證最初的市場價值做為普通股股本的一部分。在這個案例中（據我們所知，沒見過其他案例採用相同作法），資產負債表裡認股權證的價值就高達 2,200 萬美元以上（但這項記錄只在附註中有一個說明）。

附錄 6：科技公司的投資

1971 年年中，標準普爾指數中大約有 200 家公司的名稱是以「電腦」（Compu-）、「數據」（Data）、「電子」（Electro-）、「科學」（Scien-）和「科技」（Techno-）等開頭的。其中大約一半的公司屬於電腦產業的某些部門，它們都已經可以在市場上進行交易，或者是已經申請公開發售。

在 1971 年 9 月出版的《標準普爾股票指南》中，這樣的公司總共有 46 家，其中 26 家的財報出現赤字，只有 6 家的每股盈餘超過 1 美元，而且只有 5 家分派股息。

在 1968 年 12 月出版的《股票指南》中，有 45 家公司擁有類似科技的名稱。追蹤這些公司的結果（參考 1971 年 9 月《股票指南》所顯示的資料），我們發現了下列的變化：

公司總數	價格上漲的公司	價格下跌不到一半的公司	價格下跌一半以上的公司	被《股票指南》刪除的公司
45	2	8	23	12

評論：幾乎可以肯定的是，許多沒被列入 1968 年《股票指南》中的科技公司，其隨後的業績表現應該不如那些被列入的公司；同時，被《股票指南》刪除的 12 家公司，表現也不如保留下來的公司。這些樣本反映出令人悲哀的結果，無疑說明了整個「科技類」證券的品質與價格的變化。IBM 以及其他少數幾家公司的巨大成功，必然導致這一領域新股票的公開發行大量增加，但這些股票幾乎必然會遭遇重大的虧損。

寰宇圖書分類

技　術　分　析

分類號	書名	書號	定價
1	波浪理論與動量分析	F003	320
2	股票K線戰法	F058	600
3	市場互動技術分析	F060	500
4	陰線陽線	F061	600
5	股票成交當量分析	F070	300
6	動能指標	F091	450
7	技術分析 & 選擇權策略	F097	380
8	史瓦格期貨技術分析(上)	F105	580
9	史瓦格期貨技術分析(下)	F106	400
10	市場韻律與時效分析	F119	480
11	完全技術分析手冊	F137	460
12	金融市場技術分析(上)	F155	420
13	金融市場技術分析(下)	F156	420
14	網路當沖交易	F160	300
15	股價型態總覽(上)	F162	500
16	股價型態總覽(下)	F163	500
17	包寧傑帶狀操作法	F179	330
18	陰陽線詳解	F187	280
19	技術分析選股絕活	F188	240
20	主控戰略K線	F190	350
21	主控戰略開盤法	F194	380
22	狙擊手操作法	F199	380
23	反向操作致富術	F204	260
24	掌握台股大趨勢	F206	300
25	主控戰略移動平均線	F207	350
26	主控戰略成交量	F213	450
27	盤勢判讀的技巧	F215	450
28	巨波投資法	F216	480
29	20招成功交易策略	F218	360
30	主控戰略即時盤態	F221	420
31	技術分析・靈活一點	F224	280
32	多空對沖交易策略	F225	450
33	線形玄機	F227	360
34	墨菲論市場互動分析	F229	460
35	主控戰略波浪理論	F233	360
36	股價趨勢技術分析—典藏版(上)	F243	600
37	股價趨勢技術分析—典藏版(下)	F244	600
38	量價進化論	F254	350
39	讓證據說話的技術分析(上)	F255	350
40	讓證據說話的技術分析(下)	F256	350
41	技術分析首部曲	F257	420
42	股票短線OX戰術(第3版)	F261	480
43	統計套利	F263	480
44	探金實戰・波浪理論(系列1)	F266	400
45	主控技術分析使用手冊	F271	500
46	費波納奇法則	F273	400
47	點睛技術分析—心法篇	F283	500
48	J線正字圖・線圖大革命	F291	450
49	強力陰陽線(完整版)	F300	650
50	買進訊號	F305	380
51	賣出訊號	F306	380
52	K線理論	F310	480
53	機械化交易新解：技術指標進化論	F313	480
54	趨勢交易	F323	420
55	艾略特波浪理論新創見	F332	420
56	量價關係操作要訣	F333	550
57	精準獲利K線戰技(第二版)	F334	550
58	短線投機養成教育	F337	550
59	XQ洩天機	F342	450
60	當沖交易大全(第二版)	F343	400
61	擊敗控盤者	F348	420
62	圖解B-Band指標	F351	480
63	多空操作秘笈	F353	460
64	主控戰略型態學	F361	480
65	買在起漲點	F362	450
66	賣在起跌點	F363	450
67	酒田戰法—圖解80招台股實證	F366	380
68	跨市交易思維—墨菲市場互動分析新論	F367	550
69	漲不停的力量—黃綠紅海撈操作法	F368	480
70	股市放空獲利術—歐尼爾教賺全圖解	F369	380
71	賣出的藝術—賣出時機與放空技巧	F373	600
72	新操作生涯不是夢	F375	600
73	新操作生涯不是夢—學習指南	F376	280
74	亞當理論	F377	250
75	趨向指標操作要訣	F379	360
76	甘氏理論(第二版)型態-價格-時間	F383	500
77	雙動能投資—高報酬低風險策略	F387	360
78	科斯托蘭尼金蛋圖	F390	320
79	與趨勢共舞	F394	600
80	技術分析精論第五版(上)	F395	560

技術分析（續）

分類號	書名	書號	定價
81	技術分析精論第五版(下)	F396	500
82	不說謊的價量	F416	420
83	K 線理論 2: 蝴蝶 K 線台股實戰法	F417	380

智慧投資

分類號	書名	書號	定價
1	股市大亨	F013	280
2	新股市大亨	F014	280
3	新金融怪傑(上)	F022	280
4	新金融怪傑(下)	F023	280
5	金融煉金術	F032	600
6	智慧型股票投資人	F046	500
7	瘋狂、恐慌與崩盤	F056	450
8	股票作手回憶錄(經典版)	F062	380
9	超級強勢股	F076	420
10	約翰・聶夫談投資	F144	400
11	與操盤贏家共舞	F174	300
12	掌握股票群眾心理	F184	350
13	掌握巴菲特選股絕技	F189	390
14	高勝算操盤(上)	F196	320
15	高勝算操盤(下)	F197	270
16	透視避險基金	F209	440
17	倪德厚夫的投機術(上)	F239	300
18	倪德厚夫的投機術(下)	F240	300
19	圖風勢—股票交易心法	F242	300
20	從躺椅上操作：交易心理學	F247	550
21	華爾街傳奇：我的生存之道	F248	280
22	金融投資理論史	F252	600
23	華爾街一九〇一	F264	300
24	費雪・布萊克回憶錄	F265	480
25	歐尼爾投資的 24 堂課	F268	300
26	探金實戰・李佛摩投機技巧(系列 2)	F274	320
27	金融風暴求勝術	F278	400
28	交易・創造自己的聖盃(第二版)	F282	600
29	索羅斯傳奇	F290	450
30	華爾街怪傑巴魯克傳	F292	500
31	交易者的 101 堂心理訓練課	F294	500
32	兩岸股市大探索(上)	F301	450
33	兩岸股市大探索(下)	F302	350
34	專業投機原理 I	F303	480
35	專業投機原理 II	F304	400
36	探金實戰・李佛摩手稿解密(系列 3)	F308	480
37	證券分析第六增訂版(上冊)	F316	700
38	證券分析第六增訂版(下冊)	F317	700
39	探金實戰・李佛摩資金情緒管理(系列 4)	F319	350
40	探金實戰・李佛摩 18 堂課(系列 5)	F325	250
41	交易贏家的 21 週全紀錄	F330	460
42	量子盤感	F339	480
43	探金實戰・作手談股市內幕(系列 6)	F345	380
44	柏格頭投資指南	F346	500
45	股票作手回憶錄 - 註解版(上冊)	F349	600
46	股票作手回憶錄 - 註解版(下冊)	F350	600
47	探金實戰・作手從錯中學習	F354	380
48	趨勢誡律	F355	420
49	投資悍客	F356	400
50	王力群談股市心理學	F358	420
51	新世紀金融怪傑(上冊)	F359	450
52	新世紀金融怪傑(下冊)	F360	450
53	金融怪傑(全新修訂版)(上冊)	F371	350
54	金融怪傑(全新修訂版)(下冊)	F372	350
55	股票作手回憶錄(完整版)	F374	650
56	超越大盤的獲利公式	F380	300
57	智慧型股票投資人(全新增訂版)	F389	800
58	非常潛力股(經典新譯版)	F393	420
59	股海奇兵之散戶語錄	F398	380
60	投資進化論：揭開"投腦"不理性的真相	F400	500
61	擊敗群眾的逆向思維	F401	450
62	投資檢查表：基金經理人的選股秘訣	F407	580
63	魔球投資學(全新增訂版)	F408	500
64	操盤快思 X 投資慢想	F409	420

智慧投資(續)

分類號	書名	書號	定價	分類號	書名	書號	定價
65	文化衝突:投資，還是投機?	F410	550	69	投資詐彈課:識破投資騙局的五個警訊	F418	380
66	非理性繁榮:股市。瘋狂。警世預言家	F411	600	70	心理學博士的深度交易課	F424	500
67	巴菲特&索羅斯之致勝投資習慣	F413	500	71	巴菲特的繼承者們	F425	650
68	客戶的遊艇在哪裡?	F414	350	72	為什麼總是買到賠錢股	F426	380

共同基金

分類號	書名	書號	定價	分類號	書名	書號	定價
1	柏格談共同基金	F178	420	4	理財贏家16問	F318	280
2	基金趨勢戰略	F272	300	5	共同基金必勝法則-十年典藏版(上)	F326	420
3	定期定值投資策略	F279	350	6	共同基金必勝法則-十年典藏版(下)	F327	380

投資策略

分類號	書名	書號	定價	分類號	書名	書號	定價
1	經濟指標圖解	F025	300	28	高勝算交易策略	F296	450
2	史瓦格期貨基本分析(上)	F103	480	29	散戶升級的必修課	F297	400
3	史瓦格期貨基本分析(下)	F104	480	30	他們如何超越歐尼爾	F329	500
4	操作心經:全球頂尖交易員提供的操作建議	F139	360	31	交易，趨勢雲	F335	380
5	攻守四大戰技	F140	360	32	沒人教你的基本面投資術	F338	420
6	股票期貨操盤技巧指南	F167	250	33	隨波逐流～台灣50平衡比例投資法	F341	380
7	金融特殊投資策略	F177	500	34	李佛摩操盤術詳解	F344	400
8	回歸基本面	F180	450	35	用賭場思維交易就對了	F347	460
9	華爾街財神	F181	370	36	企業評價與選股秘訣	F352	520
10	股票成交量操作戰術	F182	420	37	超級績效一金融怪傑交易之道	F370	450
11	股票長短線致富術	F183	350	38	你也可以成為股市天才	F378	350
12	交易，簡單最好!	F192	320	39	順勢操作一多元管理的期貨交易策略	F382	550
13	股價走勢圖精論	F198	250	40	陷阱分析法	F384	480
14	價值投資五大關鍵	F200	360	41	全面交易一掌握當沖與波段獲利	F386	650
15	計量技術操盤策略(上)	F201	300	42	資產配置投資策略(全新增訂版)	F391	500
16	計量技術操盤策略(下)	F202	270	43	波克夏沒教你的價值投資術	F392	480
17	震盪盤操作策略	F205	490	44	股市獲利倍增術(第五版)	F397	450
18	透視避險基金	F209	440	45	護城河投資優勢:巴菲特獲利的唯一法則	F399	320
19	看準市場脈動投機術	F211	420	46	賺贏大盤的動能投資法	F402	450
20	巨波投資法	F216	480	47	下重注的本事	F403	350
21	股海奇兵	F219	350	48	趨勢交易正典(全新增訂版)	F405	600
22	混沌操作法II	F220	450	49	股市真規則	F412	580
23	智慧型資產配置	F250	350	50	投資人宣言:建構無懼風浪的終身投資計畫	F419	350
24	SRI社會責任投資	F251	450	51	美股隊長操作秘笈:美股生存手冊	F420	500
25	混沌操作法新解	F270	400	52	傑西・李佛摩股市操盤術(中文新譯版)	F422	420
26	在家投資致富術	F289	420	53	擊敗黑色星期一的投資鬼才:馬丁・茲威格操盤全攻略	F423	500
27	看經濟大環境決定投資	F293	380	54	計量價值的勝率	F428	500

程式交易

分類號	書名	書號	定價
1	高勝算操盤(上)	F196	320
2	高勝算操盤(下)	F197	270
3	狙擊手操作法	F199	380
4	計量技術操盤策略(上)	F201	300
5	計量技術操盤策略(下)	F202	270
6	《交易大師》操盤密碼	F208	380
7	TS 程式交易全攻略	F275	430
8	PowerLanguage 程式交易語法大全	F298	480
9	交易策略評估與最佳化(第二版)	F299	500
10	全民貨幣戰爭首部曲	F307	450
11	HSP 計量操盤策略	F309	400
12	MultiCharts 快易通	F312	280
13	計量交易	F322	380
14	策略大師談程式密碼	F336	450
15	分析師關鍵報告 2─張林忠教你程式交易	F364	580
16	三週學會程式交易	F415	550

期貨

分類號	書名	書號	定價
1	高績效期貨操作	F141	580
2	征服日經 225 期貨及選擇權	F230	450
3	期貨賽局(上)	F231	460
4	期貨賽局(下)	F232	520
5	雷達導航期股技術(期貨篇)	F267	420
6	期指格鬥法	F295	350
7	分析師關鍵報告(期貨交易篇)	F328	450
8	期貨交易策略	F381	360
9	期貨市場全書(全新增訂版)	F421	1200

選擇權

分類號	書名	書號	定價
1	技術分析 & 選擇權策略	F097	380
2	交易,選擇權	F210	480
3	選擇權策略王	F217	330
4	征服日經 225 期貨及選擇權	F230	450
5	活用數學 · 交易選擇權	F246	600
6	選擇權賣方交易總覽(第二版)	F320	480
7	選擇權安心賺	F340	420
8	選擇權 36 計	F357	360
9	技術指標帶你進入選擇權交易	F385	500
10	台指選擇權攻略手冊	F404	380
11	選擇權價格波動率與訂價理論	F406	1080

債　券　貨　幣

分類號	書名	書號	定價
1	賺遍全球：貨幣投資全攻略	F260	300
2	外匯交易精論	F281	300
3	外匯套利 I	F311	450
4	外匯套利 II	F388	580

財　務　教　育

分類號	書名	書號	定價
1	點時成金	F237	260
2	蘇黎士投機定律	F280	250
3	投資心理學 (漫畫版)	F284	200
4	歐丹尼成長型股票投資課 (漫畫版)	F285	200
5	貴族 ・ 騙子 ・ 華爾街	F287	250
6	就是要好運	F288	350
7	財報編製與財報分析	F331	320
8	交易駭客任務	F365	600
9	舉債致富	F427	450

財　務　工　程

分類號	書名	書號	定價
1	固定收益商品	F226	850
2	信用衍生性 & 結構性商品	F234	520
3	可轉換套利交易策略	F238	520
4	我如何成為華爾街計量金融家	F259	500

國家圖書館出版品預行編目 (CIP) 資料

智慧型股票投資人 / Benjamin Graham 著；齊克用譯 . -- 初版 . -- 臺北市：寰宇 , 2016.05
面；　公分 . -- (寰宇智慧投資策略；389)
譯自：The intelligent investor : the definitive book on value investing

ISBN 978-986-6320-97-2(平裝)
1. 證券投資 2. 投資分析

563.53　　　　105007892

寰宇智慧投資 389

智慧型股票投資人（全新增訂版）

作　　者	Benjamin Graham
評　　釋	Jason Zweig
譯　　者	齊克用
主　　編	藍子軒
美術設計	富春全球股份有限公司
封面設計	鼎豐整合行銷
校　　稿	陳昭如
發 行 人	江聰亮
出 版 者	寰宇出版股份有限公司 臺北市仁愛路四段 109 號 13 樓 TEL: (02) 2721-8138 FAX: (02) 2711-3270 E-mail:service@ipci.com.tw http://www.ipci.com.tw 劃撥帳號 1146743-9
登 記 證	局版台省字第 3917 號
定　　價	800 元
出　　版	2016 年 5 月初版一刷 2018 年11月初版十三刷

ISBN 978-986-6320-97-2 (平裝)